미세먼지에 관한 거의 모든 것

미세먼지에 관한 거의 모든 것

| 김동식 · 반기성 공저 |

프리스마

2019년 들어서자마자 극심한 미세먼지가 한반도를 강타했다. 짙은 회색의 하늘과 뿌옇게 차폐된 대기는 두려움을 자아냈다. 미세먼지 마스크를 거의 항상 쓰고 다녔는데도 기관지 염증은 악화되었다. 연신 기침을 하면서 '미세먼지가 이렇게 심각해진다면 우리의 삶은 어떻게 될까' 생각한다. 그런데 말이다, 기후변화로 미래에는 미세먼지가 더 악화될 것이라고 한다. 인류 모두가 미세먼지에 대응하지 못한다면 미래는 디스토피아dystopia가 될 가능성이 높다. 이를 경고하듯 국내외 많은 제작자들은 앞다퉈 미세먼지 관련 영화나 드라마를 만들어내고 있다.

차이: "파란 하늘을 본 적 있어요?"

왕휘칭: "푸른 끼가 있는 하늘은 한 번 본 적이 있어요."

차이: "하얀 구름은 어때? 본 적 있어요?"

왕휘칭: "아뇨, 없는데요."

중국 '미세먼지' 다큐멘터리 〈언더더돔Under the Dome〉 중에 나오는 대화다. 이 장면을 보면서 너무나 마음이 아팠다. 하얀 구름을 본 적이 없는 중국

의 어린이들. 이들의 기억에 구름이라고는 온통 검은색과 진회색 구름뿐
이다. 이 다큐멘터리는 중국 CCTV 전 앵커 차이징柴靜이 어린 딸의 암 발
생이 중국의 심각한 미세먼지 때문이라고 생각하고 피해를 막기 위해 만
들었다. 이 다큐멘터리를 제작하면서 그는 중국의 디스토피아적인 미세
먼지의 현실에 절망한다.

그런데 미래 한국의 미세먼지가 중국보다 더 심각할 것이라는 영상도
있다. 한국의 웹드라마 〈고래먼지Ambergris〉다.

"공기 썩기 전에는 〈벚꽃엔딩〉 들으면서 봄만 되면 소풍 나갔었는데."

"소풍이 뭐예요?"

2053년의 서울 풍경이다. 극심한 미세먼지로 인해 방독면 없이 외출
하는 것은 자살이나 다름없다. 보이는 것은 다 무너져 황량함뿐이고 다시
볼 수 없게 된 봄 풍경은 노래로만 남아 있다. 2053년이면 정말 소풍이라
는 것을 아예 알지 못하는 세대가 정말 나타날까?

"잿빛 하늘 아래에서 살아가는 사람들, 그리고 그들의 존재마저도 지워
버리는 스크린 속 미세먼지는 차라리 공포다."

한국 영화 〈낯선 자〉의 이야기다. 미세먼지가 너무 심해 창문을 꽁꽁 싸
매 집 안은 대낮인데도 깜깜하다. 맑은 공기를 찾아 집에 침입한 거지를
피해 온 힘을 다해 도망친다. 그러나 바깥은 한 치 앞도 보이지 않을 정도
로 자욱한 미세먼지로 가득하다.

서양으로 가보자. 최근 필자가 가장 인상 깊게 본 영화는 〈인터스텔라
Interstellar〉다. 〈인터스텔라〉의 전제는 지구 기후변화다. 지구온난화와 생태
계의 파괴 등으로 지구는 사람이 살 수 없는 행성으로 변해간다. 인간의
탐욕으로 지구 산소의 양도 줄어간다. 지독한 미세먼지가 지구를 덮는다.
미세먼지는 강력한 산성오염물질이다. 나무도 풀도 자라기 힘들다. 식량

감산으로 옥수수 외에는 먹을 것이 없다. 백약이 무효인 인류는 서서히 죽음을 기다려야 하는 상황이다. 이제 인류의 마지막 희망은 사람들이 살 수 있는 다른 행성을 찾는 것이다. 영화 〈블레이드 러너^{Blade Runner}〉에서도 우울한 하늘과 잿빛 먼지, 어둠이 드리워진 대기에 미세먼지가 만들어낸 산성비가 끊임없이 내린다.

"마침내 미세먼지가 온 세상을 뒤덮었다!"

프랑스 영화 〈인 더 더스트^{Dans la brume}〉의 광고 카피다. 파리에 지진과 함께 미세먼지가 차오르는 사상 초유의 재난이 발생한다. 수많은 사람들이 죽어가면서 파리 시민의 60%가 죽는다.

"최첨단 인공지능으로 병을 치료하는 미래이지만 미세먼지만은 국가도 사람도 할 수 있는 것이 없습니다."

감독은 말한다. 필자는 대학에서 미세먼지를 강의할 때면 이 영화들을 보여준다.

"자, 이게 지구와 인류의 미래거든!"

필자가 날씨 관련 일을 하면서 좋아하게 된 시가 영국의 비평가인 존 러스킨^{John Ruskin}의 시다.

비는 상쾌하고 / 바람은 힘을 돋우며, 눈은 마음을 설레게 한다 /
세상에 나쁜 날씨란 없다 / 서로 다른 종류의 좋은 날씨만 있을 뿐이다.

그런데 미세먼지만은 예외다. 미세먼지는 단 한 가지도 좋은 게 없는 기상현상이다. 우리에게 큰 피해를 주는 태풍을 먼저 살펴보자. 태풍은 우리가 상상할 수 없을 정도의 파괴력을 가지고 있다. 2017년 미국과 서인도 제도를 강타한 허리케인 '하비^{Harvey}', '어마^{Irma}', '마리아^{Maria}'는 수많은 인명

피해와 최악의 재산피해를 가져왔다. 우리나라도 가장 많은 재산피해를 가져오는 기상현상이 태풍이다. 그런데 기상현상 중 가장 큰 재앙이라고 할 수 있는 태풍도 좋은 점이 있다. 지구의 남북 간 에너지 불균형을 해소해주는 큰일을 한다는 것이다. 1994년에 태풍 '더그^{Doug}'는 영호남 지방의 극심했던 가뭄 해갈에 큰 도움을 주었다. 또한 여름이면 발생하는 남해의 적조현상도 태풍이 단번에 해결해주기도 한다.

두 번째로 황사를 보자. 황사는 건강과 산업에 큰 피해를 준다. 2012년 3월 짙은 황사가 발생했을 때 산업체가 받은 영향은 엄청났다. 반도체, 항공기 등 정밀기계 작동에 문제를 일으켜 많은 손해를 입었다. 건설현장마다 인부들의 결근율이 30%에 달했다 반도체 원료인 실리콘 웨이퍼를 생산하는 사업체는 생산 공장의 공기정화기를 100% 가동했음에도 불구하고 불량품이 증대했다. 그런데 재미있게도 이런 황사도 이로운 점이 있다. 황사가 많은 해에는 산림의 송충이 피해가 줄어들고 적조현상도 크게 줄어든다는 것이다. 또 사하라 사막의 모래먼지가 아마존 열대우림에 크게 도움이 될 정도로 황사는 토지의 산성화를 막아주는 예쁜 짓도 한다.

그런데 미세먼지는 도대체 이로운 점이라곤 하나도 없다. 미세먼지는 건강에 매우 해로운 물질로 세계보건기구$^{WHO, World Health Organization}$는 미세먼지를 1급 발암물질로 지정했다. 미세먼지는 협심증이나 심장마비 등의 심혈관질환을 일으키고, 예민한 사람의 경우 기도 염증과 염증 매개인자를 증가시켜 폐질환과 천식을 악화시킨다. 게다가 기형아를 낳을 확률을 높이고 조기사망의 원인이 되기도 한다. 세계보건기구는 매년 미세먼지로 인해 700만 명의 사람들이 조기사망한다고 발표했다. 이화여대 병원은 초미세먼지 $10\mu g/m^3$ 증가할 때마다 임산부가 기형아를 낳을 확률이 16% 증가한다고 발표했다. 덴마크 암학회는 초미세먼지 농도가 증가할 때마다 암 발생 확률이 12% 높아진다는 충격적인 발표를 하기도 했다. 미세먼지는 우울증, 자살, 치매에도 영향을 미치는 것으로 알려질 만큼 정말 위험한 물질이다.

또한 미세먼지는 산업과 경제, 환경에도 매우 나쁜 영향을 미친다. 반도체와 디스플레이, 로켓용 부품, 시계, 광학기계와 같은 정밀기계의 불량률을 상승시킨다. 미세먼지 농도가 높아지면 소비자들의 외출 자제로 유통업, 레저산업 등의 매출이 줄어든다. 그리고 미세먼지는 농작물, 가축 등의 생장을 저하시킨다. 광합성을 방해하는 등 농작물의 생육에 장애를 가져온다. 미세먼지는 환경도 파괴한다. 미세먼지로 인해 강산성이 된 빗물은 토양을 강산성으로 만들며 석회암과 대리석으로 된 유적들을 심각하게 부식시킨다. 아무리 이리저리 둘러봐도 미세먼지만은 단 한 가지도 좋은 점을 찾아볼 수 없다. 그래서 미세먼지를 줄이려는 노력이 정말 필요하다. 그런데 미세먼지 상황은 나아진 것이 없어 보인다는 것이 더 큰 문제다.

미세먼지가 얼마나 심하면 겨울 날씨를 비유하는 '삼한사미三寒四微(3일은 추위, 4일은 미세먼지가 기승을 부린다)'라는 신조어까지 생겨났다. 심지어 2019년 3월 미세먼지 사회재난 규정법이 국회 본회의를 통과했다. 미세먼지가 사회재난으로 선포된 것이다.

오랫동안 국내 1위 날씨와 공기질서비스기업에서 일해온 필자들은 미세먼지 전문가로서 "미세먼지 문제는 제대로 알아야 해결할 수 있다"는 신념을 가지고 사람들에게 미세먼지에 대한 올바른 정보를 주고 미세먼지 문제 해결 방향을 제시해줄 수 있는 책을 집필하게 되었다.

이 책 제1장에서는 미세먼지가 무엇인지, 무엇이 미세먼지를 발생시키는지, 우리나라의 미세먼지 오염도 현황은 어떠한지, 그리고 석탄화력발전소와 미세먼지와의 관계, 미세먼지와 다른 듯 같은 황사에 대해 자세하게 다루었다.

제2장에서는 미세먼지가 인체에 얼마나 해로운지에 대해 소개했다. 미세먼지가 호흡기질환, 심혈관질환, 암과 우울증, 심지어 치매에까지 영향을 미칠 뿐 아니라 특히 임산부와 어린이, 노인에게 치명적이라는 많은 국내외 연구들을 그 근거로 제시했다.

제3장에서는 미세먼지가 기후와 날씨와 어떤 상관관계가 있는지 살펴봤다. 미세먼지는 날씨의 영향을 많이 받는다. 아무리 미세먼지가 많이 발생하더라도 날씨 조건이 맞지 않으면 고농도 미세먼지는 발생하지 않는다. 또한 미세먼지는 기후와 서로 영향을 주고받는 성질이 있다. 기후와 날씨의 상관관계를 아는 것은 미세먼지를 이해하는 데 매우 중요하다.

그리고 제4장에서는 우리나라 미세먼지의 핵심 쟁점으로 떠오른 중국발 미세먼지에 대해 집중적으로 다루었다. 우리나라 사람들 절반 이상이 우리나라 미세먼지가 심각한 것은 중국 탓이라고 생각하고 있고 그것을 뒷받침하는 많은 연구들이 쏟아져나오고 있기 때문이다.

"우리나라에서 이민을 고려하는 사람 수가 급격히 증가한 것은 부모들이 아이들이 숨쉬기 힘든 나라에서는 희망이 보이지 않는다고 생각하기 때문입니다."

2018년 3월 프레스센터에서 열린 '미세먼지센터 창립 심포지엄'에서 송길영 다음소프트 부사장이 한 말이다. 그는 미세먼지에 대한 다음소프트의 빅데이터 분석 결과를 공개했다. 이 회사 빅데이터 내 '미세먼지'와 '이민'이 함께 언급된 글 수는 2015년 125건에서 2017년에는 1,418건으로 10배 가까이 늘었다. '미세먼지'와 '우울증'이 함께 언급된 글 수는 2013년에 비해 2017년에 22.3배로 증가했다고 한다. 슬픈 이야기다. 그런데 우리나라 사람들은 미세먼지가 심각한 가장 큰 원인을 무엇이라고 생각할까? 중국의 영향이라고 지적한 사람은 2016년에는 44%였으나 2018년에는 59%였다고 한다. 우리나라 국민 절반 이상이 미세먼지의 원인을 중국의 영향으로 보고 있는 것이다.

정말 중국의 영향이 큰가? 중국은 계속 베이징北京의 미세먼지 농도가 낮아졌다고 선전한다. 언론은 물론이고 해외 학자들까지 동원하고 있다. 세계 최악의 도시라는 소리를 듣고 싶지 않기 때문이다. 그래서 수도 베이징은 산업체의 지방 이전, 경유차의 도시 진입 금지, 난방에 석유 사용 금지 등을 시행함으로써 특별히 관리하고 있다. 문제는 베이징의 대기오염은 줄어들지만 우리나라에 영향을 주는 미세먼지의 양은 거의 변하지 않는다는 점이다. 중국은 2013년부터 본격적으로 베이징에 있는 공장을 지방으로 이전시키기 시작했다. 이 당시 1,500여 개의 공장들이 허베이성河北省 일대로 옮겨갔다. 이 공장들은 주로 심각한 대기오염을 일으키는 철강, 시멘트, 전해 알루미늄, 비철금속 등을 생산하는 공장들이다. 중국은 2020년까지 2,000여 개의 공장을 더 동쪽으로 이전시킬 계획이다.

"중中 석탄발전소 한국 인근 11개 성省에 1,625기基… 편서풍 불면 '직격탄'". 《문화일보》가 국제환경기구 '콜스웜CoalSwarm'(https://endcoal.org/tracker)이 추적 중인 중국 내 석탄화력발전소 정보를 모두 취합해 분석했다. 그랬더니 한반도 인근 중국 11개 성省·자치구·시에서 지난 1월 현재 가동 중인 석탄화력발전소는 모두 1,625기基(전체 2,849기)나 된다. 총설비용량(최대 가능 생산용량)은 51만 3,894메가와트MW에 이른다. 이는 중국 전체 총설비용량(93만 6,057메가와트)의 절반을 넘는 수치다. 미세먼지는 거리가 가까울수록 더 많은 영향을 준다. 따라서 한반도에서 가까운 지역에 대량의 석탄화력발전소가 있다는 것은 우리에게는 큰 불행인 것이다. 특히 한반도와 가장 가까운 산둥성山東省에서 석탄화력발전소를 가장 활발히 운영 중이라고 한다. 산둥성에만 현재 344기가 가동 중이며 총설비용량은 8만 7,422메가와트다. 산둥성에 있는 석탄화력발전 설비용량이 우리나라 석탄화력발전 총설비용량(3만 7,973메가와트)의 2.3배나 된다. 정말 엄청난 양이다. 이곳에서 발생한 미세먼지는 편서풍을 타고 우리나라로 고스란히 날아올 수밖에 없다.

문제는 지금보다 미래에 미세먼지가 더 심각할 것이라는 점이다. 산둥성에 짓고 있는 석탄화력발전소는 '현재진행형'이다. 산둥성에는 35기의 석탄화력발전소가 건설 중이며 총설비용량은 1만 510메가와트다. 우리나라와 가까운 장쑤성江蘇省(7만 5,808메가와트)과 허베이성(4만 2,046메가와트)도 석탄화력발전 설비용량 규모도 엄청나다. 그럼에도 2019년 1월 중국 환경생태부 대변인은 "중국은 엄청나게 미세먼지가 줄어들고 있다. 한국의 미세먼지는 한국에서 발생한 것"이라고 강변하고 있다.

필자들은 우리 정부가 중국 정부에 항의하고 미세먼지를 저감하라고 강력하게 요구해야 한다고 본다. 제4장에서는 그것의 근거가 될 만한 많은 국내외 연구들을 제시했다.

제5장에서는 우리나라에서는 미세먼지를 어떻게 관측하고 예보하는지 설명하고, 외국의 미세먼지 예보를 소개했다. 대기질 관측용 항공기와 미세먼지 불법 배출 감시 및 대기오염물질 측정용 드론 등에 대해서도 살펴봤다.

실내도 실외 못지않게 미세먼지의 사각지대다. 따라서 제6장에서는 학교, 유치원, 지하주차장, 터널, 지하철역사의 실내공기오염 실태와 실내공기 규제 관련 법 및 대책에 관해 자세하게 다루었다.

마지막 제7장에서 미세먼지 문제를 해결할 수 있는 다양한 스마트 해법을 제시했다. 미세먼지의 주범인 석탄화력발전소 폐쇄와 경유차량 폐차, 화석연료를 대체할 신재생에너지 이용 및 수소전기차의 실용화, 사물인터넷과 빅데이터, 그리고 인공지능을 이용한 미세먼지 관측망 확대, 기발한 미세먼지 저감기술 개발, 숲과 녹지 공간 확대, 중국에 대한 강력한 미세먼지 저감 요구, 지속적이고 실질적인 미세먼지 저감정책 시행, 미세먼지 저감 운동에 전 국민의 적극적인 동참, 환경외교를 통해 주변국과 공동 대책 마련 등이 그것이다.

2019년 3월 초부터 무려 일주일간 초미세먼지 경보가 수도권에 내려졌다. 미세먼지 비상저감조치가 전국으로 확대되었다. 국민들의 고통과 정부 정책에 대한 불신이 높아지자 조명래 환경부장관은 3월 7일 '미세먼지 긴급조치'를 발표했다. 첫 번째로 중국과의 협력을 강화하겠다는 것이다. 구체적 내용을 보면 "서해 상공에서 중국과 공동으로 인공강우 실험을 추진하겠다. 고농도 미세먼지가 발생하면 양국이 자국의 비상저감조치 시행 현황을 공유하고 비상저감조치를 양국이 공동으로 시행하는 방안을 협의하겠다. 양국이 함께 미세먼지 예보·조기경보 시스템을 만들어 공동 대응하는 방안도 구체화할 계획"이라는 것이다. 두 번째는 미세먼지 저감대책을 실시하겠다는 것이다. "고농도 시 석탄화력발전 80% 상한제약 대상을 40기에서 60기로 늘리고 노후 석탄화력발전 2기는 추가 조기 폐쇄를 검토하겠다. 비상저감조치가 연속으로 발령되는 경우에는 단계별로 조치를 강화하는 방안도 추진한다. 예를 들어 3일 이상일 경우 공공차량은 전면 사용제한하겠다"는 것이다. 기존 비상저감조치에는 없었는데 이번에 새로 추가된 내용은 "학교나 공공건물의 옥상 유휴공간에 미세먼지 제거를 위한 공기정화설비를 시범설치하겠다"는 것이었다. 아쉬운 것은 2019년 2월 15일부터 미세먼지 특별법이 시행되고 있었는데 이런 상황을 미리 예견하지 못하고 땜질식 사후약방문격인 이런 대책을 발표해야 했는가다.

그러나 환경부장관의 발표에도 불구하고 국민들의 불안감이 가시지 않자 2019년 3월 13일 국회는 이에 대응하는 법안을 통과시켰다. 미세먼지를 '사회재난'에 포함시킨 법안이 국회 행정안전위원회를 거쳐 본회의에서 통과된 것이다. '재난 및 안전관리기본법'(약칭 재난안전법) 개정안에는 미세먼지를 '사회재난'으로 지정하고 있다. 이전부터 필자들은 많은 칼럼에서 "미세먼지는 재난에 포함시켜야 한다"고 주장해왔는데 이제야 미세먼지를 사회재난에 포함시킨 것이다. 앞으로 세부 법안이 만들어져야 하는데 실질적인 미세먼지 저감 대책과 함께 미세먼지로 인한 피해에 대한 대책이 마련되었으면 한다.

미세먼지 문제는 하루아침에 해결되지 않는다. 미세먼지를 저감해 국민들의 건강권을 지키겠다는 정부의 인식 변화가 무엇보다 필요하다. 또한 기업과 국민들도 정부에게만 미세먼지 저감을 요구할 것이 아니라 같이 희생하고 동참하는 마인드가 필요하다고 본다.

이 책이 미세먼지를 공부하는 학생부터 정책을 입안하는 분들에게 도움이 되었으면 한다. 졸고를 출간해준 프리스마 김세영 사장님, 너무 좋은 책으로 편집해준 이보라 편집장님과 교정을 도와준 정미희님에게 감사를 드린다.

2019년 3월

김동식 · 반기성 공동저자

제1장

미세먼지란
무엇인가

"이젠 하늘이 새카매지면서 푸른 하늘을 보지 못할 겁니다."

1825년에 스티븐슨G. Stephenson이 처음으로 증기기관을 움직였을 때다. 새카맣게 나오는 검은 연기에 놀란 사람들이 반대운동을 벌였다. 실제 하늘은 새카매지지는 않았지만 푸른 하늘을 보기는 점점 더 어려워졌다. 석탄을 주 연료로 사용하는 영국의 급속한 산업화는 엄청난 오염물질을 만들어냈다. 오염물질들은 편서풍을 타고 북유럽으로 날아갔다.

"영국의 소름 끼치는 석탄구름이 몰려와 / 온 나라를 까맣게 뒤덮으며 신록을 더럽히고 / 독을 섞으며 낮게 떠돈다."

노르웨이 극작가인 입센Henrik Johan Ibsen의 '블랑'(1886)이라는 작품에 나오는 말이다. 현재 우리나라도 옛날 노르웨이의 사정과 비슷하다. 중국의 공업화로 발생한 엄청난 미세먼지가 우리나라로 날아오고 있으니 말이다.

1. 조용한 살인자 미세먼지의 정체

미세먼지가 세상에 알려지게 된 끔찍한 사건들

지금이야 미세먼지가 얼마나 나쁜지 많은 사람들이 알고 있지만 예전에는 미세먼지의 심각성을 몰랐다. 미세먼지가 세상에 알려지게 된 끔찍한 사건 전에는 말이다. 미세먼지가 인류의 삶에 나쁜 영향을 미친다는 사실이 최초로 알려진 것은 대기오염으로 인한 집단사망사건 이후다.

1930년에 발생한 벨기에 뫼즈 계곡Meuse River Valley의 참사는 세계 최초의 대기오염 사고 사례였다. 1930년 12월 1일에 짙은 안개가 벨기에를 휘감았다. 분지 지형인 뫼즈 계곡도 마찬가지였다. 안개의 색깔은 시간이 흐를수록 회색으로 짙어졌다. 닷새째인 6일 강한 바람이 불면서 안개가 걷혔

●●● 1930년 12월 벨기에 중남부 뫼즈 강 하구의 대공업지대인 뫼즈 계곡에서 세계 최초의 대기오염 사고가 발생했다. 위 사진은 당시 대기오염물질을 내뿜는 뫼즈 계곡의 공장 굴뚝의 모습이고, 아래 사진은 당시 유해한 대기오염물질로부터 자신들을 보호하고자 제1차 세계대전 때 사용하던 방독면을 착용한 주민들의 모습이다. 뫼즈 계곡 사건은 세계 3대 대기오염 사건 중 하나로 기록되었다.

다. 그러나 공업지대인 뫼즈 계곡은 아비규환의 아수라장이 되어 있었다. 사상자가 6,000명이나 발생했던 것이다. 벨기에 정부는 즉시 사태를 수습하면서 원인 파악에 나섰다. 사망자에 대한 부검 결과 기관지와 폐의 손상이 심했다. 폐포에는 시커먼 검댕 입자가 빼곡히 박혀 있었다.

사고조사위원회는 사고 원인을 공기의 오염과 기상 조건을 꼽았다. 당시 뫼즈 계곡에서는 에너지원으로 석탄을 주로 사용하고 있었다. 석탄에 포함된 황이 사람들을 죽게 만든 원인이었다. 황 자체로도 위험하지만 안개와 결합하여 만들어지는 황산은 더 위험하다. 당시 죽은 사람들 폐에서 발견된 검댕은 지금으로 말하면 초미세먼지라고 할 수 있다. 두 번째 원인은 기상 조건이었다. 당시 대기가 안정되어 있었고 이로 인해 안개가 발생했으며 역전층이 만들어졌다. 그러다 보니 뫼즈 계곡 안에서 발생한 오염물질들이 확산되지 못하고 시간이 갈수록 축적되었던 것이다. 당시의 과학기술로는 규명하기가 어려워 정확한 진상 조사는 거의 불가능했다. 그러나 이후에 과학자들은 그 대기오염물질이 지금으로 말하면 오염된 미세먼지였다고 말한다. 이 뫼즈 계곡 사건은 세계 3대 대기오염 사건 중 하나로 기록되었다.

두 번째 대기오염 사건은 1948년 미국 펜실베이니아 주에 있는 인구 1만 4,000명의 도시 '도노라Donora'에서 발생했다. 주로 제철소와 황산 제련 공장이 들어선 도노라는 계곡에 위치해 있었다. 그렇기에 평상시에도 짙은 안개가 계곡을 덮는 경우가 많았다. 1948년 10월 27일부터 안개가 끼고 바람이 불지 않는 날이 5일간 계속되었다. 공장에서 배출된 여러 종류의 유해가스와 매연, 증기 등이 안개와 함께 섞여 공중에 머물렀다. 20여 명이 죽고 6,000여 명이 호흡기 질병으로 입원 치료를 받았다. 이 사건은 미세먼지가 인체에 어떤 영향을 미치는지 보여주는 대표적인 사례다. 미국에서는 왜 이런 사태가 벌어졌는지에 대한 역학조사를 실시했다. 그랬더니 10㎛ 이하의 오염된 미세먼지가 질병 발생과 사망률을 높였다는 것이다. 또한 건강한 사람들에게도 해로운 영향을 미칠 가능성이 높다는 것이 최초로 밝혀졌다. 이후 미국 정부는 대기오염대책을 마련하기 시작했다. 아울러 미세먼지에 대한 대기오염기준도 마련하기 시작했다.

도노라 계곡의 비극 이후 4년 만에 또다시 대기오염에 의한 엄청난 사망자가 발생하는 사건이 일어났다. 그레이트 스모그Great Smog라고도 불리는 1952년 런던 스모그 사건이다. 1952년 12월 5일부터 12월 10일까지 차가운 고기압이 밀려오면서 기온이 뚝 떨어졌다. 대기가 안정되면서 런던은 차가운 안개로 뒤덮였다. 런던 시민들은 추워지자 평소보다 많은 석탄을 난방에 사용했다. 여기에다가 디젤버스에서 배출된 미세먼지까지 더해졌다. 다량의 석탄 그을음은 미세먼지이고, 황산가스가 2차 입자성 물질로 변하면 초미세먼지가 된다. 고농도 미세먼지에 수많은 사람들이 고통에서 죽어갔다. 런던 스모그 사건으로 총 1만 2,000명이 사망하는 대참사가 발생했다. 이후 영국 의회는 1956년 청정대기법Clean Air Act 1956을 제정하게 된다. 이런 일련의 사건을 겪으면서 세계보건기구는 미세먼지와 초미세먼지에 대한 대기질 가이드라인을 1987년부터 제정했다. 우리나라 환경부도 미세먼지와 초미세먼지를 대기오염물질로 규정하고 규제하고 있다.

미세먼지의 발생 원인

기상학에서 미세먼지(PM₁₀)는 지름이 10㎛(마이크로미터, 1㎛=1,000분의 1㎜) 이하의 먼지를 말한다. 여기에서 P는 particulate(미립자 상태), M은 matter(물질)의 머리글자다. 그러니까 PM은 '대기 중에 떠도는 고체나 액체의 작은 입자상물질'을 뜻한다. 미세먼지 중 입자의 크기가 더 작은 지름 $2.5\mu m$ 이하의 미세먼지를 초미세먼지($PM_{2.5}$)라고 부르며, 지름 2.5~10 μm 사이의 미세먼지는 '거친 미세먼지$^{coarse\ particles}$'($PM_{2.5}$~PM_{10})라고 부르기도 한다. 미세먼지의 크기는 모래 크기의 9분의 1, 사람 머리카락 지름(50~70μm)의 7분의 1~5분의 1일 정도로 작다. 너무 작아 눈에 보이지 않다보니 미세먼지의 양을 측정하고 표현할 때 질량($\mu g/m^3$) 단위를 사용한다.

엔스 죈트겐$^{Jens\ Soentgen}$과 크누트 푈츠케$^{Knut\ Völke}$는 미세먼지를 다음과 같이 설명한다.[1] 그들은 먼지의 본질, 지극히 작은 입자 세계에서의 물리적 작용 원리, 먼지의 기원·피해·활용·회피, 그리고 심리적·문화사적 의미까지 먼지를 다각도로 조명한다. 죈트겐은 먼지의 본질은 모든 물질적인 것의 발단이자 종착역이라고 한다. 먼지의 실체는 매연, 황사, 꽃가루, 화산재, 섬유, 각질, 산업먼지, 우주먼지 등이며, 먼지의 발생은 우주, 자연, 인간 모두가 근원지라고 한다. 이로 인한 영향으로 알레르기, 아토피, 호흡기질환, 반도체산업, 지구온난화 등의 문제가 따른다고 주장한다. 그래서 저자는 먼지로부터의 해방은 불가능한 일이지만 피해는 노력으로 줄일 수 있다고 말한다.

호흡기가 약한 필자는 아침에 일어나 창문을 열고 하늘이 희뿌연 잿빛이면 힘이 쭉 빠진다. 거리를 걸으면 기침이 나고, 미세먼지 농도가 높은 날에는 더욱 심해진다. 거리에는 미세먼지 마스크를 쓴 사람들이 점점 늘어나고 날씨예보와 함께 미세먼지예보를 보는 것은 일상이 되어버렸다. 미세먼지로부터 자유롭지 못한 삶을 살게 된 것이다. 혹시나 클린룸^{clean}

---

1 엔스 죈트겐·크누트 푈츠케, 강정민 역, 『먼지 보고서: 우주먼지에서 집먼지까지』, 자연과생태, 2012.

room^2 정도 되면 미세먼지로부터 자유로울까? 그러나 그런 공간조차도 미세먼지가 전혀 없는 것은 아니다. 어쩔 수 없이 미세먼지와 더불어 살 수밖에 없는 것은 우리의 삶이 미세먼지를 만들어내기 때문이다. 사람들은 먼지를 피하려 하고 그것으로부터 해방되려 한다. 그러나 우리가 먼지를 줄이려고 노력하는 순간에도 우리는 먼지를 발생시키는 경우가 많다.

쿤트겐은 먼지를 일으키는 요인으로 세 가지를 든다. 우주먼지, 자연의 먼지, 인류가 발생시키는 먼지가 그것이다. 우주먼지와 자연의 먼지는 본래부터 있었고, 인류는 그것에 익숙하다. 예전에는 그냥 지나쳤던 먼지가 문제가 되기 시작한 것은 산업화와 생활방식의 변화 때문이다. 즉, 미세먼지의 양이 증가하여 문제가 되기 시작한 것은 인류에게 책임이 있다.

그렇다면 인류가 배출하는 미세먼지는 어떤 것이 있을까? 미세먼지는 오염원에서 대기로 직접 배출되는 토양과 금속성분, 이산화황, 일산화탄소 등과 같은 1차 입자가 있다. 그리고 이들이 공기 중의 산소, 오존, 수증기 등과 화학반응을 일으켜 만들어지는 이산화질소, 황산염 등의 2차 입자가 있다. 그 외 난방, 실내 활동, 생물적 혹은 무생물적 요인(화재 등)도 미세먼지의 근원이다.

환경부는 미세먼지의 발생을 다음과 같이 설명한다.

"미세먼지를 이루는 성분은 그 미세먼지가 발생한 지역이나 계절, 기상조건 등에 따라 달라질 수 있다. 일반적으로는 대기오염물질이 공기 중에서 반응하여 형성된 덩어리(황산염, 질산염 등)와 석탄, 석유 등 화석연료를

---

2 지구에서 가장 깨끗한 공기는 반도체 제조 공정이 이뤄지는 클린룸(청정실) 안의 공기다. 클린룸은 반도체 불량률을 낮추기 위해 미세먼지의 양을 m^{3}당 3만 5,000개 이하로 유지한다. 일반적인 도시의 대기 중에 m^{3}당 약 400만 개의 미세먼지가 존재하는데, 그에 비하면 미세먼지 양이 100분의 1도 안 되는 클린룸 안의 공기는 정말 청정하다고 할 수 있다.

태우는 과정에서 발생하는 탄소류와 검댕, 지표면 흙먼지 등에서 생기는 광물 등으로 구성된다. 전국 6개 주요 지역에서 측정된 미세먼지의 구성 비율은 대기오염물질 덩어리(황산염, 질산염 등)가 58.3%로 가장 높고, 탄소류와 검댕 16.8%, 광물 6.3% 순으로 나타났다. 한편 국내 미세먼지 발생분이 적은 백령도에서는 탄소류와 검댕의 비율이 상대적으로 낮았다."

초미세먼지는 무엇인가

초미세먼지(PM$_{2.5}$)는 '입자의 공기역학적 지름[3]이 2.5μm이하인 입자상물질'이다. 초미세먼지는 지름이 머리카락의 30분의 1~20분의 1에 불과할 정도로 정말 작다. 초미세먼지는 '크기'만으로 규정되었을 뿐 그 입자가 어떤 물질인지는 규정된 바 없다. 왜냐하면 초미세먼지가 정말 다양한 입자상물질로 이루어져 있기 때문이다. 가장 널리 알려진 입자상물질로는 중국에서 날아오는 황사가 있다. 이외에 액체 상태의 입자상물질이 있는가 하면, 고체 상태의 입자상물질도 있다. 또한 이런 물질들이 초미세먼지로 만들어지는 과정도 다 다르다.

먼저 입자상물질은 자연발생적인 것과 인공적인 것으로 나뉜다. 자연발생적인 입자상물질의 대표적인 것이 황사다. 바다에서 만들어지는 해염 입자나 화산재 등도 이에 속한다. 이런 물질들이 아주 작게 부서져 공기 중에 떠 있게 되면 이것을 초미세먼지라 부른다. 인공적인 입자상물질은 공장에서 만들어지는 매연물질이 대표적이다. 경유차에서 배출되는 배기가스, 석탄 광산 등에서 발생하는 분진, 나무나 풀을 태워 발생하

---

3 현미경으로 측정할 수 있는 물리적 크기가 아닌 먼지의 역학적 특성(침강 속도 또는 종단 속도)에 의해 측정되는 먼지의 크기, 밀도, 형태 및 크기에 의해 결정된다.

원소탄소(EC)	불완전 연소 과정에서 발생, 자동차 배기가스
유기탄소(OC)	자동차 배기가스, 바이오매스 연소(산림 화재, 화전)
질소산화물(NOx)	연소 과정
휘발성유기화합물(VOCs)	도장용재, 식물, 공업
암모니아	농업, 축산, 생활 관련
황산화물(SOx)	화석연료의 연소
금속입자	산업 공정(금속정련, 석유정제, 석유화학, 첨가제 제조 등)
미네랄 입자	토양 기원(황사 등)

는 연기[4]도 초미세먼지가 된다.

액체형 초미세먼지의 대표적인 물질이 질소산화물(NO_X), 황산화물(SO_X)이다. 이것들은 산업체의 공장 배출 연기나 자동차 배기가스 등에 많이 포함되어 있다. 문제는 기체로 배출되는 이러한 물질들이 대기 중에서 수분 등과 화학반응을 일으켜 질산이나 황산이라는 '액체형 입자'로 변한다는 것이다. 액체형 입자는 입자형 초미세먼지와는 성질이 다르다. 입자형 초미세먼지는 폐에 들어가 폐포에 침착되어 세포를 상하게 한다. 그러나 액체형 초미세먼지는 산 자체의 독성으로 인체에 큰 피해를 입힌다. 그런데 더 큰 문제가 있다. 산성으로 변한 액체형 초미세먼지가 입자형 초미세먼지($PM_{2.5}$)에 달라붙을 때다. 이노우에 히로요시井上浩義는 이것을 '숫돌 표면에 산을 발라놓은 상태'와 같다고 표현한다.[5] 초미세먼지가 더

---

4 청정지역일 것 같은 아마존 유역 밀림지대의 초미세먼지 농도가 높은 것은 나무와 잡초를 불사르기 때문이다.

5 이노우에 히로요시, 배영진 역, 『은밀한 살인자 초미세먼지』, 전나무숲, 2018.

욱 무서운 물질로 변하면서 사람에게 치명적인 피해를 준다는 것이다.

쾬트겐은 초미세먼지를 만들어내는 물질을 다음과 같이 정의한다. 대표적인 물질로는 유기탄소(OC), 원소탄소(EC), 질소산화물(NO_X), 휘발성유기화합물(VOC_S), 오존(O_3), 암모니아, 황산화물(SO_X), 응축성입자, 금속입자, 미네랄 입자 등이라는 것이다. 화석연료의 연소는 초미세먼지의 주요 근원이다.

2. 미세먼지의 발생원은 무엇인가

발생 과정에 따른 미세먼지의 구분

초미세먼지 중 탄소성 입자는 크게 원소탄소(EC)와 유기탄소(OC)로 구분된다. 원소탄소는 연소 오염원에서 대부분 대기 중으로 직접 방출되는 1차 오염물질이다. 1차 생성 먼지라고도 부르는데 여기에는 검댕[6]도 포함된다. 유기탄소는 인위적 또는 자연적 배출원에서 직접 발생되는 1차 유기탄소와 이것이 산화와 노화 과정을 거쳐 변환되는 2차 유기탄소가 있다. 2차 미세먼지가 만들어지는 과정은 다양하다. 자동차 배기가스나 주유소 유증기에서 배출된 휘발성유기화합물(VOC_S)이 오존(O_3)이나 수산기(OH)를 만나면 화학반응을 일으켜 2차 유기입자를 만들어낸다. 반면 질소산화물(NO_X)은 높은 온도와 압력에서 연료를 태우는 자동차에서 많이 발생한다. 이것도 오존과 반응하여 질산이 만들어지고 다시 암모니아와 반

---

6 대기환경보전법상 '검댕'은 연소할 때에 생기는 유리(遊離) 탄소가 응결하여 입자의 지름이 1㎛(마이크로미터) 이상이 되는 입자상물질을 말한다.

응해 2차 무기입자가 발생한다. 또 자동차에서 배출된 아황산가스가 공기 중의 수증기 등과 반응해서 산성 물질인 황산이 만들어진다. 이것이 공기 중의 암모니아 등과 반응해 초미세입자 형태인 '황산암모늄'이 만들어진다.

KBS 이정훈 기자가 미세먼지가 2차 생성되는 과정을 실험을 통해 확인해 보도했다.[7] 경유차에서 많이 나오는 질소산화물과 산업 현장에서 발생하는 휘발성유기화합물을 주입한 뒤 자외선에 노출시켰다. 1시간 뒤 초미세먼지 농도가 주의보 수준까지 높아졌고, 2시간 뒤에는 경보 기준의 2배까지 치솟았다. 미세먼지가 전혀 없던 실험실이 한두 시간 만에 먼지 입자로 가득 찬 것이다. 생성된 입자를 전자현미경으로 분석해보니 지름이 0.5 μm로 머리카락 지름의 150분의 1 정도에 불과하다. 보도 중에서 한국과학기술원의 김화진 박사는 "(배기가스가) 대기 중에 존재하는 여러 가지 산화제들과 반응하게 됩니다. 그러면 점점 무거워지면서 입자화되고요. 이것들이 조금씩 자라면서 우리가 알고 있는 초미세먼지의 일부가 됩니다"라고 말한다. 이렇게 2차 생성된 미세먼지는 직접 배출된 먼지보다 입자가 작아 몸 속 더 깊숙이 침투하기에 건강에 더 나쁘다. 이노우에 히로요시는 "아주 작고 어디에나 있다'라는 특성 때문에 초미세먼지는 없애기가 어렵다. 게다가 소리도 냄새도 없이 인체에 들어와 심각한 상처를 입힌다. 호흡기, 순환기, 소화기, 눈, 피부 등 가리는 곳 없이 말이다"[8]라며 초미세먼지의 심각한 유해성을 이야기한다.

최근 들어 초미세먼지의 유해성이 부각되면서 발생 원인을 분석한 연구가 많이 발표되고 있다. 이 연구들에 따르면, 미국의 경우 전체 초미세

---

7 http://news.kbs.co.kr/news/view.do?ncd=3287554&ref=A

8 이노우에 히로유시, 배영진 역, 『은밀한 살인자 초미세먼지』, 전나무숲, 2018.

먼지의 20~60%, 유럽연합EU, European Union의 경우는 40% 이상이 화학반응으로 발생한 2차 먼지라고 한다. 우리나라는 어떨까? 환경부가 2016년 4월에 발표한 자료에 따르면, 서울과 경기 지역에서만 전체 초미세먼지 발생량의 약 3분의 2가 2차 먼지인 것으로 밝혀졌다. 그런데 더 최근에는 이 수치보다 더 크다는 연구 결과가 나왔다. 2016년 5월 2일부터 6월 12일까지 40일간, 환경부와 미국항공우주국 연구팀의 '한미 협력 국내 대기질 공동조사'에서다.[9] 2017년 7월 19일 발표된 공동조사 예비보고서 결과를 보자. 관측된 초미세먼지 중 배출원에서 직접 나온 1차 먼지는 25%밖에 되지 않았다. 나머지 75%는 질소산화물, 황산화물, 휘발성유기화합물이 광화확반응을 거쳐 만들어진 2차 먼지였다는 것이다.

남준희는 미세먼지와 초미세먼지가 발생하는 원인에 차이가 있다고 말한다.[10] 미세먼지는 주로 물체 간의 마찰이나 물체를 태울 때 발생한다고 한다. 예를 들어 미세먼지는 제조업 공장에서 재료를 자르거나 가공하는 과정에서, 그리고 나무를 태울 때, 자동차가 도로를 달리면서 바퀴가 마모되면서 만들어지는데, 이 먼지들의 크기가 대개 2.5μm 이상이라는 것이다. 반면에 미세먼지보다 작은 초미세먼지는 물리적인 마찰보다는 고압·고온에서 태울 때나, 화학적 반응으로 발생한다. 자동차가 초미세먼지를 만드는 주범이다. 자동차의 엔진이 고압(대기압보다 수십 배 높음)·고온(수백 도) 하에서 휘발유나 경유를 태우기 때문이다. 이 과정에서 질소산화물(NO_x)이나 황산화물(SO_x)과 함께 탄소입자(OC나 EC) 등이 뿜어져 나온다. 질소산화물이나 황산화물 중 일부는 여러 과정을 거쳐 초미세먼지가 된다.

9 환경부·미 항공우주국, 「한미협력 국내대기질공동조사 예비보고서」, 환경부, 2017.

10 남준희·김민재, 『굿바이! 미세먼지』, 한티재, 2017.

미세먼지를 많이 발생시키는 것

환경부가 발표한 자료[11]에 의하면 우리나라의 경우 2012년에 전국 미세먼지(PM_{10})배출량은 약 12만 톤이다. 미세먼지(PM_{10}의 경우 제조업의 연소공정에서 전체의 65%가 배출된다. 그 다음으로 자동차를 비롯한 이동오염원에서 많이 배출되었다. 초미세먼지는 2015년 기준으로 약 9만 8,000톤이다. 이 중 제조업 연소에서 3만 6,317톤으로 가장 많은 가운데 전체의 37%를 차지한다. 비산먼지가 약 1만 7,000톤으로 두 번째로 많으며 17%정도된다. 세 번째가 비도로이동오염원이고, 네 번째가 생물성 연소이며 다섯번째가 도로이동오염원에서 배출된다. 아래 〈그림 1〉을 참고하기 바란다.

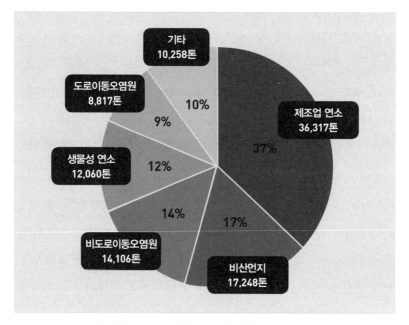

기타
10,258톤

도로이동오염원
8,817톤

10%

9%

제조업 연소
36,317톤

37%

생물성 연소
12,060톤

12%

14%

17%

비도로이동오염원
14,106톤

비산먼지
17,248톤

〈그림 1〉 전국 초미세먼지 부문별 배출량(환경부, 2015년 기준)

---

11 환경부, 「바로 알면 보인다. 미세먼지, 도대체 뭘까?」, 환경부, 2016.

그런데 수도권으로 한정시켜보면 순위가 바뀐다. 그림에서 보는 것처럼 비산먼지가 5,684톤으로 전체의 35%나 된다. 전국보다 비산먼지 비중이 2배 이상 높은 것이다. 두 번째가 비도로이동오염원으로 전체의 23%를 차지한다. 세 번째가 차량에서 내뿜는 초미세먼지로 전체의 18%인 2,895톤이나 된다.

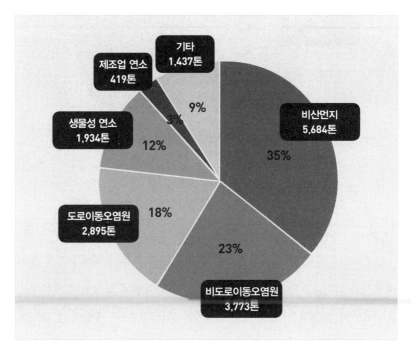

〈그림 2〉 수도권 초미세먼지 부문별 배출량(환경부, 2015년 기준)

그럼 서울로 한정시켜보면 어떨까? 서울의 경우도 비산먼지, 비도로이동오염원, 도로이동오염원의 순이다. 서울이 수도권보다 비산먼지의 양이 더 많아 전체의 44%를 차지한다. 많은 토목공사장의 영향으로 보인다. 차량이 많다 보니 수도권보다 도로이동오염원 배출 비중이 조금 더 높다.

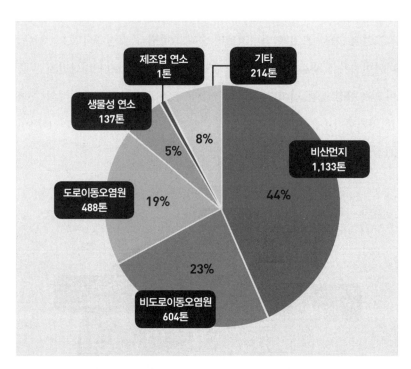

〈그림 3〉 서울 초미세먼지 부문별 배출량(환경부, 2015년 기준)

도로이동오염원 중에 화물차가 69%로 압도적으로 초미세먼지를 많이 배출하고 있다. 그 다음이 경유차량이다. 자동차별로 도로에서 배출하는 초미세먼지 배출량을 보면 화물차가 69%, RV가 22%, 승합차가 5%, 버스가 3%, 특수차가 1% 순으로 배출하고, 가장 적게 배출하는 것이 승용차로 0.3%다.

비도로이동오염원 초미세먼지 배출량을 보면 선박이 48%로 압도적으로 초미세먼지를 많이 배출한다. 그 다음으로 건설장비 37%, 농업기계 10%, 철도 4%, 항공 1% 순이다. 선박에서 초미세먼지가 가장 많이 발생한다는 것이 조금 의아하지 않은가?

"부산이 중국 상하이上海, 선전深圳 등과 함께 세계에서 대기오염물질 배출량이 가장 많은 '더티 텐Dirty Ten'에 뽑혔다."

2016년 2월 17일치 《네이처Nature》에 실린 기사에 나온 내용이다.[12] 갈매기가 날고 뱃고동이 울리는 항구의 이미지는 공기가 맑을 것이라는 선입견을 가지게 한다. 그러나 《네이처Nature》의 발표는 우리의 그런 선입견이 크게 잘못된 것임을 자각케 한다. 항구도시가 미세먼지 농도가 높은 것은 이산화황 오염이 심하기 때문이다. 미세먼지의 농도에 영향을 주는 이산화황 농도를 보자. 울산이 가장 높고 인천, 부산이 그 뒤를 잇고 그 다음 서울과 대전, 광주 순이다. 이처럼 울산, 인천, 부산과 같은 항구도시에서 미세먼지 농도에 영향을 주는 이산화황 농도가 높은 것은 황이 많은 연료를 더 많이 사용하기 때문인 것으로 추정된다.

인천시에서 발표한 미세먼지 저감 대책[13]을 보면, 인천시 내의 미세먼지와 초미세먼지 배출원별 비중을 확인할 수 있다. 인천시의 전체 초미세먼지 발생량은 연간 2,442톤이다. 가장 큰 비중을 차지하는 초미세먼지 배출원은 비산먼지와 생물성 연소로 전체의 30%를 차지한다. 그 뒤를 이어 발전소와 같은 에너지산업에서 20%, 사업장의 생산공정에서 11.3%의 초미세먼지가 발생한다. 인천시의 경우 비도로이동오염원에서 전체 초미세먼지 발생량의 23%가 발생한다. 차량 등의 도로이동오염원의 11.2%보다 거의 2배 가까운 수치다. 서울과 비교해도 현격히 높은 수치다. 비도로이동오염원은 주로 선박이나 항공기, 건설기계 등을 말한다. 인천과 같이 바닷바람이 늘 부는 곳이어도 해풍과 함께 항구로 들어오는 선박이 해

12 Zheng Wan et al., "Pollution: Three steps to a green shipping industry", *NATURE*, 2016, https://www.nature.com/news/pollution-three-steps-to-a-green-shipping-industry-1.19369

13 인천광역시, "2020년 미세먼지 저감 종합대책", 2016

안 도시의 미세먼지 농도에 큰 영향을 미친다는 것이다. 이런 문제가 발생하는 것은 선박에서 황 함량이 매우 높은 저급 중유를 연료유로 사용하기 때문이다. 전문가들은 선박용 연료는 자동차 경유보다 3,500배나 많은 황이 들어 있다고 본다. 큰 항구의 미세먼지 상당량이 선박에서 배출되고 있는 것이다.

정말 그럴까? 독일 자연보호연맹NABU, Nature And Biodiversity Conservation Union 은 깨끗하고 고급스러운 실내를 자랑하는 크루즈 선박이 배출하는 대기오염 물질 자료를 발표했다.[14] 대형 크루즈 선박 한 척은 하루에 약 150톤의 연료를 태운다. 때문에 대형 크루즈 선박이 배출하는 아황산가스는 수백만 대의 자동차가 배출하는 양과 비슷하다. 아질산가스는 중형급 도시 내 차량 전체에서 배출되는 총량에 버금간다. 미세먼지는 런던 시내에 있는 수천 대의 버스에서 배출되는 양과 같다. 상황이 이렇다 보니 국제해사기구 IMO, International Maritime Organization 는 선박에 대한 오염물질 규제를 시작했다. 세계적으로 2012년 1월 1일부터 황 함유량을 4.5%에서 3.5%로 제한하는 규제를 강화한 데 이어, 2020년 1월 1일부터는 황 함유량을 0.5%까지 규제한다. 국제 기구나 우리와 이웃한 중국은 이미 선박에 의한 대기오염을 심각한 문제로 받아들이고 다양한 관리 수단을 도입하고 있다. 우리나라도 선박 관리의 중요성을 깨달으면서 2018년 11월 미세먼지관리강화 대책을 내놓으면서 선박 관리를 하겠다고 발표했다.

정말로 비산먼지가 심각하다

"제가 보기엔 도로에서 날리는 비산飛散미세먼지의 양이 가장 많을 것 같

---

14 https://en.nabu.de/news/2017/21870.html

아요. 도로에서 날리는 먼지, 도로 표면이 깎이어 날리는 먼지, 자동차 타이어가 마모되면서 날리는 먼지 등 말입니다. 제가 택시운전 30년을 했는데 정말 도로에서 날리는 미세먼지가 심각하다는 것을 느낀단 말입니다."

미세먼지주의보가 내려졌던 날 필자가 타고 가던 택시의 기사는 도로에서 날리는 비산먼지가 미세먼지의 주범이라고 흥분하고 있었다. 네이버 백과에서는 비산먼지를 "공사장 등에서 일정한 배출구를 거치지 않고 대기 중으로 직접 배출되는 먼지"라고 정의한다. 두산대백과에서는 "비산분진이라고도 하며, 주로 시멘트 공장이나 연탄 공장, 연탄 이적장, 도정 공장, 골재 공장 등에서 배출된다"고 한다. 이처럼 정의는 약간 달라도 그 택시기사는 비산먼지의 상당량이 도로에서 발생한다고 보았다.

그럼 우리나라의 비산먼지가 배출하는 미세먼지의 양은 어느 정도나 될까? 2012년 통계에서는 비산먼지의 양조차 제대로 추산하지 못했는데, 2015년 통계에서는 서울 및 수도권을 비롯한 전국 모든 지역에서 비산먼지의 초미세먼지 배출량이 가장 많다고 발표했다. 전문가들은 그동안 우리나라 미세먼지 정책이 우왕좌왕한 이유 중 하나가 정확한 미세먼지 배출원과 배출량을 잘 모르기 때문이라고 지적해왔다. 그런데 비산먼지의 양조차 추정하지 못하던 정부가 이번에는 비산먼지의 초미세먼지 배출량을 발표했으니 그나마 다행이다.

그러나 전문가들은 우리나라의 미세먼지 배출량을 집계하는 시스템을 보면 신뢰하기 어려운 부분이 상당히 많다고 말한다. 현재 환경부와 국립환경과학원은 대기정책지원시스템CAPSS, Clean Air Policy Support System을 구축해 해마다 시·군·구 단위로 미세먼지(PM_{10})와 초미세먼지($PM_{2.5}$) 배출량을 산출·발표하고 있다. 배출량은 2만여 개의 배출계수와 각종 통계자료를 이용해 계산한다. 서강대 이덕환 교수는 환경부의 미세먼지 통계 중 가장 믿을 수 없는 것이 비산먼지의 양이라고 말한다. 실제는 정부 통계치보다 더 많은 비산먼지가 영향을 주고 있을지도 모른다는 말이다.

"도로에서 날리는 비산먼지와 제조업 연소 과정에서 발생하는 미세먼지 배출량이 가장 부정확하다." 장영기 수원대 환경에너지공학과 교수팀의 주장이다. 택시운전기사의 말과 비슷하지 않은가? 장영기 수원대 환경에너지공학과 교수팀은 "도로에서 배출되는 비산먼지의 양을 계산하려면 도로 조건과 계절적 요인까지 고려해야 한다. 그런데 지자체의 대기관리 담당자가 사실상 없는 상황에서는 현장 조사 자체가 불가능하다. 그렇기에 정확한 배출량을 계산하기가 어려운 게 현실이다"라고 말한다.

비산먼지뿐만 아니라 다른 배출원에 대한 계산도 부정확하다. 2016년 말 기준으로 전국의 대기오염물질 배출 사업장은 5만여 개로 대기오염물질 배출량에 따라 1~5종으로 구분한다. 그중 규모가 큰 1~3종 사업장만 배출량을 측정하고, 90%가 넘는 비중을 차지하는 4~5종 사업장은 대상에서 제외된다. 대형 배출원 위주로 배출량을 파악하다 보니, 영세 사업장이나 불법 노천 소각 등에서 발생하는 미세먼지는 계산에서 빠진다. 정확한 통계가 불가능한 이유다. 일부 전문가들은 공식적으로 잡히지 않는 미세먼지 배출량이 많게는 국내 총배출량의 절반에 이를 것으로 추산하고 있다. 케이웨더 실외미세먼지간이측정기로 관측해보면 도로 옆이 미세먼지 농도가 더 높다. 자동차 배기가스의 영향도 있겠지만 택시기사 말처럼 비산먼지 영향도 있을 것으로 보인다.

이외에 조리/요리 중에도 미세먼지가 발생한다. 미세먼지는 가정에서 가스레인지, 전기그릴, 오븐 등을 사용해 조리할 때도 많이 발생한다. 음식 표면에서 15~40nm(나노미터) 크기의 초기 입자가 생성되고 재료 중의 수분, 기름 등과 응결하여 그 크기가 커진다. 미세먼지는 조리법에 따라서 그 발생 정도가 다르다. 기름을 사용해 굽거나 튀기는 요리는 삶는 요리보다 미세먼지를 많이 발생시킨다. 기름을 사용해 굽거나 튀기는 요리를 할 경우, 미세먼지 농도가 평소 미세먼지 농도보다 최소 2배에서 최대 60배 높다.

3. 우리나라 미세먼지 오염도 현황

우리나라 미세먼지 농도가 높은 이유

우리나라의 미세먼지(PM_{10}) 오염도는 2001~2006년까지는 연 평균 51~61$\mu g/m^3$ 사이를 오르내렸다. 하지만 '수도권 대기환경관리 기본계획(2005~2014년)' 등의 시행과 더불어 2007년부터 감소 추세로 돌아섰다. 그러나 최근 들어 대기질 개선이 정체되면서 다소 증가하는 모습을 보이고 있다. 2016년에는 황사를 포함한 미세먼지(PM_{10}) 농도는 경기도가 53$\mu g/m^3$으로 가장 높았고 수도권과 전북이 51$\mu g/m^3$으로 그 다음으로 높았다. 초미세먼지는 전북이 31$\mu g/m^3$으로 가장 높았고 경기도가 28$\mu g/m^3$으로 그 다음으로 높았다.

2017년 주요 대도시의 미세먼지(PM_{10}) 연평균 농도는 40~46$\mu g/m^3$으로 전년 대비 감소 추세를 보였다. 대전이 전년 대비 1$\mu g/m^3$ 증가하여 45$\mu g/m^3$ 농도를 나타냈으나, 대전을 제외한 나머지 6개 지역에서는 미세먼지(PM_{10}) 연평균 농도가 전년 대비 감소하거나 동일했다. 인천의 경우는 전년 대비 3$\mu g/m^3$이 감소했지만, 미세먼지 연평균 농도가 46$\mu g/m^3$으로 가장 높았고, 2016년에 가장 낮은 농도를 보인 광주 지역이 2017년에도 40$\mu g/m^3$으로 가장 낮은 농도를 나타냈다(〈그림 4〉 참조).

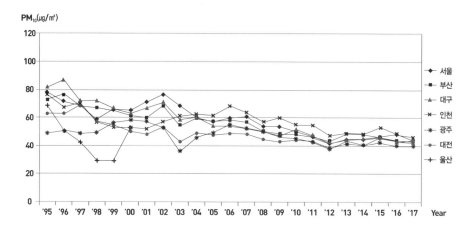

$PM_{10}(\mu g/m^3)$

〈그림 4〉 주요 도시의 연도별 미세먼지(PM_{10}) 연평균 농도

2017년 주요 대도시의 초미세먼지($PM_{2.5}$) 연평균 농도는 21~26$\mu g/m^3$인 것으로 나타났다. 광주, 울산이 각각 1$\mu g/m^3$, 2$\mu g/m^3$이 증가한 데 비해 나머지 5개 도시에서는 전년 대비 감소하거나 동일한 추세를 보였다. 7개 주요 도시 중 부산이 26$\mu g/m^3$으로 가장 높은 농도를 보였으며, 대전이 21 $\mu g/m^3$으로 가장 낮은 농도를 나타냈다(〈그림 5〉 참조).

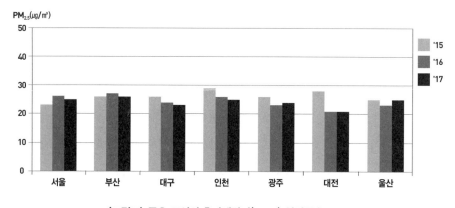

$PM_{2.5}(\mu g/m^3)$

〈그림 5〉 주요 도시의 초미세먼지($PM_{2.5}$) 연평균 농도

그런데 초미세먼지 농도가 정체이거나 약간 높아졌다고 안심해서는 안

된다. 수치로 보면 얼마나 심각한지 잘 모른다. 우리나라 초미세먼지 기준을 세계보건기구WHO 기준으로 적용하면 우리나라의 초미세먼지 수준이 정말 심각하다는 것을 알게 된다. 2017년 대기환경연보 분석을 보면 세계보건기구WHO와 미국, 일본의 환경기준을 국내 초미세먼지(PM$_{2.5}$) 측정소에 적용할 경우 우리나라 국민이 안심하고 공기를 마실 수 있는 곳은 단 한 곳도 없다.

〈표 2〉 세계 각국의 미세먼지(PM$_{10}$) 환경기준 (단위: $\mu g/㎥$)

PM$_{10}$	한국	미국	캐나다	일본	WHO	EU	중국	호주
연평균	50	–	–	–	20	40	70	–
일평균	100	150	25	100	50	50	150	50

〈표 3〉 세계 각국의 초미세먼지(PM$_{2.5}$) 환경기준 (단위: $\mu g/㎥$)

| PM$_{2.5}$ | 한국 | | 미국 | 캐나다 | 일본 | WHO | EU | 중국 | 호주 |
	현행	개정							
연평균	25	15	15	–	15	10	25	35	8
일평균	50	35	35	15	35	25	–	75	25

초미세먼지(PM$_{2.5}$) 환경기준을 달성한 국내 측정소의 수는 갈수록 감소하고 있다. 2019년 1월에 강화된 환경기준에 따라 적용해보면 달성률이 0%가 될 전망이다. '환경기준 달성률'은 365일 중 환경기준(일평균 50 $\mu g/㎥$)을 4일 초과하지 않은 측정소를 유효측정소 수로 나눈 값이다. 수치가 낮을수록 심각해진다는 뜻이다. 국립환경과학원의 '대기환경연보 2017'의 자료를 보자. 2017년에 지름 2.5μg 이하인 초미세먼지 유효측정

소 197곳 중 24시간 환경기준인 $50\mu g/m^3$를 달성한 측정소는 17곳으로 8.6%의 달성률을 보였다. 이것은 2016년의 달성률 10.9%보다 2.3% 포인트 하락한 수치다. 그런데 더 큰 문제는 환경기준을 세계보건기구[WHO] 수준인 $25\mu g/m^3$(24시간 평균 농도)으로 강화할 경우 환경기준을 달성하는 곳이 단 한 곳도 없게 된다는 점이다. 게다가 완화된 미국과 일본의 환경기준이자 우리나라가 2018년에 도입한 환경기준인 $35\mu g/m^3$(24시간 평균 농도)을 달성한 측정소조차 없다는 것이다.

아래 그림은 2012~2014년까지 3년 동안 선진국과 우리나라의 미세먼지 평균 농도를 비교한 것이다. 우리나라의 미세먼지 농도가 선진국에 비해 매우 높은 모습이다. 미국 로스앤젤레스[LA, Los Angeles]보다 1.5배, 일본 도쿄[東京]보다 2배 이상 높으며, 프랑스 파리[Paris]와 영국 런던[London]보다 1.7배 정도 높다. 우리나라 미세먼지 농도가 매우 높다는 것이고 상당히 심각하다는 뜻이다.

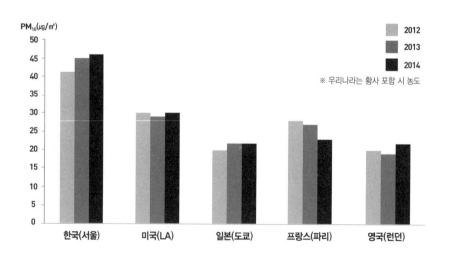

〈그림 6〉 2012-2014년 세계 주요 도시의 미세먼지 농도 비교(출처: 환경부)

우리나라의 미세먼지 농도가 상대적으로 높은 까닭은 인구밀도가 높고, 도시화, 산업화가 고도로 진행되었기 때문이다. 이런 이유로 단위면적당 미세먼지 배출량이 많고, 여기에다가 지리적 위치, 기상 여건 등도 불리하기 때문이다. 우리나라는 지리적으로 편서풍 지대에 위치하여 상시적으로 주변국의 영향을 받는다. 특히 서쪽에 위치한 중국의 영향을 많이 받는다. 또 기상학적으로도 미세먼지를 씻어내리는 강수가 여름철에 편중되어 있다. 겨울철, 봄철에는 강수가 극히 적어 세정효과를 기대하기가 어렵다. 또한 늦가을부터 봄철까지 우리나라 주변에 자주 형성되는 대륙성 고기압으로 인해 대기의 안정과 정체가 발생한다. 이런 여러 이유들로 인해 고농도 미세먼지 현상이 자주 발생한다.

수도권과 서울의 미세먼지 오염도

환경부 자료에 의하면, 미세먼지(PM_{10})의 연평균 오염도는 최근 정체 상황이고, 초미세먼지($PM_{2.5}$)의 오염도는 선진 주요 도시 대비 높은 수준이라고 나와 있다. 특히 최근 인체 위해성이 더 큰 초미세먼지($PM_{2.5}$)가 빈번히 고농도 발생되고 있는 추세라고 한다. 환경부의 서울 미세먼지 농도 변화를 보면 2012년까지 줄어들던 미세먼지 농도가 이후 조금씩 증가하면서 2016년에는 $48\mu g/m^3$까지 치솟았다.

서울대 허정화 등이 연구한[15] 서울 지역의 미세먼지(PM_{10}) 농도 분석 결과를 보자. 이들이 서울 지역을 대상으로 한 것은 서울이 수도로 인구가 밀집되어 있고, 자동차와 공장 같은 오염원이 많아서 서울의 대기오염이 한국에서는 가장 큰 이슈가 되고 있기 때문이다. 이들의 서울의 연간 미

---

15 허정화 외, "1997년부터 2013년까지 서울에서 관측된 미세먼지 농도 변화", 한국기상학회, 2014.

세먼지 농도 추세 분석은 다음과 같다.

"서울 지역 25개의 각 도시대기측정망에서 1997년부터 2013년까지(17년간) 관측된 PM_{10} 질량농도의 평균은 약 50~60$\mu g/m^3$으로 분석되었다. 특히 2003년 이후에는 25개 모든 관측소에서 명확한 감소 추세를 보였다. 고농도 미세먼지는 감소하고 있는 데 반해 저농도 미세먼지는 거의 변화를 보이지 않았다. 모든 계절에서 감소 추세를 보였으나, 겨울철이 다른 계절에 비해 적게 감소한다. 이는 겨울철 중국에서 빈번히 발생하는 미세먼지의 장거리 수송 영향을 받고 있음을 유추할 수 있다. 서울 연평균의 경우 2010년부터 연간 대기환경기준(연간 50$\mu g/m^3$ 이하)을 만족했다."

이 연구로 알 수 있는 것은 우리나라에서 공기를 청정하게 하려는 노력으로 2013년까지는 더 이상 미세먼지 농도가 상승하지 않은 것으로 보인다는 것이다. 그러나 이 논문에서 말하는 대기환경기준은 우리나라 환경부 기준에 적합하다는 것이지 세계보건기구[WHO]의 기준인 20$\mu g/m^3$에 비하면 2배 이상 미세먼지 농도가 높은 것이다. 그러니까 실제 서울의 미세먼지 농도 수준은 매우 나쁘다고 할 수 있다.

서울시보건환경연구원에서는 서울의 대기측정망에서 측정된 결과를 평가[16]했다. 평가 시기는 2017년 1월이었고, 측정 지점은 도시대기오염측정소 25개소와 도로변대기오염측정소 14개소, 그리고 입체측정망과 경계측정망 각각 3개였다. 측정하는 대기질 항목은 이산화황(SO_2), 미세먼지(PM_{10}), 초미세먼지($PM_{2.5}$), 이산화질소(NO_2), 오존(O_3), 일산화탄소(CO) 등이다. 이 중에서 미세먼지(PM_{10})와 초미세먼지($PM_{2.5}$)만 살펴보겠다. 월평균 미세먼지 농도는 53$\mu g/m^3$, 초미세먼지 농도는 32$\mu g/m^3$이었

---

16 서울시보건환경연구원 대기측정관리팀, "2017년 1월 대기질 분석 결과", 서울시, 2017.

다. 미세먼지와 초미세먼지는 전월(2016년 12월) 및 전년(2016년 1월) 대비 증가했는데 고농도 사례(미세먼지 일평균 $100\mu g/m^3$ 초과)는 3일이었다. 2017년 1월에 미세먼지가 기준을 초과한 횟수는 64회로 전년(2016년)의 7회보다 무려 9배 이상 증가했다. 초미세먼지의 경우 기준 초과 횟수가 116회로 전년(2016년)의 34회에 비해 3.4배 증가했다. 실제 서울시에서 환경기준으로 설정한 수치를 넘으면서 환경기준 달성률은 미세먼지의 경우 4%, 초미세먼지의 경우 0%였다. 한마디로 미세먼지나 초미세먼지 관리에 실패했다는 말이다. 서울시의 지역별 미세먼지와 초미세먼지 분포 특성을 살펴보자.

미세먼지의 경우 서쪽과 동쪽이 높게 나타났는데, 그중에서도 강동구가 가장 높게 나타났다. 그에 비해 서울 중간에 위치한 중구, 용산구, 동작구, 관악구 등의 미세먼지 농도는 낮았다. 그러나 흥미롭게도 초미세먼지의 경우 서울 중심부 지역과 동쪽 지역이 높게 나타났다. 도로변 미세먼지 농도는 서울시 평균 농도보다 높았다. 일반도로는 도시 평균에 비해 4 $\mu g/m^3$ 높게 나타났다. 전용도로는 도심 평균보다 12$\mu g/m^3$ 높았으며, 중앙차로의 미세먼지 농도는 15$\mu g/m^3$이나 높았다. 차가 많이 다니는 곳일수록 미세먼지 농도가 높아지는 현상을 보였다.

서울보다 더 심각한 곳이 수도권의 북서쪽 지역이다. "김포·포천 등 수도권 미세먼지 오염 도시, 10년 새 공장 2배로", "입지 규제 완화가 초래한 끔찍한 환경파괴, 누가 좁은 국토를 이렇게 망가뜨렸나".《조선일보》한삼희 수석논설위원의 2017년 5월 27일자 기사 제목들이다. 한 위원의 말은 2016년 12월《대기환경월보大氣環境月報》내용으로 시작한다.

"2016년 12월, 서울이 공기 m^3당 30μg으로 선진국 도시의 대략 2배 수준이었다. 전국 도시 가운데 가장 오염도가 높은 곳이 김포시(50μg)와 포천시(49μg)였다. 공장 등록 통계가 들어 있는 '팩토리온' 사이트를 뒤져봤더니 김포의 올 3월 등록 공장 수가 5,915개로 나와 있었다. 2006년엔 3,127곳이었다. 11년 사이 거의 2배가 되었다. 포천도 2006년 2,066개이던 공장이 3,661개로 늘어났다. 공장들이 미세먼지 오염을 가중시킨다는 혐의가 짙다. 환경부 기동단속팀이 3월 말~4월 초 포천 일대 소규모 공장 165곳을 점검해봤는데 93곳이 적발되었다. 오염 방지 시설을 설치하지 않은 채 폐목재나 유황 성분이 과다한 저질 연료를 태우는 사업장이 많았다. 방지 시설을 설치해놓고는 운전비용이 아까워 가동하지 않는 곳들도 있었다. 환경부 기동단속팀은 작년 2월엔 김포시 대곶면 거물대리의 영세 공장 밀집 지역을 단속했다. 당시 86곳을 점검해 62개 사업장이 적발되었다. 절반이 대기오염 관련이었다."

공장입지 규제완화로 대기오염과 환경파괴가 가속된 한심한 사례다.

우리나라 미세먼지의 국제적 수준

2017년 4월 세계경제포럼World Economic Forum 관광경쟁력 평가 결과, 대한민국이 관광경쟁력이 상승해 전 세계 136개국 중 19위를 차지했다. 매우 경축할 일이다. 그런데 관광경쟁력 평가 중 하나인 초미세먼지는 너무나 부끄러울 정도다. 우리나라의 초미세먼지는 130위로 아주 심각한 수준인 것으로 나타났다. 물론 2015년 134위였던 것에 비하면 2017년에 순위가 조금 오른 건 사실이다. 그러나 우리나라를 평가한 총 90개 지표 중 초미세먼지 지표에서는 겨우 꼴찌를 면하는 수준이었다.

미국 예일대와 컬럼비아대 공동연구진이 발표한 '환경성과지수EPI Environmental Performance Index 2016'을 보자. 우리나라는 공기질 부문에서 100점 만점에 45.51점을 받았다. 전체 조사대상 180개국 중 83위를 차지하는 부끄러운 성적이었다. 그럼 환경성과지수란 무엇을 말하는 것일까? 환경성과지수는 환경, 기후변화, 보건, 농업, 어업, 해양 분야 등 20여 개 항목을 활용해 국가별 지속가능성을 평가하는 지표다. 2년마다 세계경제포럼 WEF, World Economic Forum을 통해 공표된다. 그런데 관광경쟁력 평가와 마찬가지로 여기에서도 초미세먼지 노출 정도에서 33.46점으로 174위를 차지했다. 꼴찌는 중국이었다. '이산화질소에 노출되는 정도'는 '0점'으로 180개국 중 우리나라가 꼴찌였다. 환경위험 노출도를 나타내는 '건강에 미치는 영향Health Impacts'은 103위, '기후와 에너지'는 83위였다.

선진국일수록 환경영향지수가 높다. 핀란드가 전 세계에서 환경적으로 가장 우수한 국가로 나타났고 아이슬란드와 스웨덴, 덴마크, 슬로베니아 등 북유럽 국가들이 상위권을 독식했다. 스페인, 포르투갈, 에스토니아, 몰타, 프랑스도 10위권 이내였다. 청정한 공기를 추구하는 유럽 국가가 최상위권에 위치한 것은 당연해 보인다. 아시아에서는 싱가포르가 16위로 환경적 성과가 높게 평가되었고, 일본이 39위, 대만이 60위, 말레이시아가 63위로 우리나라보다 순위가 매우 높았다. 우리나라의 환경성과지수 순위가 대폭 하락한 것이 탄소저감과 환경개선 노력을 게을리했기 때문이라는 전문가의 지적을 정부는 겸허히 받아들여야 한다.

환경부에서 2018년에 발표한 각국 대기오염도 현황은 50쪽 〈표 4〉에 나와 있다. 2017년을 기준으로 서울은 $44\mu g / m^3$이고 미국 로스앤젤레스LA는 $33\mu g / m^3$이다. 영국 런던은 $17\mu g / m^3$, 프랑스 파리는 $21\mu g / m^3$, 일본 도쿄는 $17\mu g / m^3$으로 우리나라가 런던이나 파리, 도쿄보다 2배 이상 미세먼지 농도가 높다. 초미세먼지도 마찬가지다. 서울이 $25\mu g / m^3$으로 미국 로스앤젤레스의 $14.8\mu g / m^3$, 영국 런던의 $11\mu g / m^3$, 프랑스 파리의 $14\mu g / m^3$, 일본 도쿄의 $12.8\mu g / m^3$보다 엄청 높다.

〈표 4〉 세계 주요 도시의 각종 대기오염물질 비교(환경부, 2018)

국가 (측정소명)	연도	미세먼지 (PM₁₀) ($\mu g/m^3$)	초미세먼지 (PM₂.₅) ($\mu g/m^3$)	이산화질소 (NO₂) (ppm)	이산화황 (SO₂) (ppm)	오존(O₃) (ppm)	
						연평균 (Annual mean)	8시간 오존 최고 농도의 연평균 (Annual mean of daily max 8hr O₃)
서울 (25개 측정소 평균 농도)	2013	45	–	0.033	0.006	0.022	0.035
	2014	46	–	0.033	0.006	0.023	0.037
	2015	45	23	0.032	0.005	0.022	0.036
	2016	48	26	0.031	0.005	0.024	0.038
	2017	44	25	0.030	0.005	0.025	0.039
미국 (Los Angeles– Long Beach– Anaheim, CA)	2013	33	–	0.023	0.001	–	0.094
	2014	44	15.2	0.027	0.001	–	0.097
	2015	37	12.6	0.025	0.001	–	0.1
	2016	34	14.7	0.024	0.001	–	0.1
	2017	33	14.8	0.025	0.001	–	0.111
영국 (London Bloomsbury)	2013	18	12	0.027	0.002	0.013	0.019
	2014	19	15	0.027	0.001	0.014	0.021
	2015	19	11	0.025	0.001	0.016	0.022
	2016	20	12	0.022	0.001	0.013	0.019
	2017	17	11	0.020	0.001	0.015	0.022
프랑스 (Paris Centre 4ème)	2013	26	19	0.020	–	0.019	–
	2014	22	15	0.021	–	0.019	–
	2015	23	14	0.020	–	0.020	–
	2016	22	14	0.020	–	0.019	–
	2017	21	14	0.020	–	0.020	–
일본 (도쿄)	2013	21	15.8	0.018	0.002	0.032	–
	2014	20	16.0	0.017	0.002	0.032	0.091
	2015	19	13.8	0.017	0.002	0.031	0.091
	2016	17	12.6	0.016	0.002	0.031	0.087
	2017	17	12.8	0.016	0.001	0.032	0.084

4. 미세먼지가 산업에 미치는 영향

산성비를 내리는 미세먼지

리들리 스콧^{Ridley Scott} 감독의 영화 〈블레이드 러너^{Blade Runner}〉를 보면 환경 파괴로 인한 지구의 미래가 매우 암울하다는 것을 느끼게 된다. 비가 내리는 서기 2019년의 LA는 황량하다. 그런데 이를 표현해주는 것이 강력한 산성비. 영화 속에서는 어둠을 배경으로 끊임없이 산성비가 내린다. 결국 환경오염과 인구 증가로 지구는 다른 행성에 식민지화 이주정책을 펼 수밖에 없다. 이 영화에서 산성비와 파괴된 오존층을 상징하는 도구가 등장한다. 바로 우산이다. 미래 세계의 도심은 화려하다. 멋진 우주선이 떠다니며 우주 식민지에서 누리게 될 새로운 삶에 대한 광고가 도시를 도배한다. 초현대적 고층 건물 숲과는 대조적으로 땅에서 비를 피해 우산을 쓰고 다니는 사람들의 모습은 너무 초라하다. 유토피아가 아닌 디스토피아의 낙후된 슬럼가 그 이상 그 이하도 아니다. 영화에서 그나마 배경이 미래 세계라는 것을 증명할 수 있는 것은 사람들이 쓰고 다니는 형광등처럼 빛이 들어오는 우산이다.

　그런데 산성비를 만드는 주범이 바로 미세먼지다. 미세먼지를 구성하는 물질 중에는 질소산화물과 황산화물이 있다. 이것들이 대기 중에서 수증기와 만나면 황산이나 질산으로 변한다. 이처럼 매우 강한 산성을 띤 물질이 비에 흡수되어 내리는 것을 산성비라 한다. 우리나라에서는 수소이온농도(pH) 5.6 미만의 산성을 띠는 비를 산성비로 부른다. 산성비를 만드는 물질은 두 가지 경로로 배출된다. 하나는 화산폭발, 산불, 해염입자^海^{鹽粒子}와 같은 자연적인 배출원을 통해 만들어지며, 다른 하나는 발전소, 공장, 자동차, 주택 등에서 인위적으로 배출되는 화학물질로 만들어진다. 산성비의 가장 큰 원인은 인위적인 배출이다. 황산화물이나 질소산화물은 대기로 배출된 후 장거리 이동이 가능하다. 산성화에 가장 큰 영향을 미치는 오염원은 황산이온물질이다. 그 다음이 질산이온이고 염산이온의 영향이 가장 작다.

강산성이 된 물은 생태계에 다양한 형태로 악영향을 미친다. 먼저 인체에 피해를 준다. 직접적으로 눈이나 피부를 자극하여 불쾌감이나 통증을 일으키고 아토피 피부염이나 천식 등을 악화시키기도 한다. 산성비 속의 질산이온은 몸속에서 발암성 물질인 비트로소 화합물로 변한다. 이로 인해 위암 발생 가능성이 높아진다. 둘째, 수중생태계에 피해를 입힌다. 수중 미생물의 활성이 낮아져 유기물이 분해되지 않아 물의 빈영양화가 일어난다. 토양에서 용출된 알루미늄이 호수로 유입되어 생물종에게 큰 위협이 되기도 한다. pH가 5 이하로 낮아지면 대부분의 물고기가 알을 부화하지 못한다. 셋째, 토양 피해가 심각해진다. 산성비로 인해 토양이 강한 산성이 되기 때문이다. 염기성 양이온이 부족해지면 식물이 정상적으로 생장하지 못한다. pH 5 이하가 되면 쌀과 밀, 보리의 광합성이 저하된다. pH 4 이하에서는 식량 생산이 줄어들고 무, 당근 등의 채소 수확도 감소된다. 넷째, 삼림에도 피해를 입힌다. 식물에 필수적인 영양소인 칼슘, 마그네슘, 칼륨 등의 금속 성분 이온들이 상실된다. 또한 산성비는 광합성작용을 하는 엽록소를 제거한다. 오염된 토양층으로부터 독성 물질이 배출되기도 한다. 결국 이런 것들이 삼림을 황폐하게 만드는 원인이 된다. 다섯째, 가치가 있는 역사유적의 부식을 일으킨다. 강산성의 비는 석회암과 대리석으로 된 유적들을 심각하게 부식시킨다. 건물과 금속, 자동차, 고무, 가죽제품 등의 부식으로 경제적 손실을 가져오기도 한다.

반도체는 미세먼지에 취약하다

미세먼지는 산업활동에도 적지 않은 악영향을 미친다. 반도체와 디스플레이 산업은 가로·세로 높이 $30cm$ 공간에 $0.1\mu g$의 먼지입자 1개만 허용될 정도로 먼지에 민감한 분야다. 미세먼지에 노출될 경우 불량률이 증가하기 때문이다. 평소에도 먼지와의 전쟁을 벌이고 있는 반도체산업은 미세먼지로 인한 제품불량률을 줄이기 위해 공기정화시설을 강화해야 하기 때문에 생산원가가 상승한다. 특히 액체상태인 유리물을 컴퓨터 모니터나 TV 브라운관용 유리로 만드는 성형공정에 미세먼지가 날아들어 화면에 흠집이나 굴곡을 만드는 등 불량률이 상승하기도 한다. 미세먼지는 마그네틱 드럼 테이프, 셰도우 마스크, 고신뢰관 등의 전자기기와 로켓용 부품, 시계, 광학기계 등의 정밀기계의 불량률도 상승시킨다.

미세먼지는 조선업, 자동차산업 등의 작업도 방해한다. 조선업계는 미세먼지 농도가 높을 때는 도장작업을 중단해야 한다. 미세먼지로 인한 조업일수 증가와 도장비용 증가로 생산원가가 상승하는 것이다. 미세먼지는 항공업, 유통업, 레저산업 등의 매출액을 감소시킨다. 미세먼지가 시정을 악화시켜 항공기 운항에 영향을 미치면 운항 지연이나 결항이 발생할 수 있다. 미세먼지 농도가 높아지면 소비자들의 외출 자제로 유통업, 레저산업 등의 매출이 줄어든다.

미세먼지는 가축, 농작물의 생장을 저하시킨다. 미세먼지 속 유해물질은 가축의 건강에 나쁜 영향을 미친다. 또한 미세먼지는 햇빛을 차단해 일조량을 감소시키고 식물의 기공을 막아 광합성을 방해함으로써 농작물의 생육에 장애를 가져온다. 미세먼지가 비닐하우스 피복재에 흡착해 시설 내의 투광률을 감소시켜 재배작물의 광합성을 억제하고, 시설 내의 온도 상승을 지연시키는 효과도 있다. 또한 미세먼지는 의복, 음식물, 자동차, 건물 등에 침강해 이에 대한 세척비용이 들게 만들고, 자동차의 공기청정기를 오염시켜 추가적인 연료 소모를 유발한다. 엔진 연소실로 유입되는 공기를 걸러주는 역할을 하는 공기청정기에 먼지 입자가 끼면 공기흡입이 원활하지 못해 엔진 출력이 저하되고 연료 소비가 증가하기 때문이다.

미세먼지에 노출되는 산업근로자

일반 시민들에 비해 산업근로자들은 미세먼지에 더 많이 노출된다. 특히 옥외 작업장에서 근무하는 노동자들은 미세먼지에 하루 종일 노출된다. 김승원 등은 옥외 작업장에서 미세먼지에 노출되는 실태를 연구했다.[17] 옥외 작업장은 옥내 작업장을 제외한 곳을 말하며, 여기서 옥내 작업장은 천장과 2면 이상의 벽면을 갖추고 자연통풍을 저해할 정도의 밀폐된 작업장을 말한다. 옥내 작업장은 갱내, 터널 등을 포함한다. 국내 근로자들을 업종별 대분류로 구분해보면 제조업, 도소매업, 숙박음식점 등의 순으로 근로자가 많으며, 모든 업종의 총인원은 2014년 기준 약 1,990만 명으로 조사되었다(KOSTAT, 2015). 이들 중 옥외 작업이 많을 것이라고 예상되는 업종으로는 건설업, 농림어업, 광업, 유틸리티 사업, 하수폐기물처리업, 운수업 등을 들 수 있다. 대표적인 옥외 작업장이 많은 업종은 건설업을 들 수 있으며, 근로자 수는 2014년 기준 약 110만 명으로 집계되었다. 그 외에도 운송업, 농림어업, 광업, 유틸리티 사업, 하수폐기물처리 등의 업종에서 옥외 작업이 많을 것으로 예상되며 근로자 수는 각 업종을 합하여 약 2014년 기준 125만 명으로 집계되었다(KOSTAT, 2015). 건설

---

[17] 김승원 외, "건설업 옥외작업장 근로자의 미세먼지 노출 실태 조사", 계명대학교 등, 2016

업과 비건설업 근로자 수를 합하면 235만 명이 옥외 작업장에서 미세먼지에 영향을 받을 수 있는 상황에 놓여 있다.

건설업 직종 중 설비내관 근로자가 기하평균 미세먼지 농도 201.10$\mu g/m^3$으로 가장 높은 미세먼지 농도 수준에 노출되었다. 그 다음으로 직영목수 근로자 168.78$\mu g/m^3$, 현장관리·신호수 근로자 116.90$\mu g/m^3$, 방수공종 근로자 132.90$\mu g/m^3$, 골조·철근·형틀공종 근로자 116.12$\mu g/m^3$ 순이었다. 직종별로 노출된 평균 미세먼지 농도를 비교한 결과, 설비내관 근로자와 직영목수 근로자가 다른 노동자에 비해 노출된 평균 미세먼지 농도가 높았다. 그중 가장 높은 농도의 호흡성 분진에 노출되는 공종은 항상 옥외 작업을 한다고 볼 수 있는 벽돌미장공과 내벽건설공 순이었다.

디젤엔진 장비를 사용하는 근로자도 미세먼지에 취약하다. 차량 엔진 배출물DEE, Diesel Engine Exhaust[18] 중 입자상 물질의 대부분이 초미세먼지(PM2.5)의 형태로, 평균 공기역학적 지름이 약 0.2μm이다.[19] 광업, 건설업 등에서는 비도로용 디젤엔진 장비가 주로 사용된다. 반면 일반도로 및 운송업에서는 도로용 디젤엔진 차량이 사용되고 있다. 도로용 디젤엔진 차량 및 비도로용 디젤엔진 장비는 미세먼지의 발생원이라고 미 환경청에서 밝힌 바 있다. 그러다 보니 디젤엔진 장비를 사용하는 근로자는 일반인보다 미세먼지에 더 많이 노출될 수밖에 없다. 그리고 제품운송, 주차 등의 과정에서 인근 근로자들도 미세먼지에 노출될 가능성이 있다. 통상 차량 엔진 배출물의 노출 수준은 도심지가 도심외곽지역보다 더 높다. 또 그 미세먼지 농도는 디젤엔진 장비의 유형 및 수에 따라 다르다.

---

18 차량 엔진 배출물은 디젤 연료와 윤활유 등에서 완전히 연소되지 않은 수백 종의 가스상 물질과 입자상 물질(DPM, Diesel Particulate Matter)의 혼합물이다.

19 이가현 외, "GPS를 이용한 택배서비스업 근로자의 미세먼지 노출 평가", 계명대학교, 2015

국내 자동차 타이어 공장의 디젤 지게차 배출 물질에 노출되어 폐암에 걸린 근로자가 처음으로 산업재해 승인을 받은 적이 있다. 그 후로 차량 엔진 배출물은 덤프트럭 운전기사와 굴삭기 운전기사의 폐암, 도심지 디젤 차량 운전자의 방광암을 유발하는 주요 원인으로 산업재해를 인정받았다.

이가현 등은 환경미화원 및 쓰레기차량 운전기사를 대상으로 근무 시간 동안 측정한 입자상 물질(미세먼지)의 노출을 측정했다. 또 다른 연구로 생활폐기물 수거원 및 운전기사에 대한 초미세먼지의 노출을 측정했다. 초미세먼지 노출 수준은 수거원 $64.99\pm24.67\mu g/m^3$, 운전기사 $63.88\pm29.95\mu g/m^3$로 유사했다. 이 정도의 수치는 나쁨 수준으로 건강에 심각한 위해를 끼칠 수 있다. 다만 택배원은 차량운전 및 배송업무를 동시에 수행하므로, 생활폐기물 수거원과 운전기사보다 노출되는 농도가 낮았다. 택배원은 생활폐기물 수거원보다 1.4배 정도 낮은 초미세먼지에 노출되었다. 이처럼 미세먼지는 산업현장뿐만 아니라 근로자들에게도 많은 영향을 미친다. 미세먼지를 시급히 줄여야 하는 이유는 바로 이 때문이다.

5. 석탄화력발전소는 미세먼지 공장이다

석탄화력발전소 미세먼지는 건강에 최악이다

미세먼지와 석탄은 무슨 관계일까? 미세먼지는 연료를 태우면 발생하는데, 석탄을 태우면 미세먼지 등 대기오염물질이 다량 배출된다. 석탄화력발전소 측은 집진장치로 미세먼지 배출을 최소화한다고 하지만 한계가 있다. 미세먼지 발생이 가장 많은 연료가 석탄인데, 가격이 저렴하다 보니 경제적인 이유만으로 석탄화력발전소를 많이 운영한다. 2016년 예일 대의 '환경성과지수 연구'에서 우리나라는 전력 생산 'kW(킬로와트)당 이산화탄소 배출'이 48.47점으로 170위를 차지했다. 그러니까 전력 생산에서 많은 이산화탄소를 배출하고 있다는 것인데, 석탄화력발전은 이산화탄소뿐만 아니라 미세먼지도 엄청나게 배출한다.

석탄화력발전소에서 배출되는 미세먼지나 초미세먼지는 건강에 정말 해롭다. "대한민국은 매년 1,600명이 석탄화력발전소에서 나오는 초미세먼지로 인해 조기사망하고 있다." 그린피스[Greenpeace]가 2014년 하버드대 다니엘 제이콥[Daniel Jacob] 교수 연구진의 글로벌 대기조성 모델[GEOS-Chem]과 미국 환경보호청의 '미세먼지 건강위험성 정량적평가, 세계질병부담연구'를 토대로 석탄화력발전소의 초미세먼지로 인한 조기사망자 수를 연구했다. 그랬더니 매년 최대 1,600명이 조기사망하더라는 것이다. 그린피스는 대한민국은 석탄화력발전소를 계속 증설할 계획을 가지고 있다고 말한다. 만일 이들 발전소가 운영을 시작하는 2021년에는 조기사망자 수가 최대 1,200명 더 늘어날 것이라고 전망했다. 일반적으로 석탄화력발전소의 수명을 40년으로 본다. 그렇다면 추가로 지어지는 발전소들로 인해 발생하는 조기사망자는 무려 3만 2,000여 명에 이른다는 것이다.

2015년 3월에 그린피스는 '신규 석탄화력발전소의 건강피해' 조사 결과를 발표했다. 2030년까지 충남에 계획 중인 석탄화력발전소 9기가 완공되면 수도권 지역 초미세먼지 농도는 더 나빠진다는 것이다. 최대 $19\mu g/m^3$까지 증가할 것으로 전망했다. 우리나라의 2015년 연평균 초미세먼지 농도는 $26.5\mu g/m^3$이었는데, 이 수치는 세계보건기구의 연평균 관리기준인 $25\mu g/m^3$를 이미 넘어선 상태다. 그런데 이 수치에 $19\mu g/m^3$이 더해지면 $45.5\mu g/m^3$나 된다. 캐나다가 환경기준이 $15\mu g/m^3$, 일본과 미국의 환경기준이 $35 \mu g / m^3$이니 우리나라의 공기질이 얼마나 나빠질 것인지 짐작할 수 있다.

현재 충남 당진을 포함해 전국적으로 신규 석탄화력발전소 건설 공사가 진행 중이다. 시뮬레이션에 따르면 당진에서는 매년 300명, 태안에서는 매년 250명이 폐암과 허혈성 심장질환, 뇌졸중 등으로 일찍 사망한다는 결과가 있다. 연구에 의하면 발전소 가동 기간인 40년 동안 당진 인구(16만 명)의 12%가 수명보다 일찍 목숨을 잃을 것이라는 거다. 태안에서는 이 비율이 26%까지 올라간다. 문제는 죽어가는 사람들이 왜 병에 걸렸는지 모르고 죽어간다는 것이다. 그래서 질병에 걸려도 증명하기가 어려워 보상을 받기가 힘들다. 초미세먼지는 공기 중 떠다니는 유해물질로 눈에 보이지 않는 데다 개개인의 건강 상태에 따라 발병 정도와 시기도 다르기 때문이다. 세계보건기구의 '세계건강관측' 자료를 보면 연간 820만 명이 대기오염에 의한 질환으로 숨지고 이 가운데 320만 명은 초미세먼지로 인해 사망한다. 국내 석탄화력발전소의 피해 규모 추산도 이에 근거한 것이다.

외국 사례를 보면 석탄화력발전으로 인한 사람들의 건강 위해가 정말 심각하다. 충남연구원의 명형남이 작성한 보고서 "석탄화력발전과 미세먼지, 그리고 건강"을 보면 석탄화력발전이 얼마나 건강에 해로운지 알 수 있다. 이 보고서에서 "중국은 석탄의 생산량과 소비량 그리고 수입량이 세계 최고 수준이다. 그래서 석탄화력발전소로 인한 대기오염의 피해가 계속 증가하고 있다. 세계보건기구WHO의 세계질병부담 프로젝트Global Burden of Disease Project에 따르면, 2010년에만 중국의 조기사망자 가운데 120만 명이 석탄화력발전에서 배출되는 초미세먼지($PM_{2.5}$)의 영향을 받은 것"으로 밝혀졌다.

●●● 미세먼지 발생이 가장 많은 연료가 석탄인데, 가격이 저렴하다 보니 경제적인 이유만으로 석탄화력발전소를 많이 운영한다. 2016년 예일대의 '환경성과지수 연구'에서 우리나라는 전력 생산 'kW(킬로와트)당 이산화탄소 배출'이 48.47점으로 170위를 차지했다. 그러니까 전력 생산에서 많은 이산화탄소를 배출하고 있다는 것인데, 석탄화력발전은 이산화탄소뿐만 아니라 미세먼지도 엄청나게 배출한다. 세계보건기구의 '세계건강관측' 자료를 보면 연간 820만 명이 대기오염에 의한 질환으로 숨지고 이 가운데 320만 명은 초미세먼지로 인해 사망한다.

그린피스 보고서에 따르면, 2012년에 베이징北京, 상하이上海, 광저우廣州, 시안西安에서 초미세먼지($PM_{2.5}$)의 노출로 8,572명의 조기사망자가 발생한 것으로 발표되었다. 2013년에 유럽건강환경연대가 발표한 보고서를 보면 석탄화력발전소에서 배출되는 대기오염물질에 의해 27개 유럽연합 회원국에서 해마다 약 1만 8,200명이 조기사망한다고 한다. 이러한 건강 영향을 경제적인 가치로 환산하면, 최대 428억 유로(61조 2,000억 원)에 이른다고 한다.

석탄화력발전소에서 배출되는 미세먼지는 너무나 해롭다. "'미세먼지가 여성 임신에 악영향', 화력발전소 멈추니 출산율 올라" 2018년 11월 16일 《중앙일보》 기사 제목이다.[20] 미국 UC 버클리대가 캘리포니아주의 출산율과 화력발전소 가동의 연관성에 대한 연구를 실시했다. 놀랍게도 10년간(2001~2011년) 주춤했던 미국 캘리포니아주의 출산율이 껑충 뛰었는데, 그 원인을 살펴보니 초미세먼지를 배출하는 지역 내 화력발전소 8곳이 폐쇄된 데 따른 결과였다는 것이다. 산모 신체에 악영향을 미치는 화력발전소발 미세먼지가 줄어들었기 때문에 출산율이 늘었다는 것이다. 버클리대의 추정을 보면 화력발전소 폐쇄 이후 반경 5km 지역의 출생아는 1,000명당 연간 8명, 5~10km 지역의 출생아는 1,000명당 2명씩 증가했다고 한다. 미세먼지 영향을 더 많이 받던 화력발전소에서 가까운 지역일수록 화력발전소 폐쇄 후 출산율 회복 속도가 빨랐던 것이다.

2013년 그린피스의 조사결과에 따르면 인도에서 석탄화력발전에 따른 대기오염으로 연간 8만~12만 명이 조기사망하고 2,000만 명의 천식환자가 발생한다고 한다. 미국 에너지정보국EIA, Energy Information Administration 의

---

20 https://news.joins.com/article/23130091

보고서는 미국에서 매년 석탄화력발전에 인한 조기사망자가 1만 7,000명, 비치명적 심장마비 1만 1,000건, 어린이 천식환자 12만 명이 발생하는 것으로 추정하고 있다. 이는 석탄화력발전으로 배출되는 대기오염물질이 인간의 몸에 아주 유해하다는 방증이다.

우리나라의 석탄화력발전소 정책

"석탄화력발전소는 초미세먼지의 약 14%를 발생시킬 만큼 미세먼지 주범 중 하나다." 석탄화력발전이 미세먼지를 대량으로 배출시킨다는 것을 알면서도 우리나라는 굳세게 석탄화력발전 정책을 밀어붙이고 있다. 비용이 싸다는 이유로 석탄이 우리나라 전력 공급에 가장 큰 비중을 차지해왔다. 2017년 1월 기준으로 국내 전력공급량의 42.7%가 석탄화력발전에서 나온 것이다. 우리나라는 왜 화력발전에 목을 매게 된 것일까?

2012년 박근혜 정부가 시작되면서 새 전력계획이 만들어졌다. 그런데 민간 기업들을 대거 참여시키면서부터 문제가 발생했다. 전력 생산을 하게 된 삼성물산, GS에너지, SK가스, 포스코에너지 등 주요 에너지 기업들은 석탄화력발전을 택했다. 연료 원가가 싸고 설비가 단순해 돈이 적게 들고 돈을 많이 벌 수 있기 때문이다. 2015년 파리협정 당시 우리나라는 2030년 온실가스 배출 전망치 대비 약 37%를 줄이겠다고 약속했다. 전력산업연구회는 이 약속을 지키기 위해서는 석탄화력발전소 12기를 폐쇄해야 한다고 주장했다. 그러나 정부의 정책은 파리협정과 반대로 20기를 더 짓겠다는 쪽으로 진행되었다. 박근혜 정부는 앞으로도 전력 소비량이 상당한 비율로 늘어날 것이기 때문에 전력 수요를 충당하려면 저렴한 석탄화력발전소를 늘려나가야 한다는 논리를 폈다.

"석탄 사용 축소에 역행하는 한국, 환경·경제적으로 위험한 선택을 하고 있다." 2017년 3월 제니퍼 모건Jennifer Morgan 그린피스 국제사무총장이 한 말[21]이다. 선진국을 비롯한 전 세계 많은 나라들이 석탄 사용을 줄이고 있고, 신재생 에너지확대에 박차를 가하고 있다. 그런데 유독 한국 정부 (박근혜 정부)만 그 변화에 역행하는 선택을 하고 있다는 것이다. 모건은 석탄화력발전소를 운용해서는 안 되는 이유에 대해 "그럴 수밖에 없고, 그래야 하며, 그래야 더 좋다"고 말한다. 그의 주장을 보면 일리가 있다. 이미 경제적인 관점에서도 재생가능에너지의 경제성이 화석연료를 뛰어넘었다는 것이다. 현재 전 세계적으로 재생에너지 투자가 늘어나는 것도 바로 이 때문이라는 것이다.

우리나라에서 배출되는 초미세먼지의 상당량을 석탄이 유발하고 있다. 국민당 석탄 소비량은 경제협력개발기구OECD, Organization for Economic Cooperation and Development 회원국 중 2위나 된다. 1인당 소비로 따지면 엄청난 양의 석탄을 소비하고 있는 것이다. 통계청에 따르면, 2016년 한국의 1인당 에너지 소비량은 5.6TOE[22]로, OECD 회원국 가운데 다섯 번째로 많이 소비했다. 일본(3.5), 독일(3.9), 프랑스(3.6) 등에 비해 크게 높은 수치다. 그런데 여기에서 2016년 1인당 석탄 소비량은 1.6TOE에 달해 세계 최대 석탄 생산국인 호주(1.8)에 이어 OECD 국가 중 2위를 차지했다. 이 수치는 10년 전에 비해 무려 45.5%나 증가한 것이다. 같은 기간 OECD 주요국들의 1인당 석탄 소비량은 계속해서 줄어들고 있었는데 말이다.

그렇다면 왜 우리나라의 석탄 소비량이 늘어나고 있는 것일까? 첫째,

---

21 http://biz.khan.co.kr/khan_art_view.html?artid=201703241915001&code=920100#csidx9c1ddb66ce7c1399ca2260d6ff77374

22 TOE는 '석유 환산톤(Ton of Oil Equivalent)'을 뜻하며 모든 에너지원의 발열량을 석유의 발열량으로 환산한 것으로, 에너지원의 단위를 비교하기 위해 고안한 가상의 단위다.

석탄은 비용이 저렴하다. 둘째, 전력 사용량 증가도 하나의 원인이다. 2016년 한 해 발전용으로 소비된 유연탄은 총 7,761만 톤이다. 국내 전체 소비량의 약 65%로 우리나라 석탄 소비량의 절대량이 석탄화력발전소에서 쓰인다는 것이다. 전기 발전을 할 때 발전 단가가 석탄이 상대적으로 저렴하기에 경제급전방식[23]을 할 때 석탄 우선순위가 높아진다. 석탄 사용으로 전기료가 낮아지다 보니 과소비를 하게 되고 이로 인해 석탄 소비가 급증하는 악순환이 발생한다. 한국의 가정용 전기요금은 MWh(메가와트시)당 119달러로 OECD 평균(184.6달러)보다 많이 싸다.

노후 석탄화력발전소 가동 중지 효과 있나

그러나 석탄화력발전소의 미세먼지에 대한 국민들의 저항이 의외로 강하자, "미세먼지가 심한 봄철에 30년 이상 된 노후 석탄화력발전소를 일시적으로 가동 중지시키겠습니다." 문재인 대통령이 대선 때 내세운 공약이다. 당선 직후인 2017년 5월에 문재인 대통령은 직접 노후 석탄화력발전소 10기 중 8기를 6월 한 달간 셧다운하라고 지시했다. '저비용' 위주의 에너지 정책 패러다임을 바꾸겠다는 의지를 확실히 한 것으로, 같은 해 가을 범부처 미세먼지 종합대책에도 포함시켰다.

2018년 7월에 환경부는 노후 석탄화력발전 중단으로 인해 대기오염물질이 대폭 줄어들었다고 발표했다. 2017년에 실시한 노후 화력발전 중단으로 인해 2017년에 우리나라 대형 사업장의 대기오염물질 배출이 감소했다는 것이다. 특히 발전업은 2016년 대비 19%(3만 9,706톤) 줄어드는 등 효과가 뚜렷했다고 정부에서는 발표했다. 환경부는 굴뚝자동측정기기

---

23 발전 단가가 싼 순서대로 발전하는 급전 방식

TMS, Tele Metering System가 부착된 635개 사업장[24]에서 배출한 대기오염물질을 분석했다. 그랬더니 36만 1,459톤으로 1년 전보다 10%(4만 218톤) 감소한 것으로 나타났다. 업종별로는 발전업 배출량이 16만 8,167톤으로 가장 많았고 시멘트제조업(7만 7,714톤), 제철제강업(5만 9,127톤), 석유화학제품업(3만 6,574톤)이 뒤를 이었다. 발전 가동 중단으로 미세먼지 원인물질 배출도 줄었다. 질소산화물과 황산화물, 먼지가 전년 대비 각각 2만 8,805톤, 1만 1,481톤, 393톤 감소했다는 것이다.

발전 가동 중단 효과 선전에 열을 올리던 정부는 2018년에도 문재인 정부의 대표적 미세먼지 방지 대책인 노후 석탄화력발전소 일시 가동 중단(셧다운)을 실시했다. 노후 석탄화력발전소의 가동을 2월부터 6월까지 넉 달간 정지시켜 미세먼지를 813톤 줄이겠다는 것이 목표였다.

환경부와 국립환경과학원은 "2018년 3~6월 가동을 중단한 전국 5기 노후 석탄화력발전소의 대기질 영향을 분석한 결과, 충남 지역에서 초미세먼지($PM_{2.5}$) 농도 개선 효과가 컸다"고 밝혔다.[25] 충남에서는 보령 1·2호기의 가동을 멈춘 동안 초미세먼지 평균 농도가 21.1$\mu g/m^3$이었다. 중단 전 초미세먼지 평균 농도인 22.5$\mu g/m^3$에서 6.2%(1.4$\mu g/m^3$)가 줄어든 것이다. 하루치로는 38.0$\mu g/m^3$에서 최대 18.7%에 해당하는 7.1$\mu g/m^3$이 줄어들었다고 한다. 같은 기간 삼천포 1·2호기를 멈춘 경남에서는 평균 1.6%, 하루 최대 10.3%의 초미세먼지가 감소했다. 영동 2호기를 멈춘 강원 지역에서는 평균 1.1%, 하루 최대 4.2%로 충남에 비해 감소폭이 작았

---

24 굴뚝자동측정기기(TMS)를 부착한 사업장은 배출량이 많은 1~3종으로, 전체 사업장(5만 7,000여 개)의 1.1%에 불과하지만 질소산화물, 황산화물과 먼지 등 초미세먼지($PM_{2.5}$) 유발 물질 배출은 45%(35만 8,313톤)를 차지한다.

25 국립환경과학원 대기환경연구과, "올해 3~6월 노후 석탄발전소 가동중단, 충남 초미세먼지 저감효과 컸다", 환경부, 2018.

다. 환경부는 충남에서 저감효과가 컸던 것은 측정 지점이 내륙에 있어 바다의 영향을 덜 받았기 때문이라고 밝혔다.

그런데 환경부의 발표와 달리 우리나라 석탄화력발전소의 미세먼지 배출량은 발전소마다 많은 차이가 있는 것에도 그 원인이 있다. S 의원이 산업통상자원부와 환경부로부터 제출받은 지난해 발전량 대비 초미세먼지(PM$_{2.5}$) 배출량 자료를 보자.

"삼천포화력 5호기의 미세먼지 단위배출량(kg/MWh)은 0.498로, 가장 낮은 삼척그린파워 2호기 단위배출량 0.028의 22배에 달했다. 삼천포화력 5호기는 지난해 전력 411만 63MWh를 생산하면서 미세먼지 2,047톤을 배출했다. 반면 전력 243만 2191MWh를 생산한 삼척그린파워 2호기의 미세먼지 배출량은 약 57톤 정도였다. 삼척그린파워 2호기가 전기 1MWh를 생산할 때 0.028kg의 미세먼지를 배출했다면, 삼천포화력 5호기는 0.498kg를 배출했다는 의미다. 단위배출량 기준으로 삼천포화력 5호기에 이어 삼천포화력 6호기(0.463), 호남화력 2호기(0.370), 동해화력 1호기(0.333) 등이 미세먼지를 많이 배출했다. 미세먼지를 적게 배출한 곳은 삼척그린파워 2호기 다음으로 신보령화력 2호기(0.028), 영흥화력 6호기(0.032) 등이었다."

같은 석탄화력발전소인데도 미세먼지 배출량이 크게 차이 나는 것은 미세먼지 방지시설의 설치 여부 때문이다. 최근에 지어진 삼척그린파워 2호기는 촉매반응시설과 전기집진시설, 탈황시설 등을 갖춰 대기오염물질 배출량이 적다. 반면 미세먼지 배출량이 압도적으로 많은 삼천포화력 5·6호기의 경우 전기집진시설만 갖추고 있다. 정부가 미세먼지 관리 대책으로 시행하는 봄철 노후 석탄화력발전소 일시 가동 중단(셧다운)도 실효성을 높이기 위해서는 '배출량'을 따져봐야 한다는 지적이다. 일률적으로 노후 석탄화력발전소만 가동을 중단할 것이 아니라 실제 미세먼지 배출량을 고려해 가동을 중단시켜야 한다고 환경운동연합은 주장한다.

6. 황사도 미세먼지다

미세먼지와 황사

"황사와 미세먼지, 그게 그것인 것 같은데요. 차이가 무엇인가요?"

어떤 포털에 올라온 초등학생의 질문이다. 답변이 상당히 간결하고 이해하기 쉬워 여기에 소개해본다.

"결론적으로 황사는 미세먼지와 다른 것입니다. 황사는 중국 내륙의 위치한 내몽골 사막에서 강한 바람으로 인해 자연적으로 만들어진 모래와 흙먼지로서, 칼륨, 철분 등 토양성분으로 이루어져 있고, 인위적인 오염물질에 오염된 적이 없다면 그다지 유해성을 걱정할 것은 없다 할 수 있습니다. 다만 황사가 대기오염이 된 지역을 거친 경우라면 유해성이 증가할수 있습니다. 반면, 황사가 아닌 미세먼지는 산업시설, 자동차 배기가스 등 사람들의 활동 중에 발생하는 것으로 중금속, 유해화학물질 등이 들어있어 호흡기에 영향을 줍니다. 이처럼 황사와 미세먼지는 발생원과 건강에 미치는 영향 등에서 차이가 있지만, 둘 다 건강에 좋지 않은 영향을 줄수 있으므로 주의해야 합니다."

설명처럼 만들어지는 원인이나 영향은 차이가 있지만 둘 다 아주 작은 미세먼지라는 점은 같다. 우리나라에서 황사를 측정할 때 $10\,\mu m$ 이하의 입자를 측정한다. 마찬가지로 환경부에서 측정하는 미세먼지도 $10\,\mu m$ 이하의 입자다. 다만 초미세먼지의 경우 $2.5\,\mu m$ 이하의 입자를 측정한다.

황사의 발생 조건 및 발생 지역

황사란 주로 중국 북부나 사막지대와 황토고원(총 262만km^2, 한반도의 약 12배)에서 강력한 회오리바람이 발생하는 경우 휩쓸려 올라간 미세한 흙먼지가 장거리를 이동하여 우리나라의 지상으로 내려옴으로써 발생한다. 우리나라에 영향을 주는 황사는 3~5월경에 많이 발생한다. 그러나 최근에는 지구온난화의 영향으로 11월부터 2월 사이에도 발생한다. 황사는 강한 서풍을 타고 우리나라를 거쳐 일본, 태평양, 북아메리카까지 날아가기도 한다.

먼저 황사의 발생 조건을 보자. 발원지에서 황사가 발생되기 위해서는 먼저 다량의 작은 모래먼지와 강풍이 필요하다. 떠오르기 쉬운 20μm 이하의 모래먼지가 많아야 하는데, 이러한 크기의 모래먼지는 건조하고 식물이 뿌리를 내리지 않아 부슬부슬한 토양에서 발생한다. 그리고 이런 모래먼지를 부유시키기 위해서는 강한 바람이 있어야만 한다.[26] 기상학적으로는 강한 한랭전선을 동반한 저기압이 발생할 때, 그 전선 후면의 차가운 공기가 지표의 복사열로 따뜻해진 공기를 상승시키게 되므로 강한 상승기류가 생겨 황사를 발생시킨다.[27]

우리나라에 영향을 미치는 황사는 주로 중국 서북부와 몽골의 사막지역, 내몽골고원의 건조지역, 베이징 북부의 황토고원지대, 만주의 사막지역 등에서 발원한다. 이들 지역은 모두 강수량이 적어 지표의 토양이 건조하고, 강한 바람이 불며, 강한 햇볕으로 대기가 불안정해 황사 발원 조

---

26 모래먼지의 부유 상태를 유지하기 위해 강한 햇볕이 야기하는 열대류(熱對流) 현상의 부력(浮力)을 이용하는데, 햇볕으로 지표면이 강하게 가열되면 그 지열로 지표면 가까이에 있는 공기가 가열·상승되는 열대류 현상이 나타나 부력이 발생하는 것이다. 이는 화로의 불이 꺼져 있을 때보다 타고 있을 때 바람에 의해 재가 더 잘 부유할 수 있는 것과 같은 원리다.

27 이동규, "북동아시아의 봄철 일기유형 및 황사현상과의 관계", 한국기상학회지, 1997.

건을 충족시키는 곳이다. 또한 유라시아 대륙의 중심부에 자리하고 있는 중국의 서북 건조지역은 해양과 멀리 떨어져 있어 건조하고 강수량이 적다. 타클라마칸 사막, 고비 사막 등 중국의 사막 대부분이 위치한 곳이다. 몽골과 중국에 걸쳐 있는 고비 사막은 면적이 30만km^2에 육박하며, 고비는 '풀이 자라지 않는 거친 땅'이라는 뜻의 몽골어에서 유래할 만큼 척박한 곳이다. 또한 몽골고원의 남쪽을 지칭하는 내몽골 일대는 원래 초원지대였다. 최근 사막화 현상이[28] 급속도로 진행되면서 황사 발생 구역이 되고 있다. 특히 내몽골은 해발 1km의 고원지대이기 때문에 이 지역에서 발원한 황사는 고도가 낮은 베이징 등 중국의 동부 지역보다 바람이 산지에 막히는 우리나라에 더 큰 영향을 미치고 있다. 이외에도 랴오닝성遼寧省, 지린성吉林省, 헤이룽장성黑龍江省 등 중국 동북東北 3성에 해당하는 만주지역의 커얼친科爾沁 사막에서도 최근 황사가 발생해 우리나라에 영향을 미치고 있다. 남한 반 정도의 크기인 커얼친 사막은 1950년대까지는 초원지대였으나, 이후 중국 정부의 대규모 개간사업으로 사막화가 진행 중인 대표적인 지역이다.

황사가 영향을 줄 수 있는 기상 조건과 빈도

발원지에서 발생한 황사가 우리나라에 유입되기 위해서는 적절한 기상 조건이 필요하다. 첫째, 황사 발원지로부터 고도 5~7km에서의 강한 편서풍 기류가 우리나라를 통과해야 한다. 또한 부유 중인 황사가 지표면에 떨어질 수 있도록 우리나라가 저기압 후면 또는 고기압의 영향을 받아 하강기류가 발생해야 한다. 황사가 발원지에서 우리나라까지 이동하는 데

---

28 최병철, "최근 10년간 황사발원지의 사막화", 기상연구소, 2003.

는 짧게는 하루 이내, 길게는 8일이 소요된다. 황사가 우리나라로 이동하는 데 소요되는 시간은 발원지까지의 거리와 상층 바람의 속도에 좌우된다. 우리나라에서 약 2,000km 떨어져 있는 고비 사막에서 발원한 황사는 3~5일, 약 5,000km 떨어져 있는 타클라마칸 사막의 황사는 4~8일 만에 통상 우리나라에 영향을 미친다. 그러나 만주지역에서 발원한 황사가 우리나라에 영향을 미치는 데는 1~3일 정도 소요되고 있다.[29] 한 예로 신의주에서 서북쪽으로 약 500km 지점에 있는 커얼친 사막에서 2000년 3월 7일 발원한 황사는 북풍에 가까운 북서풍을 타고 18시간 만에 서울에서 관측되었다. 이외에도 김인수 등[30]은 황사의 발생과 이동에 관한 다양한 내용을 다루고 있다.

기상청의 발표에 따르면 국내 대기질에 영향을 미친 황사는 2002년부터 2015년까지 총 126회이었다. 황사 발원지는 고비/내몽골에서 발생해 발해만으로 이동해온 것이 60% 이상이었고 그 다음으로 많았던 것이 고비/내몽골에서 발생한 황사가 만주나 산둥반도를 통과해서 우리나라에 영향을 준 사례였다. 황토고원에서 발생한 황사가 영향을 준 사례도 1% 정도 되었다. 측정 기간 동안 국내에서 관측된 황사는 총 4회 7일이고, 그중 서울 지역에서 관측된 황사는 2회 3일(3월 6일, 3월 8일, 4월 17일)이었다. 동일 측정 기간에 15일의 연무가 있었고, 연무를 동반한 황사 사례는 없었다.

최근 황사 발생 빈도가 증가하는 것은 인위적인 사막화 때문이다. 히말라야 산맥 등의 융기로 시작된 중국의 사막화는 북부의 심화된 건조 기후

---

29 정관영, "한반도에 황사 출현시의 종관기상 특성", 한국기상학회지, 1995.

30 김인수 외, "미세먼지/황사 건강피해에 대한 예방 및 권고지침: 호흡기질환", 연세대학교, 2015.

에 이상난동이 겹쳐 급속하게 진전되고 있다. 중국의 사막화는 인도대륙판板이 아시아대륙판에 충돌해 히말라야 산맥과 티베트 고원이 치솟아 인도양과 태평양으로부터 수분 공급이 차단되면서 시작했다. 1950년대 이후 발생하고 있는 중국 북부지역의 심화된 건조기후와 이상난동이 사막화를 진전시키고 있는 것이다. 여기에다가 인간의 다섯 가지 남용도 중국의 사막화를 급속히 증가시키고 있는바[31] 첫째는 무차별적인 초지와 삼림의 과도한 개간을 들 수 있다. 많은 지역의 초지와 삼림이 무계획적이고 무절제하게 훼손되고 개간된 토지의 많은 부분이 종합적인 연관 시설의 부족, 미비한 관개시설 하의 농지 관리 등으로 2~3년 후에 황무지로 방치되어 사막화되고 있다. 둘째는 무분별한 방목을 들 수 있다. 중국 정부의 가축을 중시하는 축산정책 때문에 초지가 수용할 수 있는 능력을 초과하는 많은 수의 가축이 방목되어 초지 대부분이 사막화가 진행되고 있다. 셋째는 약초 등 식용식물의 무차별적인 재취를 들 수 있다. 넷째로 수자원 낭비를 들 수 있다. 중국의 서북부 지역은 중국에서 수자원 부족현상이 가장 심한 지역으로 단위면적당 수자원량이 전국 평균 4분의 1에 불과한데도 통일적이고 효과적인 수자원관리가 이루어지고 있지 않아 수자원 낭비가 심각하다. 마지막으로 중국의 급속한 산업화와 도시화 과정에서 공장, 광산, 교통시설 등의 건설 공정에서도 삼림 식생이 파괴되어 토지 사막화가 초래되고 있다. 이런 것들이 합쳐져 중국의 사막화를 급속하게 진행시키고 있고, 우리나라는 갈수록 황사의 영향을 더 많이 받게 되는 것이다.

---

[31] http://www.unep.org

황사와 미세먼지와 초미세먼지

황사는 누런 먼지가 강한 편서풍에 실려서 우리나라로 날아오기에 먼지 입자 중 큰 입자의 비율이 높다. 우리나라의 경우 평상시 대기 중의 먼지 입자는 큰 입자가 60%, 작은 입자가 40%를 차지한다. 그러나 황사가 날아올 때는 큰 입자 75%, 작은 입자 25%의 비율로 큰 입자가 많아진다. 우리나라에서 관측되는 황사 입자 크기는 황사의 발원지에 따라 약간씩 차이가 나지만, 대부분 지름 1~10μm 범위다. 황사가 날아오면 그중에서도 3μm 내외의 입자가 가장 큰 증가세를 보인다.[32] 그러니까 황사가 우리나라에 영향을 줄 때는 초미세먼지($PM_{2.5}$)보다 미세먼지(PM_{10})의 양이 증가한다는 것이다.

황사 먼지의 크기는 다양한 분포를 이루지만 3~10μm 사이의 크기가 가장 많다. 황사는 주로 토양에서 기원하기 때문에 대개 큰 입자로 구성되어 있다. 그러나 황사가 이동하는 경로에 따라 초미세먼지의 비율이 높아지기도 한다. 이럴 경우 황사의 위해성이 더 증가할 수 있다. 실제로 황사의 위해성은 날이 갈수록 증가하고 있다. 중국의 급격한 산업화와 경제성장과 더불어 중국 내 대기오염물질 배출이 증가하고 있기 때문이다. 황사 먼지의 화학적 성분 또한 중요한 요소다. 보통 토양에서 발생하는 성분보다는 인위적인 자동차 배출가스 또는 화석연료를 연소하면서 발생하는 성분들이 인체에 더 위해하다.

2012년에 황사 기간과 비황사 기간에 미세먼지를 채취하여 이온 성분 농도를 분석한 결과를 보자. 대표적인 인위적 대기오염물질인 암모늄이온(NH_4^+), 질산이온(NO_3^-)은 감소하고 있다. 반면에 황산이온(SO_4^{-2})은 증

---

32 정관영, "황사의 크기 및 침착량에 대한 수치모의", 한국대기보전학회지, 1998.

●●● 황사는 주로 토양에서 기원하기 때문에 대개 큰 입자로 구성되어 있다. 그러나 황사가 이동하는 경로에 따라 초미세먼지의 비율이 높아지기도 한다. 이럴 경우 황사의 위해성이 더 증가할 수 있다. 실제로 황사의 위해성은 날이 갈수록 증가하고 있다. 중국의 급격한 산업화와 경제성장과 더불어 중국 내 대기오염물질 배출이 증가하고 있기 때문이다.

가하는 양상을 보였다. 그리고 국내 대기오염물질 중 황산이온(SO_4^{-2})의 약 30%, 질산이온(NO_3^-)의 약 40%가 중국에서 기원하는 것으로 추정되고 있다. 또, 황사의 유입과 함께 미생물의 유입이 동반될 수 있다는 우려가 매우 크다. 2007년부터 2008년까지 서울 지역에서 수집된 먼지를 이용하여 황사 시기와 비황사 시기에 따른 미생물의 분포를 분석한 연구가 있었다. 이때 황사 시기의 미생물의 분포가 비황사 시기의 경우와 확연히 구분됨에 따라 미생물에 의한 건강 피해 가능성이 있다는 보고도 있었다. 예보편에서 다시 언급하겠지만 국내 미세먼지 농도가 증가하는 데 황사 역시 매우 큰 영향을 미친다. 결론적으로 황사 시기의 초미세먼지 농도는 미세먼지 농도에 비해 상대적으로 낮은 특성을 보인다. 반대로 일본의 경우는 황사의 영향으로 초미세먼지 농도가 더 높은 특성을 보인다.

황사 시 행동요령

기상청에서 운영하는 황사특보는 황사경보밖에 없다. 황사경보는 황사로 인해 1시간 평균 미세먼지(PM$_{10}$) 농도가 $800\mu g/m^3$ 이상이 2시간 이상 지속될 것으로 예상될 때 발령된다. 그러나 황사경보가 발령되지 않더라도 황사가 발생했다는 방송을 들으면 미리 대비하는 것이 좋다.

기상청에서 만든 국민행동요령을 보자. 황사가 발생하면 가정에서는 황사가 실내로 들어오지 못하도록 창문 등을 닫는다. 외출한 다음에는 손을 씻고 양치질한다. 황사에 노출된 채소, 과일 등 농수산물은 충분히 세척한 후에 섭취해야 한다. 식품 가공, 조리 시에는 철저한 손씻기 등 위생 관리로 2차 오염을 방지해야 한다. 노약자나 호흡기질환자의 경우 실외활동을 금지한다. 학교 등 교육기관에서 유치원과 초등학교의 실외활동을 금지하거나 수업 단축 또는 휴업을 실시한다. 축산, 시설원 등 농가에서 방목장의 가축은 축사 안으로 신속히 대피시켜 황사 노출을 방지한다. 비닐하우스 온실 및 축사의 출입문과 창문을 닫고 외부 공기와의 접촉을 가능한 한 적게 한다. 노자에 방치·야적된 사료용 건축, 볏짚 등을 비닐, 천막 등으로 덮어주어야 한다. 황사가 끝난 후에는 실내 공기의 환기 및 황사에 노출된 물품 등을 세척한 다음에 사용한다.

박태균 식품의약전문기자가 작성한 황사철에 대비하는 요령을 소개한다.[33] 일반적으로 황사특보가 내려지면 호흡기나 알레르기 환자는 물론 노약자도 외출을 삼가고 가급적 실내에서 지내는 게 좋다. 걷기, 조깅, 사이클링 등 실외운동은 황사가 종료된 뒤로 미루는 것이 좋다. 외출이 불가피하다면 황사 방지용 마스크를 착용한다. 또 천식환자는 흡입용 기관지 확장제, 알레르기성 비염 환자는 항抗히스타민제를 필히 챙겨야 한다. 황사용 마스크는 입자 지름 $10\mu m$ 이하인 미세먼지(PM_{10})는 물론 초미세먼지($PM_{2.5}$)도 걸러준다. 살 때는 식품의약품안전처 허가를 받은 것인지, 또 마스크의 성능 규격을 표시한 'KF지수'(KF80)와 '황사용' 표기가 있는지 확인한다. 황사가 있더라도 실내 환기는 필요하다. 황사 농도가 낮은 시간대에 창문을 잠깐 열어놓으면 된다. 환기 후에는 스프레이를 뿌려 황사 입자가 바닥에 떨어지게 한다. 그 다음에 바닥에 쌓인 먼지를 물걸레로 닦아 제거한다.

황사철에는 물을 충분히 마시는 것이 중요하다. 하루 8~10잔을 마시는 게 이상적이다. 물 마시기를 소홀히 하면 황사에 든 유해물질의 체내 침투와 축적이 용이해진다. 물을 충분히 마시면 체내에 들어온 황사가 폐 기관지로 들어가는 것을 막고 몸 밖으로 빠져나가게 만든다. 물을 많이 마시기 부담스럽다면 오미자차, 구기자차, 모과차, 옥수수차를 수시로 마시는 것도 방법이다. 된장을 풀어 심심하게 끓인 냉이된장국, 콩나물 뿌리까지 넣고 끓인 콩나물국, 북어국 등은 황사철에 추천할 만한 음식이다.

돼지고기 삼겹살의 효과는 제한적이다. 그러나 녹차, 양파, 마늘, 미역, 굴, 전복 등 해독 식품을 황사철에 즐겨 먹는 것은 괜찮다. 전문가들은 황사철에는 동물성 식품이나 간식을 통해 열량을 평소보다 100~200*kcal*가

---

[33] https://news.joins.com/article/17249287

량 늘려 섭취하라고 권한다. 감정조절에 신경 쓰는 것도 도움이 된다. 감정 관리가 안 돼 스트레스를 받으면 호흡이 빨라지고 이는 황사에 든 미세먼지 등 유해물질의 체내 유입을 증가시킨다. 눈도 황사에 취약한 부위다. 황사로 인한 가장 흔한 눈질환은 자극성 결막염과 알레르기성 결막염이다. 예방하려면 외출 시 보호 안경이나 선글라스를 끼고 귀가 후에는 미지근한 물로 눈을 깨끗이 씻어낸다. 황사철에는 콘택트렌즈 대신 안경을 쓰는 것이 좋다.

봄볕에 피부가 가뜩이나 약해진 상태에서 황사가 모공을 틀어막으면 피부 트러블이 생기기 쉬워진다. 얼굴 등 피부에 자외선 차단크림을 발라 황사가 직접 피부에 닿는 것을 피한다. 귀가한 뒤에는 깨끗이 씻는다. 황사가 두피를 자극해 탈모 증상을 악화시킬 수도 있다. 황사 먼지는 일반 먼지보다 입자가 훨씬 작아 두피의 모공이나 모낭까지 닿기 쉽기 때문이다. 따라서 황사 발생 때에는 모자를 쓰는 것도 권한다.

제2장
미세먼지는 건강에 어떤 영향을 미치는가

미세먼지가 사람들의 관심을 끄는 가장 큰 이유는 건강 때문이다. 특히 중국발 스모그가 북서풍 계열의 약한 바람을 타고 우리나라로 날아올 때 미세먼지 농도가 높아진다. 중국발 스모그는 우리나라에서 배출된 대기 오염물질과 함께 혼합·축적되어 고농도 미세먼지 상태를 만든다. 그러면 시계visibility를 악화시키면서 건강에 나쁜 영향을 미친다.

세계보건기구WHO 산하 국제암연구소IARC, International Agency for Research on Cancer 는 2013년에 미세먼지를 대기오염과 함께 1등급 발암물질로 규정했다. 세계보건기구는 2014년 미세먼지로 인해 기대수명보다 일찍 사망한 사람이 전 세계에서 한 해 약 700만 명이라고 밝혔다. 흡연으로 인한 사망자 600만 명보다 더 많다. 그렇다면 정말로 미세먼지가 건강에 나쁜 것일까?

1. 미세먼지는 호흡기에 치명적이다

미세먼지는 호흡기에 독이다

"미세먼지가 호흡기질환을 유발하는 요인 중 하나라는 사실은 이미 잘 알려져 있습니다. 특히 지름이 2.5μm보다 작은 초미세먼지는 우리 몸속 허파꽈리까지 스며들 수 있으니, 호흡기질환 관리에 소홀히 해서는 안 됩니다."

김영삼 세브란스병원 호흡기내과 교수가 《조선일보》와의 인터뷰[34]에서 한 말이다. 그의 말처럼 미세먼지는 호흡기 및 천식에 나쁜 영향을 미친다.

---

34 http://biz.chosun.com/site/data/html_dir/2017/09/25/2017092502433.html#csidxea c0d65faec8673b9c4e29fd97db35e

경제협력개발기구OECD가 발표한 '2017년 건강 통계' 자료를 보면 미세먼지가 호흡기질환에 큰 영향을 미침을 알 수 있다. 우리나라의 호흡기질환 사망률이 인구 10만 명당 2010년 67.5명에서 2013년 70명으로 증가했다. 우리나라의 호흡기질환 사망률은 OECD 평균(인구 10만 명당 64명)보다 높은 수준이다. OECD는 미세먼지 등의 대기오염물질이 영향을 미친 것이 그 원인일 것이라고 추정하고 있다. 세계적으로 미세먼지가 호흡기질환을 악화시킨다는 연구 결과가 많이 나오고 있기 때문이다.

질병관리본부는 미세먼지 농도가 $10\mu g/m^3$ 증가할 때마다 만성폐쇄성 폐질환COPD, Chronic Obstructive Pulmonary Disease으로 인한 입원률은 2.7%, 사망률은 1.1% 증가한다고 밝히고 있다. 대한결핵 및 호흡기학회도 미세먼지가 호흡기질환에 매우 위험하다는 것을 기자간담회를 통해 발표했다. 강원의대 호흡기내과 김우진 교수는 '미세먼지가 호흡기 건강에 미치는 영향'에 대해 발표했다. 그는 "미세먼지는 폐기능을 떨어뜨리고, 폐기능 감소속도를 높이며, 폐암을 비롯한 호흡기질환의 발병과 악화, 사망 위험을 증가시킨다. 미세먼지 수치가 높으면 다음날뿐 아니라 수일이 지날 때까지도 환자가 늘어난다. 미세먼지 노출 기간이 길수록 영향은 더 커지며 어린이와 노인이 상대적으로 더 크게 영향을 받고 있다"고 말한다.

한국환경정책·평가연구원은 초미세먼지와 호흡기질환 환자 숫자가 상관성이 있다고 발표했다.[35] 호흡기질환 입원환자는 초미세먼지 농도가 10 $\mu g/m^3$ 증가할 때 전체적으로 1.06% 늘었다. 특히 초미세먼지에 약한 65세 이상의 노인은 8.84%나 증가했다. 미세먼지의 경우 농도가 $10\mu g/m^3$ 증가할 때 호흡기질환 입원환자가 전체적으로 0.66%, 65세 이상에서는

---

35 공성용 외 3명, "초미세먼지의 건강영향 평가 및 관리정책연구(II)", 한국환경정책·평가연구원, 2013.

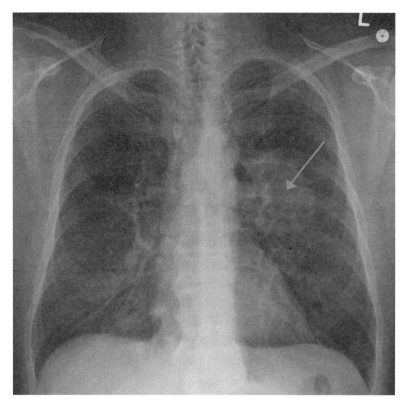

●●● 우리나라의 호흡기 질환 사망률(인구 10만 명당 2010년 67.5명에서 2013년 70명으로 증가)은 OECD 평균(인구 10만 명당 64명)보다 높은 수준이다. OECD는 미세먼지 등의 대기오염물질이 영향을 미친 것이 그 원인일 것이라고 추정하고 있다. 미세먼지는 폐기능을 떨어뜨리고, 폐기능 감소 속도를 높이며, 폐암을 비롯한 호흡기 질환의 발병과 악화, 사망 위험을 증가시킨다. 미세먼지 수치가 높으면 다음날뿐 아니라 수일이 지날 때까지도 환자가 늘어난다. 미세먼지 노출 기간이 길수록 영향은 더 커지며 어린이와 노인이 상대적으로 더 크게 영향을 받는다.

1.45% 늘어났다. 모든 사례와 연구에서 보듯이 미세먼지는 호흡기질환을 악화시키는 주범이며 특히 어린이와 노인의 호흡기에 더 나쁜 영향을 미치는 물질이다.

미세먼지가 호흡기를 약하게 만드는 이유

우리나라 질병관리본부는 미세먼지가 호흡기질환에 나쁜 이유를 다음과 같이 설명한다. 기관지에 미세먼지가 쌓이면 가래가 생기고 기침이 잦아지며 기관지 점막이 건조해진다. 그러면 세균이 쉽게 침투할 수 있어, 만성폐질환이 있는 사람은 폐렴과 같은 감염성질환의 발병률이 증가하게 된다. 따라서 미세먼지(PM_{10}) 농도가 $10\mu g/m^3$ 증가할 때마다 만성폐쇄성 폐질환으로 인한 입원율은 2.7%, 사망률은 1.1% 증가한다. 초미세먼지($PM_{2.5}$) 농도가 $10\mu g/m^3$ 증가할 때마다 폐암 발병률이 9% 증가했다고 한다.

좀 더 쉽게 설명해보자. 폐기능은 호흡기 건강의 지표라고 할 수 있다. 출생 후 성인이 될 때까지는 호흡기 기능이 증가한다. 그러나 나이가 들면서 점차 감소한다. 그런데 폐기능 감소와 가장 관련 있는 것이 미세먼지이며 그중에서도 초미세먼지가 더 해롭다.[36] 초미세먼지가 위험한 이유는 무엇일까? 사람들의 폐에는 폐포[37]로 불리는 동그란 기관이 있는데, 폐 전체의 85%나 된다. 그러니까 폐포 하나하나의 작용이 합쳐지면서 폐 전체의 기능이 되는 것이다. 그런데 초미세먼지($PM_{2.5}$)는 폐포에 아주 나쁜 해를 끼친다. 폐포는 조직에서 분비된 액체의 표면장력으로 스스로 오그라들려는 힘이 있다. 그러나 공기를 많이 받아들이는 것이 폐포의 주된 기능이기에 오그라들기만 해서는 안 된다. 그래서 폐포의 표면에서 '폐표면활성물질lung surfactant'이라는 점액을 분비하여 표면장력을 완화시킨다. 문제는 초미세먼지가 인체로 들어와 폐표면활성물질에 붙으면 폐포의 표면장력의 균형이 무너진다. 즉, 폐포의 부피가 변하고 기능에 장애가 생기는 것이다. 폐포는 혼자 활동하는 것이 아니라 이웃 폐포와 연동하여 활동한다. 그러므로 하나의 폐포에 장애가 생기면 주위의 폐포도 장애가 발생하

36 이노우에 히로요시, 『은밀한 살인자 초미세먼지』, 전나무숲, 2018.

37 세기관지 끝가지와 연결되며, 폐 내에서 가스교환, 숨 쉬면서 들어온 공기에서 산소를 흡수하고 혈액에 녹아 있는 이산화탄소를 배출하는 작용을 하는 기관이다.

게 되는 것이다. 여기에 초미세먼지는 단단한 고체이므로 폐포에 닿는 것으로도 상처를 준다. 이 이야기를 하면 사람들은 정말 그럴까 하고 의문을 갖는다.

그러나 미세먼지는 정말 단단한 고체이고 특히 중국에서 날아오는 미세먼지는 강철보다 더 단단하다. "'스모그 지옥' 중국 미세먼지 입자… 강철보다 더 단단하다." 홍콩 《사우스 차이나 모닝 포스트SCMP, South China Morning Post》지의 2018년 4월 29일 보도 제목[38]이다. 《사우스 차이나 모닝 포스트》는 중국 시안교통대학西安交通大学 연구팀의 연구 결과를 인용했다. 중국의 시안시는 중국 대기질 순위에서 387개 도시 중 374위로 미세먼지 농도가 매우 높은 도시다. 연구팀이 미세먼지 입자를 분석해보니 입자들은 크롬, 철, 알루미늄, 납 등 다양한 물질로 이뤄져 있었다. 그런데 연구팀을 놀라게 한 것은 이 미세먼지 입자들의 강도였다고 한다. 입자들의 70%가량은 산업용 기계와 접촉했을 때 기계에 마모를 일으킬 정도로 강도가 높았다고 한다. 그러니 강철보다 단단한 중국산 미세먼지를 마시는 우리나라 사람들의 폐가 남아나기나 할까 하는 생각이 드는 것도 무리는 아니다. 이처럼 강한 미세먼지로 인해 손상이 더 많고 자주 있을수록 더 많은 폐포가 파괴된다. 폐기종이나 만성폐쇄성폐질환 같은 호흡기병이 생기는 것이다. 초미세먼지가 일단 호흡기에 들어오면 축적되며 제거할 방법이 없다. 의사들이 초미세먼지가 아예 몸속에 들어오지 못하게 막아야 한다고 말하는 이유는 이 때문이다.

---

38 China's Xian chokes on smog specks 'harder than steel', Researchers in pollution-prone Xian test the properties of the city's bad air but health specialists say the bigger concern is just how small the particles are steel, *SCMP*, 2018. 5. 28.

미세먼지가 호흡기에 미치는 영향에 관한 다양한 연구

장안수의 "미세먼지가 건강에 미치는 영향"에 대한 연구에서도 미세먼지가 호흡기에 미치는 영향에 대한 기전이 잘 나와 있다.[39] 미세먼지는 예민한 사람에게서 기도염증과 염증매개인자를 증가시켜 폐질환을 악화시킨다. 더 나아가 폐감염을 증가시키고, 급성 및 만성 폐염증을 일으킨다. 이런 이유로 해서 미세먼지에 단기간에 노출되어도 호흡기 증상 증가, 폐기능 감소를 가져온다고 주장한다. 그는 장기간 노출이 이루어지면 만성기침, 천식, 만성기도질환의 발생율이 3배 이상 증가한다고 한다.

경선영 등도 미세먼지가 호흡기에 미치는 영향에 관해 연구했다.[40] 미세먼지는 흡입이 가능한 크기로 하부 기관지 및 폐 실질에까지 침착하여 호흡기계에 손상을 일으킬 수 있는데, 대기 중의 미세먼지 농도가 높을수록 호흡기계의 증상 악화를 초래한다. 경선영 등은 미세먼지 농도가 $10\mu g/m^3$ 증가할수록 입원율이 2.7% 증가했고 사망률은 1.1% 증가했다고 한다.

김의숙 등은[41] 미세먼지주의보 이상으로 고농도 미세먼지 상황이 발생하면 만성폐쇄성폐질환자의 급성악화로 인한 입원이 증가한다고 주장한다. 특히 만성폐쇄성폐질환 급성악화로 입원한 환자들은 호흡기 바이러스 감염이 많았다는 것이다. 김의숙은 고농도 미세먼지가 발생하면 호흡기 감염에 취약한 만성폐쇄성폐질환자들은 급성악화로의 진행을 예방하기 위해 가급적 실외활동을 자제하라고 말한다.

39 장안수, "미세먼지가 건강에 미치는 영향", 순천향대학교 의과대학, 2015.

40 경선영 외, "미세먼지/황사 건강피해 예방 및 권고지침: 호흡기질환", 연세대학교의과대학 외, 2015.

41 김의숙, "대기 중 미세먼지에 따른 만성폐쇄성폐질환자(COPD)의 급성악화 양상에 대한 연구", 가천대학교 의학전문대학원, 2018.

현인규 등[42]도 미세먼지가 심하면 만성폐쇄성폐질환자의 호흡곤란 횟수가 일반인보다 28배나 높아진다는 연구를 발표했다. 한림대학교 동탄성심병원 호흡기내과 현인규·김철홍 교수와 일본 구루메人留米의과대학 예방의학교실 요코 이시하라 교수 공동연구팀의 연구에서도 미세먼지가 심하면 삶의 질이 급격히 떨어진다고 말한다. 행복해야 하는 노인들에게 미세먼지는 삶을 황폐하게 만드는 범인인 것이다.

세계보건기구는 미세먼지 노출에 의한 단기 및 장기 건강 영향을 발표했다. 미세먼지가 호흡기질환을 악화시키는 기전은 활성산소 생성 증가를 통한 염증반응의 유발이 가장 대표적이다. 그리고 미세먼지에 의한 염증성 사이토카인cytokine[43]의 증가가 있다. 이러한 염증반응은 미세먼지의 크기가 작을수록, 중금속이나 내독소가 포함되어 있으면 더 심하게 나타난다. 단기적으로 폐 염증반응 및 호흡기 증상의 증가와 약 사용 증가, 심혈관계 부정적 영향, 병원 입원 및 사망률 증가를 초래할 수 있다고 한다. 장기적으로 미세먼지 노출 시에는 하기도 증상 증가, 어린이 폐기능 감소, 만성폐쇄성폐질환 환자 증가, 성인 폐기능 감소 속도 증가, 폐암 발생 증가가 있을 수 있다고 보고했다.

이형숙 등의 연구도 좋은 사례라 할 수 있다.[44] 월평균 미세먼지의 농도가 $10\mu g/m^3$ 증가할 때 폐렴의 외래환자 1.021배, 입원환자 1.034배, 급성

---

42 현인규 외, "미세먼지 등 대기오염이 한국 만성호흡기질환 환자의 호흡기 증상 및 삶의 질에 미치는 영향", Journal of Preventive Medicine and Public Health, 2018.

43 사이토카인은 면역세포가 분비하는 단백질을 통틀어 일컫는 말이다. 사이토카인은 세포로부터 분비된 후 다른 세포나 분비한 세포 자신에게 영향을 줄 수 있다. 즉, 대식세포의 증식을 유도하거나 분비 세포 자신의 분화를 촉진하기도 한다.

44 이형숙 외, "서울 지역 미세먼지 농도가 호흡기계 및 심혈관계의 외래 방문 및 입원과 진료비에 미치는 영향", 서울여자간호대학교, 2016.

세기관지염의 외래환자 1.049배, 입원환자 1.020배가 증가한다. 이외에 코 및 부비동의 기타 장애, 편도 및 아데노이드의 만성질환, 기관지염, 기타 만성폐색성폐질환, 천식에서 입원환자 수와 외래환자 수 모두 유의하게 증가한다. 월평균 입원환자 수에서는 급성기관지염, 천식, 기관지염 순으로 각 1.231배, 1.102배, 1.069배 증가한다. 월평균 외래환자 수에서는 기타 만성폐색성폐질환, 만성부비동염 순으로 각 1.104배, 1.067배 증가한다.

호흡기질환자들의 행동요령

고려대 이종태(환경보건학) 교수는 "서울 지역 노인들을 대상으로 조사한 결과, 미세먼지가 증가할수록 폐기능이 저하되었다"고 말했다. 노인들의 경우 최대로 내뿜을 수 있는 호흡의 양을 1분 기준으로 환산하면 보통 300L(리터) 정도 되는데, 미세먼지가 $10\mu g/m^3$ 증가하면 3.56L 줄고, 초미세먼지가 $10\mu g/m^3$ 증가하면 4.73L 줄어들었다는 것이다. 이와 비슷한 연구가 있다. 미국 남캘리포니아대학이 12개 지역의 아동 1,700명을 조사한 결과, 미세먼지 농도가 높은 지역에서 태어난 아이들은 폐활량이 떨어지는 '폐기능 장애'를 겪을 가능성이 다른 지역 아동보다 5배가량 큰 것으로 나타났다. 미세먼지를 줄이면 건강에는 정말 도움이 된다. 경기도의 생활환경복지지표 개발연구에 따르면 초미세먼지($PM_{2.5}$) 농도를 평균 $15\mu g/m^3$, 미세먼지(PM_{10}) 농도를 $25\mu g/m^3$ 수준으로 줄이면 초과사망자는 2만 명에서 5,000명으로 75.2%나 줄일 수 있다고 한다. 또한, 호흡기질환 입원 초과건수와 만성기관지염 진단 초과건수도 각각 73%와 73.4% 감소할 것으로 추정했다. 따라서 호흡기질환자는 가급적 미세먼지에 노출되지 않는 것이 중요하다.

●●● 미국 남캘리포니아대학이 12개 지역의 아동 1,700명을 조사한 결과, 미세먼지 농도가 높은 지역에서 태어난 아이들은 폐활량이 떨어지는 '폐기능 장애'를 겪을 가능성이 다른 지역 아동보다 5배가량 큰 것으로 나타났다.

질병관리본부는 미세먼지 농도가 높아질 때 호흡기질환자들이 취해야할 행동요령을 제시하고 있다. 호흡기질환자는 우선 미세먼지에 장시간노출되지 않도록 주의하는 것이 가장 중요하다. 만성폐쇄성폐질환 환자는 미세먼지 농도가 '나쁨' 이상인 날은 외출하지 않는 것이 가장 좋다. 그러나 할 수 없이 외출해야 할 때에는 반드시 황사 마스크를 착용하고 치료약물(속효성 기관지 확장제)을 준비하는 것이 좋다. 만성호흡기질환자의경우 마스크를 착용할 경우 공기순환이 잘 되지 않아 위험할 수 있다. 따라서 식품의약품안전처에서 인증한 보건용 마스크 착용 여부를 사전에의사와 상의하는 것이 바람직하다. 만일 마스크 착용 후 호흡곤란, 두통등 불편감이 느껴지면 바로 벗어야 한다. 미세먼지가 건강에 미치는 영향은 최대 6주까지 지속될 수 있다. 미세먼지에 노출된 후 호흡곤란, 가래,

기침, 발열 등 호흡기 증상이 악화될 경우에는 병원에 가는 것이 좋다. 그리고 호흡기가 건조하면 질환이 악화될 수 있으므로 집 안에 있을 때는 반드시 가습기를 가동시키는 것이 좋다.

2. 천식을 악화시키는 미세먼지

동유럽 여행을 가면 폴란드의 소금 광산을 들른다. 이곳은 내부 온도를 항상 14℃로 유지한다. 여름에는 내부 온도가 외부 온도보다 차갑기 때문에 습기가 생기고, 겨울에는 내부 온도가 외부 온도보다 높기 때문에 내부가 건조하여 습기가 증발된다. 그래서 이 광산의 내부는 같은 온도에 습한 여름과 건조한 겨울만 존재한다. 이런 독특한 특성에다가 소금 광산 내부의 공기는 소금기를 머금고 있고 미세먼지 없이 아주 깨끗하다. 폴란드가 1964년부터 5단계 지하 211m에 천식[asthma][45] 환자들을 위한 온천 건강 센터를 운영하고 있는 이유는 바로 이 때문이다. 환자들은 매일 6시간씩 지하에 내려가서 소금 수증기를 마시고 나오는데 치유효과가 탁월하다고 한다. 미국의 애리조나 사막에 있는 '피닉스[Phoenix]'라는 도시도 천식 환자들에게는 천국이다. 이곳의 기후 특징은 공기가 매우 건조하고 미세먼지가 적어 공기가 아주 깨끗하다. 그렇다 보니 세계 각지에서 많은 천식환자가 몰려와서 산다고 한다. 사막의 맑고 깨끗하고 건조한 기후는 천식의 발병을 막고 천연 치료를 하는 데 큰 도움이 되기 때문이다.

---

[45] 천식은 호흡곤란, 기침, 거친 숨소리 등의 증상이 반복적·발작적으로 나타나는 질환이다.

미세먼지는 아이나 노인의 천식에 큰 영향을 미친다

천식은 전 세계적으로 환자가 가장 많이 발생하는 만성호흡기질환이다. 통계를 보면 현재 전 세계적으로 약 3억 5,800만 명이 앓고 있다고 한다. 그렇다면 미세먼지로 인해 매년 응급실을 찾는 천식환자들은 얼마나 되는 것일까? 아넨버그[Susan C. Anenberg][46] 등은 2018년에 전 세계적으로 최대 3,300만 명이 대기오염으로 인해 천식이 악화되거나 발생해 응급실을 찾는다는 연구 결과를 발표했다. 미국과 영국, 캐나다, 노르웨이, 일본 등의 학자들로 구성된 국제공동연구팀이 전 세계적인 통계를 만들어낸 것이다. 이 중 초미세먼지로 인해 천식이 악화되거나 응급실을 찾은 사람은 최대 1,000만 명이나 되었다. 특히 대기오염이 심한 중국과 인도 등 동아시아와 남아시아 지역에서 초미세먼지가 천식환자에게 미치는 영향이 크게 나타났다고 한다.

천식은 다양한 원인에 의해 악화된다. 천식 악화는 천식의 급격한 증상 악화와 폐기능 저하가 특징적이다. 가벼운 증상 악화부터 사망까지 그 양태는 다양하다. 발작이 일어나는 중등도의 경우 전신 스테로이드를 사용하거나 입원이 필요하다. 미세먼지의 농도 증가는 소아와 성인 모두에서 천식 악화를 일으킬 수 있음이 여러 역학 연구를 통해 밝혀지고 있다. 미세먼지에 많이 노출되면 소아 천식환자는 천식 증상을 보이고 약물 사용을 증가하면 더 악화되어 입원하는 경우가 많이 발생한다. 미세먼지는 천식환자들에게는 취약인 셈이다.

---

46 Susan C. Anenberg et al., "Estimates of the Global Burden of Ambient PM$_{2.5}$, Ozone, and NO$_2$ on Asthma Incidence and Emergency Room Visits", *Environmental Health Perspectives*, 2018.

●●● 미국과 영국, 캐나다, 노르웨이, 일본 등의 학자들로 구성된 국제공동연구팀이 2018년에 전 세계적으로 최대 3,300만 명이 대기오염으로 인해 천식이 악화되거나 발생해 응급실을 찾는다는 연구 결과를 발표했다. 이 중 초미세먼지로 인해 천식이 악화되거나 응급실을 찾은 사람은 최대 1,000만 명이나 되었다. 특히 대기오염이 심한 중국과 인도 등 동아시아와 남아시아 지역에서 초미세먼지가 천식환자에게 미치는 영향이 크게 나타났다고 한다. 미세먼지의 농도 증가는 소아와 성인 모두에게서 천식 악화를 일으킬 수 있음이 여러 역학 연구를 통해 밝혀지고 있다. 미세먼지가 천식환자들에게는 쥐약인 셈이다.

인제대 최윤정[47] 등은 서울 지역의 미세먼지 고농도일에 천식 사망자가 증가함을 밝혀냈다. 이들은 서울 지역에서 미세먼지 고농도일에 천식 사망자가 발생한 사례를 분석했다. 미세먼지(PM_{10})의 경우 연구 기간 동안 일평균 기준을 초과한 날은 총 443일로 매년 약 35일 발생하는 것으로 나타났다. 이 기간 동안 천식 사망자 수는 총 461명으로 나타나 연평균 약 36명의 천식 사망자가 발생하는 것으로 나타났다. 서울 지역의 경우, 천식 사망자 발생은 일평균 기준 농도 값을 초과하는 고농도 현상이 발생한 이후 3일째와 5일째, 그리고 2일째 되는 날 순서대로 많이 나타났다.

양현종 등도 미세먼지가 천식에 미치는 영향에 대해 연구했다.[48] 초미세먼지는 눈과 코를 자극할 뿐만 아니라 폐의 직접 흡입을 통해 천식을 악화시키거나 유발시키는 중요한 요인이 된다. 즉, 초미세먼지는 기도 점막을 자극하고, 염증을 유발해서 정상인에게서도 기침, 가래 등의 호흡기 증상을 유발한다. 천식과 같은 만성알레르기질환자의 경우는 단기간 노출만으로도 급성기도염증과 기관지수축을 유발하여 천식을 악화시키며, 노출량에 따라 입원 위험도가 증가한다. 단기간에 다량 노출되거나 장기간 노출되었을 때에는 만성적인 기도염증 유발로 폐기능 감소와 천식이 발생한다. 장기간 노출에 따른 천식 발생 위험도는 소아와 노인에게서 더 크게 나타난다.

김상헌 등은 미세먼지가 천식 발생에 어떤 영향을 미치는지를 연구했다.[49] 천식은 만성 염증성 기도 질환으로, 이로 인한 이환罹患과 사망은 환

---

47 최윤정 외, "서울 지역 미세먼지 고농도에 따른 천식사망자 사례일의 종관기상학적 분류", 인제대학교 환경공학과, 2017. 2.

48 양현종 외, "미세먼지/황사 건강피해 예방 및 권고지침: 천식", 순천향대학교 의과대학, 2016.

49 김상헌 외, "대기 미세먼지가 천식 발생과 조절에 미치는 영향", 한양대학교 의과대학 외, 2016.

자에게 직접적인 고통을 초래한다. 나아가서 사회경제적으로도 심각한 문제를 일으키고 있다. 세계적인 추세에 따라 한국도 천식의 유병률이 빠르게 증가하여 현재 약 5~10%의 유병률을 보이고 있다. 영유아부터 노인에 이르기까지 모든 연령에서 문제가 되고 있다. 천식은 여러 원인에 의해 증상 악화와 폐기능 저하를 보이는 것이 특징인데, 악화의 주요 원인 중 하나가 미세먼지다. 여기에서 입자가 작은 초미세먼지는 폐포까지 침착하므로 천식에 더 큰 영향을 미친다. 서울 지역의 15세 이하 소아를 대상으로 대기오염과 천식 악화로 인한 입원의 연관성을 시계열적 분석으로 평가했을 때 미세먼지와 유의한 연관성이 확인되었다. 천식 소아에게서 미세먼지로 인한 천식 악화는 주로 아토피가 있는 경우 그 영향이 더 크다. 성인에게서도 단기간 고농도 미세먼지나 초미세먼지 노출은 천식 악화를 유발한다는 결과가 많이 발표되고 있다.

질병관리본부는 미세먼지가 기도에 염증을 일으켜 천식을 유발하거나 악화시킬 수 있다고 밝히고 있다. 미세먼지에 장기간 노출될 경우 폐기능을 떨어뜨리고 천식 조절에 부정적 영향을 미치며, 심한 경우에는 천식 발작으로 이어지기도 한다는 것이다. 그래서 어린이 천식환자는 유치원이나 학교 보건실에 증상완화제를 맡겨두어 필요한 경우 언제든 사용할 수 있도록 하는 것이 좋다고 권한다. 천식환자 또한 마스크 사용이 오히려 위험할 수 있으므로, 외출 시 식품의약품안전처에서 인증한 보건용 마스크 착용 여부를 사전에 의사와 상의하는 것이 좋다. 또한 비염과 같은 질환을 함께 앓고 있는 천식환자가 고농도 미세먼지에 장기간 노출된 경우에는 의사와 상담하여 미세먼지로 인해 질병이 악화되었는지를 확인하는 것이 안전하다.

미세먼지와 천식에 관한 외국의 연구

미세먼지가 호흡기질환이나 천식환자에게 매우 나쁘다는 것을 실증적으로 연구한 사람이 뉴욕대 환경의학의 대가大家 윌리엄 롬 교수다. 그는 2001년 9·11 테러 당시 먼지에 노출된 10만 명이 어떤 상태인지 8년 동안 연구했다. 당시 먼지에 노출된 사람은 약 30만 명에 달했다. 롬 교수는 이들 가운데 10만 명을 8년 동안 추적하면서 역학조사를 진행했다. 테러 발생 2주 동안 미세먼지에 집중적으로 노출된 구조대원의 경우 평균 32%의 폐활량을 잃었다. 많은 사람들은 7~8년이 지나도 정상으로 회복하지 못했다. 거주자와 생존 근무자, 청소인력, 소방관까지 역학조사를 벌였는데, 미세먼지에 노출 시간이 길어지면 호흡량이 줄어들고 천식이 악화되는 것으로 나타났다. 롬 교수는 초미세먼지를 쥐에게 6개월간 노출시킨 결과 혈관이 파괴되는 사례를 다수 관찰했다고 밝히기도 했다.

미국 뉴욕시 환경관리국이 뉴욕 지역 병원을 대상으로 초미세먼지가 천식으로 인한 입원에 미치는 영향을 분석했다. 대상을 4개 연령군(6세 미만, 6~18세, 19~49세, 50세 이상)으로 나누었을 때 6~18세의 소아청소년군에서 위험도가 가장 높게 나타났다. 홍콩에서 시행된 연구에서도 14세 미만의 연령군에서 미세먼지에 의한 천식 악화 입원 영향이 가장 크게 나타났다. 반면 한국에서 대도시 지역의 대기오염 자료와 천식으로 인한 입원의 연관성을 분석한 연구[50]에서 미세먼지의 영향은 소아보다도 65세 이상 노인에게서 더 크게 나타났다. 젊은 연령보다도 소아와 노인 연령의 천식환자에게서 단기간 미세먼지 노출로 인한 천식 악화의 위험이 더 높은 경향을 보이는 점은 주목할 만하다.

---

50 전웅·김호, "대기오염이 천식으로 인한 입원에 미치는 영향", 보건학논집, 2016.

단기간의 미세먼지 농도 증가는 천식이 없는 건강한 사람에게서도 폐 기능을 저하시킨다. 최근 미국에서 프레이밍햄 심장 연구Framingham Heart Study[51] 후속인 자손 코호트Offspring Cohort, Third Generation Cohort에 속한 일반인을 대상으로 코호트 연구를 수행했다. 이 연구는 미국 환경보호청EPA, Environmental Protection Agency 기준보다 낮은 중등도의 미세먼지 농도에 노출되어도 폐기능이 저하되는 경향이 있음을 보여주었다. 미세먼지 농도가 기준치보다 낮더라도 폐기능 저하를 유발할 수 있다는 것이다. 특히 기도 수축을 보이는 천식환자의 경우는 단기적인 미세먼지 농도 증가에도 폐기능 저하가 상대적으로 크게 나타났다. 사실 우리나라의 미세먼지 기준이 미국 환경보호청의 기준보다 높게 설정된 것을 고려하면, 미세먼지 등급의 위험 정도가 '나쁨' 또는 '매우 나쁨'이 아닌 '보통'이더라도 천식환자에게는 영향이 있을 수 있음을 고려해야 할 것이다.

스위스 SAPALDIASwiss Study on Air Pollution and Lung Disease in Adults 코호트 연구는 천식이 없는 비흡연자 성인 코호트를 1991년부터 11년간 추적했다. 그랬더니 미세먼지와 천식 발생의 유의한 연관성을 확인했다. 이 연구는 대상자들에게서 나타난 천식 진단과 천명喘鳴[52] 등 천식 증상 발생을 전향적으로 조사했다. 이들이 살고 있는 곳의 초미세먼지와 이산화질소 농도가 높을수록 각각 천명의 발생 위험이 증가했다. 이러한 역학연구의 결과는 소아와 성인 모두에게서 미세먼지가 천식을 유발하는 위험인자임을 보여준다.

천식으로 진행하기 전에 나타나는 비염의 경우도 미세먼지의 영향을

---

51 프레이밍햄 심장 연구는 생활습관과 질병의 인과관계를 밝히기 위해 미국 매사추세츠 주의 소도시 프레이밍햄의 주민을 대상으로 장기간 3세대에 걸쳐 실시한 대표적인 심혈관계 코호트 연구다.

52 천명(喘鳴)은 '쌕쌕거림'의 전문의학용어다.

받는 것으로 나타났다. 몇몇 역학연구는 장기간의 미세먼지 노출이 비염을 유발한다고 보고하고 있다. 또한 중국 베이징에서 시행된 연구에서는 미세먼지, 이산화황, 이산화질소 농도의 증가와 알레르기비염 환자의 병원 방문 횟수 증가 간에 상관성이 있는 것으로 나타났다. 비염이 천식의 동반질환이고 천식 조절을 악화시킨다는 점을 고려하면 미세먼지로 인한 비염의 발생과 악화는 천식의 조절에 영향을 미칠 수 있다.

천식 발작 예방법

양현종 등은 천식 발작을 예방하는 권고논문을 작성했다.[53] 세계 여러 나라에서는 미세먼지가 천식에 안 좋은 영향을 미치므로 자국민을 보호하기 위해 일반인이나 천식환자를 대상으로 한 다양한 형태의 예방 및 권고지침을 발표하고 있다. 각국은 정부 주도로 현재 공기질이 어느 정도로 오염되어 있는지, 향후 대기오염 정도가 어떠할지 나타내기 위해 공기질지수AQI, Air Quality Index를 개발하여 정보를 공개하고 있다. 일반적으로 AQI가 높아지면 대기오염 정도가 심각하고 건강에 나쁜 영향을 미칠 위험이 크므로 주의가 필요하다. 또한 AQI 수치에 따라 위험등급을 나누어 일반인과 천식과 같은 고위험군이 각각 어떠한 점을 주의해야 하는지에 대한 행동지침을 알려주고 있다.

미국은 1968년부터 환경보호청EPA에서 개발한 AQI를 운영하고 있으며, 4가지 대기오염물질(오존, 미세먼지, 일산화탄소, 이산화황) 농도로부터 산출한 해당 지역의 공기질을 수치화한 지역별 AQI를 웹사이트[54]를 통해

---

53 양현종 외, "미세먼지/황사 건강피해 예방 및 권고지침: 천식", 순천향대학교 의과대학, 2016.

54 https://www.airnow.gov/

공지한다. AQI가 100 이상인 경우에는 이메일, 스마트폰 앱, 또는 방송매체를 통해 경고하고 있다. 또한, AQI를 6단계로 구분하여 색깔별로 건강피해 위험등급을 제시하고 있다. 특히 미세먼지의 오염 정도에 따라 어떤 사람이 주의가 필요한지, 어떠한 행동을 취해야 하는지 AQI에 따른 행동지침Air quality guide for particle pollution을 만들어 온라인과 리플릿을 통해 전달하고 있다.

해외 미세먼지 예방 및 권고지침의 공통적인 내용을 보자. 첫째, 온라인이나 미디어를 통해 AQI를 항상 확인하고, 공기질 정도에 따라 야외활동 및 육체활동을 관리할 것을 강조한다. 특히 교통량이 많은 지역을 피할 것을 권고하고 있다. 둘째, 대기 중 미세먼지 농도가 높을 때 실내공기의 미세먼지 농도도 높아질 수 있다. 따라서 실내에서는 반드시 금연하고 나무 스토브나 벽난로 사용을 피하고 양초 등을 피우지 말라고 권고한다. 셋째, 미세먼지 저감 기능이 있는 공기청정기 또는 헤파HEPA, High Efficiency Particulate Air 필터[55] 사용을 권고하고 있다. 특히 천식환자의 경우에는 대기오염이 심각할 경우 개인별 행동지침을 따를 것을 강조하고 있다. 천식환자는 일반인보다 미세먼지 또는 대기오염에 취약하므로 AQI에 따라 야외활동을 피하고, 특히 교통량이 많은 지역을 피할 것을 권고하고 있다. 만약 숨참, 기침, 호흡곤란 등의 천식 증상이 나타나면 속효성 증상완화제를 사용하고 안정을 취하기를 권고한다. 증상이 지속된다면 반드시 병원을 방문하여 의사의 지시를 따를 것을 강조하고 있다.

학교에서 많은 시간을 보내는 소아 천식환자를 위해 학교생활 권고지

---

55 공기 중의 미세한 입자를 제거할 수 있는 필터로 가습기나 공기청정기 외에도 청소기, 무균실 등 많은 용도로 사용되는 필터. 미세입자나 세균을 99.7% 이상 제거할 수 있어 세균이나 먼지에 의해 오염되는 것을 방지해준다.

침을 제정하여 특별히 관리하고 있다. 미국 환경보호청은 천식환자의 학교생활 권고지침을 개발하고, 특히 실내 미세먼지의 관리가 중요함을 강조하고 있다. '학교 깃발school flag' 프로그램을 통해 천식환자뿐만 아니라 선생님과 보호자들의 교육에도 힘쓰고 있다. 대기 중 미세먼지 농도가 높을 경우 실외활동을 자제하고 실내놀이활동으로 대체할 것을 권고하고, 호흡기 증상 발생 여부를 신중하게 관찰할 것을 강조하고 있다. 그날그날의 미세먼지 농도를 녹색, 노란색, 오렌지색, 붉은색, 보라색 5가지 색 깃발 단계로 나누고 오렌지색부터는 소아 천식환자의 실외활동을 자제하고 속효성 증상완화제를 소지하고 호흡기 증상이 생기면 즉시 선생님에게 말하도록 교육하고 있다. 우리나라에서도 외국의 예를 적용하는 노력이 필요하다. 정부와 학교와 병원과 개인이 협업하는 시스템으로 가야 한다는 것이다.

3. 심장마비를 부르는 미세먼지

병원에서 사망 선고를 받은 사람이 마지막으로 가는 곳이 있다. 산이다. 최후의 희망을 산기후치료요법에 기대는 것이다. 산기후는 해발 고도가 400m 이상 되는 곳의 기후를 말한다. 이곳의 공기는 기압과 산소분압이 낮다. 공기 중에 포함되어 있는 수분의 양이 적으며 밤낮의 기온 변화가 크다. 숲의 효과로 공기가 깨끗하다. 숲은 도시의 높은 미세먼지 농도를 낮추는 엄청난 역할을 한다. 그러다 보니 산의 미세먼지 농도는 매우 낮을 수밖에 없다. 낮은 습도는 수분 증발을 용이하게 하여 몸 상태를 쾌적하게 해준다. 덤으로 산에는 각종 나무에서 나오는 피톤치드phytoncide라는 방향성 물질이 있어 살균작용과 함께 건강을 돕는 역할을 해준다. 그래서 산기후는 심혈관질환자에게 더할 나위 없이 좋다. 영국 옥스퍼드 의대의 연구에 의하면 런던과 같은 대도시에 사는 사람이 나무와 산림이 많아 공기가 깨끗한 스웨덴에 사는 사람보다 대기오염으로 인한 사망률이 64배나 높다고 한다. 나무와 산림이 많은 스웨덴 산기후의 좋은 점을 잘 보여주는 연구 결과다.

미세먼지가 심혈관계에 영향을 주는 기전

"공기가 좀 안 좋으면 저는 숨쉬기가 더 힘들거든요. 가슴이 벌렁벌렁하다고 아무래도 느끼게 되니까…" 심장박동기를 착용한 50대 여성이 한 TV 방송에서 한 말이다. 심장이 불규칙하게 뛰어서 가슴이 두근거리는 것을 '부정맥'이라고 한다. 부정맥은 돌연사의 주범으로, 심장이 약한 사람들은 미세먼지에 한두 시간만 노출되어도 부정맥 위험이 증가한다. 체내에 삽입된 인공심장박동기는 24시간 심장의 리듬을 기록하고 감시한다. 따라서 심장이 불규칙하게 뛰는 순간이 정확하게 포착된다. 이런 원리를 이용해서 연세대 의대 연구팀이 인공심장박동기를 삽입한 160명의 기록과 미세먼지의 관련성을 분석했다. 그 결과, 미세먼지 노출 2시간째 부정맥이 가장 많이 발생했다. 또 미세먼지 농도가 $10\mu g/m^3$ 올라갈 때마다 부정맥 위험은 2.5배씩 증가했다. 바로 미세먼지가 우리 몸의 자율신경[56]을 깨뜨리기 때문이다.

미세먼지는 심장병이나 부정맥 등의 심혈관질환[57]에 매우 나쁜 영향을

---

56 자율신경계는 놀라면 맥박수가 빨리 올라가고, 편안하면 맥박수가 떨어진다. 그런데 미세먼지가 많은 날에는 이게 잘 안 돼서 리듬이 불규칙해질 위험이 높아진다.

57 심장과 동맥 등에 영향을 주는 질환으로 고혈압, 허혈성심장질환, 관상동맥질환, 협심증, 심근경색증, 죽상경화증(동맥경화증), 부정맥, 뇌혈관질환, 뇌졸중 등이 있다.

미치는데, 이 중 심근경색을 유발하는 과정을 살펴보자. 2017년 4월 28일 헬스조선[58]에 실린 내용이다.

"미세먼지는 호흡기질환, 뇌졸중뿐 아니라, 심장질환을 유발한다고 알려졌다. 그런데 미세먼지가 어떤 기전으로 심장질환을 일으키는지 그 원인이 규명되었다. 영국 에든버러대학과 네덜란드 국립보건환경연구원 등의 과학자들로 구성된 국제연구팀은 금을 이용해 미세먼지가 심장까지 도달하는 과정을 밝혔다[59]. 연구팀은 금을 미세먼지와 같은 나노(10억 분의 1m) 분자로 만들어 쥐의 호흡기로 들이마시게 한 뒤, 혈액·소변 검사를 하고 특수영상장치로 몸 안에서의 이동 상황을 관찰했다. 이어 건강한 자원자 14명과 수술환자 12명 등 사람 26명에게도 같은 실험을 했다. 그 결과, 호흡기를 통해 몸 안으로 들어간 금 나노 분자가 기관지와 폐를 거쳐 혈류를 타고 심장으로 들어가고, 다시 나오는 것으로 나타났다. 또 호흡한 지 15분 만에 혈액과 소변에서 금 나노 분자가 검출되었다. 금 나노 분자는 24시간 동안 최고치가 검출되었고, 3개월까지 몸 안에 남아 있었다. 특히 혈관 염증이 있는 부위에 많이 쌓이는 것으로 나타났다. 연구팀은 이에 대해 '미세먼지 속 나노 분자가 폐를 거쳐 혈류를 타고 떠돌다가 심혈관의 약한 부위에 쌓여 심근경색 등을 일으킬 수 있다는 사실이 드러났다'고 말했다."

"미세먼지가 심장병을 유발하는 것은 좋은 콜레스테롤을 줄이기 때문이다." 2017년 4월, 미국 워싱턴대학교 보건대학원 그리피스 벨Griffith Bell

---

58 http://health.chosun.com/site/data/html_dir/2017/04/28/2017042801102.html

59 Mark R. Miller, Jennifer B. Raftis, Jeremy P. Langrish, "Inhaled Nanoparticles Accumulate at Sites of Vascular Disease", ACS NANO, 2017.

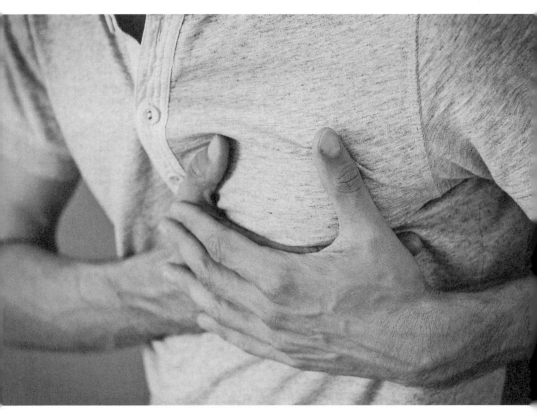

●●● 심장이 약한 사람들은 미세먼지에 한두 시간만 노출되어도 부정맥 위험이 증가한다. 심장이 불규칙하게 뛰어서 가슴이 두근거리는 부정맥은 돌연사의 주범이다. 미세먼지 노출 2시간째 부정맥이 가장 많이 발생하고, 미세먼지 농도가 10㎍/㎥ 올라갈 때마다 부정맥 위험은 2.5배씩 증가한다. 미세먼지가 우리 몸의 자율신경을 깨뜨리기 때문이다.

박사 연구팀의 연구 내용[60]이다. 이들은 흔히 좋은 콜레스테롤이라고 알려진 고밀도콜레스테롤HDL, High Density Lipoprotein cholesterol을 대기오염물질이 줄

60 Griffith Bell, Samia Mora, Philip Greenland, Michae, "Association of Air Pollution Exposures With High−Density Lipoprotein Cholesterol and Particle Number: The Multi−Ethnic Study of Atherosclerosis", *Arteriosclerosis, Thrombosis, and Vascular Biology*, 2017.

이기 때문[61]이라고 주장했다. 연구팀이 중년 이상 주민 6,654명을 대상으로 조사했다. 차량 배기가스나 화석연료에서 배출되는 탄소에 노출도가 높을수록 혈액 속 HDL 농도가 더 낮았다는 것이다. HDL 농도는 배기가스에 3개월 노출되었을 경우 상당히 낮아졌고 1년 이상 노출된 경우 그 농도가 눈에 띄게 낮았다고 한다. 이 연구는 미세먼지를 비롯한 대기오염물질이 HDL을 낮춰 심장질환 위험이 커짐을 시사하고 있다. 이 연구 결과는 미국심장협회AHA, American Heart Association 학술지《동맥경화증, 혈전증, 혈관 생물학Arteriosclerosis, Thrombosis, and Vascular Biology》에 실렸다.

미세먼지에 장기간 노출될 때 심혈관계는 어떤 영향을 받을까? 최근 미세먼지 농도가 높은 지역에서 장기간 거주하는 것이 단기간 거주할 때보다 심혈관질환 상대 위험도를 높인다는 코호트 연구Cohort Study[62]가 보고되었다. 세계보건기구에 따르면, 초미세먼지에 의해 매년 약 80만 명의 수명이 단축될 정도로 초미세먼지는 전 세계 사망 원인의 13번째를 차지하는 것으로 보고되고 있다. 오래 살고 싶으면 미세먼지 농도가 낮은 지역에 사는 것이 좋다는 이야기다.

그렇다면 단기간의 미세먼지 노출이 심혈관질환에 어떤 영향을 미칠까? 4시간 동안의 평균 초미세먼지 농도가 $10\mu g/m^3$ 증가할 때, 일별 심혈관질환 사망률의 상대위험도가 0.4~1.0% 증가한다. 관상동맥질환이나 구조적 심질환을 가지고 있는 노인의 경우 초미세먼지에 의해 심혈관질환이 악화될 가능성이 높다. 최근 미국 204개 도시에서 65세 이상 1,150

---

61 동맥경화증이나 심부전, 뇌졸중 등 심혈관질환에는 총 콜레스테롤 수치보다는 고밀도콜레스테롤(HDL)이 얼마나 많고 저밀도콜레스테롤(LDL)이 얼마나 적으냐가 중요한 영향을 미친다.

62 코호트 연구는 전향성 추적조사를 의미한다. 특정 요인에 노출된 집단과 노출되지 않은 집단을 추적하고 연구 대상 질병의 발생률을 비교하여 요인과 질병 발생 관계를 조사하는 연구 방법이다. 요인 대조 연구(factor−control study)라고도 불린다.

만 명을 대상으로 연구를 실시했다. 그 결과, 일별 초미세먼지 농도 변화가 심혈관질환 입원율 변화와 관련 있는 것으로 나타났다. 초미세먼지 농도 $10\mu g/m^3$ 증가는 뇌혈관질환에 의한 입원율을 0.81%, 말초혈관질환에 의한 입원율을 0.86%, 허혈성심질환에 의한 입원율을 0.44%, 부정맥에 의한 입원율을 0.57%, 심부전에 의한 입원율을 1.28% 증가시켰다. 뇌혈관질환, 부정맥 및 심부전으로 인한 입원 시 같은 날 초미세먼지 농도가 높은 것으로 나타났다. 특히 허혈성심질환은 노출 이후 2일간 증가하는 경향을 보였다.

미세먼지와 심혈관질환의 연관성 연구

미세먼지가 심혈관질환의 직접적 원인이 된다는 연구 결과가 나왔다. 영국 런던 퀸메리대, 세인트 바톨로뮤 병원St. Bartholomew's Hospital, 옥스퍼드대 의대 공동연구팀의 연구에서다. 이들은 미세먼지와 이산화질소 등 각종 대기오염물질이 심장 형태를 변형시켜 심부전을 유발시킨다고 주장했다. 이 연구 결과는 미국심장협회에서 발행하는 국제학술지《서큘레이션 Circulation》2018년 8월 3일자에 게재되었다.[63] 특히 연구팀은 미세먼지 농도가 낮아도 일상적으로 미세먼지에 노출되면 심장마비 초기 단계에서 나타나는 심장 변화가 발생한다고 말한다. 이번 연구에는 우리나라 연세대 세브란스병원 심장영상의학과 김영진 교수도 참여했다.

이 연구에 참여한 사람들은 연평균 $8\sim12\mu g/m^3$에 노출되는 것으로 나타났다. 이 수치는 세계보건기구의 권장 제한 수치인 $10\mu g/m^3$과 비슷하

---

63 Nay Aung et al., "Association Between Ambient Air Pollution and Cardiac Morpho-Functional Phenotypes", *Circulation*, 2018.

고 우리나라의 수치보다는 절반 이하로 작다. 우리나라 사람들의 심장은 영국 사람들의 심장보다 튼튼한가? 분명히 아니라면 우리나라 사람들이 더 큰 영향을 받을 수밖에 없을 것이다.

인제대학교의 이혜원은 연구[64]를 통해 심뇌혈관질환에 따른 사망과 미세먼지와 연관성이 있다고 발표했다. 이 연구는 미세먼지가 심뇌혈관계질환에 의한 사망에 미치는 영향을 지역별로 분석했다. 연구 결과 미세먼지 발생이 증가할수록 심뇌혈관계질환에 의한 사망 발생이 증가하는 것으로 나타났다. 미세먼지 농도가 1단위(27.53$\mu g/m^3$) 증가할 때마다 심뇌혈관 질환으로 인한 사망 발생이 1~3% 증가했다. 추정된 효과 크기로 볼 때 그중에서도 울산광역시가 27.53$\mu g/m^3$이 증가할 때 사망 발생이 3.1% 증가하여 가장 큰 영향을 받은 것으로 나타났다.

미세먼지는 뇌졸중에도 큰 영향을 미친다. 삼성서울병원의 방오영 교수 연구팀은 미세먼지가 뇌졸중에 미치는 영향을 연구했다.[65] 이들은 2011년 1월부터 2013년 12월까지 뇌졸중으로 전국 12개 의료기관에서 치료받은 환자 1만 3,535명(평균 나이 67.8세, 남성 58.5%)을 분석하여 미세먼지와 같은 대기오염물질이 뇌졸중의 위험을 높인다는 것을 밝혀냈다. 특히, 대기오염 농도가 짙은 겨울과 봄철에 이러한 경향이 더욱 뚜렷한 것으로 나타났다고 한다. 연구에 따르면, 대기오염물질 가운데 미세먼지(PM_{10})와 이산화황(SO_2)이 가장 큰 영향을 미치는 것으로 나타났다. 이 연구는 뇌졸중 국제학술지《스트로크Stroke》에 게재되었다.

김인수 등은 미세먼지와 황사가 발생할 때 심혈관질환에 어떤 영향을

---

64 이혜원, "심뇌혈관질환에 따른 사망과 미세먼지와의 관련성 연구", 인제대학교 대학원, 2017.

65 방오영 외, "Air Pollution Is Associated With Ischemic Stroke via Cardiogenic Embolism", *Stroke*, 2016.

미치는지, 그리고 건강 피해를 어떻게 예방하는 것이 좋은지에 대한 권고 지침을 기술한 바 있다.[66] 그 내용을 보면 장기적으로 평균 미세먼지 농도가 높은 지역에 거주할수록 심혈관질환 이환율과 사망률이 높았다고 한다. 특히 고농도 초미세먼지에 노출될 때 심근경색, 뇌졸중, 부정맥과 심부전 악화 등이 유발될 수 있다고 한다. 일부 민감한 환자의 경우는 수시간, 혹은 수일 정도의 단기간 노출만으로도 상기 질환이 유발 혹은 악화될 수 있다.

장안수 등은 자신들의 논문[67]에서 외국의 사례를 소개하면서 미세먼지가 심장질환의 유병률과 사망률과 관계가 있다고 말한다. 미국에서 미세먼지와 초미세먼지 농도 $10\mu g/m^3$ 감소는 연당 1,500건의 허혈성 심장질환 입원을 줄인 것으로 나타났다. 2004년부터 2010년까지 잉글랜드와 웨일즈 지방에서 15만 4,204명의 환자를 대상으로 3.7년간 추적관찰하여 3만 9,863명의 사망자를 코호트 분석했다. 그 결과, 초미세먼지 $10\mu g/m^3$ 증가가 사망률을 1.2배나 증가시킨 것으로 나타났다. 분진의 구성, 실내 노출, 인구 구성, 노출 평가 방법, 변수 등에 다양한 영향을 받지만 초미세먼지 농도 $10\mu g/m^3$ 증가는 전체 사망률 6%, 심장혈관계 사망률 15%의 증가를 가져왔다.

또 일본에서는 7만 8,057명을 대상으로 코호트 연구를 실시한 결과 미세먼지 농도 $10\mu g/m^3$ 증가가 흡연자에게서 관상동맥질환 1.39%, 심근경색 1.52%를 증가시키고, 여성에게서는 관상동맥질환 1.63%, 심근경색 1.99%를 증가시켰으며, 사망률을 1.11% 증가시킨 것으로 나타났다.

66 김인수 외, "미세먼지/황사 건강피해 예방 및 권고지침: 심혈관질환", 연세대학교, 2015.

67 장안수 외, "대기오염에 따른 천식, 만성폐쇄성폐질환, 심장질환 환자의 병원 방문 및 입원", 대한천식알레르기학회, 2006.

최근 이탈리아 롬바르디Lombardy 지역에서 보고된 사례 조절 연구에 따르면, 장기간 초미세먼지 농도 $10\mu g/m^3$ 증가 시 심부정맥 혈전증(deep vein thrombosis)이 70% 증가하는 것으로 나타났다. 미세먼지가 동맥뿐만 아니라 정맥 순환에도 영향을 미쳐 혈액응고나 혈전증 위험도 증가시킨다는 것이다.

심혈관질환자에게 주는 조그만 팁을 소개한다. "초미세먼지가 심장 건강에 미치는 나쁜 영향을 비타민B로 상당 부분 상쇄할 수 있습니다." 미국 컬럼비아대학 환경보건과학실장 앤드리어 바카렐리Andrea A. Baccarelli 박사 팀의 연구 결과[68]다. 이들은 비타민B를 오래 복용하면 미세먼지 노출로 인한 심장 건강 손상을 상당히 줄일 수 있다고 주장한다. 바카렐리 박사는 담배를 피우지 않는 건강한 18~60세 지원자 10명을 대상으로 진행한 실험으로 이 같은 사실을 밝혀냈다고 한다. 이들은 평소 비타민B나 다른 약을 복용하지 않는 사람들이었다. 그의 연구팀은 1차로 이들에게 4주 동안 가짜 비타민B 보충제를 복용시켰다. 그런 다음 초미세먼지에 노출되지 않은 상태와 2시간 동안 노출된 상태에서 심박동과 혈액의 면역세포 수를 측정했다. 다음에는 진짜 비타민B 보충제를 4주 동안 복용시켰다. 그런 다음 2시간 동안 미세먼지에 노출시키고 심박동과 백혈구 수를 측정해 1차 검사 결과와 비교했다. 그런데 놀라운 결과가 나타났다. 2차 검사에서 미세먼지 노출이 심박동, 백혈구 수, 림프구 수에 미치는 영향이 각각 150%, 139%, 106% 감소한 것이다. 비타민B 보충제 복용 후 초미세먼지 노출로 인한 심장 건강 손상이 28~76% 줄어든 것이다. 초미세먼지

68 Andrea A. Baccarelli, Letizia Trevisi, Bruce Urch, Xinyi Lin et al., "B-vitamin Supplementation Mitigates Effects of Fine Particles on Cardiac Autonomic Dysfunction and Inflammation: A Pilot Human Intervention Trial", *Scientific Reports*, 2017.

농도가 높은 계절에는 비타민B를 주기적으로 복용해주는 것이 심장 건강을 지키는 또 다른 좋은 방법이 될 수 있다.

4. 임산부와 어린이에게 큰 영향을 미치는 미세먼지

중국의 미세먼지 농도가 높은 대도시에 사는 남자들은 아내와 자식을 위해 기꺼이 기러기아빠를 자처한다. 아내가 임신을 하면 남편은 아내를 공기 좋은 곳으로 보내 태어난 아이가 어느 정도 성장할 때까지 그곳에서 살게 한다. 미세먼지가 임산부와 아이의 성장에 너무나 나쁘다는 것을 잘 알기 때문이다. 혹시 우리나라도 이런 일이 일어나지는 않을까 걱정이 될 때도 있다.

"집 밖은 위험해!" 아이들을 가진 엄마들의 외침이다. 워낙 미세먼지 농도가 높다 보니 집을 나서면 바로 미세먼지에 노출되기 때문이다. 그러나 아이들은 미세먼지 농도가 높은 것에는 관심이 없다. 아무리 농도가 높아도 밖에 나가자고 조른다. 어떻게 해야 할까? 엄마들이 찾은 방법 중의 하나가 '맘카페'나 '키즈카페' 등이다. 카페에 들어가 보면 각종 미세먼지 실시간 정보는 물론 간이측정기를 구입해 측정한 미세먼지 농도를 알려준다. 자기가 사는 인근 마트나 병원 등의 미세먼지 수치를 재서 알려주는 열성 엄마도 있다. 일반인들도 이런 정보를 공유한다. 직장인이나 야외 취미활동을 하는 동호인들은 다양한 미세먼지 정보를 나눈다. 예를 들어 지하철역사(기준 $150\mu g/m^3$ 이하)의 미세먼지 실시간 정보는 인기다. 자전거 동호회도 특정 도로구간의 미세먼지 수치를 틈틈이 측정해 공유하면서 특히 심한 곳은 피해 돌아가라고 알려준다. 그러나 가장 활성화된 곳이

●●● 2017년 3월에 세계보건기구는 어린아이들이 환경오염으로 죽어간다고 발표했다. 세계보건기구 마거릿 챈 사무총장(사진)은 "아직 발달되지 않은 어린이의 몸에는 미세먼지 등 오염된 환경이 치명적이다"라고 경고하고 나섰다.

아이들의 건강을 염려하는 '맘카페'이다. 왜 이렇게 엄마들이 극성(?)을 부리는 것일까?

2017년 3월에 세계보건기구^{WHO}는 어린아이들이 환경오염으로 죽어 간다고 발표[69]했다. 보고서에서는 5살이 되기 전에 사망한 전 세계 어린이

---

69 WHO, "The cost of a polluted environment: 1.7million child deaths a year, says WHO", WHO, 2017.

가운데 약 4분의 1이 대기오염이나 물 오염과 같은 환경오염 때문에 사망했다고 밝히고 있다. 2012년에 5살이 되기 전 사망한 어린이는 약 655만 명인데, 이 가운데 26%인 약 171만 명이 환경오염으로 사망한 것으로 추정했다. 사망자 중 폐렴 등 호흡기질환으로 사망한 어린이는 약 57만 명이나 된다. 미세먼지와 간접흡연 등이 원인으로 추정되며 천식은 전 세계적으로 어린이에게 가장 심각한 만성질환 중 하나라고 지적했다. 세계보건기구 마거릿 챈[Margaret Chan] 사무총장은 "아직 발달되지 않은 어린이의 몸에는 미세먼지 등 오염된 환경이 치명적이다"라고 경고하고 나섰다.

미세먼지는 임산부에게 정말 나쁘다

미세먼지는 특히 노약자들에게 더 많은 피해를 준다. 노인, 아이, 그리고 임산부가 그들이다.

"초미세먼지($PM_{2.5}$)가 수정된 배아에도 치명적인 영향을 줄 수 있습니다."

영남대 조경현 교수 연구팀의 연구 내용이다.[70] 이들은 서울에서 채집된 초미세먼지를 3ppm과 30ppm 농도로 녹여 수정 후 1일이 지난 제브라피시[zebrafish]의 배아에 노출시켰다. 120시간이 지나자 3ppm 용액에 노출된 배아는 80%, 30ppm 용액에 노출된 배아는 65%만 살아남았다. 초미세먼지에 노출되지 않은 대조군은 무려 95%의 생존율을 보였다. 얼마나 초미세먼지가 나쁜가를 잘 보여주는 사례다. 그런데 초미세먼지가 골격 형성에도 영향을 미친다는 것이 밝혀졌다. 3ppm 용액에 노출된 배아는 11%가, 30ppm 용액에 노출된 배아는 무려 21%가 척추가 휘는 현

---

70 조경현 외, "Effects of the Particulate Matter2.5 ($PM_{2.5}$) on Lipoprotein Metabolism, Uptake and Degradation, and Embryo Toxicity", *Molecules and Cells*, 2015.

상이 나타났다. 그리고 제브라피시 배아의 성장 속도도 3ppm 용액에서 48%, 30ppm 용액에서 60% 느렸다. 그러니까 초미세먼지는 배아의 골격 형성, 성장, 생존 등에 전부 악영향을 미친다는 것이다. 참고로 제브라피시는 유전자가 인간의 유전자와 90% 이상 비슷해서 실험에 많이 사용된다. 따라서 임신부들은 임신 기간 중 최대한 초미세먼지 노출을 삼가야 한다.

정성환 등은 미세먼지가 임산부에게 영향을 미친다는 연구를 했다.[71] 임신 기간 중 미세먼지 노출로 인해 제일 문제가 되는 것은 2,500g 이하의 저체중아 출산과 37주 이내의 조기 출산이다. 저체중아 출산은 태아 사망률을 증가시키고 장기 미숙 등에 따른 여러 가지 부작용을 일으킬 수 있다고 한다. 기존의 연구에 의하면 미세먼지와 초미세먼지 모두 연관성이 있는 것으로 알려져 있다. 특히 대기 중 초미세먼지 농도가 $5\mu g/m^3$ 감소하면 저체중아 출산이 약 11% 감소하는 것으로 보고되었다. 그러나 사산과 태아의 선천적 이상과 미세먼지 노출과의 연관성은 아직까지는 밝혀지지 않았다. 모나쉬대학 연구팀이 중국인 100만여 명을 대상으로 실시한 연구에서도 조산 및 저체중아 연구 결과가 있다. 이 연구 결과에 따르면, 연구 대상자 중 약 1만 5,000여 명이 미숙아를 출산했는데 이들은 임신했을 때 평균 초미세먼지 농도 $46\mu g/m^3$에 노출되었던 것으로 조사되었다. 또 2017년 7월에는 뉴욕대 의대 연구팀이 임신 초기에 초미세먼지에 과도하게 노출되면 조산 및 저체중아 출산 위험이 커진다는 연구 결과를 발표하기도 했다.

그러나 이보다 더 심각한 연구 결과도 있다. 이화여대 병원이 임신부

---

71 정성환 외, "미세먼지의 건강영향", 가천대학교 의과대학, 2016.

●●● 이화여대 병원이 임신부 1,500명을 4년에 걸쳐 추적조사했더니 미세먼지 농도가 $10\mu g/\text{m}^3$ 상승할 경우 기형아를 출산할 확률이 최대 16%나 높아지는 것으로 나타났다. 또 저체중아 출산율과 조산·사산율도 각각 7%와 8%씩 증가했다. 일부 연구에서는 임신 시 모체가 미세먼지에 심하게 노출되었을 경우 태어난 아이는 유년기 시절 인지기능 저하와 과잉행동, 주의결핍 등을 보일 수 있음이 보고되었다. 따라서 임신부들은 임신 기간 중 최대한 미세먼지 노출을 삼가야 한다.

1,500명을 4년에 걸쳐 추적조사했다. 미세먼지 농도가 $10\mu g/m^3$ 상승할 경우, 기형아를 출산할 확률이 최대 16%나 높아지는 것으로 나타났다. 또 저체중아 출산율과 조산·사산율도 각각 7%와 8%씩 증가했다. 일부 연구에서는 임신 시 모체가 미세먼지 노출이 심했을 경우 태어난 아이는 유년기 시절 인지기능 저하와 과잉행동, 주의결핍 등을 보일 수 있음이 보고되었다.

"미세먼지가 자연임신뿐만 아니라 시험관 시술로 알려진 체외수정 성공률도 낮춘다." 2018년 4월 의학전문지《휴먼 리프로덕션Human Reproduction》에 나온 내용이다. 우리나라 국립암센터와 차병원 연구팀이 여성 4,800여 명을 대상으로 미세먼지 등 대기오염이 임신 성공에 미치는 영향을 연구한 것이다. 대기오염이 평균치보다 50%가량 증가하면 체외수정 성공률이 약 10% 낮아졌다. 연구팀은 "흡연과 마찬가지로 대기오염으로 인한 독성 물질이 생식 능력에 영향을 미치기 때문"이라고 분석하고 있다.

미세먼지에 노출된 태아는 장애 가능성이 높다

"태아 시기의 미세먼지 노출이 어린이 때 인지기능 장애의 원인이 된다." 라미첸Dirga Kumar Lamichhane 공동연구팀의 연구 결과[72]다. 2018년《종합환경과학STE, Science of The Total Environment》에 실린 이 연구는 이화여대, 인하대, 단국대 등도 함께 참여했다. 이 연구에 따르면, 임신 중기 이후에 임신부가 미세먼지에 더 많이 노출될수록 출산하는 아기의 머리 둘레가 작아진다는 것이다. 결국 미세먼지가 인지기능 장애의 원인이 되는 두뇌 형태 변화를

---

72 Dirga Kumar Lamichhane, Jia Ryu, Jong-Han Leem et al., "Air pollution exposure during pregnancy and ultrasound and birth measures of fetal growth: A prospective cohort study in Korea", *Science of The Total Environment*, 2018.

가져온다는 것이다.

바르셀로나 지구건강연구소와 네덜란드 에라스무스대 의학센터의 모니카 구센즈Mònica Guxens 공동연구팀도 2018년에 비슷한 결과를 발표했다.[73] 공동연구팀은 산모가 미세먼지에 지속적으로 노출되었을 때 태아 두뇌에 어떤 영향을 미치는지 알아보기 위해 네덜란드 6~10세 어린이 783명을 대상으로 이들의 태아기 때 두뇌 영상 촬영을 했다. 그랬더니 태아기 때 노출된 초미세먼지 농도가 연평균 $5\mu g/m^3$ 높을 때마다 뇌 오른쪽 반구 일부 영역의 대뇌피질이 0.045mm 얇아지는 것을 발견했다. 공동연구팀은 이런 어린이들에게서 주의력결핍 과잉행동장애 같은 증상이 더 많이 발생할 수 있다고 말한다.

"초미세먼지에 지속적으로 노출된 산모의 태아는 만 3~9세 유아동기에 고혈압일 가능성이 높다." 2018년 5월 14일, 《하이퍼텐션Hypertension》에 게재된 최근 연구 결과 내용이다. 존스홉킨스대학의 노엘 뮐러Noel T. Mueller 박사와 연구팀이 모자母子 1,293쌍을 조사했다.[74] 그랬더니 임신 6개월 이후 초미세먼지 노출량 상위 30%에 해당하는 아이는 하위 30% 그룹에 비해 고혈압 위험이 61% 높더라는 것이다. 특히 임신 3분기에 초미세먼지에 많이 노출될수록 아동의 혈압 상승 위험이 높았다고 한다.

"초미세먼지가 한국 영유아의 호흡기 감염 요인 중 가장 큰 영향을 미치는 요인입니다." 한림대 성심병원 양송이 연구팀의 연구 내용이다. 학술

73 Mònica Guxens, Mònica Guxens, Małgorzata J. Lubczyńska, "Air Pollution Exposure During Fetal Life, Brain Morphology, and Cognitive Function in School-Age Children", *Biological Psychiatry Journal*, 2018.

74 Noel T. Mueller et al., "Maternal Exposure to Ambient Particulate Matter ≤2.5μm During Pregnancy and the Risk for High Blood Pressure in Childhood, Hypertension", 2018.

지《알레르기, 천식, 면역학 연구AAIR, Allergy, Asthma, & Immunology Research》에 실린 내용을 보면 아이들의 호흡기 감염에 초미세먼지가 가장 큰 영향을 미친다는 것이다. 천식 등의 호흡기질환을 유발하는 유전자 결손, 담배연기 노출보다 오히려 임신 중 산모의 미세먼지 노출이 아동 호흡기질환 감염에 훨씬 더 큰 영향을 미친다는 것이다. 우리나라 아이들은 엄마 뱃속에서부터 미세먼지와의 전쟁을 해야만 하는 것이다.

미세먼지는 태아의 뇌 발달에도 악영향을 미친다. 스페인 국제건강연구소 연구에 따르면, 임산부가 들이마신 미세먼지가 태아의 두뇌 피질[75]에도 손상을 입힌다는 것이다. 연구팀은 초미세먼지에 장기간 노출된 산모의 태아는 노화 속도가 정상인보다 빠르고 수명이 짧아질 수 있다고 주장한다. 벨기에 하셀트대학의 드리스 마튼즈Dries S. Martens 교수팀은 미세먼지 농도가 높은 지역에 살았던 산모의 아이는 수명을 결정하는 텔로미어telomere 길이가 더 짧다는 연구[76]를 발표했다. 이 경우 아이들이 수명이 짧아질 가능성이 높다고 한다.

아이들은 미세먼지에 취약하다

공보 첸Gongbo Chen 등의 연구에서는 0~3세 어린아이가 미세먼지에 장기간 노출될 경우 자폐증이 발생할 가능성이 높아진다고 나와 있다.[77] 호주와 중국 공동연구팀은 중국 상하이의 3~12세 자폐스펙트럼장애ASD, Autism

---

75 피질 영역이 손상되면 집중력이 떨어지거나 충동적인 행동을 할 확률이 높아진다.

76 Dries S. Martens, Bianca Cox, Bram G. Janssen, "Prenatal Air Pollution and Newborns' Predisposition to Accelerated Biological Aging", *JAMA*, 2017.

77 Gongbo Chen et al., "Early life exposure to particulate matter air pollution(PM_1, $PM_{2.5}$ and PM_{10}) and autism in Shanghai, China: A case-control study", *Environmental International*, 2018.

Spectrum Disorder[78] 어린이 124명과 정신적으로 건강한 어린이 1,240명을 대상으로 0~3세 사이에 미세먼지에 노출된 정도와 자폐스펙트럼장애 발생과의 관계를 연구했다. 연구 결과, 특히 크기가 작은 초미세먼지에 많이 노출될수록 자폐스펙트럼장애에 걸릴 위험도가 높은 것으로 나타났다. 예를 들어 PM_1 농도가 사분범위Inter quartile range인 $4.8\mu g/m^3$만큼 높아질 경우 자폐스펙트럼장애에 걸릴 위험도는 86%나 높아진다는 것이다. 가장 영향을 많이 미치는 시기는 출생 후 2~3년 사이로, 이 시기에 미세먼지에 많이 노출될수록 자폐스펙트럼장애 발병 위험도가 더욱 높아진다고 한다.

미세먼지는 아이들의 초경도 앞당긴다. 이화여대 의과대학 하은희 교수팀의 2018년 연구 결과다. 이들은 2010~2012년 국민건강영양조사에 참여한 13~17세 소녀 639명을 대상으로 미세먼지 노출이 초경 연령에 미치는 영향을 분석했다. 연구대상자 639명 가운데 155명(22%)이 조기에 초경을 한 것으로 집계되었다. 연구팀은 아이들의 초경 시작 날짜를 기준으로 3년 동안의 거주 지역 연평균 미세먼지 농도를 추적해 조기 초경에 미치는 영향을 분석했다. 그 결과, 아이들이 사는 지역의 1년 전 평균 미세먼지 농도가 $1\mu g/m^3$ 증가할 때마다 초경 연령이 0.046세 빨라지는 것으로 나타났다. 초경 전 1년 동안의 미세먼지 농도가 $1\mu g/m^3$ 증가하면 조기 초경 위험이 1.08배 높아지는 것이다. 문제는 조기 초경이 건강에 나쁘다는 점이다. 12살 이전의 조기 초경은 12살 이후의 정상적인 초경보다 질환 발생 가능성이 높다. 성장한 후 비만과 심혈관질환, 유방암,

---

78 자폐스펙트럼장애는 상호작용과 의사소통에 문제가 있는 경우로 유아기에 옹알이를 하지 않거나 이후에도 다른 사람과 눈을 맞추거나 미소짓기, 대화 등에 관심을 보이지 않아 정서적 공감이나 교류가 어려운 경우를 말한다. 특히 특정 물건이나 본인이 정해놓은 행동양식이나 순서에 집착하는 경향이 나타난다.

담석암 등의 질환 발생 위험이 높아진다는 것이다. 이번 연구 결과는 국제학술지《국제환경Environment International》에 게재되었다.

순천향대 의대 장안수의 "미세먼지가 건강에 미치는 영향"에 대한 연구를 보면 미세먼지가 어린이에게 미치는 영향이 잘 나와 있다.[79] 이 연구에서 실내 초미세먼지 노출과 어린이 폐기능 감소와 밀접한 관계가 있는 것으로 나타났다. 미세먼지 노출은 어린이 폐 성장에 영향을 주어 어린이가 성인이 되었을 때 호흡기질환에 걸릴 확률을 높인다. 미세먼지는 폐의 선천면역, 세포 및 분자적 기전에 영향을 미쳐 만성폐쇄성폐질환에 걸리게 만들 수 있다. 그리고 어린아이의 폐 손상은 만성폐쇄성폐질환 예후에 안 좋은 영향을 미친다. 예를 들어보자. 자동차도로에서 발생하는 디젤 분진은 심각한 미세먼지다. 그러다 보니 도로 주변에 사는 어린이의 폐기능을 감소시킨다. 디젤 분진에 급성 노출되면 두통, 폐기능 감소, 구역 등의 증상이 나타나고, 만성 노출되면 기침, 객담, 폐기능 감소 증상이 나타난다. 날씨, 계절, 시간, 나이, 병원 조건 등 다양한 요소를 감안해도 미세먼지와 응급실 방문과 유의미한 관계가 있다는 것이다. 성인에 비해 어린이들이 가장 큰 피해를 입게 되고 그 피해는 성인이 되어서도 영향을 미친다는 것이다. 정부에 노인이나 임산부, 어린아이들과 같이 미세먼지에 가장 취약한 사람들 위해 대책을 세워달라고 요구하는 것은 바로 이 때문이다. 국민들이 안심하고 건강한 삶을 살 수 있도록 해달라는 것이다.

---

79 장안수, "미세먼지가 건강에 미치는 영향", 순천향대학교 의과대학, 2015.

5. 미세먼지는 암과 치매, 신장질환을 부른다

미세먼지는 1급 발암물질이다

"여성들의 폐암환자 발생이 15년 만에 2배로 늘어." 2018년 대한폐암학회의 발표 내용이다. 대한폐암학회의 발표처럼 필자의 주변에도 건강하던 여성 분이 갑자기 폐암 선고를 받은 경우가 있다. 도대체 담배도 피우지 않는데 왜 폐암에 걸리는 것일까? 비주얼다이브$^{Visual\ Dive}$의 자료를 보니 비흡연 여성의 폐암 발생률은 전적으로 남편의 흡연량에 비례한다고 한다. 환기가 잘 되지 않는 주방에서 자주 요리하는 여성의 폐암 발생 확률은 무려 5.8배나 된다고 한다. 집 안에서 요리할 때도 미세먼지가 발생하기 때문이다. 대한폐암학회는 여성들의 폐암 발생 원인을 간접흡연, 미세먼지, 라돈 등으로 본다. 미세먼지가 암을 부르는 것이다.

"고농도 초미세먼지, 구강암 위험도 43% 높인다." 대만 아시아대·중산中山대 의대 공동연구팀은 고농도 초미세먼지 상황에서 구강암에 걸릴 확률이 43% 높아진다는 연구 결과를 발표했다.[80] 연구팀은 2009년 대만 66개 대기관측소의 데이터와 2012~2013년 당시 40세 이상 남성 48만 2,659명의 건강 기록을 분석했다. 분석 결과, 총 1,617건의 구강암 사례를 발견했다. 특히 평균 초미세먼지 농도 $40.37\mu g/m^3$에 노출된 남성은 $26.74\mu g/m^3$에 노출된 사람보다 구강암 진단률이 43%나 높은 것으로 조사되었다.

구강암은 입 안의 혀, 혀밑바닥, 잇몸, 입천장, 입술, 턱뼈 등에 발생하는 악성 종양을 말한다. 지금까지 구강암은 주로 흡연과 음주가 원인으로 알

---

80 http://news.heraldcorp.com/view.php?ud=20181106000223

려져왔는데, 이 연구를 통해 미세먼지가 구강암의 원인 중 하나라는 것이 밝혀진 것이다.

서울성모병원 직업환경의학과 교수 명준표의 연구논문을 보면 미세먼지와 암의 관계를 설명한 부분이 있다. 히스타드[Perry Hystad]는 캐나다에서 폐암으로 확진된 2,390개의 사례를 분석했다. 그랬더니 폐암 발병률은 미세먼지 농도 증가에 따라 증가했다. 쉐[she] 등의 연구에서도 중국의 악성 신생물[malignant neoplasm] 중 폐암이 차지하는 비율이 가장 크다. 그런데 중국에서 발표된 논문들을 분석한 결과 미세먼지 및 대기오염이 폐암을 일으키는 가장 강력한 발생 요인으로 나타났다. 또한 에반스[Evans] 등은 위성사진으로 미세먼지와 사망률을 분석한 결과 폐암 사망의 약 12%는 미세먼지에 의해 발생한다고 보고했다.

미세먼지는 예민한 사람에게서 기도염증과 염증매개인자를 증가시켜 폐질환을 악화시킨다. 또 폐 감염을 증가시키고, 탐식세포나 상피세포를 자극하여 종양괴사인자[TNF, Tumor Necrosis Factor, 腫瘍壞死因子][81] 등을 증가시킨다. 반응성 산소종은 급성 및 만성 폐염증을 일으킨다. 반응성 산소종과 같은 산화스트레스는 산화 및 항산화효소의 반응 균형을 깨뜨리면서 기도에 염증을 일으키게 된다. 따라서 미세먼지가 선천면역, 후천면역, 산화스트레스를 유도하여 암 발생 및 암으로 인한 사망률 증가에 영향을 미칠 수 있을 것으로 추정된다는 것이다.

2013년 8월 영국의 의학전문지《랜싯[Lancet]》에 실린 덴마크 암학회 연구센터의 라쇼우-니엘센 박사팀의 연구논문에서 미세먼지는 폐암에 영향

---

[81] 종양괴사인자는 대식세포 등에서 생산되는 사이토키닌(cytokinin)의 일종이다. 어떤 종의 생체 내 종양에 출혈성인 괴사를 유도하는 인자로서 발견되었다.

을 미치는 것으로 나타났다.[82] 유럽 9개국 30만 명의 건강자료와 2,095건의 암환자를 대상으로 분석한 이 연구에서 초미세먼지 농도가 $5\mu g/m^3$ 상승할 때마다 폐암 발생 위험은 18% 증가했다. 또 미세먼지가 $10\mu g/m^3$ 상승할 때마다 폐암 발생 위험은 22% 증가하는 것으로 나타났다. 폐기능이 약한 사람은 미세먼지 농도가 낮은 지역에서 살아야 한다는 말이다.

미세먼지는 폐암 사망률만 높이는 것이 아니다. 폐암이 아닌 다른 암의 사망률도 높인다. 특히 초미세먼지는 간암, 대장암, 방광암, 신장암의 사망률을, 미세먼지는 췌장암과 후두암의 사망률을 증가시켰다. 대기오염물질 노출은 말기 암 사망률뿐 아니라, 조기 암 사망률도 높인다고 한다. 이는 한양대학교 가정의학과 김홍배 교수와 연세대 의대 가정의학과 이용제 교수팀의 연구 결과다.[83] 이들의 연구에 따르면 초미세먼지와 미세먼지, 그리고 이산화질소의 농도가 $10\mu g/m^3$ 증가할 때마다 모든 종류의 암으로 인한 사망 확률이 각각 17%, 9%, 6% 상승했다고 밝혔다.

치매에 걸리기 싫으면 미세먼지를 피해라

미세먼지 노출 시 인지기능과 기억력을 감소시킨다는 보고도 있다. 특히 초미세먼지에 연중 장기간 노출될 경우 알츠하이머 환자나 혈관성치매 환자들에게서 인지기능 저하와 기억력 저하 현상이 나타나는 것으로 알려져 있다. 미세먼지 농도가 높은 곳에 사는 사람일수록 뇌 인지기능 퇴화 속도가 빠르게 나타난다는 연구도 있다. 김기업 순천향대학병원 교수는 초미세먼지가 혈관을 타고 들어가서 뇌에서는 치매, 심장에서는 동맥

---

82 http://news.kmib.co.kr/article/view.asp?arcid=0011367843&code=61171911&cp=nv

83 김홍배 외, "대기오염과 암으로 인한 사망 위험도 연구", 국제환경연구 공중보건잡지, 2018.

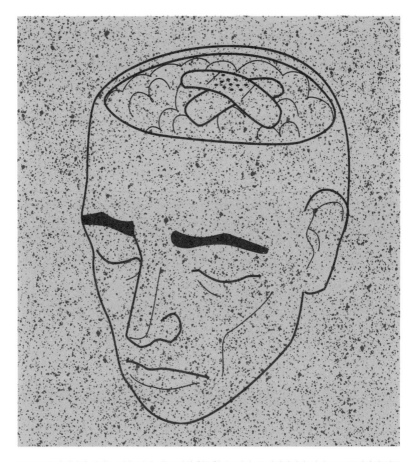

●●● 초미세먼지 입자는 매우 작아 뇌로 직접 침투할 수 있다. 초미세먼지가 뇌 속으로 들어가면 염증 반응이 일어나고 신경세포를 손상시켜 알츠하이머성 치매를 유발할 수 있다. 초미세먼지가 뇌 건강에 악영향을 끼친다는 연구는 상당히 많은데, 특히 남자의 뇌 건강에 더 나쁘다는 연구가 나왔다. 고농도의 초미세먼지는 사람의 뇌를 위축시켜 인지능력을 떨어뜨린다. 그런데 이러한 영향이 여성보다는 남성, 어린 사람보다는 나이 든 사람일수록 더 크게 나타난다는 것이다. 또한 초미세먼지는 우울증 위험도 높인다는 연구 결과도 발표되고 있다.

경화증을 유발할 수 있다고 주장한다. 또한 초미세먼지 노출은 뇌신경계 중 도파민 분비에 영향을 미쳐 우울증 및 불안장애를 증가시킬 뿐 아니라, 이에 따른 자살률도 증가시킨다는 것이다.

"도로 근처에 오래 살수록 초미세먼지에 많이 노출되어 치매 위험이 높아집니다." 캐나다 공중보건 연구팀이 실시한 11년간 장기 추적조사의 결과[84]다. 도로 가까이 사는 사람일수록 치매 위험이 높았다는 것이다. 주요 도로에서 50m 이내에 사는 사람은 200m 밖에 사는 사람보다 치매 위험이 최대 12% 높아지는 것으로 밝혀졌다. 도로 옆이 더 위험한 것은 차량에서 배출되는 미세먼지의 90% 이상이 초미세먼지이기 때문이다. 초미세먼지 입자는 뇌로 직접 침투할 수 있다. 초미세먼지가 뇌 속으로 들어가면 염증반응이 일어나고 신경세포를 손상시켜 알츠하이머성 치매를 유발할 수 있다. 어린이 두뇌에 나쁜 영향을 주고 노인들에게는 치매의 위험성이 높아지는 것이다. 미국 서던캘리포니아대학의 연구 결과도 이와 비슷하다. 초미세먼지 농도가 높은 지역에 사는 여성이 낮은 지역에 사는 여성에 비해 인지기능 저하 위험이 81%, 치매 발생률이 92% 높았다는 것이다. 또한 초미세먼지는 우울증 위험도 높인다고 밝히고 있다.

치매는 노인들에게만 오는 것이 아니다. 미세먼지는 젊은이들에게도 치매를 가져온다. 하버드대학의 릴리안 칼데론-가르시두에나스[Lilian Calderón-Garcidueñas] 교수 연구팀은 2018년에 멕시코시티[Mexico City]의 미세먼지가 젊은이들의 치매에 영향을 미친다는 연구 결과[85]를 발표했다. 연평균 초미세먼지 농도가 미국 환경보호청[EPA]의 환경기준($12\mu g/m^3$)보다 높은 대도시에 평생 거주할 경우 젊은이들에게 치매가 발생할 가능성이 높아진다는 것이다. 놀라운 것은 앞의 기준보다 고농도 초미세먼지에 노출된 경우 젊은

84 Hong Chen, Jeffrey C Kwong, et al., "Living near major roads and the incidence of dementia, Parkinson's disease, and multiple sclerosis: a population-based cohort study", *The LANCET*, 2017.

85 Lilian Calderón-Garcidueñas et al., "Hallmarks of Alzheimer disease are evolving relentlessly in Metropolitan Mexico City infants, children and young adults", *Environmental Research*, 2018.

층뿐 아니라 태어난 지 1년이 채 안 된 아이에게서도 치매와 관련된 2가지 특정 단백질이 뇌에 쌓인다는 것이다. 우리나라 초미세먼지 농도의 절반도 안 되는 농도에서 치매가 발생한다면 우리나라 젊은이들은 어떤 영향을 받을까?

이처럼 초미세먼지가 뇌 건강에 악영향을 끼친다는 연구는 상당히 많은데, 특히 남자의 뇌 건강에 더 나쁘다는 연구가 발표되었다. 고농도 초미세먼지는 사람의 두뇌를 위축시켜 인지능력을 떨어뜨린다. 그런데 이러한 영향이 여성보다는 남성, 어린 사람보다는 나이 든 사람일수록 더 크게 나타난다는 것이다. 미국 예일대 시첸Xi Chen 교수와 중국 베이징대 샤오보 잔Xiaobo Zhan 교수 등의 공동연구 결과[86]다. 이들은 베이징대 사회과학조사연구소에서 2010년과 2014년 실시한 인지 테스트 결과를 분석했다. 여기에 10세 이상 중국인 2만 5,485명의 가족패널조사CFPS, China Family Panel Studie 자료와 대기질 자료를 분석해 이런 결론에 도달했다.

"초미세먼지 등의 스모그는 노출된 사람들의 언어능력과 계산능력을 크게 떨어뜨립니다. 특히 같은 정도의 스모그에 노출되더라도 인지능력 감소는 여성보다 남성에게 더 컸습니다. 그리고 성별 차이는 나이가 많을수록 더 커졌습니다."

남자일수록 노인일수록 초미세먼지에 의한 피해가 크다는 것이다.

캘리포니아 의과대학교 로빈 바바드조니Robin Babadjouni 연구팀은 미세먼지에 지속적으로 노출되면 뇌 속 염증이 늘어난다고 밝혔다. 연구팀은 미국 공공과학도서관이 발행하는 온라인 국제학술지《플로스원PloS ONE》

---

86 Xi Chen, Xiaobo Zhan, Xin Zhang, "Smog in our brains: Gender differences in the impact of exposure to air pollution on cognitive performance in China", *IFPRI Discussion Paper*, 2017.

2018년 11월호에 자신들의 연구를 발표했다.[87] 연구 결과, 미세먼지를 계속해서 마시면 뇌 속 면역세포가 생성하는 염증물질의 양이 30% 늘어나고, 또 비만과 암을 일으키는 독소를 흡수하는 신경수용체 수도 2배 이상 늘어났다. 연구팀은 미세먼지가 신경조직에 침투해 면역체계를 교란하고 돌연변이를 만들어 정상세포를 공격하기때문이라고 주장한다.

미세먼지로 불면증, 신장장애, 눈장애와 피부염이 발생한다

"한국인은 수면의 양과 질에 있어서 OECD 국가 중 최하위입니다."

2014년 OECD 18개 국가의 수면 시간을 조사했더니 우리나라가 7시간 49분으로 가장 적었다. 수면 시간이 가장 많은 나라는 프랑스 8시간 50분이었다. 자는 시간이 적다 보니 우리나라 사람들은 짧은 수면 시간 동안 숙면을 취하는 방법에 대한 관심이 높다. 각종 아로마테라피 용품이나 LED전등, 수면에 도움을 주는 베개나 수면용품 등 수면 관련 시장이 급격히 커지는 이유다.

숙면을 취하지 못하는 이유 중 가장 큰 것은 정신적 스트레스다. 이로 인해 교감신경이 흥분되어 있는 상태가 지속되거나 또는 체력 저하로 인해 숙면이 어려운 경우도 있다. 수면이 부족하면 면역력이 떨어지면서 암세포나 바이러스 등에 취약해진다. 그런데 미세먼지에 노출이 많아지면 수면의 효율성이 뚝 떨어진다는 연구 결과[88]가 나왔다. 미국 워싱턴대의 마샤 빌링스Martha Billings 연구진은 2016년까지 5년 동안 미국 6개 도시에

---

87 Robin Babadjouni et al., "Nanoparticulate matter exposure results in neuro-inflammatory changes in the corpus callosum", *PloS ONE*, 2018.

88 Martha E. Billings, Diane R. Gold, Peter J. Leary et al., "Relationship of Air Pollution to Sleep Disruption: The Multi-Ethnic Study of Atherosclerosis (MESA) Sleep and MESA-Air Studies", *ATS Journal*, 2017.

서 1,800여 명의 집 근처 미세먼지를 측정했다. 그리고 일주일 동안 손목에 장비를 채우고 참가자들의 잠자는 시간과 깨어 있는 시간을 관찰했다. 결과는 놀라웠다. 미세먼지와 이산화질소 등 공기의 질이 수면 효율성에 영향을 미치더라는 것이다. 고농도 이산화질소와 미세먼지에 노출된 그룹들은 수면 효율성이 낮을 확률이 각각 60%와 50% 높아진다는 것이다. 미세먼지 농도가 높은 경우 잠들어도 숙면을 취하지 못한다는 의미다. 연구팀의 마샤 빌링스 교수는 "몇 년에 걸쳐 미세먼지 등 공기오염에 노출된다면 수면의 질에 큰 영향을 받을 것입니다"라면서 코, 목구멍 등이 미세먼지 등에 큰 자극을 받을 수 있기 때문이라고 설명을 한다.

미국 워싱턴대 의대 벤자민 보우Benjamin Bowe를 비롯한 과학자들은 미국 보훈처 산하 임상역학센터 등과 공동으로 연구를 실시했다. 이들은 2017년에 미세먼지가 신장질환 발생 위험까지 크게 높인다는 연구 결과를 발표했다.[89] 연구팀은 보훈병원 데이터를 이용해 참전군인 248만여 명의 '사구체 여과율GFR, Glomerular Filtration Rate'을 포함한 신장 건강 상태를 평균 8년 반 동안 추적했다. 그리고 이렇게 얻은 자료와 지역별 대기오염 측정 자료를 비교분석했다. 그랬더니 미세먼지 농도가 $10\mu g/m^3$ 높아질 때마다 사구체 여과 기능은 21~28% 줄어들고, 만성신장질환과 말기 신부전 발생 위험은 각각 27%와 26% 높아지더라는 것이다. 이러한 영향으로 미국에서만 매년 만성신장질환자가 4만 4,793명 발생한다고 한다. 이 연구 결과는 2017년 9월 《미국신장학회지JASN, Journal of the American Society of Nephrology》에 실렸다. 도대체 미세먼지가 영향을 미치지 않는 장기는 무엇일까?

---

89 Benjamin Bowe, Yan Xie, Tingting Li et al., "Particulate Matter Air Pollution and the Risk of Incident CKD and Progression to ESRD", *JASN*, 2017.

미세먼지가 눈에 영향을 미친다는 윤선아의 연구[90]도 있다. 도로에서 발생하는 미세먼지와 초미세먼지와 비산먼지는 눈에 나쁜 영향(미토콘드리아 활성도mitochondrial activity 감소)을 주었고, 도로 미세먼지의 입자성 물질pellet은 각막 상피세포에 나쁜 영향을 주었다. 미세먼지의 수용성 성분도 이와 비슷한 영향(세포막 독성membrane integrity)을 미쳤다. 따라서 눈이 미세먼지에 노출되었을 때 건성안dry eye syndrome과 알러지 결막염allergic conjunctivitis이 발생한다는 것이다.

강진희 등은 미세먼지가 피부에 미치는 영향을 연구했다.[91] 미세먼지는 표피 장벽 기능을 손상시키고 아토피피부염을 악화시킨다. 미세먼지는 호중구와 호산구의 침윤, 면역글로브린immunoglobulin E의 증가, 산도 감소와 연관이 있다. 또한 미세먼지는 집먼지진드기의 운반체로 작용하여 아토피피부염을 악화시킬 수 있다.

6. 미세먼지는 죽음을 부른다

요즘 암과 아토피 등 각종 질환을 치료하기 위해 '치유의 숲'을 찾는 이들이 많다. 산림청도 숲이 피톤치드, 음이온, 아름다운 경관, 토양, 온습도,광선 등을 활용해 인체의 면역력을 높이고 각종 질환을 치유하는 곳이라고 선전하고 있다. 숲 치료에서 가장 중요한 요소는 나무들이 정화해주는 깨끗한 공기다. 미세먼지를 가장 많이 없애주는 것이 나무다. 울창한 숲의

---

90 윤선아, "인간 유래 각막 상피세포를 이용한 미세먼지 노출이 인체에 미치는 영향평가", 인하대학교 대학원, 2017.

91 강진희 외, "미세먼지와 피부", 가톨릭대학교 의과대학, 2015.

나무들이 제공하는 깨끗한 공기는 사람들의 건강에 큰 도움이 된다. 두 번째가 식물이 가득한 숲에서 내뿜는 공기 중의 '피톤치드'와 '음이온'의 치유 효과다. 숲의 비타민이라 불리는 음이온은 긴장과 스트레스를 풀어 주는 역할을 한다. 도시보다 숲 속에 음이온이 14~73배 정도 많기에 숲 치료는 건강에 상당히 좋다. 그렇다 보니 지자체에서도 자기 지역에 숲 치료를 할 수 있는 자연휴양림을 많이 운영하고 있다. 이러한 '숲의 치유 능력'을 적극적으로 활용하는 나라가 독일이다. 치유를 넘어 숲을 생활화하고 있다. 암치료에 가장 좋은 것이 숲 치료라는 믿음이 있기에 숲 치료에 의료보험 혜택을 부여하고 있다.

생명을 앗아가는 '죽음의 먼지'

우리나라에서 미세먼지로 얼마나 많은 사람이 조기사망하게 될까? 경제협력개발기구^{OECD}는 우리나라가 40년 후에 OECD 국가 중 대기오염으로 인한 조기사망율 1위가 될 것이라는 비극적인 전망을 내놓았다.[92] 2017년 OECD는 '대기오염의 경제적 결과' 보고서에서 2060년 전 세계에서 대기오염으로 인한 사망자가 연간 900만 명 수준이 될 것으로 예측했다. 그런데 사망자의 증가는 국가별 편차가 매우 클 것으로 예상했다. 우리나라의 경우 인구 100만 명당 조기사망자는 1,109명에 이를 것으로 예상했다. OECD 국가 중 유일하게 1,000명을 넘어서는 불명예스러운 나라가 되리라는 것이다. 참고로 2010년 우리나라 인구 100만 명당 조기사망자 수는 359명이다. 거의 3.1배 이상 늘어나는 수치다.

---

92 OECD, "Air pollution to cause 6–9 million premature deaths and cost 1% GDP by 2060", OECD, 2017.

미국의 비영리 민간 환경보건단체 '보건영향연구소[HEI, Health Effects Institute]'에서 발표한 내용도 우울하다.[93] 1990년에 인구가중치를 반영한 우리나라의 연평균 미세먼지 농도는 $26\mu g/m^3$이었다. OECD 평균치($17\mu g/m^3$)보다 훨씬 높은 수준이었다. 2015년까지 약 25년 동안 OECD의 미세먼지 농도 평균치는 $15\mu g/m^3$으로 $2\mu g/m^3$ 떨어졌다. 그러나 우리나라는 오히려 $29\mu g/m^3$으로 $3\mu g/m^3$ 증가하면서 공기는 더 나빠졌다. 사망자 수가 늘어나는 것은 어떻게 보면 당연하지 않은가?

연구하는 기관마다 다소 차이가 있지만, 초미세먼지로 인해 우리나라는 매년 1만 2,000명이 죽는다는 연구 결과도 있다.[94]

"초미세먼지($PM_{2.5}$)로 인한 사망자가 한 해 1만 명 이상인 것으로 나타났다. 환경부의 2017년 연구 결과 2015년 초미세먼지로 인한 국내 조기사망자 수는 1만 1,924명인 것으로 확인되었다. 미세먼지로 인한 질병은 심질환 및 뇌졸중(58%)이 가장 많았고 급성하기도호흡기감염 및 만성폐쇄성 폐질환(각 18%), 폐암(6%) 등이 뒤를 이었다."

이 연구가 의미하는 것은 무엇일까? 많은 사람들의 건강을 앗아가고 수명까지 단축시킬 정도로 우리나라의 미세먼지 문제가 너무 심각하다는 것이다.

예일대와 컬럼비아대가 발표한 2016년 환경성과지수[EPI, Environmental Performance Index][95]에서 우리나라의 공기질 순위는 180개국 중 173위를 기록

93 Morton Lippmann, Kazuhiko Ito, Arthur Nádas, Richard T. Burnett, "Association of Particulate Matter Components with Daily Mortality and Morbidity in Urban Populations", HEI, 2017.

94 https://jhealthmedia.joins.com/article/article_view.asp?pno=19714

95 미국 예일대학교가 격년으로 보건, 대기의 질, 수자원, 농업, 산림, 어업, 생물다양성, 기후변화 등 8개 분야에서 20개 지수를 기반으로 평가해 발표하는 환경성과지수(Environmentla Performance Index).

했다. 우리나라 사람들이 세계적으로 최하위권의 나쁜 공기 속에서 살고 있다는 것이다. 그렇다면 세계에서 가장 미세먼지 문제가 심각하다는 중국은 미세먼지로 인해 사람들이 얼마나 조기사망할까? 환경단체 그린피스와 베이징대 연구팀은 중국 31개 대도시의 초미세먼지 농도와 조기사망 사이의 관계를 2016년에 분석했다. 보고서에서는 매년 25만여 명이 초미세먼지로 조기사망한다고 나와 있다.

다른 나라들은 어떨까? "EU, 초미세먼지로 연간 40만 명 조기사망." 유럽회계감사원ECA, European Court of Auditors이 2018년 9월 11일 발표한 보고서 내용이다. 이 보고서는 유럽연합EU 회원국에서 약 40만 명이 PM$_{2.5}$ 이하 초미세먼지로 조기사망했으며, 특히 불가리아, 체코, 라트비아, 헝가리 등 동유럽 국가의 초미세먼지 수준은 심각하다고 밝혔다. 약 한 달 뒤인 2018년 10월 29일, 유럽환경청EEA, European Environment Agency은 "EU에서 대기오염으로 연간 50만 명이 조기사망한다"고 밝히면서 2015년에 39만 1,000명이 초미세먼지로 인해 조기사망한 것을 밝혀냈다고 말했다. 세계질병부담연구Global Burden of Disease도 2018년 발표에서 2016년 한 해 동안 410만 명이 초미세먼지 때문에 조기사망했다고 밝혔다. 이처럼 미세먼지는 생명까지 앗아가는 '죽음의 먼지'다

초미세먼지에 안전한 수준이란 없다

"초미세먼지에는 '안전한 수준'이란 기준이 존재하지 않는다"고 미국 하버드대 보건대학원의 퀴안 디Qian Di 연구팀이 밝혔다.[96] 이들은 농도에 상

---

96 Qian Di, MS; Lingzhen Dai, ScD; Yun Wang, et al., "Association of Short-term Exposure to Air Pollution With Mortality in Older Adults", *JAMA*, 2017.

관없이 초미세먼지가 조금만 많아져도 노약자의 사망률이 크게 높아진다는 결과를 얻었다. 오직 초미세먼지의 영향만을 추려낸 결과 낮은 농도에서도 초미세먼지가 조금 증가하면 사망률이 높아지더라는 것이다. 이들은 이 연구 결과를《미국의학협회지JAMA》2017년 12월호에 실었다.

박경호 등은 미세먼지 농도와 사망률의 상관관계를 연구하면서 다양한 외국 사례를 소개했다.[97] 미국의 한 연구는 메사추세츠에서 2000~2008년까지 추적조사를 실시하여 초미세먼지 농도가 $10\mu g/m^3$ 상승할 때 급성노출 시 심장이나 호흡기질환 사망률이 2.8% 증가한다는 것을 밝혀냈다. 장기간 노출 시에는 심장이나 호흡기질환 사망률이 1.6배 증가한다. 이 연구에서는 미세먼지로 인한 심장호흡기 사망률은 8%, 폐암 사망률은 12.8%, 허혈성심장질환 사망률은 9.4%나 되는 것으로 나타났다.

명준표는 "미세먼지와 건강 장애"라는 논문에서 다양한 미세먼지와 사망률과의 관계를 설명한다.[98] 미국암협회ACS, American Cancer Society는 1998년 미국 성인 50만 명의 사망과 미세먼지와의 관계를 분석했다. 그 결과, 미세먼지가 $10\mu g/m^3$ 증가할 때 전체 사망률이 4% 증가했다는 것이다. 포프 C. Arden Pope와 도커리Douglas W. Dockery는 기존 연구들을 종합평가하여 초미세먼지 노출 시 전체 사망률이 증가함을 밝혀냈다.

한 국가만 참여한 연구뿐만 아니라 전 세계적인 대규모 역학연구도 이루어졌다. 미국의 NMMAPS[99], 아시아의 PAPA[100], 유럽의 APHEA-2[101] 등

---

97 박경호 외, "미세먼지 농도와 악성 신생물 사망률과의 상관관계", 한서병원가정의학과, 2017.

98 명준표, "미세먼지와 건강 장애", 가톨릭대학교 의과대학, 2015.

99 HEI-funded National Morbidity, Mortality, and Air Pollution Study

100 Public Health and Air Pollution in Asia

101 the Air Pollution and Health: a European Approach project

이 참가했다. NMMAPS는 미국 20개 도시 5,000만 명을 대상으로 사망자 사망일자와 전일의 대기 중 미세먼지 농도에 따른 영향을 확인했다. 미세먼지가 $10\mu g/m^3$ 증가할수록 심폐질환으로 인한 사망이 0.31% 증가했다. 윙^{Wong} 등은 중국, 홍콩, 방콕의 시민을 대상으로 사망과 대기오염 간의 관련성을 연구했다. 미세먼지의 증가와 심장질환으로 인한 초과사망은 0.58% 증가했다. 유럽 29개국 4,300만 명을 대상으로 대기오염과 건강지표와의 관련성을 평가한 APHEA-2에서도 비슷한 결과가 나왔다. 미세먼지 농도가 $10\mu g/m^3$ 증가할수록 심혈관계질환 사망이 0.69% 증가했다. 특히 40일이 경과했을 때 심혈관질환 사망이 기존 사망 증가율보다 2배 증가했다. 이는 미세먼지가 급성 및 장기적인 심혈관계질환 사망 모두와 관련 있음을 시사한다. 초미세먼지와 관련한 연구에서도 미세먼지 연구와 유사한 결과를 보였다. 결과적으로 미세먼지로 인한 사망률은 약간의 차이가 있을 뿐 미세먼지가 인종을 가리지 않고 악영향을 미치는 것으로 밝혀졌다.

우리나라에서의 미세먼지와 사망률 연구

서울대 김옥진 등은 2018년 2월에 미세먼지와 사망률에 관한 연구[102]를 발표했다. 이들은 외국의 코호트 연구 외에 우리나라 미세먼지 상태와 사망률과의 연관성을 연구해서 미세먼지가 사망률에 많은 영향을 주고 있음을 밝혀냈다. 몰튼 리프만$^{Molton\ Lifmann}$ 등이 연구한 내용을 보자. 2016년 우리나라 초미세먼지 농도가 $29\mu g/m^3$으로 상승하면서 전체 조기사망자 수가 증가했다. 2010년 1만 2,760명에서 2016년 1만 6,803명으로

---

102 김옥진 외, "미세먼지 장기 노출과 사망", 서울대학교 보건대학원, 2018. 2.

31.7% 증가한 것이다. 인구 10만 명당 무려 24.5명이나 된다. 초미세먼지 청정국가인 스웨덴은 인구 10만 명당 7명, 호주와 뉴질랜드는 8명으로 우리나라가 이들 국가보다 초미세먼지로 인한 조기사망자율이 3배 이상 높다. 우리나라보다 훨씬 더 조기사망자율이 높은 나라들도 있지만 그것이 위로가 되지는 않는다. 그만큼 우리나라의 미세먼지 문제는 심각하다.

서울대 홍윤철 교수팀은 초미세먼지 때문에 1년에 1만 2,000명 정도가 기대수명보다 일찍 죽는다고 2017년 12월에 발표했다. 지역별 초미세먼지 농도, 기대수명, 질병, 생존 기간 등을 조사해보니 2015년 한 해 동안 1만 1,900여 명이 조기사망했을 것으로 추정된다는 것이다. 홍윤철 서울대 의과대학 예방의학과 교수는 "초미세먼지가 갑작스러운 사망을 초래한다기보다 초미세먼지의 영향이 누적되면서 사망 시기가 수년 정도 앞당겨지는 것"이라고 말한다. 초미세먼지로 인한 조기사망에서 뇌졸중이 조기사망의 절반가량을 차지했고, 심장질환과 폐암이 각각 2위와 3위였다. 연구팀은 초미세먼지가 너무 작아 모세혈관을 뚫고 혈액에 침투하기 때문이라고 분석했다.

배현주는 서울시 미세먼지와 사망률과의 관계에 대한 연구를 실시했다.[103] 그는 미세먼지와 건강 영향 연구를 종합분석하여 미세먼지 농도가 $10 \mu g/m^3$ 증가할 때 초과사망 발생 위험은 미국 0.29%, 유럽 0.33%, 캐나다 0.84%인 것으로 보고하고 있다. 초미세먼지와 건강 영향 연구를 메타분석한 앳킨슨Richard W. Atkinson이 밝힌 지역별 초미세먼지로 인한 초과사망 발생 위험은 미국 0.94~2.08%, 유럽 1.23%, 서태평양지역 0.25~0.90%

---

103 배현주, "서울시 미세먼지(PM_{10})와 초미세먼지($PM_{2.5}$)의 단기노출로 인한 사망영향", 한국환경정책평가연구원, 2012.

으로 지역별로 약간의 차이가 있었다.

그렇다면 우리나라 서울이 다른 나라와 비교해 미세먼지에 의한 사망률이 더 높을까? 2013년 얀센Janssen 등은 2008~2009년 네덜란드를 대상으로 미세먼지와 초미세먼지가 일별 사망에 미치는 영향을 분석했다. 연구 결과 미세먼지 농도 $10\mu g/m^3$ 증가 시 전체 원인 초과사망 발생 위험은 0.6%이었다. 초미세먼지 농도 $10\mu g/m^3$ 증가 시 전체 원인 초과사망 발생 위험은 0.8%이었다. 사몰리Evangelia Samoli 등은 프랑스, 그리스, 이탈리아, 스페인 등 유럽 국가 12개 도시를 대상으로 미세먼지와 사망 영향을 분석했다. 전체 원인 사망의 경우 미세먼지 농도 $10\mu g/m^3$ 증가 시 초과사망 발생 위험은 0.32%, 초미세먼지 농도 $10\mu g/m^3$ 증가 시 초과사망 발생 위험은 0.55%였다. 이들의 연구 결과와 비교하면, 서울시의 경우 미세먼지로 인한 초과사망 발생 위험은 네덜란드와 유사했으나 유럽 지역보다는 약간 높았고, 초미세먼지로 인한 초과사망 발생 위험은 네덜란드와 유럽 지역의 연구 결과보다 다소 높게 나타났다.

충격적인 것은 미세먼지로 인한 조기사망자 수가 북한이 가장 많다는 것이다. 북한의 미세먼지로 인한 조기사망자 수는 같은 기간에 1만 9,368명에서 2만 3,360명으로 20.6% 늘었다. 10만 명당 무려 103명으로 중국(79.8명)보다 많았고 우리나라보다도 4배 이상 많다. 북한의 초미세먼지 농도는 2010년 연평균 $31\mu g/m^3$에서 2016년 $36\mu g/m^3$로 증가했다. 북한의 초미세먼지 농도가 높은 것은 값이 싸지만 미세먼지를 유독 많이 일으키는 갈탄과 같은 연료를 많이 쓰기 때문이다. 또 이런 연료를 미세먼지 저감 처리를 제대로 하지 않고 사용한다. 중국의 미세먼지 영향도 크다. 여기에 의학 인프라마저 부족하기에 미세먼지로 인한 조기사망률이 높아지는 것이다.

미세먼지는 여성과 노인의 사망률을 높인다

미세먼지에 가장 취약한 계층이 노인들이다. "미세먼지 농도 조금만 증가해도 노약자 사망률 크게 높아진다."[104]

미세먼지에는 '안전한 수준'이라는 기준이 존재하지 않으며, 농도에 상관없이 조금만 높아져도 노약자의 사망률을 크게 높인다는 연구 결과가 나왔다. 디첸 미국 하버드대 보건대학원 연구원팀은 65세 이상 노인을 대상으로 하는 미국의 연방정부 사회보장제도인 '메디케어' 서비스 수혜자 전원을 대상으로 미세먼지 농도와 사망률 사이의 관계를 밝혀《미국의학협회지JAMA》2017년 12월호에 발표했다.

연구팀은 2000년부터 2012년까지 13년 동안 사망한 2,243만 명의 나이와 성별, 인종, 거주지 등의 기록을 수집했다. 그리고 미국 전역을 가로세로 1km 격자 공간으로 나누고, 각 공간의 하루 평균 미세먼지 농도를 구했다. 사망자들이 실제 살았던 거주지 3만 9,182개 지역에 대입해 미세먼지 농도가 사망에 미친 영향을 분석했다. 오직 미세먼지에 의한 영향만 추려냈다. 그 결과 초미세먼지(PM$_{2.5}$) 농도가 $10\mu g/m^3$ 증가할 때마다 노약자의 사망률이 1.05% 증가하는 것을 발견했다. 이것은 100만 명당 하루 평균 1.42명이 추가로 사망한다는 의미다. 1년 중 3개월만 미세먼지 농도가 $1\mu g/m^3$ 증가해도 미국 내에서 13년간 7,150명이 추가로 사망한다는 말이다. 여러 해에 걸쳐 미세먼지를 흡입하면 피해가 더 크다. 연구팀이 미세먼지를 장기(평균 7년) 흡입했을 때 그 영향을 연구해 6월 말 학술지《뉴잉글랜드의학저널NEJM, New England Journal of Medicine》에 발표한 결과에 따르면 장기 흡입했을 때의 사망률은 단기 흡입했을 때의 사망률의 7배인 7.3%

---

104 http://news.donga.com/3/all/20171229/87946704/1

까지 높아졌다.

연구팀은 특히 노약자의 사망률이 기준치 이하의 낮은 미세먼지 농도에서도 결코 사라지지 않는다는 사실에 주목해야 한다고 주장했다. "이 정도 이하는 건강에 영향이 없다"는 기준(문턱값)이 사실상 없는 셈이다. 미국의 경우 대부분(94%)의 조사 대상자가 미국 환경보호청EPA 기준(하루 평균 미세먼지 농도 $35\mu g/m^3$, 연평균 미세먼지 농도 $12\mu g/m^3$)보다 미세먼지 농도가 낮은 지역에 살았는데도 사망률 증가 추세는 똑같거나 오히려 높았다. 이는 우리나라에도 시사하는 바가 크다. 우리나라의 연평균 초미세먼지(PM$_{2.5}$) 농도는 OECD) 자료 기준으로 $3.01\mu g/m^3$(2015년 기준)으로, 조사 기간 미국 평균($11.6\mu g/m^3$)의 거의 3배에 이른다.

여성도 노인 못지않게 미세먼지에 취약하다. 미국의 예일대 연구팀은 1995년 이후 발표된 건강과 미세먼지의 상관관계에 관한 논문 108편을 분석했다. 이들은 2013년 4월《미국역학회지American Journal of Epidemiology》에 논문을 발표했는데, 이 논문에 따르면 노인과 여성이 젊은이와 남성에 비해 상대적으로 미세먼지에 취약했다는 것이다. 이들의 연구 결과를 보자. 미세먼지 농도가 $10\mu g/m^3$ 증가할 때마다 젊은 층의 사망 위험은 0.34% 높아진다. 여성은 0.55%로 남성 0.50%에 비해 더 높은 사망 위험을 보였다.[105] 특히 교육 수준과 수입, 고용 상태가 낮을수록 미세먼지로 인한 사망 위험이 높아지는 경향이 있었다. 똑같은 미세먼지 농도라고 해도 사람들이 처한 상황에 따라 사망 위험이 다르다는 것이다.

---

[105] http://www.segye.com/newsView/20140205005249

제3장

미세먼지와 기후, 그리고 날씨는 어떤 상관관계가 있는가

"기후변화로 최악의 고농도 미세먼지 잦아진다." 이현주 등 아시아태평양 경제협력체APEC, Asia-Pacific Economic Cooperation 기후센터 연구팀의 연구 결과다.[106] 이들은 온실가스 저감 대책을 상당 부분 실행하는 경우(RCP 4.5)와 온실가스 배출량을 줄이지 않고 지금처럼 계속해서 배출할 경우(RCP 8.5), 이두 가지 미래 기후변화 시나리오에서 우리나라 고농도 미세먼지 발생이 얼마나 더 잦아지고 또 얼마나 더 강해질 것인가를 분석했다. 분석 결과, 기후변화가 진행됨에 따라 고농도 미세먼지가 발생하기 좋은 기상조건이 현저하게 증가하는 것으로 나타났다. 미세먼지를 확산시키는 북풍은 약해지고 대기는 안정되고 또 한반도 상공에는 고기압성 패턴이 강화된다는 것이다. 이럴 경우 대기가 정체되면서 미세먼지가 쌓일 수 있는 조건이 보다 더 자주 만들어진다. 연구팀은 기후변화로 겨울철 동아시아 지역 몬순이 약해지고 대류권 하층이 빨리 데워지는 것으로 보았다. 이럴 경우 대기정체가 심해지고 한반도 지역의 북서풍 유입이 감소한다. 그러면 고농도 미세먼지 발생이 증가하게 된다. 또 연구팀은 중위도 지역과 극 지역의 기압차가 줄어들면서 바람이 약해지는 것도 고농도 미세먼지 다량 발생을 가져올 것으로 분석했다.

1. 미세먼지는 기후변화에 영향을 준다

기후변화로 미세먼지 농도가 높아진다

카이Wenju Cai 등도 기후변화로 미세먼지 농도가 올라간다고 2017년에 발

---

106 이현주 외, "한반도 미세먼지 발생과 연관된 대기 패턴 그리고 미래 전망", 한국기후변화학회지, 2018.

●●● 2005년 8월 스모그가 잔뜩 낀 베이징의 모습(왼쪽)과 비가 내린 후 베이징의 모습(오른쪽)을 비교
한 사진이다. 중국기상과학연구원 류훙리 부연구원은 "공장이 배출하는 오염물질이 대기오염의 주원인이
지만 기후변화가 이를 더 악화시킬 수 있다"고 주장한다. 기상학적으로 보면 이 주장은 타당하다. 미세먼
지의 경우 바람이 약할수록 농도가 높아진다. 공장이나 자동차, 난방기구, 석탄화력발전소에서 미세먼지
가 배출되어도 바람이 강하게 불면 확산되기 때문에 미세먼지 농도가 높지 않게 된다. 이처럼 기후변화는
중국의 미세먼지 문제를 더욱 해결하기 어렵게 만드는 요인이다.

표했다.[107] 기후변화로 동아시아 겨울 몬순(북서풍)이 약해지고 대류권 하
층이 빨리 데워지면서 대기가 안정되고 정체현상이 늘어난다는 것이다.
이들은 2013년 1월 베이징에서 발생했던 사상 최악의 스모그와 같은 극
단적인 스모그가 더 자주 발생할 것으로 예상했다.

미세먼지를 연구하는 사람들은 최근에 고농도 미세먼지가 늘어난 원인
중의 하나로 기후변화를 꼽는다. 앞에서 언급했지만 풍속이 약해지면 미
세먼지 농도는 상승한다. 그런데 중국이나 우리나라 풍속이 약해진 원인
중의 하나가 기후변화 때문이라는 것이다. 즉, 북극 해빙이 기온 상승으로

107 Wenju Cai et al., "Weather conditions conducive to Beijing severe haze more
frequent under climate change", *Nature Climate Change*, 2017.

녹으면서 극과 중위도의 온도 차이가 작아졌다. 이렇게 기온 차이가 작아지면 제트기류의 풍속이 약해지고 사행하면서 남쪽으로 내려오게 된다. 이런 기압 배치에서 바람이 약해지는 경우가 많다. 겨울철 바람이 약해지면 대기정체가 자주 발생하고 미세먼지 농도가 높아지는 것이다. 2018년 여름의 기록적인 폭염도 심각한 기후변화의 영향인 것처럼 앞으로 기후변화는 더 심각해질 것이다. 그렇다면 미세먼지 농도도 더 높아질 수 있다는 이야기다.

"우리나라가 악성 스모그 국가가 된 것은 기후변화 때문입니다." 2017년 2월 중국기상국 아이완슈艾婉秀 국가기후센터 연구원의 주장이다. 그는 "따뜻한 기후가 북부와 남부 간 기온차를 좁히는 바람에 찬 공기가 남쪽으로 이동하기 어려워졌다. 그래서 대기오염물질을 날려 보낼 바람이 약해졌다"고 주장했다. 아이완슈 연구원은 중국의 수도권 지역을 통과하는 바람의 속도가 1961년보다 37% 약해졌다고 주장한다. 그런데 이런 경향이 2016년 말부터 2017년 초까지 유독 뚜렷하다 보니 베이징 지역 풍속이 전년 동기보다 20~27% 감소했다는 것이다. 또 대기오염을 일으키는 화학물질을 덜 해로운 물질로 산화시키는 대기의 능력도 감소했다고 말한다. 그는 "베이징 지역의 겨울철 스모그가 앞으로 더 심해지고 빈도가 잦아질 것"이라고 전망했다.

중국기상과학연구원 류훙리劉洪利 부연구원도 아이완슈 연구원의 주장에 동의한다. "공장이 배출하는 오염물질이 대기오염의 주원인이지만 기후변화가 이를 더 악화시킬 수 있다"는 것이다. 류훙리 부연구원은 "대기로 방출되는 오염물질이 오염 정도를 결정하지만, 스모그 형성은 주로 기후에 달려 있다"고 말한다. 이들의 발표 후 네티즌들은 이들을 맹공격했다. 스모그 퇴치 노력이 결실을 거두지 못하자 책임을 회피하기 위한 꼼수라는 것이다. 그러나 기상학적으로 보면 이들의 주장은 타당하다. 미세먼지의 경우 바람이 약할수록 농도가 높아진다. 공장이나 자동차, 난방기구, 석탄화력발전소에서 미세먼지가 배출되어도 바람이 강하게 불면 확산되기 때문에 미세먼지 농도가 높지 않게 된다. 이처럼 기후변화는 중국의 미세먼지 문제를 더욱 해결하기 어렵게 만드는 요인이다.

이들의 연구는 우리나라 국립환경과학원의 주장과 상통한다. 2017년 1/4분기에 우리나라는 극심한 미세먼지에 시달렸다. 그런데 2017년에 미세먼지가 부쩍 짙어진 날이 많아진 것은[108] 기상 때문이라고 환경부 국립환경과학원이 밝힌 것이다. 장임석 국립환경과학원 대기질통합예보센터장은 4월 7일 열린 토론회[109]에서 이런 분석 결과를 발표했다. 그 내용을 보자. 우리나라의 미세먼지 농도에 큰 영향을 미치는 중국의 미세먼지 농도는 2017년 $76\mu g/m^3$으로 2015년($86\mu g/m^3$)보다 낮았다. 그러나 나쁨일[110]을 기준으로 한 국내 미세먼지의 국외 요인 기여율은 76.3%로 2015년(72.7%)에 비해 3.6% 포인트 증가한 것으로 나타났다. 이 이야기는 국내 배출량이 줄었지만 중국의 미세먼지 영향이 더 많았다는 것을 뜻한다. 그러다 보니 고농도 미세먼지가 자주 발생했다는 것이다. 이의 원인으로 기상을 지목한 장 센터장은 2017년 1~3월 미세먼지 국외 요인에 영향을 미치는 서풍 계열의 바람이 분 일수가 75일로, 2015~2016년에 비

---

[108] 대기질통 통합예보센터 분석 결과, 2017년 1~3월 전국 평균 초미세먼지(PM₂.₅) 농도는 $32\mu g/m^3$으로, 2015년·2016년 1~3월 전국 평균 초미세먼지 농도 $30\mu g/m^3$에 비해 $2\mu g/m^3$ 증가 최근 3년 중 가장 나빴고, 서울은 $6\mu g/m^3$ 증가한 것으로 나타났다. 전국의 일평균 농도가 $51\mu g/m^3$을 넘은 '나쁨' 일수는 8일로 2015년과 같았으나, 2016년(4일)보다는 2배 증가했다. 특히 서울의 나쁨 일수는 14일로 2015년보다 9일, 2016년보다는 12일이나 급증했다.

[109] 한국대기환경학회 주최로 2017년 4월 7일 서울 세종대학교 컨벤션센터에서 열린 '고농도 미세먼지 대응을 위한 토론회'.

[110] 미세먼지(PM₁₀) 농도가 $81\mu g/m^3$ 이상인 일수

해 각각 8일, 56일 증가해 미세먼지 농도가 높아지게 만들었다고 말한다. 특히 대기정체를 일으키는 초속 2m 미만의 미풍이 분 날이 29일로, 2015~2016년에 비해 각각 16일과 13일 많았다는 사실도 작용했다고 본다. 여기에 미세먼지를 씻어 내리는 강수량이 최근 3년 중 가장 적었던 점도 미세먼지 농도를 짙게 만든 요인이었다는 것이다. 실제로 장 센터장의 설명이 타당한 것은 아무리 중국에서 많은 미세먼지가 만들어져도 우리나라로 날아오는 기압 배치가 만들어지지 않으면 우리나라의 미세먼지 농도는 급격히 높아지지 않는다. 또 대기가 불안정하거나 바람이 강하거나 비가 많이 내리면 미세먼지 농도는 뚝 떨어진다. 따라서 미세먼지 농도에 가장 큰 영향을 주는 것은 배출량이지만, 기상조건이나 기후변화도 큰 영향을 미친다는 것을 간과해서는 안 된다.

미세먼지가 기후를 바꾼다

미세먼지는 날씨에 많은 영향을 받고 또 역으로 날씨에 영향을 준다. 그런데 미세먼지가 짧은 기간의 날씨뿐만 아니라 장기간의 기후에도 많은 영향을 미친다는 것이 최근 다양한 연구들을 통해 밝혀지고 있다. 이다솜 등은 최근 10년 동안의 기후변화와 미세먼지와의 연관성을 연구했다.[111] 지표면에서부터 대류권 하층까지 안정도의 증가를 확인할 수 있었고, 특히 추운 달인 1월과 2월 동안 가장 많은 변화가 나타났음을 확인했다. 또한 950hPa(헥토파스칼) 부근에서 기온 상승이 빠르게 나타나고 있음을 알 수 있었다. 이를 통해 지구온난화로 인해 한반도 안정도가 빠르게 증

---

111 이다솜 외, "미세먼지에 영향을 미치는 기상·기후 장기변동성에 관한 연구", 광주과학기술원 지구환경공학부, 2017.

가하고 있음을 확인했다. 미세먼지 유입에 영향을 미치는 풍속과 안정도의 장기 변동성은 강한 음의 상관성을 보였으며, 특히 최근 그 관계가 뚜렷하게 나타났음을 알 수 있었다.

소지현 등이 실시한 연구[112]에서는 미세먼지 등 단기체류 기후변화 유발 물질들이 기후변화를 유발하는 중요한 요소라고 말한다. 중국을 포함한 동아시아 지역은 전 지구적으로 대기 중으로 방출되는 초미세먼지($PM_{2.5}$)의 농도가 매우 높은 지역이다. 이 지역에서 북태평양으로의 초미세먼지 유입은 구름 생성 및 대기 순환 변동성에 영향을 주는 것으로 알려져 있다(Zhang et al., 2007). 특히 에어로졸의 간접효과indirect effect는 구름의 미세물리 과정 및 복사 과정을 변화시킨다.

겨울철 중국에서 발생한 초미세먼지의 농도 변화는 북태평양 지역의 알류산 저기압 변동성과 상관성을 가지고 있다고 한다. 또한 발달된 대류운DCC, Deep Convective Cloud의 양이 북태평양에서 전반적으로 높게 나타난다. 대류운이 증가한 영역에서 강수 역시 증가했음을 알 수 있다. 이는 초미세먼지 농도 증가에 의한 간접효과라고 할 수 있다. 구름의 응결핵으로 작용할 수 있는 에어로졸이 증가하면 구름의 입자가 작아진다. 그러면 구름 내부에서 상승 기류에 의한 이동이 용이해지고 이로 인한 잠열 방출이 증가한다. 따라서 대류운에 기인한 강수량이 증가한 것으로 생각할 수 있다는 것이다.

초미세먼지는 강수 증가에 영향을 준다. 채상희 등은 인공강우 시 에어로솔($PM_{2.5}$) 효과를 분석했다.[113] 이들은 모의가 가능한 중규모 기상 모형

---

112 소지현 외, "겨울철 동아시아의 $PM_{2.5}$ 변동과 관련된 북태평양 기후변동성 분석", 한양대학교 해양융합화학과, 2014.

113 채상희 외, "$PM_{2.5}$ 배출 시나리오를 고려한 WRF−CHEM 수치모의에서의 구름 및 강수 변동 분석", 국립기상연구소, 2010.

인 WRF-CHEM[114]을 이용하여 특정 사례일에 초미세먼지가 강수에 어떤 영향을 주었는지 연구했다. 그랬더니 초미세먼지가 강수 증가에 영향을 주더라는 것이다. 비보다는 눈이나 싸락눈 형성에 더 많은 영향을 주는 것으로 관측되었다. 이것은 배출된 초미세먼지가 빙정핵으로 작용해 구름 속에 있는 물이 빙정핵 주변으로 이동하여 구름 속 물cloud water이 감소하면서 빙정을 더 많이 생성했기 때문이다. 이러한 빙정들이 모여서 대기 중의 얼음과 눈 또는 싸락눈을 더 형성했기 때문에 눈과 얼음 그리고 싸락눈이 더 증가하더라는 것이다. 위지은 등이 실시한 연구[115]에 의하면 엘니뇨El Niño 겨울이 라니냐La Niña 겨울보다 미세먼지 농도가 높았다. 그리고 강수량이 적을수록 미세먼지 농도가 높아졌다고 한다. 상당히 흥미로운 연구라 할 수 있다.

북극 빙하가 많이 녹으면 미세먼지 농도는 높아진다

기후변화로 인해 미세먼지 농도가 높아진 현상에 대한 사례 연구가 있다. 2013년 1월 중국의 북동부 지방에 최악의 스모그가 발생했다. 문제는 1월 내내 미세먼지 농도가 매우 높은 현상이 지속되었다는 점이다. 중국에서는 미세먼지 농도를 줄이기 위해 노력했고 또 자연적으로나 인위적으로나 미세먼지 배출량이 늘어나지 않았는데도 왜 한 달간 최악의 미세먼지 대란이 발생한 것일까? 이에 대해 2017년에 미국 조지아공대의 유페이 주Yufei Zou 교수 연구팀이 한 가지 큰 이유를 찾아냈다.[116] 이들은 중국 미

---

114 The Weather Research and Forecasting model coupled with Chemistry

115 위지은 외, "엘니뇨에 의한 한반도 PM$_{10}$ 농도 변화", 전북대학교 과학교육학부/융합과학연구소, 2017.

116 Yufei Zou et al., "Artic sea ice, Eurasia snow, and extreme winter haze in China", *Sience Advances*, 2017.

세먼지 농도에 영향을 주는 엘니뇨, 북극 빙하의 양, 시베리아 적설량, 바람 등을 고루 연구했다. 연구를 통해 북극 빙하의 양과 유라시아에 내리는 눈, 그리고 바람이 약해진 것이 중국 최악의 미세먼지 발생과 연관이 있음을 알게 되었다. 연구팀은 특히 북극의 해빙 면적과 유라시아 지역에 내리는 눈, 바람 변화에 집중했다. 그 결과, 중국 대륙의 기록적인 스모그가 북극의 해빙 면적 감소와 유라시아 지역에 내리는 눈의 증가, 약해진 바람과 관련이 있다는 것을 밝혀냈다.

주 교수 연구팀의 연구 내용을 보자. 중국에 최악의 스모그가 발생하기 4개월 전인 2012년 9월에 북극의 빙하 면적은 341만km^2였다. 1979년 북극 해빙 면적을 관측하기 시작한 이래로 빙하 면적이 가장 작았다. 북극의 해빙 면적은 한반도와 중국을 비롯한 동북아시아 지역에 큰 영향을 미친다. 지구온난화로 북극 기온이 상승하면 북극의 바다에 있는 빙하가 녹는다. 북극은 바다이기에 드러난 바다는 태양빛을 많이 흡수한다. 그렇게 되면 북극에서 더 많은 수증기가 증발하고 이 수증기는 고위도 지역에 더 많은 눈을 내린다. 북극 빙하가 줄어들면 유라시아 지역은 눈 내린 면적이 증가하는 것이다. 눈 내린 면적이 넓어지면 복사냉각으로 발달하는 시베리아 고기압이 강해질 가능성이 높아진다.

2017년 3월 미국 조지아공대와 연세대 연구진은 35년간의 기상 자료를 분석했다.[117] 이들은 이 분석을 토대로 앞으로 북극 해빙 감소가 계절풍의 약화와 대기정체를 불러와 동북아의 대기오염이 악화될 것이라고 주장했다. 세계기상기구WMO, World Meteorological Organization도 "북극해의 얼음 표면

117 Yufei Zou, Yuhang Wang, Yuzhong Zhang and Ja-Ho Koo, "Arctic sea ice, Eurasia snow, and extreme winter haze in China", *Science Advances*, 2017. 03.

●●● 2013년 1월 중국의 북동부 지방에 최악의 스모그가 발생했다. 문제는 1월 내내 미세먼지 농도가 매우 높은 현상이 지속되었다는 점이다. 중국에서는 미세먼지 농도를 줄이기 위해 노력했고 또 자연적으로나 인위적으로나 미세먼지 배출량이 늘어나지 않았는데도 왜 한 달간 최악의 미세먼지 대란이 발생한 것일까? 미국 조지아공과대학교의 유페이 주 교수 연구팀은 중국 대륙의 기록적인 스모그가 북극의 해빙 면적 감소와 유라시아 지역에 내리는 눈의 증가, 약해진 바람과 관련이 있다는 것을 밝혀냈다.

적이 38년 만에 가장 작아졌다. 지구온난화로 북극 해빙이 해마다 줄고 있어 중국 등지의 대기오염이 갈수록 심해질 것이다"라고 주장했다.[118] 기후변화로 인해 바람이 약해지면서 갈수록 미세먼지 농도는 높아질 것이

---

118 https://public.wmo.int/en/media/news/arctic-saw-2nd-warmest-year-smallest-winter-sea-ice-coverage-record-2017

라는 거다.

두 논문을 종합해보자. 이런 기후변화는 우리나라를 포함한 동북아시아 지역에 크게 2개의 반대 기상현상을 불러온다. 첫째 약해진 제트기류가 강한 북극 한기를 우리나라로 끌고 내려와 강한 한파가 닥치는 경우다. 이 경우는 바람이 강하기 때문에 미세먼지 농도가 매우 낮아진다. 둘째 시베리아 고기압이 우리나라로 직접 내려오기보다는 동쪽으로 치우치면서 내려오는 경우다. 이 경우 대기오염이 심한 중국 동부 지역은 상대적으로 바람이 약해진다. 오염물질을 확산시키던 겨울철의 강한 바람이 약해지면서 미세먼지 등이 그대로 쌓이게 된다. 따라서 북극의 바다 빙하가 줄어들고 유라시아 지역에 눈덮임 면적이 늘어나면 늘어날수록 중국 북동부 지역에는 오염물질이 정체하게 된다. 이런 기압 배치가 2013년 1월 중국 북동부 지역의 최악의 스모그를 불러일으켰다고 연구팀은 주장하고 있다. 이때 우리나라는 어땠을까? 우리나라는 한파와 고농도 미세먼지가 번갈아 찾아왔다. 차가운 대륙 고기압이 우리나라로 내려올 때는 미세먼지 농도가 낮았지만 주춤할 때는 고농도 미세먼지가 발생하곤 했다.

2. 미세먼지와 기온하강, 그리고 호우

미세먼지 농도가 높아지면 지구 기온은 내려간다

많은 사람들이 우려하는 것 중의 하나가 기후변화로 인해 미세먼지 문제가 더 악화되는 것은 아닐까 하는 것이다. 기후변화로 인해 미세먼지가 더 증가할 가능성이 높다는 것은 앞에서 언급했다. 그런데 이를 뒷받침할 만한 연구들이 발표되고 있다. 앨런Robert J. Allen 등이 참가한 미국과 영국 공동연구팀은 지구온난화로 인한 기후변화가 대기 중의 에어로졸[119] 총량에 어떤 영향을 주는가를 연구했다.[120] 이들은 지금처럼 계속해서 온실가스를 배출한다고 가정하고 2000년부터 2100년까지 기후변화와 대기 중 에어로졸 변화를 모의했다. 그랬더니 지구온난화가 진행될 경우 대기 중의 에어로졸은 증가하는 것으로 나타났다.

대기 중에 미세먼지를 포함한 에어로졸이 늘어날 경우, 지구의 기후는 어떤 영향을 받을까? 앨런 등이 실시한 연구에서는 세기말에 지표면 $1m^2$가 받는 태양에너지는 기온이 1℃ 상승할 때마다 0.02~0.09W(와트)씩 줄어든다고 한다. 이 이야기는 기온이 상승할수록 대기 중에서 태양에너지를 반사하거나 흡수하는 에어로졸이 늘어나고 결국 지표에서 받을 수 있는 에너지는 줄어든다는 것이다. 이와 같은 결과가 국립기상연구소의 연구에서도 나왔다. 1980년대부터 급증한 동아시아 지역의 에어로졸로 인해 남동 중국부터 한반도 북쪽 지역까지 지상 기온이 떨어진다는 것이다.

이와 비슷한 연구 결과가 도출된 미국, 영국, 중국의 과학자들의 공동연구가 과학저널《네이처 지오사이언스Nature Geoscience》에 실렸다. 중국의 극심한 대기오염이 동아시아 기후변화의 주요 원인이라는 것이다. 중국에서 석탄과 석유 등 화석연료를 태우는 과정에서 발생하는 미세먼지들이 대기 중에 머물면서 동아시아 기온과 강우 패턴의 변화를 부른다는 것이다. 이 연구팀은 미세먼지 등의 에어로졸은 온실가스보다 배출 지역의 기후

---

119 에어로졸은 대기 중에 부유하는 고체 또는 액체 상태의 작은 입자로, 그 크기는 보통 0.001~1.0㎛ 정도다. 에어로졸은 자연적으로 또는 화석 연료 사용 등에 의하여 인공적으로 만들어질 수 있는데, 미세먼지도 여기에 속한다.

120 Robert J. Allen et al., "An increase in aerosol burden and radiative effects in a warmer world", *Nature Climate Change*, 2015.

에 미치는 영향이 더 크다고 주장했다. 중국에서 배출된 미세먼지가 동아시아 상공에 머물면서 햇볕을 차단해 냉각 효과가 있다는 것이다.

한 곳의 기후변화는 그것으로 끝나는 것이 아니라 다른 곳의 기후에 피드백된다. 기온 하락은 대류과 해양의 기압경도력을 약화시킨다. 이로 인해 중국으로 유입되는 수증기량이 감소하고 상승기류도 약화되면서 결과적으로 동아시아 지역 여름 몬순이 약해진다. 미세먼지가 기후를 변화시키는 좋은 사례인 것이다.

동북아시아 지역에서 대기오염물질 중 광흡수 및 산란 에어로졸의 지속적인 증가는 복사강제력에 크게 기여하여 지역적인 기상 및 기후변화를 야기할 수 있다(Ramathane et al., 2007). 따라서 남지현 등은 한국에 영향을 미치는 에어로졸의 특징을 이해하기 위해 동아시아 내의 시공간적 에어로졸 변화 분석을 연구했다.[121] 결과를 보면 동아시아 6개 지역 중 북중국은 에어로졸 광학 두께[AOD, Aerosol Optical Depth][122]가 0.65±0.04로 가장 높았다. 한반도(0.41±0.03), 일본 동쪽 북태평양(0.29±0.04)으로 갈수록 에어로졸 광학 두께는 작아졌다. 이것은 한국과 일본의 경우 한반도와 일본에서 배출된 인위적인 에어로졸뿐만 아니라 중국 대륙으로부터 장거리 수송된 에어로졸의 영향을 함께 받은 것으로 유추할 수 있다고 결론지었다.

그렇다면 이 같은 스모그는 기후에 어떤 영향을 미칠까? 중국과 프랑스 공동연구팀은 2010년 기준으로 중국에서 배출하는 온실가스와 스모그

---

121 남지현 외, 동아시아지역의 지표 입자질량농도와 에어로졸 광학두께의 변화 경향 분석, 서울대 지구환경과학부, 2017.

122 에어로졸 광학 두께는 대기 중의 에어로졸에 의해 가시광선 영역의 빛이 얼마나 산란 또는 흡수되는지를 나타내는 지수로 대기 중에 에어로졸이 많이 존재할수록 높은 값을 나타낸다. 광학 두께가 0.7일 경우, 태양빛의 절반만이 오염지역을 투과하는 정도로 볼 수 있다.

등이 기후변화에 어느 정도 영향을 미치는지 정량적으로 산출한 결과를 최근 과학저널《네이처Nature》에 발표했다(Li et al., 2016). 논문에 따르면 중국에서 사용하는 화석연료 연소와 시멘트 생산 과정에서 발생하는 이산화탄소로 인해 단위시간(1초)당 단위면적(m^2)의 지구가 추가로 받는 에너지는 0.16줄(Joule/s · m^2 = W/m^2)인 것으로 나타났다. 또 중국이 배출하는 메탄으로 인해 지구는 0.13줄의 열을 더 받고 검댕으로 인해 0.09줄의 열을 더 받는 것으로 조사되었다. 밖으로 나가는 열을 잡아 지구를 점점 뜨겁게 하는 온실가스나 검댕과는 달리 스모그는 햇빛을 차단하기 때문에 지구를 냉각시키는 효과가 있다. 중국에서 발생한 스모그 성분 가운데 황산염의 양만 고려해도 0.11W/m^2의 냉각효과가 있고, 질산염은 0.03W/m^2의 냉각효과가 있는 것으로 나타났다. 스모그의 대표적인 성분인 황산염과 질산염의 양만 고려하더라도 온실가스와 검댕으로 인한 지구가열효과를 스모그가 3분의 1 정도 상쇄하는 것이다. 이들의 연구로 보면 중국에서 배출하는 온실가스에 의한 가열효과와 중국에서 발생하는 스모그에 의한 냉각효과 등을 종합적으로 고려할 때 중국은 지구 전체에 0.3W/m^2의 가열효과를 주는 것으로 나타났다. 지구 전체적으로 볼 때 온실가스와 스모그 등으로 지구가 받게 되는 가열효과가 2.88W/m^2인 점을 고려하면 중국 한 나라가 지구온난화에 기여하는 정도가 전체의 10% 정도 된다는 뜻이다. 현재 진행되고 있는 지구온난화의 10%는 중국 책임이라는 뜻이다.

스모그나 미세먼지 농도가 높은 날 하늘이 잘 보이지 않고 뿌연 날이 지속된다. 그런데 중국처럼 심각한 경우에는 항공편이 결항되고 고속도로도 폐쇄된다. 가시거리가 짧아지는 원인도 있지만 스모그나 미세먼지가 태양빛을 차단하기 때문이다. 태양빛을 이용해 광합성을 하는 식물들의 피해도 있지만 지구 기온이 내려갈 가능성도 높아진다. 미세먼지는 화석연료를 태우면서 발생하는 황산염이나 검댕, 질산염 등으로 이루어진다. 그런데 이런 물질들은 화산 폭발 때 배출되는 화산재가 햇빛을 차단해 지구 기온을 떨어뜨리는 것과 같은 효과를 나타낸다. 1880년부터 2012년까지 133년 동안 지구 평균 기온은 0.85℃ 상승했다. 온실가스로 인한 지구가열효과만 있었다면 지구 평균 기온은 1℃ 이상 상승했어야 한다. 그러나 미세먼지나 에어로졸 등의 물질이 지구를 냉각시켰기 때문에 0.85℃ 상승하는 데 그친 것이다. 이런 지구냉각효과는 미세먼지를 많이 배출하는 중국이나 인도에서 더 크게 나타날 것이다.

최근 문제가 되고 있는 온실가스에 의한 지구온난화와는 어떤 차이가 있을까? 미세먼지에 의한 기온하강효과는 국지적으로는 분명히 있다. 그러나 이산화탄소 등의 온실가스의 영향력이 더 크기 때문에 전 지구 기온은 상승하고 있다. 더 중요한 사실은 스모그와 온실가스의 영향을 주는 연수年數의 차이다. 미세먼지 등의 스모그가 지구 기온을 낮추는 것은 길어야 수십 년을 넘지 못할 것이다. 화석연료가 고갈되고 있고 신재생에너지로 점차 대체되고 있기 때문이다. 여기에 미세먼지를 없애는 새로운 기술이 계속 개발되고 있다는 점도 있다. 그러나 온실가스의 경우 지속적으로 증가할 것으로 예상된다. 온실가스는 지구온난화에 미치는 영향은 길게는 수천 년까지 지속될 수 있다. 그래서 온실가스가 미세먼지보다 지구온난화에는 더 무서운 물질이다.

미세먼지는 집중호우를 더욱 강하게 만든다

인간에 의해 만들어진 공기오염이 구름과 비에 어떤 영향을 미칠까? 미국 항공우주국NASA, National Aeronautics & Space Administration 제트추진연구소 조너선 장

Jonathan Jiang 연구원은 2개의 인공위성 자료[123]를 분석하여 공기오염 등이 구름 형성에 어떤 역할을 하는지 조사했다.

황산염, 질산염 등의 미세먼지로 구성된 오염 에어로졸은 햇빛을 차단한다. 오염이 심한 도시에서 볼 수 있는 현상이다. 햇빛이 차단되면 땅의 기온이 내려간다. 그렇게 되면 구름 형성을 방해하게 되고 또다시 더 많은 태양빛을 차단하면서 기온은 더 낮아지고 이런 악순환이 발생하면 비구름 형성이 잘 되지 않는다는 것이다. 이것은 우리가 알고 있는 일반적인 내용이다. 그런데 미세먼지와 같은 에어로졸은 서로 다른 크기, 색깔, 위치 등 독특한 특징을 가진다. 이런 특징은 에어로졸이 구름과 상호작용하는 데 큰 영향을 미치며 같은 유형의 에어로졸이라 하더라도 고도에 따라 끼치는 영향이 서로 다르다. 장 박사는 이런 현상을 고려해 미세먼지 에어로졸을 연구했다. 그는 상황에 따라 미세먼지가 구름 형성을 방해할 수도, 강화할 수도 있다는 결론을 내렸다. 그는 비구름 형성에 영향을 미치는 원인이 전적으로 미세먼지 색깔과 크기, 집중도 정도에 달려 있다고 보았다.

그렇다면 최근 기후변화로 발생하는 집중호우에 미세먼지는 어느 정도 영향을 줄까? 미세먼지가 집중호우의 강도와 수명에 영향을 미치기는 할까? 미국 텍사스대학교 연구팀이 다양한 자료를 이용하여 연구를 했다. 이들이 사용한 자료는 위성 관측 자료, 미세먼지(에어로졸), 상대습도나 공기의 상승 운동 가능성을 나타내는 부력에너지CAPE, Convective Available Potential

---

123 2개의 위성은 칼립소(CALIPSO, Cloud-Aerosol Lidar and Infrared Pathfinder Satellite Observation)와 클라우드샛(CloudSat) 위성이다. 클라우드샛 위성은 전 세계 구름 위치와 고도를 측정하고, 칼립소 위성은 연기, 먼지, 오염과 공기 중에 있는 미세입자를 측정한다. 이 2개 위성의 데이터를 종합해 에어로졸 입자가 구름에 어떤 영향을 끼치는지 분석한다.

●●● 최근 기후변화로 발생하는 집중호우에 미세먼지는 어느 정도 영향을 줄까? 미국 텍사스대학교 연구팀은 상대습도뿐만이 아니라 미세먼지도 집중호우에 지대한 영향을 미친다는 것을 밝혀냈다. 지표면 부근에 상대습도가 높고 대기 상하층 간의 풍속 차이가 있을 경우, 미세먼지 농도가 일정 단위 이상 높아질 때마다 집중호우의 수명이 3시간에서 15시간이나 늘어나더라는 것이다. 일반적으로 집중호우가 발생할 수 있는 메커니즘에서 미세먼지 농도가 높아지면 높아질수록 집중호우는 더 강해지고 수명도 길어진다. 미세먼지가 강한 집중호우를 더욱 강력하게 만드는 요인인 것이다.

Energy, 대기 상하층 간의 풍속 차이$^{vertical\ wind\ shear}$ 등이었다. 이런 기상 요소들이 각각 집중호우에 어떤 영향을 주는지 연구한 것이다(Chakraborty et al., 2016). 이들은 각각의 요소가 어느 정도 영향을 주는지를 알기 위해 무려 2,430개의 집중호우 사례를 분석했다.

연구 결과는 놀라웠다. 지금까지는 집중호우에 많은 영향을 주는 것으로 알려진 상대습도뿐만이 아니라 미세먼지도 집중호우에 지대한 영향을 미치고 있었다. 지표면 부근에 상대습도가 높고 대기 상하층 간의 풍속 차이가 있을 경우, 미세먼지 농도가 일정 단위 이상 높아질 때마다 집중호우의 수명이 3시간에서 15시간이나 늘어나더라는 것이다. 특히 대기 상하층 간의 풍속 차이가 크고 공기의 상승운동이 강화되면서 미세먼지 농도가 높아지면 집중호우는 더 길어져 24시간 정도 지속되는 것으로 나타났다. 엄청난 강수량 증가를 가져오는 것이다. 이 이야기는 일반적으로 집중호우가 발생할 수 있는 메커니즘에서 미세먼지 농도가 높아지면 높아질수록 집중호우는 더 강해지고 수명도 길어진다는 것을 뜻한다. 미세먼지가 강한 집중호우를 더욱 강력하게 만드는 요인인 것이다. 그러나 미세먼지가 집중호우를 약하게 만드는 경우도 있다. 집중호우가 강하게 발달하기 어려운 기상 메커니즘을 보일 때다. 이런 경우는 미세먼지가 집중호우의 수명을 단축시키는데, 미세먼지가 약한 집중호우를 더욱 약하게 만들어 빨리 소멸시키기도 하는 것이다. 연구팀은 미세먼지가 집중호우의 수명 변동을 최고 24%까지 변화시킬 수 있다고 주장한다.

3. 기상 요소와 미세먼지

미세먼지와 기온, 그리고 오존

미세먼지는 다양한 기상 요소나 인자 등에 영향을 받는다. 차진욱 등은 대기질 인자와 기상 인자들이 미세먼지 수치에 미치는 영향 정도와 상관관계를 연구했다.[124] 그랬더니 초미세먼지 농도는 기상 인자(풍속, 강수량,

---

124 차진욱 외, "SPSS를 이용한 대기질과 기상 인자와의 미세먼지 상관관계 분석", 수원대학교 컴퓨터과학부, 2018.

일사량 등)에 영향을 받고, 이산화질소, 이산화황, 오존 등에도 영향을 받는 것으로 밝혀졌다. 이들의 연구에 의하면, 미세먼지(PM_{10})와 오존, 이산화질소, 일산화탄소, 이산화황, 초미세먼지($PM_{2.5}$), 합계일조시간, 합계일사는 양적 선형 관계를, 기상 인자 변수인 일평균 기온, 일강수량, 평균 풍속, 평균 상대습도, 평균 지면온도, 안개 지속 시간은 음적 선형 관계를 갖는 것으로 나왔다.

미세먼지로 인한 사망은 기온과도 관계가 있다는 연구가 있다. 임유라 등은 서울시 미세먼지로 인한 사망 영향에 대한 기온의 효과를 다룬 논문을 썼다.[125] 그가 인용한 12개 유럽 도시를 대상으로 한 APHEA^{Air Pollution} and Health: a European Approach 연구를 보자. 서유럽 지역에서 미세먼지 농도가 10 $\mu g/m^3$ 증가할 때 추운 계절의 사망 발생 위험은 1.0% 증가했다. 그러나 따뜻한 계절의 사망 발생 위험은 4.3%나 증가했다. 그러니까 기온이 높은 여름으로 갈수록 미세먼지로 인한 사망률이 높아진다는 것이다. 펭^{Peng} 등은 미국 100개 도시를 대상으로 실시한 2005년 연구에서 봄철과 여름철에만 미세먼지(PM_{10})와 일별 사망의 관련성이 통계적으로 유의하다고 주장했다. 랜^{Ren} 등이 호주 브리즈번^{Brisbane}에서 실시한 2006년 연구에 따르면, 미세먼지 농도 10$\mu g/m^3$ 증가 시 기온이 27℃ 미만인 날 심혈관계 사망 발생 위험은 1.97%이었다. 그러나 기온이 27℃ 이상인 날 심혈관계 사망 발생 위험은 6.96%나 증가했다는 것이다. 물론 미세먼지로 인한 사망 영향이 계절별로 차이가 나타나는 것을 기온의 효과로 간주하는 것은 무리가 있을 수 있다. 그러나 기온이 높아질 때 미세먼지에 더 많이 노출

---

125 임유라 외, "서울시 미세먼지(PM_{10})로 인한 사망 영향에 대한 기온의 수정효과", 한국환경정책평가연구원, 2013.

될 가능성이 높은 것이 원인일 수도 있다.

그렇다면 오존과 미세먼지는 어떤 관계가 있을까? 대기질을 평가할 때 오존은 매우 중요한 물질이다. 지표면에서 만들어진 오존은 그 자체로도 위험하지만 미세먼지를 만드는 주범이기도 하기 때문이다. 그런데 최근 지구온난화로 인해 기온이 상승하면서 오존 발생이 증가하고 있다. 2018년 5월 환경부의 대기질 측정 데이터베이스^{DB} '에어코리아$^{Air Korea}$'에 따르면, 전국 오존주의보 발령 횟수는 매년 증가하여 2012년에 64건이던 것이 2017년에는 276건으로 5년 만에 4.3배 이상 늘었다. 지표면 인근의 오존은 자동차 배기가스의 질소산화물(NO_x)과 화학공장에서 배출되는 휘발성유기화합물(VOC_s) 등이 광^{光}화학반응을 일으키면서 만들어진다. 오존은 다른 물질과 쉽게 반응하기에 우리의 생활 속에서 살균, 악취 제거 등에 사용된다. 그러나 호흡을 통해 인체에 들어오면 천식, 폐기종 등 호흡기질환이나 심혈관질환을 일으킨다. 그래서 어린이나 노약자에게는 치명적인 대기오염물질이기도 하다. 고농도 오존은 주로 기온이 높고 햇볕이 강한 여름철 오후에 주로 발생한다. 그러나 최근에는 봄부터 가을까지 오존특보가 자주 발령된다. 지구온난화로 인한 기온 상승과 함께 대기오염물질 배출도 늘어나기 때문이다. 그러다 보니 오존특보가 발령되는 시기도 빨라지고 길어지고 있다. 수도권 기준 2012년 첫 오존주의보는 6월 3일에 발령되었다. 그러나 2015년에는 5월 27일, 2016년에는 5월 17일, 2017년에는 5월 1일, 그리고 2018년에는 4월 19일부터 오존주의보가 발령되었다. 그리고 2018년 오존주의보는 9월 말까지 이어졌다.

오존은 대기오염물질이면서 지구온난화를 더 가속시킨다. 여기에 초미세먼지를 만드는 역할도 한다. 그러기에 김세웅 미국 어바인 캘리포니아대 지구시스템과학과 교수는 "한국에서는 미세먼지에 집중하고 있지만 결국 오존과 미세먼지는 통합적으로 관리해야 한다. 중국도 미세먼지에서 오존으로 눈을 옮기고 있다"고 말하고 있는 것이다.[126]

풍속이 약해지면 미세먼지 농도는 높아진다

2017년에 한국과 미국이 공동으로 미세먼지 연구를 수행했다.[127] 이 연구에서 미세먼지는 풍향보다도 풍속에 더 많은 영향을 받는다는 것이 밝혀졌다. 풍속이 미세먼지의 분포와 확산, 주변 공기와의 혼합 등에 가장 큰 영향을 준다는 것이다. 이들은 10m 고도의 풍속을 이용했다. 분석 결과 연도에 따라 변동하는 미세먼지 농도와 풍속의 편차는 거의 정반대로 움직이는 것으로 나타났다(상관계수 R = -0.86). 풍속이 평균에 비해 강해지면 미세먼지 농도는 평균보다 낮아진다. 그러나 풍속이 평균보다 약해지면 미세먼지 농도는 평균보다 높아지는 것을 발견한 것이다.

우리나라에 크게 영향을 주는 미세먼지의 경우 국지적인 바람보다는 중국에서 한반도로 이동하는 큰 규모의 공기 흐름에 크게 좌우되는 것으로 밝혀졌다. 특히 계속 미세먼지 농도가 줄어들다가 다시 증가하기 시작한 2012년에는 풍속이 미세먼지 농도와는 정반대로 평균보다 지속적으로 약해졌다. 2012년 이후 미세먼지 농도가 증가한 원인 중 가장 큰 것이 풍속이 예년보다 작아졌기 때문이라는 것이다. 즉, 미세먼지가 확산하거나 빠져나가지 못하고 한반도에 그대로 쌓이면서 고농도 미세먼지가 발생했다고 이들은 판단한다.

---

126 http://news.donga.com/3/all/20180527/90275390/1#csidx719b8e54c14873c90bd6f701f5aa7f6

127 김현철 외, "Recent increase of surface particulate matter concentrations in the Seoul Metropolitan Area, Korea", *Scientific Reports*, 2017.

●●● 우리나라에 크게 영향을 주는 미세먼지의 경우 국지적인 바람보다는 중국에서 한반도로 이동하는 큰 규모의 공기 흐름에 크게 좌우되는 것으로 밝혀졌다. 특히 계속 미세먼지 농도가 줄어들다가 다시 증가하기 시작한 2012년에는 풍속이 미세먼지 농도와는 정반대로 평균보다 지속적으로 약해졌다. 2012년 이후 미세먼지 농도가 증가한 원인 중 가장 큰 것이 풍속이 예년보다 작아졌기 때문이라는 것이다. 즉, 미세먼지가 확산하거나 빠져나가지 못하고 한반도에 그대로 쌓이면서 고농도 미세먼지가 발생했다는 것이다. 실제로 바람이 강하게 불면 미세먼지는 대기 중으로 확산되므로 미세먼지 농도가 높아지지 않는다.

"며칠째 한반도 '무풍지대' … 미세먼지 더한 중국 스모그." 2018년 11월 6일 JTBC 방송 제목이다[128]. 방송에서는 바람이 불지 않아 미세먼지가 더 심해질 것이라고 말한다. 보도 내용을 보자.

"물론 공기가 탁할 것이라는 예보는 있었지만 오늘 상황은 예상을 훨씬 뛰어넘었습니다. 며칠째 이어진 대기정체 현상, 한반도가 이른바 '무풍지대'에 들어서면서 국내에서 발생한 미세먼지가 쌓여갔는데, 어젯밤부터는 중국 스모그까지 유입되어서 예상보다 수치가 훨씬 더 높았습니다. 짙게 낀 안개가 미세먼지와 뒤엉켜 오늘 아침 서울의 시정은 2.4km, 맑은 날의

---

128 http://news.jtbc.joins.com/html/477/NB11723477.html

10분의 1도 보이지 않았습니다. 서울을 기준으로 지난 1일 일평균 $19\mu g$ /m^3당이던 미세먼지 농도는 어제 $39\mu g/m^3$까지 올랐습니다. 평균 풍속이 초속 1m대에 불과한 '무풍지대', 한반도 일대에 바람이 뚝 끊기면서 국내에서 발생한 미세먼지가 매일매일 쌓여간 것입니다. 중국 스모그가 본격적으로 유입된 것은 어젯밤, 서해상에 떠다니던 스모그가 살짝 열린 '바람 길'을 타고 물밀듯이 들어왔습니다. 이 여파로 서울 초미세먼지 농도 평균치가 $20\mu g/m^3$ 이상 더 올랐고 1시간 평균으로는 $91\mu g/m^3$, 매우 나쁨 수준을 기록했습니다."

바람이 불지 않아 우리나라에 쌓인 미세먼지에 중국의 미세먼지가 더해지자 급격히 농도가 높아졌다는 것이다. 실제 바람이 강하게 불면 미세먼지는 대기 중으로 확산되므로 농도가 높아지지 않는다.

중국도 기후변화로 인해 바람이 약해지면서 2018년 겨울의 미세먼지 농도는 높았다. 베이징을 포함한 중국 수도권 일대의 대기 조건이 2017년보다 좋지 않아 미세먼지와의 힘겨운 싸움을 하게 된 것이다. 2018년 11월 16일 중국 관영 '중국의 소리中國之聲' 방송에서 중국 생태환경부 대변인은 "중국기후센터와 환경감시종합센터가 이번 겨울 베이징, 톈진天津, 허베이河北 등 수도권 지역의 기상 조건을 분석했다. 그랬더니 평년보다 기온은 높고 비나 눈이 적게 내리고 계절풍(강한 북서풍)이 약해질 것으로 예상되었다. 이럴 경우 대기 조건은 매우 나빠진다"고 밝혔다. 중국 국가대기오염방지조치센터도 "올겨울은 엘니뇨가 발생해 상대적으로 따뜻한 날씨가 예상되는데 이런 해 겨울은 대기오염이 심하게 된다"고 주장한다. 따뜻한 겨울에는 강한 바람이 불지 않는 것이 특징인데, 결국 바람이 약하게 불면 미세먼지 농도는 높아질 수밖에 없다는 것이다.

그렇다면 바람이 약해지면 중국의 미세먼지는 우리나라에 어떻게 영향을 줄까? 다양한 의견이 있지만, 정용승 고려대기환경연구소장은 "바람이 약해진 상태에서 중국이 석탄 가동 공장을 늘리면 미세먼지가 평소보다 느리지만 더욱 많이 우리나라에 올 수 있다"고 주장한다. 그는 "평소에는 중국이 배출한 오염물질이 한국에 닿는 데 12~36시간 걸린다. 그러나 북서풍이 약해지면 이틀에서 사흘로 늘어난다. 그러나 길어진 기간 동안 더 많은 오염물질을 흡수해 한국에 더 큰 영향을 줄 수 있다"고 말한다.

2018년 11월 5일 국립환경과학원은 고농도 미세먼지 분석 결과를 발표하면서 "앞으로 사흘 후는 대기의 원활한 확산으로 고농도 미세먼지 현상이 해소될 것"이라고 전망했다. 대기의 흐름이 활발하면 미세먼지 농도가 좋아지지만 반대라면 악화된다는 이야기다. 이처럼 대기순환이 원활하지 않을 때를 '대기정체'라고 부른다. 기상청은 대기정체는 그 자체로 이상기후 현상이라고 말한다. 지구온난화는 제트기류를 구불구불하게 사행하게 한다. 제트기류가 사행하면 '블로킹' 현상blocking phenomenon이 발생한다. 대기의 흐름을 막기에 '대기 동맥경화'라고도 불리기도 한다. 제트기류가 끊어질 경우도 있다. 이때는 상층으로 절리고기압이 만들어지는데, 이 공기는 대기의 흐름을 막아버리기 때문에 대기가 정체되는 것이다. 한반도의 고농도 미세먼지는 우리나라 동쪽 상공에서 강한 상층 고기압이 만들어지면 중국에서 발생한 미세먼지와 국내에서 발생한 미세먼지가 만나 합쳐져 발생하는 것이다.

미세먼지와 역전층

미세먼지가 대기 중에 배출되어도 정체하거나 축적되지 않으면 고농도 미세먼지는 발생하지 않는다. 즉, 대기 상공으로 미세먼지가 잘 확산된다면 지표층의 미세먼지 농도는 그렇게 높아지지 않는다. 그렇다면 미세먼지 농도가 높아지는 원인은 무엇일까? 바로 날씨와 가장 밀접한 연관이 있다. 미세먼지 농도가 높아지기 위한 날씨 조건은 먼저 대기가 안정해야 한다. 즉, 지표 부근에 역전층이 만들어지면서 미세먼지가 역전층 위쪽의 상공으로 확산되지 않아야 한다. 그림처럼 역전층이 만들어지면 경계면과 위와 아래의 기상 상태가 180도로 바뀐다. 경계면 아래쪽은 미세먼지가 축적되면서 농도가 급격히 상승하지만, 경계면 위쪽은 파란 하늘이 보이는 등 미세먼지 농도가 매우 낮다.

〈그림 7〉 대기 역전층과 미세먼지(출처: 케이웨더)

그럼 역전층이란 무엇일까? 대기 중 기온은 일반적으로 고도가 100m 높아질 때마다 0.6℃씩 낮아진다. 그런데 고도가 높아질수록 기온이 올라가는 현상이 나타날 때가 있다. 이것을 기온역전현상이라 한다. 기온역전은 일교차가 큰 계절이나 산간분지 지역에서 자주 발생한다. 아침에 기온이 내려가면서 지표면이 복사냉각될 때 잘 발생한다. 통상 지표면은 태양 일사에 의해 데워져 뜨겁다. 그러나 역전층이 만들어질 때는 지표면 쪽의 기온이 낮아질 때다. 그리고 어느 높이 층의 온도가 지표면보다 높아진다. 그렇게 되면 고도가 낮은 쪽에 무거운 공기(찬공기)가, 고도가 높은 쪽에 가벼운 공기가 위치해 공기가 안정해진다. 즉, 대류에 의한 공기의 상하이동이 일어나지 않는다는 말이다. 그렇게 되면 지상에서 주로 발생하는 미세먼지 등 대기오염물질이 지표층에 머무르게 된다. 상공으로 확산되지 못하면 계속해서 쌓여 미세먼지 농도가 높아지는 것이다. 미세먼지가 높은 날 자주 발생하는 날씨 패턴이 바로 역전층의 형성이다.

이런 역전층과 습도, 연무煙霧, haze[129] 등을 중국에서 날아오는 미세먼지와 연계해 연구한 논문이 있다. 우리나라는 동북아시아 대륙의 풍하風下, leeward[130] 측에 위치하고 있으며 편서풍의 영향으로 인해 장거리 수송되는 미세먼지의 영향을 많이 받고 있다. 이다솜 등은 1979년 1월 1일~2016년 12월 31일까지를 연구 기간으로 잡고 미세먼지(PM_{10}) 시간당 평균 자료와 일본기상청 모델을 활용해 연구했다. 그는 웬주 카이Wenju Cai 등이 실시한 2017년 연구가 중국 베이징 지역의 초미세먼지 고농도 사례에서 기상장의 역할이 중요하게 작용했으며 기후변화로 인해 이러한 사례가 미래에 더욱 증가할 수 있음을 보여주고 있다고 말한다. 또한 신칭 추Xinqing Zou 등이 실시한 2017년 연구 결과에서도 중국에서 빈번히 발생하는 겨울철 연무 사례가 기상장 약화에 의한 것임을 나타내고 있다고도 주장한다. 그래서 기후변화로 인해 연무 및 미세먼지 문제가 더 발생할 수 있음을 시사했다. 이다솜 등은 이들의 최근 연구 결과를 바탕으로 하여 한반도 지역과 주변 기상장의 변화와 미세먼지·초미세먼지의 발생 및 강도

---

129 연무는 습도가 비교적 낮을 때 대기 중에 연기나 먼지와 같은 미세한 입자가 떠 있어 공기가 뿌옇게 보이는 현상을 말한다. 연무가 많이 끼면 가시거리가 길어진다.

130 풍하는 바람이 불어가는 방향을 말한다.

사례 등을 분석했다.[131] 또 대기오염에 직접적인 영향을 미치는 것으로 알려진 역전층, 혹은 대기의 열적 연직구조의 변화를 파악하고 이를 통해 미세먼지·초미세먼지의 고농도 사례와 전반적인 장기 변동성과의 관계를 연구했다. 그 결과, 역전층의 존재와 연무 등이 중국에서 날아오는 미세먼지의 농도를 더 높게 만드는 역할을 하고 있다는 것이 밝혀졌다.

4. 미세먼지 농도는 날씨가 결정한다

미세먼지와 습도, 가시거리

강경식 등은 제주도에서 초미세먼지 농도가 습도와 바람과 어떤 관계가 있는지를 연구했다.[132] 이들의 연구에 의하면 초미세먼지(PM$_{2.5}$) 질량농도가 $50\mu g/m^3$ 이상 초과할 때의 풍속은 2m/s 이하로 약했다. 반면 습도는 71~78%로 높은 편이었다. 이들은 초미세먼지 농도와 상대습도와의 상관성을 파악하기 위해 상대습도를 ±75%를 기준으로 나누었다. 그리고 기류 유입에 따른 초미세먼지의 성분 특성을 분석했다. 그랬더니 상대습도 75% 이상 일 때 초미세먼지 평균 농도가 $74\mu g/m^3$으로 최고 농도를 보였다. 습도가 높아지면 공기 중의 미세먼지 표면은 촉촉이 젖게 된다. 이럴 경우 가스인 질소산화물이 질산염으로 바뀌면서 미세먼지 알갱이가 커지게 된다. 이른바 '미세먼지 2차 생성'으로 가스 상태의 물질이 미세먼

131 이다솜 외, "미세먼지·초미세먼지 장기변동성에 미치는 기상장에 관한 연구", 광주과학기술원, 2017.

132 강경식 외, "제주도 지역 대기 중 초미세먼지의 고농도 발생원인 및 특성 연구", 국립환경과학원 기후대기연구부 대기환경연구과, 2017.

지로 바뀌면서 대기 중 미세먼지 농도가 높아지는 것이다.

역전층이 만들어지면 미세먼지 농도가 높아지면서 가시거리[133]가 짧아진다. 초미세먼지($PM_{2.5}$) 농도가 높아지면 빛이 미세먼지에 의해 여러 방향으로 흩어지거나 미세먼지(PM_{10})에 흡수되어 가시거리가 감소하게 된다. 그런데 황산염, 질산염 등 대기오염물질 농도가 높은 상태에서 습도까지 높아지면 대기오염물질이 수분을 흡수하여 2차적 미세먼지를 발생시킨다. 이 경우 가시거리는 더욱 짧아진다. 이런 날 발생하는 기상현상이 연무나 박무薄霧, mist[134]일 경우가 많다. 하늘이 회색으로 변하면서 기분이 나빠지는 날씨가 되는 것이다. 이런 연무와 미세먼지와의 관계를 연구한 논문이 있다.

전종혁 등이 연구한[135] 대기의 연무현상과 미세먼지(PM_{10})와의 연관관계를 보자. 통상 대기 중에 부유하는 에어로졸(미세먼지)은 대기질을 악화시키고 기상현상과 연관되어 저시정低視程을 초래한다. 전종혁 등은 최근 6년(2008년 1월~2013년 12월)간 10개 지역(서울, 인천, 수원, 춘천, 청주, 대전, 대구, 부산, 광주, 제주)의 자료를 분석했다. 이 중 연무, 박무와 미세먼지(PM_{10}) 관계를 보면 연무와 박무의 강도가 증가하면 평균 미세먼지 농도가 증가했다. 그리고 모든 강도에서 연무의 평균 미세먼지의 농도가 박무에 비해 높게 나타났다. 또 서울과 수원에서 연무와 박무가 관측된 시간의 평균 미세먼지 농도와 가시거리의 관계를 조사해보았다. 같은 가시거

---

133 가시거리란 정상적인 시력을 가진 사람의 눈으로 구분할 수 있는 곳까지의 최대거리를 말한다.

134 박무(mist, 薄霧)는 안개보다 습도가 낮고, 회색이며 입자는 더 작은 것으로, 연무와 비슷하나 습도가 더 높은 현상이다.

135 전종혁 외, "2008~2013년(6년간)에 관측된 연무와 박무 현상과 이와 관련된 시정, PM_{10} 농도의 통계 특성 분석", 국립기상연구소, 2014.

리 값에서 연무가 박무보다 높은 평균 미세먼지 농도 값을 보였다. 따라서 연무의 강도가 증가하면 평균 미세먼지 농도가 높아지고 가시거리도 짧아진다.

연무나 박무 현상은 어느 정도 상대습도가 높을 때 발생한다. 추교황 등이 실시한 연구[136]에 의하면 상대습도가 증가할수록 지상 초미세먼지($PM_{2.5}$)와 미세먼지(PM_{10}) 농도가 모두 증가하는 경향을 보였다. 이는 상대습도가 높을 때 에어로졸 입자들이 흡습성장하여 미세먼지 농도가 높아지는 것이다. 또 다른 미세먼지와 습도 간의 상관관계에서도 비슷한 결과가 나왔다. 초미세먼지($PM_{2.5}$), 미세먼지(PM_{10}) 입자 질량농도와 0.2~10 μm 구간 입자의 크기 분포를 측정하고 이를 통해 습도에 따른 입자의 특성이 어떠한 경향을 보이는지를 파악했다. 그랬더니 먼지의 크기가 작을수록 습도가 증가함에 따라 더 빠른 속도로 성장하고 있었다. 초미세먼지($PM_{2.5}$), 미세먼지(PM_{10}) 모두 강수의 영향을 제거했을 경우, 습도가 증가함에 따라 농도가 증가하는 경향을 보였다.

지상 미세먼지 농도와 행성경계층두께PBLD, Planetary Boundary Layer Depth, 풍속 그리고 풍향과의 상관성은 모두 음의 상관성을 갖고 있었다. 행성경계층이 두꺼울수록 지상의 미세먼지가 확산되면서 미세먼지 농도가 낮아지고, 바람이 강해지면 미세먼지 농도가 낮아지는 경향을 보였다. 추교황 등은 서울 지역에 가장 많은 영향을 주는 풍향은 서풍 계열의 바람인 것으로 보고했다.

미세먼지와 대기오염물질과의 상관관계가 매우 높다는 연구 결과(김

---

136 추교황 외, "MODIS센서를 활용한 서울지역에서의 미세먼지($PM_{2.5}$와 PM_{10}) 농도 추정 알고리즘 연구", 강릉원주대학교 대기환경과학과, 2015.

영표, 2007)도 있다. 특히 초미세먼지($PM_{2.5}$)가 미세먼지(PM_{10})보다 더 높은 상관계수를 갖고 있다. 기상에 따라 좌우되는 가시거리는 군용기나 민간항공기 운항에 아주 중요하다. 비행은 물론 이착륙 시 안전성에 영향을 미치기 때문이다. 특히 항공작전기상지원과 관련하여 가시거리가 3마일 미만일 경우 비행에 제한이 있다. 1마일 미만일 경우 비행이 불가하여 공군에서는 악시정 경보를 발령하고 있다. 따라서 가시거리를 파악하는 것과 가시거리가 3마일 미만으로 저하되었을 경우 3마일 이상으로 회복되는 시간을 파악하는 것은 매우 중요하다. 통상 가시거리에 영향을 주는 요인은 습도, 바람 등이 있다. 가시거리 저하는 주로 습도가 높고 바람이 약한 날에 발생하는 안개로 인해 나타난다. 그러나 최근에는 중국발 미세먼지의 양이 증가함에 따라 습도가 낮음에도 불구하고 가시거리 저하가 발생하는 경우가 증가하고 있다(Zhou et al., 2013). 최근 대기오염물질에 대한 관심이 증가함에 따라 미세먼지 농도와 가시거리와의 관계에 대한 연구가 활발히 진행되고 있다(Clark et al. 2008a). 특히 중국발 대기오염물질의 증가로 인해 중국에서도 상하이의 미세먼지($PM_{2.5}$, PM_{10} 등) 농도와 가시거리와의 상관관계를 구하고 예측하는 수치 모델을 연구한 바 있다(Zhou et al. 2013).

우리나라에서는 손일권 등이 미세먼지와 가시거리와의 관계를 밝히기 위해 공군수원비행장에서 연구를 수행했다.[137] 그 결과를 보자. 미세먼지(PM_{10}) 농도가 $100 \sim 150 \mu g/m^3$를 기록한 일수는 109일이었고, 이 중 가시거리 3마일 미만 일수는 82일(75%)이었다. 미세먼지 농도가 $151 \mu g/m^3$ 이상인 날 중 가시거리 3마일 미만인 일수는 22일(100%)이었다. 가시거

---

[137] 손일권 외, "수원 미세먼지(PM_{10}) 농도와 시정의 상관관계", 공군10전투비행단 기상대대, 2015.

리를 기준으로 분류했을 경우, 미세먼지 농도 $100{\sim}200\mu g/m^3$인 날에는 1마일 이상 3마일 미만의 가시거리를 보였다. 미세먼지 농도 $201\mu g/m^3$인 날에는 1마일 미만의 가시거리 저하가 발생했다. 연구 기간 동안 00~09시 평균 미세먼지 농도가 $100\mu g/m^3$ 이상인 131일 중 3마일 미만인 일수는 104일이었다. 미세먼지 농도가 높아질수록 시정이 악화됨을 알 수 있는 좋은 연구다.

서해상 고기압이 중국의 미세먼지를 우리나라로 유입시킨다

미세먼지(PM_{10})을 비롯한 대기오염물질의 농도는 오염원의 종류 및 지형적 특성뿐만 아니라 기상학적 요인과도 관련이 크다. 따라서 대기질 관리를 위해서는 오염원의 분포 및 특성에 대한 이해와 더불어 기상변수와 미세먼지(PM_{10}) 농도의 상관성을 밝히는 분석이 필요하다. 이를 위해 정명일 등이 이와 관련된 연구를 수행했다.[138] 이들은 수도권 지역의 고농도 미세먼지(PM_{10}) 발생과 관련한 종관 규모의 기상 패턴에 대해 분석했다. 이들의 분석을 살펴보자. 우선 고농도 미세먼지(PM_{10})의 발생일수를 연도와 월에 따라 살펴보았다. 발생일수는 2003년 이후로 감소하는 경향을 보이며 대기환경기준이 강화된 2007년 이후로는 미세먼지 농도 $151\mu g/m^3$ 이상 발생일수 또한 감소해왔다. 월별로 살펴보면 봄철에 고농도 미세먼지가 가장 많이 발생했으며 겨울철 또한 다른 계절에 비해 높았다. 두 계절에 해당하는 집단의 장기적 경향성을 살펴본 결과, 봄철은 겨울철에 비해 그 값이 꾸준히 감소해왔다. 따라서 봄철의 변동성이 전체 변동성에 영향

---

[138] 정명일 외, "서울시의 고농도 미세먼지(PM_{10}) 발생일에 영향을 미치는 종관 기상장의 특성", 서울대학교, 2016.

을 준다고 볼 수 있다. 다음으로 두 계절에 해당하는 집단의 장기적 경향성과 기후지수의 관련성을 살펴보았다. 봄철은 우리나라 위에 넓게 분포한 고기압의 영향으로 중국으로부터 북풍이 강하게 불어 들어온다. 이와 달리 겨울철은 우리나라 서쪽에 위치한 고기압이 이틀 정도 정체함에 따라 약한 바람이 불어온다. 따라서 봄철의 경우 중국 북동 부근의 오염물질 배출원과 황사 발원지 등에서 발생한 미세먼지가 우리나라로 이동하여 고농도 미세먼지를 발생시킨다. 반면 겨울철의 경우 고기압이 우리나라 수도권 근처에 정체하여 국지적인 미세먼지 발생을 유도한 것으로 보인다.

서울대학교의 허창회 교수팀은 미세먼지의 이동에 관한 연구를 실시했다.[139] 이들은 서울에 설치된 27개 대기오염측정망에서 2001년부터 2013년까지 시간별로 측정된 미세먼지(PM_{10}) 농도 자료를 이용했다. 이들은 일평균 미세먼지 농도가 $100\mu g/m^3$ 이상인 날을 고농도 미세먼지 발생일로 정했다. 이때 자연발생 요소인 황사 발생 사례는 제외했다. 또한, 중국 지역 73개 관측소의 대기오염지표API, Air Pollution Index 자료와 역궤적 분석을 통해 중국발 오염물질의 이동 가능성을 살펴보았다. 사용한 역궤적 모델은 미 국립해양대기청National Oceanic and Atmospheric Administration에서 개발해서 전 세계 연구자에게 제공하고 있는 대기확산컴퓨터예측모델HYSPLIT, Hybrid Single-Particle Lagrangian Integrated Trajectory이다. 이들이 연구한 결과를 보자. 2001년부터 2013년까지 서울 지역에서 발생한 고농도 미세먼지 일수는 319일이었다. 이 중 4일 이상 지속된 고농도 미세먼지 일수는 전체 사례의

---

139 허창회 외, "서울에서 4일 이상 지속되는 미세먼지 고농도 현상의 발생 원인과 이동 패턴 분석", 서울대학교, 2015.

33%(105일, 21사례)를 차지했다. 이처럼 수일간 지속되는 고농도 미세먼지 사례의 발생 조건을 보니, 중국과 우리나라를 포함한 광범위한 지역에 걸쳐 강한 고기압 아노말리^{anomaly}(편차)가 자리하고 있었다. 이는 중국과 우리나라에서 오염물질이 확산되지 않고 축적되도록 돕는 역할을 한다. 그리고 북위 40도 지역과 북서태평양에는 저기압 아노말리가 자리하고 있다. 이러한 기압 배치와 약한 바람은 고기압이 빨리 빠져나가는 것을 막음으로써 미세먼지 고농도 현상이 수일간 지속되게 만든다. 우리나라에서 4일 이상 지속되는 미세먼지 고농도 사례가 발생하기 전날의 중국 지역 미세먼지(PM_{10}) 농도는 평소보다 높다. 그리고 역궤적 기류가 통과하는 베이징, 텐진 등의 대도시에서는 미세먼지(PM_{10}) 농도가 160μg/m^3까지 올라감을 확인할 수 있다. 경도-고도 단면도를 보면, 대체로 따뜻한 계절에 비해 찬 계절에 미세먼지 기류의 흐름이 빠르다. 흥미로운 점은 계절에 상관없이 미세먼지 고농도 현상이 발생하기 하루 전부터 기류가 수평하게 들어온다. 이는 오염물질이 대기경계층의 하층을 통해 이동한다는 것을 의미한다. 결과적으로 중국으로부터 유입되는 미세먼지 양이 상당하다는 것이다.

다양한 기상장이 중국의 미세먼지를 우리나라로 유입시킨다

중국으로부터 미세먼지가 우리나라로 날아오는 연구는 계속해서 이어지고 있다. 오혜련 등의 연구도 이에 속한다.[140] 2014년 2월 23일부터 28일까지 서울에서는 일평균 미세먼지(PM_{10}) 농도가 100μg/m^3 이상 지속되었

---

[140] 오혜련 외, "서울에서 미세먼지 고농도 지속 기간에 따른 기상장 비교: 1일 지속 대 4일 이상 지속", 서울대학교, 2015.

다. 우리나라에서는 6일간 지속된 미세먼지 고농도 현상이 중국발 대기오염물질의 영향 때문이라고 주장했다. 하지만 중국 환경생태부는 중국발 대기오염물질의 전파 과정이 복잡해서 중국발 대기오염물질이 이웃나라에 미치는 영향에 대해 명확한 결론을 내리기 어렵다고 주장했다. 지금까지 여러 연구들이 중국발 대기오염물질이 우리나라를 비롯해 일본, 태평양 건너 서아메리카로 이동할 수 있다고 보고하고 있다. 그러나 이들 대부분이 짧은 연구 대상 기간에 발생한 몇몇 사례에만 초점을 맞추고 있다(Huang et al., 2008. Lee et al., 2013). 게다가 지금까지 미세먼지 고농도 사례의 지속 기간에 따른 특징 및 원인을 규명한 연구가 없었다. 오혜련 등은 최근 13년간(2001~2013년) 발생한 미세먼지 고농도 현상을 대상으로 지속 기간(1일과 4일 이상)에 따른 고농도 현상의 특징과 중국발 대기오염물질의 영향 여부를 연구했다. 연구 결과, 미세먼지 고농도 현상 지속 기간이 1일과 4일 이상인 사례 모두 중국으로부터 실질적인 미세먼지 영향이 있었음을 알아냈다. 장기간 지속된 사례의 경우 중국과 우리나라를 포함한 광범위한 지역에 고기압 아노말리가 강하게 자리 잡고 있었다. 강한 고기압이 서해상에 위치해 있을 때 중국의 미세먼지가 우리나라로 유입될 수 있다는 것이다. 우리나라의 미세먼지 고농도가 4일 이상 지속된 경우 중국에서부터 많은 대기오염물질이 하층을 중심으로 이동한다. 1일만 나타난 사례들의 경우 중국 지역에서 상승한 대기오염물질이 상층 이동을 통해 우리나라에 영향을 주는 것으로 분석되었다.

일반적으로 한 지역의 대기오염은 오염물질의 배출량과 기상 상황에 의해 좌우된다. 배출원에서 배출된 대기오염물질은 대기 중에서 이류·집중·확산되는데, 이 과정에서 종관기압 패턴, 풍속, 혼합고 등과 높은 상관성을 나타낸다. 특히 기온역전층이 형성될 경우에는 상층부로 확산되지 않고 일정 공간에 쌓이게 되어 대기오염도가 급격히 악화되기도 한다. 우리나라 미세먼지 농도가 높은 날에 어떤 기압 배치가 만들어졌는가에 대한 연구가 최근에 활발히 진행되고 있다. 이현경 등은 최근 4년 동안 수도권 지역의 미세먼지 등급이 '나쁨(일평균 미세먼지 농도: 121$\mu g/m^3$ ~ 200 $\mu g/m^3$)'이었던 고농도 사례에 대한 종관 기상장의 유형 및 특성을 분석했다.[141] 이들은 먼저 고농도 사례를 850hPa 기상장을 기준으로 분류해보았다. 첫째로 중국 북부에 기압골이 위치하고 우리나라 부근에 고기압이 위치했다가 이후에 기압골 통과 후 다시 산둥반도 부근의 고기압의 영향을 받으면서 고농도 패턴이 지속되는 사례다(2011년 2월 3일~7일, 2013년 3월 7일~9일, 2014년 2월 24일~27일). 두 번째는 우리나라가 안장부에 들었던 경우로(2012년 1월 18일, 2013년 1월 13일, 2013년 4월 4일~5일) 기압경도력이 약해 풍속이 약한 편이었다. 세 번째로 고기압이 남해상에 있던 경우로 대기가 매우 안정하며 해상과 내륙 일부에 안개, 박무가 함께 관측되었다(2011년 3월 31일, 2012년 3월 28일). 지상의 주풍계는 남서풍계열이었다. 마지막으로 발해만에 기압골이 있던 사례다(2013년 12월 5일, 2014년 1월 17일). 그러니까 우리나라에 미세먼지 농도가 높이 올라가는 경우는 다양한 기상장이 있다는 것이다.

---

[141] 이현경 외, "수도권의 고농도 미세먼지 발생 시 종관장 유형 분석", 국립기상과학원, 2015.

5. 미세먼지는 계절과 상관이 있을까

겨울과 봄이 미세먼지 농도가 가장 높다

미세먼지는 계절별로 큰 차이를 보인다. 우선 봄에는 이동성 저기압의 영향으로 대기가 안정한 날이 많아지면서 고농도 미세먼지가 발생할 가능성이 높다. 여기에 중국에서 발원한 황사의 영향도 있다. 그러나 여름철에 접어들면 대기가 불안정해지면서 미세먼지가 상공으로 확산된다. 또 소나기나 비가 내리면서 세정효과가 더해지면서 농도는 급격히 낮아진다. 가을은 공기가 맑고 하늘이 높아 청명한 계절이다. 가을에는 미세먼지가 상대적으로 적은데, 이는 다른 계절에 비해 기압계의 흐름이 빠르고 지역적인 대기의 순환이 원활하기 때문이다. 그러나 겨울이 시작되면 다시 미세먼지 농도는 높아진다.

환경부는 미세먼지가 계절별로 차이를 보이고 있음을 밝히고 있다.[142] 겨울에 미세먼지 농도가 높아지는 이유를 자세히 살펴보자. 난방으로 인한 연료 사용량 증가로 대기오염물질 배출량이 증가한다. 겨울에는 대기 순환이 안정되고 강수량이 낮아 미세먼지 제거가 어렵다. 여기에 추운 날씨로 환기가 쉽지 않아 음식 조리 과정에서 발생하는 실내 미세먼지도 증가한다. 겨울 미세먼지의 가장 큰 특징은 입자 크기가 작은 초미세먼지($PM_{2.5}$)의 비중이 70~90% 수준으로 봄철 미세먼지보다 높다. 초미세먼지는 겨울철 난방 사용이 증가하면서 비중이 높아지기 때문이다. 겨울 미세먼지는 해발 500m 이하로 지표면에 가깝게 정체하는 특성이 있다. 이것은 한반도에 자리한 고기압의 영향으로 하강기류가 생겨 미세먼지를 아

---

142 환경부, 『미세먼지 도대체 뭘까?』, 환경부, 2016.

래로 내려보내기 때문이다. 이때 지표면에 부는 바람은 줄어들어 미세먼지가 지표면에 더 오래 머물게 된다. 환경부에서 발표한 자료를 보면, 서울의 경우 2012~2014년 기준 계절별 미세먼지(PM_{10}) 농도는 30~60$\mu g/m^3$로 겨울과 봄에 미세먼지 농도가 높았고, 여름과 가을에는 상대적으로 낮았다.

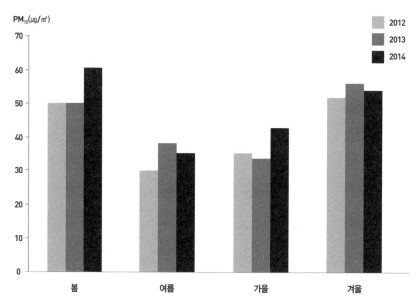

〈그림 8〉 2012~2014년 서울의 계절별 미세먼지 현황(출처: 환경부)

손일권 등이 수원비행장에서 실시한 연구도 비슷한 결과를 보인다. 2009~2014년 월별 발생일 분포를 보면 평균 미세먼지(PM_{10}) 농도가 가장 높은 시기는 1~5월과 11~12월이었다. 북태평양 고기압 및 오호츠크해 고기압의 영향과 장마 및 태풍이 활성화되는 6~10월에 평균 미세먼지농도가 100$\mu g/m^3$ 이상인 일수가 급격히 감소했다.

케이웨더 공기지능센터에서 분석한 것도 이와 비슷하다. 전국 모든 관

〈표 5〉 전국의 월별 평균 미세먼지(PM₁₀) 농도(출처: 케이웨더)

〈표 5〉 전국의 월별 평균 미세먼지(PM_{10}) 농도(출처: 케이웨더)

	1월	2월	3월	4월	5월	6월	7월	8월	9월	10월	11월	12월	평균
월별 평균 미세먼지 농도	54	53	59	53	62	44	34	32	32	40	50	48	47

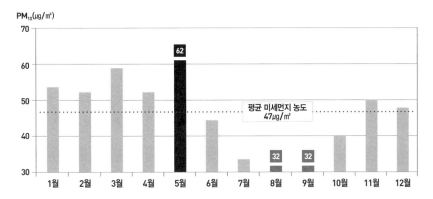

〈그림 9〉 전국의 월별 평균 미세먼지(PM_{10}) 농도(출처: 케이웨더)

측소의 월별 평균 미세먼지 농도 자료다. 아래 표를 보면 5월 평균 미세먼지 농도가 $62\mu g/m^3$로 가장 높았다. 가장 낮은 달은 $32\mu g/m^3$을 기록한 8월과 9월이었다. 연평균 미세먼지 농도가 $47\mu g/m^3$이니까 연평균 미세먼지 농도보다 낮은 달은 6월부터 10월 사이로 여름부터 가을 중반까지였다. 이후 농도가 높아지면서 증가하다가 5월에 극대치를 보인 후 급격히 감소한다.

제4장

우리나라 미세먼지 문제가 심각한 것은 중국 때문인가

"우리나라에서 이민을 고려하는 사람 수가 급격히 증가한 것은 부모들이 아이가 숨쉬기 힘든 나라에서는 희망이 보이지 않는다고 생각하기 때문입니다."

2018년 3월 프레스센터에서 열린 '미세먼지센터 창립 심포지엄'에서 송길영 다음소프트 부사장이 한 말이다. 그는 미세먼지에 대한 다음소프트의 빅데이터 분석 결과를 공개했다. 이 회사 빅데이터 내 '미세먼지'와 '이민'이 함께 언급된 글 수는 2015년 125건에서 2017년에는 1,418건으로 10배 가까이 늘었다. 우울증은 2013년에 비해 2017년에 22.3배로 증가했다고 한다. 슬픈 이야기다. 그런데 우리나라 미세먼지 문제가 이렇게 심각해진 원인을 사람들은 무엇 때문이라고 생각할까? 중국의 영향이라고 지적한 글은 2016년에는 44%였으나 2018년에는 59%이었다고 한다. 우리나라 국민 절반 이상이 중국 때문이라고 보고 있는 것이다.

1. 우리나라 미세먼지의 가장 큰 원인은 중국이다

최근 들어 미세먼지가 점점 독해지고 있다. 미세먼지 농도도 높아지고 지속 시간도 길어지는 추세다. 2018년 4월 10일 경기도 보건환경연구원은 경기도에 영향을 준 미세먼지에 대한 연구 결과를 발표했다. 결과를 보면 2018년 들어 경기도에서 16일간 모두 42차례 미세먼지(PM_{10}) 및 초미세먼지($PM_{2.5}$)주의보와 경보가 발령되었다. 2018년에는 2016년보다 주의보 발령 횟수가 2배 이상 증가했던 2017년보다도 6차례 더 늘어났다는 것이다. 문제는 기간만 증가한 것이 아니라는 것이다. 주의보 및 경보 발령 당시 평균 농도와 발령 지속 시간도 2017년보다 더 악화되었다는 점이다. 2017년에는 미세먼지·초미세먼지 주의보 발령 당시 평균 농도는 132.8ppm이었고, 발령 시 평균 지속 시간은 16.3시간이었다. 그런데 2018년에는 미세먼지·초미세먼지 평균 농도가 149.0ppm으로 높아지고, 지속 시간은 19.8시간으로 길어졌다. 경기도 보건환경연구원 측은 "갈수록 미세먼지가 심해지는 이유가 뭔지 정확히 알지 못한다. 그러나 중국에서 유입되는 미세먼지가 대기 변화의 영향으로 풍속 등이 떨어지면서 한반도에 머무는 시간이 길어지는 것 아닌가 추정한다"고 말했다.

과학적 연구 결과가 중국의 영향임을 입증하고 있다

군세게도 중국은 한국의 미세먼지 농도가 높아지는 것이 중국의 영향이 아니라고 말한다. 그러나 손바닥으로 하늘을 가릴 수는 없지 않은가? 많은 과학적 연구 결과가 우리나라 미세먼지가 중국에서 날아오고 있음을 밝히고 있다.

한반도 미세먼지의 일부가 '중국산'임이 과학적으로 처음 입증되었다. 한국표준과학연구원(표준연)은 2018년 3월 "중국발 오염물질이 국내에 유입돼 초미세먼지 농도를 나쁨 수준으로 올렸다는 사실을 과학적으로 입증하는 데 성공했다"고 밝혔다. 표준연 가스분석표준센터의 정진상 책임연구원 연구팀은 지난해 중국 춘절 기간(1월 27일~2월 2일)에 한반도 전역의 초미세먼지 농도가 나쁨($51\sim100\mu g/m^3$) 수준인 것에 주목해 당시 초미세먼지의 화학적 조성을 분석했다. 그 결과, 초미세먼지 농도를 높이는 데 중국 춘절 때 벌어진 불꽃놀이가 원인임이 밝혀졌다. 그동안 우리나라의 미세먼지 고농도 현상이 중국발 미세먼지의 유입으로 발생한다는 사실이 위성 영상 등을 통해 간접적으로 밝혀져왔지만 폭죽이 미세먼지의 직접 원인이라는 사실이 과학적으로 입증되기는 처음이다.

중국의 미세먼지가 우리나라에 많은 영향을 준다는 것은 심증적으로는 확실하다. 그러나 정량적인 연구들이 다소 부족하다. 그런데 이번 표준연의 연구는 중국의 영향을 어느 정도 입증했다는 데 큰 의의가 있다. 우리나라나 중국의 경우 산업이나 농업의 성격이 비슷하다 보니 미세먼지의 화학적 성분을 분석해도 이것이 중국산인지 여부를 가리기가 쉽지 않다. 그런데 중국의 명절인 춘절에서 사용한 폭죽 때문에 꼬리가 밟혔다. 미세먼지를 발생시키는 원인 물질은 석탄, 자동차 배기가스라고 알려져 있다. 그러나 미세먼지의 양 중에서 상당한 양이 볏짚, 작물 줄기와 같은 농업 폐기물을 연소할 때 발생한다. 중국의 경우 농업 폐기물이 연료로 사용되는 양을 보면 허베이성이 40%, 헤이룽장성이 55%, 톈진과 베이징이 70% 정도 된다고 한다. 이것들이 연료로 사용되면서 초미세먼지를 많이 만들어낸다. 그런데 아주 짧은 시간에 초미세먼지를 많이 발생시키는 사례가 있다. 중국의 폭죽놀이다. 중국은 춘절 같은 큰 명절이나 공식적인 경축행사뿐 아니라 축하할 일이 있으면 엄청난 폭죽을 터뜨린다. 그래서 중국 최대 명절인 춘절에는 '춘절 스모그'가 발생할 정도다. 엄청난 폭죽과 불꽃놀이 때문이다. 2015년 춘절에는 폭죽과 불꽃놀이 때문에 베이징의 초미세먼지 농도가 기준치의 16배나 높아졌다. 2017년 춘절에는 베이징의 초미세먼지 농도가 $1,000\mu g/m^3$을 기록해 기준치의 30배가 넘었다. 2012년에는 무려 기준치의 80배가 넘었다.[143]

우리나라 표준연 연구팀은 중국의 폭죽놀이가 우리나라 미세먼지에 정

---

[143] 폭죽놀이 때문에 미세먼지 농도가 높아진 사례는 인도에서도 찾아볼 수 있다. 2018년 11월 7일 인도 힌두교 최대 명절인 디왈리 축제일 동안 인도인들이 터뜨린 폭죽으로 미세먼지 농도가 급상승했다. 뉴델리 자와할랄 네루 경기장 인근 대기오염 수준을 측정한 결과 7일 오후 5시 $74\mu g/m^3$이던 초미세먼지 농도가 8일 오전 1시 $1,990\mu g/m^3$로 약 27배나 껑충 뛰었다. 《힌두스탄타임스》가 인도 환경당국의 자료를 인용한 바에 따르면 8일 새벽 뉴델리 곳곳의 초미세먼지는 최대 $3,000\mu g/m^3$까지 올라갔다고 한다.

말 영향을 미치는지 정확한 분석을 통해 밝혀냈다. 폭죽에서는 칼륨만 배출되고, 볏짚 등의 바이오매스에서는 칼륨과 레보글루코산이 동시에 배출된다. 표준연 연구팀은 우리나라 초미세먼지가 어떤 것의 영향이 큰지 알기 위해 칼륨과 레보글루코산을 측정하는 시스템을 개발했다. 연구팀은 대기 중 존재하는 칼륨과 레보글루코산을 채집했다. 그런 다음 실시간으로 '미세먼지 액화포집기'를 통해 물에 녹여 분석기에 넣어 물에 녹아 있는 칼륨과 레보글루코산을 분석했다. 표준연 연구팀은 2017년 중국 춘절 기간 초미세먼지 화학적 조성 변화를 살펴보았다. 그랬더니 1월 30일 새벽 초미세먼지 농도가 급격히 증가할 때 폭죽과 바이오매스 연소에서 발생하는 칼륨이 평상시보다 7~8배 급증했다. 반면 바이오매스에서만 발생하는 레보글루코산의 비중은 변화가 거의 없었다. 그러니까 농작물을 태우는 것이 아니고 폭죽을 대량 터뜨려서 초미세먼지가 발생한 것을 확인할 수 있었다. 표준연의 정진상 책임연구원은 "우리나라는 같은 시기인 설날에 불꽃놀이를 하지 않고 중국은 대규모 불꽃놀이를 한다는 점으로 미뤄 폭죽에서 배출된 중국발 초미세먼지가 한반도까지 영향을 주었음을 알 수 있다"고 말한다. 중요한 것은 이 연구가 동북아 미세먼지 저감을 위해 중국의 협력을 이끌어내는 데 매우 유용할 것이라는 점이다. 표준연 연구팀의 논문은 국제학술지 《대기환경》 2018년 4월호에 실렸다.

그 밖의 다양한 연구들도 중국의 영향이라고 말한다

중국으로부터 많은 양의 미세먼지가 우리나라로 날아오고 있다는 증거는 또 있다. 한국지질자원연구원KIGAM, Korea Institute of Geoscience and Mineral Resources 도 우리나라 초미세먼지를 분석해 그것이 중국발임을 규명해냈다. 이들은 대전 지역에서 채취한 초미세먼지에 포함된 중금속 원소들의 화학적 존재 형태 및 함량을 분석했다. 그랬더니 초미세먼지의 평균 중금속 함량은 카드뮴 44ppm, 비소 290ppm, 납 2,520ppm, 아연 5,490ppm 등으로 정말 심각했다. 이 정도의 중금속 수치는 토양에 자연적으로 들어 있는 세계 평균 함유량보다 카드뮴은 126배, 비소는 40배, 납은 133배나 많다. 그런데 이들이 분석해보니 채취한 초미세먼지에서 나온 납의 동위원소 비율이 1.16이었다. 이것은 중국에서 사용하는 납의 동위원소 비율과 일치한다. 우리나라는 동위원소 비율이 1.04인 호주산 납을 주로 사용한다. 또 한국지질자원연구원은 이온빔을 이용해 초미세먼지의 단면을 잘라 내부 구조를 살피고 전자현미경으로 초미세먼지가 어떤 성분으로 구성되어 있는지에 대한 정성분석을 실시했다. 그랬더니 초미세먼지 속의 철에 함유된 다량의 희토류 원소를 발견할 수 있었다. 희토류는 중국이 세계 최고의 생산량(약 95%)과 매장량(약 36%)을 자랑한다. 따라서 중국에서는 희토류 제련소가 가동되지만 우리나라는 희토류 제련이나 정련을 하지 않는다. 우리나라 초미세먼지에 함유된 중금속이나 희토류는 우리나라 초미세먼지의 상당량이 중국에서 다량 날아온 것임을 뒷받침해주는 확실한 증거다.

"서해 미세먼지 태평양의 10배…중국 영향 커." 2018년 11월 6일 KBS-TV 뉴스[144] 제목이다. 보도 내용을 보자.

"대기오염을 측정하는 기상관측선이 항구를 출발합니다. 목적지는 서해, 중국발 오염물질이 유입되는 통로입니다. 하늘에서는 항공기와 인공위성까지 동원되었습니다. 지난 4월부터 두 달가량 서해에서 실시된 중국발 오염원 측정 실험입니다. 최근 공개된 연구 결과는 예상보다 심각했습

---

[144] http://news.kbs.co.kr/news/view.do?ncd=4067914&ref=A

니다. 중국 대륙에서 서풍이 불거나 충남 지역을 거쳐오는 동풍이 불 때 1 ㎤당 관측된 미세먼지 수는 평균 6,000여 개, 남쪽에서 바닷바람이 불 때보다 50%가량 많고, 태평양과 비교하면 10배가 넘습니다. 공장과 자동차 등 오염원이 없는 바다 위임을 생각하면 이례적인 수치입니다. 중국발 먼지 띠도 인공위성으로 확인되었습니다. 서울의 초미세먼지 농도가 '나쁨' 수준을 보인 4월 19일, 중국 북부에서 한반도 중부 지방까지 노란색 먼지 띠가 나타납니다. 당시 기류를 역추적했더니 중국 수도권 부근에서 서해 북부 해상을 거쳐 날아온 것으로 나타났습니다.

[김준/연세대 대기과학과 교수]: 위성에서 측정된 에어로졸의 정보들을 같이 융합하게 되면 주로 1.5~2km 고도를 통해서 미세먼지들이 유입되는 것을 볼 수가 있었습니다.

미세먼지의 상당 부분이 중국에서 비롯된 것으로 확인된 셈입니다."

미세먼지의 영향을 국내 요인으로 많이 보도하는 KBS의 뉴스로는 이례적이었다. 그만큼 중국에서 날아오는 미세먼지의 영향이 크다는 반증이 아닐까?

이외에도 우리나라 미세먼지는 중국의 영향이라는 연구 논문은 많다. 국립환경과학원의 강경식 등이 발표한 논문[145]에서도 대기청정지역인 제주도에서 초미세먼지 나쁨 수준이 발생하고 있다고 주장한다. 이들은 초미세먼지 농도 50 $\mu g/m^3$ 이상 6시간 이상 지속 횟수가 연간 30회 정도로 꾸준히 발생하고 있는데 제주도 지역은 국외 유입 기류의 영향을 주도적으로 받고 있다고 본다. 중국 북동부 공업지역에서 발생한 미세먼지가 장

---

145 강경식 외, "제주도 지역 대기 중 초미세먼지의 고농도 발생원인 및 특성 연구", 국립환경과학원 대기환경연구과, 2018.

거리 이동하여 제주도의 초미세먼지 농도를 높인다는 것이다. 국립기상과학원의 함지영 등[146]도 청정지역인 안면도에서 실시한 연구를 통해 안면도의 미세먼지 농도가 높아지는 것은 중국의 영향 때문이라고 주장한다. 이들은 안면도 기후변화감시소의 자료를 이용하여 중국으로부터 날아오는 미세먼지를 연구했다. 그 결과, 안면도의 미세먼지 농도가 높아지는 원인은 북쪽에 위치한 고농도 오염물질(중국)에 기인하는 것으로 추정했다.

2. 많은 양의 미세먼지가 중국에서 날아온다

미세먼지는 우리나라에서 만들어지는 것일까

앞에서 살펴본 대로 과학적으로 분석해보아도 중국발 미세먼지가 우리나라에 큰 영향을 주고 있음이 명백한데도 불구하고 일부 언론과 학자들은 그것을 과학적으로 분명하게 증명하기 어려우니 중국에 미세먼지를 줄이라고 요구하기 어렵다고 주장한다. 필자는 미세먼지를 매일 예보하는 예보관이다. 우리나라는 편서풍 지대에 속해 있기 때문에 중국의 것이면 무엇이든 다 날아온다. 중국의 영향이 별로라고 말하는 분들을 보면 정말 이해가 되지 않는다. 앞에서도 언급했지만 우리나라의 가장 서쪽에 있는 백령도를 예보관들은 중국 미세먼지 이동을 감시하는 척후병이라고 부른다. 백령도에 황사든 미세먼지든 농도가 높아지면 '아! 중국 것이 날아오

---

146 함지영 외, "2017년 여름 안면도 PM_{10}, $PM_{2.5}$ 및 OC와 EC의 특성", 국립기상과학원 환경기상연구과, 2018.

는구나' 하고 알아챘다. 서해 최북단에 위치한 백령도에는 대기오염집중 측정소가 있다. 이곳에서는 중국발 황사 및 미세먼지를 우리나라에서 맨 처음 관측할 수 있는 확률이 가장 높다. 베이징 등 중국 북동부 지역의 대기오염물질이 우리나라로 날아오는 길목에 있기 때문이다. 중국이 속이려 해도 속일 수 없는 뛰어난 척후병인 것이다. 이곳에서 측정한 사례를 보자. 2018년 4월 4일 중국 고비사막에서 발생한 황사가 6일 오전 10시 백령도에서 관측되었다. 당시 미세먼지 농도는 백령도가 $125\mu g/m^3$, 연평도 $145\mu g/m^3$이었다. 그로부터 3시간 뒤 2018년에 처음으로 서울, 경기지역에 황사가 관측되었다. 당연히 미세먼지 농도도 서울은 $157\mu g/m^3$, 수원은 $166\mu g/m^3$까지 급격히 치솟았다. 백령도가 없었다면 서울 등에 내려지는 특보는 불가능했을 것이다.

기상청 기상항공기가 서해를 건너오는 미세먼지를 측정한 미세먼지 오염도 자료가 최초로 공개되었다. 국립기상과학원, 국립환경연구원 등의 '2018 서해상 대기질 입체관측 보고서'는 기상청이 도입한 다목적 기상항공기로 측정한 데이터를 담고 있다. 2018년 4월 18일 목포~인천 서쪽 (동경 124.17도) 서해 상공을 남북으로 비행하며 서해 상공 600m 고도에서 측정한 초미세먼지 농도는 $30\sim40\mu g/m^3$이었다. 같은 시간 안면도 서쪽 (북위 36도, 동경 124.17)에 위치했던 기상관측선 기상 1호에서 측정한 값 $22\mu g/m^3$나 육상 안면도 기후변화감시소에서 측정한 $32\mu g/m^3$보다 높았다. 미세먼지가 중국에서 날아온다는 부정할 수 없는 관측치인 것이다.

중국 영향에 대한 정부의 입장

"정부 이례적 미세먼지 中 원인 인정… 3월 한때 70% 이상 영향." 정부가 2018년 4월에 발표한 보도자료에서 3월 말 한반도를 뒤덮은 초미세먼지는 중국 등 국외 영향이 점차 높아졌기 때문이라고 발표했다. 만시지탄(晚時之歎)이라는 느낌도 있다. 그러나 지금이라도 미세먼지 원인을 밝힌 용기(?)에 박수를 보내는 것은 이전까지 정부가 공식적으로 중국의 영향을 받아들이지 않았기 때문이다. 그동안 정부는 고농도 초미세먼지일 때 국외 영향이 80% 이상이라는 연구 결과나 제주도 고산지대까지 영향을 미친다는 국책연구기관과 학계 등의 발표를 받아들이지 않았다. 오히려 국내 영향만 강조하다가 여론의 비난을 받아왔다. 중국의 영향을 무시하다 보니 미세먼지 저감 방안도 국내 대책 외에는 다른 방법이 없었다.

중국의 영향이 크다는 것에 대해서는 2017년 3월에도 인정한 적이 있다. 당시 환경부는 '미세먼지 국외 영향 분석 결과'(3월 17~21일)를 발표했다.

"17~21일 미세먼지 국외 기여율은 60%를 훌쩍 뛰어넘었다. 수도권 미세먼지(PM_{10})의 국외 기여율은 62%에서 많게는 80%까지 올라갔고, 먼지의 입자가 더 작아 인체에 더 나쁜 초미세먼지($PM_{2.5}$)의 기여율은 17일에는 84%, 가장 높았던 21일에는 86%까지 올라갔던 것으로 나타났다."

그런데 환경부의 발표를 보면 국외 영향이라는 애매한 표현을 사용하고 있다. 중국 영향이라는 단어를 사용하는 것이 두려운(?) 것은 아닌가 싶었다. 다행히 2018년에는 중국 등 국외 요인이라는 표현을 사용하면서 한 발 앞으로 나아가는 모습을 보였다.

2018년 정부의 발표는 국립환경과학원과 서울시보건환경연구원이 공동으로 연구한 것이다. 연구 대상 기간은 2018년 서울에 네 번째 미세먼지 비상저감조치가 내려졌던 3월 22일부터 27일까지다.

"국내 고농도 초미세먼지는 3월 22일 국외 영향이 59%였다가 23일 69% 치솟았습니다. 이후 24일 58%, 25일 51%로 점차 내려갔으며 26일

●●● 우리나라의 초미세먼지 농도가 OECD 국가 중 최하위권 수준인 것으로 발표되었다. 그런데 우리나라에서만 미세먼지가 만들어지면 우리의 노력으로 얼마든지 줄일 수 있다. 그러나 중국의 영향을 많이 받는 우리나라로서는 미세먼지 저감 노력에 한계가 있을 수밖에 없다. 우리나라 미세먼지의 가장 큰 원인이 중국이라는 것은 많은 과학적 연구와 분석이 이를 뒷받침하고 있으므로 부정할 수 없는 사실이다. 중국은 이를 받아들이고 있지 않지만, 중국을 어떻게 설득시켜 미세먼지 저감 노력에 동참하도록 만들 것인지가 우리의 큰 숙제로 남아 있다. 사진은 외국의 대기질지수 안내판으로, 초미세먼지($PM_{2.5}$)와 미세먼지(PM_{10})가 각각 나쁨으로 표시되어 있다.

32%, 27일 48% 등으로 각각 떨어졌습니다. 이 가운데 초미세먼지 일평균 농도가 최고값(경기 $102\mu g/m^3$, 서울 $99\mu g/m^3$)을 보였던 25일은 오전 한때 국외 영향이 70%까지 올라갔습니다."

정부는 초기에 초미세먼지 농도가 높았던 이유에 대해 "22~24일 국외 미세먼지가 유입된 이후 국내 배출 효과가 더해지면서 '미세먼지 2차 생성'이 활발히 일어났기 때문"이라고 설명했다. '미세먼지 2차 생성'은 무엇일까? 2차 생성은 가스 상태에서 대기로 배출된 황산화물(SO_X)과 질소산화물(NO_X) 등이 물리·화학반응을 통해 미세먼지[황산염(SO_4^-), 질산염

(NO$_3^-$)]로 전환되는 것을 말한다. 즉, 국내 화력발전소 및 자동차의 배기가스가 높은 습도와 만나면서 미세먼지를 만들어내는 것이다.

반면 24~25일은 우리나라 내륙에 낮은 환기효과로 중국 등의 국외 영향이 높다고 분석되었다. 그 이유는 첫째 당시 이동성고기압이 위치하고 있었고, 둘째 공해시설이 없는 백령도에서 미세먼지 농도의 급격한 증가가 있었으며, 셋째 기상위성을 통한 중국으로부터의 미세먼지 유입이 관측되었고, 넷째 중국의 미세먼지 영향을 받는 일본에서도 동시에 미세먼지 농도가 증가했으며, 다섯째 당시 미세먼지 물질 중 우리나라에서 배출원이 비교적 적은 황산염이 증가했기 때문이다.

농도가 낮아진 26일부터 27일은 중국으로부터의 미세먼지 유입이 적어졌고, 우리나라의 기압 배치가 정체되어 자체 발생한 미세먼지의 영향이 커지면서 전체 농도가 낮아졌다. 그러니까 우리나라에 미세먼지가 고농도가 되기 위해서는 중국으로부터의 미세먼지 유입이 많아야 한다는 것이다. 결국 중국 등 국외 요인이 우리나라 고농도 미세먼지의 주범이라는 것이다. 일단 이것만 인정한 것도 대단하다고 생각한다. 우리나라 미세먼지의 가장 큰 원인이 중국이라는 것은 많은 과학적 연구와 분석이 이를 뒷받침하고 있으므로 부정할 수 없는 사실이다.

중국의 엄청난 석탄화력발전소가 우리나라 미세먼지 주범이다

"한국, 초미세먼지 농도 OECD 꼴찌 수준." 우리나라의 초미세먼지 농도가 경제협력개발기구^{OECD} 국가 중 최하위권 수준인 것으로 발표되었다. 2018년 5월 세계은행$^{WB,\ World\ Bank}$에 따르면, 한국의 2016년 연평균 초미세먼지 농도는 $28.7\,\mu g/m^3$이었다. 이 수치는 2011년 $23.8\,\mu g/m^3$으로 낮아진 후 꾸준히 증가하고 있음을 보여준다. OECD 34개 국가 중에서는 터키($37.2\mu g/m^3$) 다음으로 우리나라의 초미세먼지 수치가 높았다. 스위스($5.1\mu g/m^3$), 뉴질랜드($5.5\mu g/m^3$), 에스토니아($5.9\mu g/m^3$), 호주($6.1\mu g/m^3$)의 낮은 초미세먼지 농도가 왜 이렇게 부러운 것일까? 그런데 우리나라에서만 만들어지는 초미세먼지라면 우리의 노력으로 얼마든지 줄일 수 있다. 그러나 중국의 영향을 많이 받는 우리나라로서는 미세먼지 저감 노력에 한계가 있을 수밖에 없다. 특히 중국의 석탄발전소에서 나오는 초미세먼지는 거의 직격탄 수준이다.

"中 석탄발전소 한국 인근 11개 성省에 1,625기基…편서풍 불면 '직격탄'." 《문화일보》가 국제환경기구 '콜스웜CoalSwarm'(https://endcoal.org/tracker)이 추적 중인 중국 내 석탄발전소 정보를 모두 취합해 분석했다.[147] 그랬더니 한반도 인근 중국 11개 성省·자치구·시에서 2018년 1월 현재 가동 중인 석탄발전소는 모두 1,625기(전체 2,849기)나 된다. 총 설비용량(최대 가능 생산용량)은 51만 3,894㎿(메가와트)에 이른다. 이는 중국 전체 총설비용량(93만 6,057㎿)의 절반이 넘는 수치다. 미세먼지는 거리가 가까울수록 더 많은 영향을 준다. 따라서 한반도에서 가까운 중국 지역에 대량의 석탄화력발전소가 있다는 것은 우리에게는 큰 불행인 것이다. 특히 한반도와 가장 가까운 산둥성山東省에서 석탄화력발전을 가장 활발히 운영 중이라고 한다. 산둥성에만 현재 344기가 가동 중이며 총설비용량은 8만 7,422㎿다. 산둥성에 있는 석탄화력 설비용량이 우리나라 석탄발전 총설비용량(3만 7,973㎿)의 2.3배나 된다. 정말 엄청난 양이다. 이곳에서 발생한 미세먼지는 편서풍을 타고 우리나라로 고스란히 날아올 수밖에 없다.

---

147 http://www.munhwa.com/news/view.html?no=2018042501031621326001

●●● 중국은 전 세계에서 석탄화력발전소가 가장 많다. 한반도에서 가까운 중국에 대량의 석탄화력발전소가 있다는 것은 우리에게는 큰 불행이다. 특히 한반도와 가장 가까운 산둥성에서 석탄화력발전을 가장 활발히 운영 중이라고 한다. 또 우리나라와 가까운 장쑤성과 허베이성의 석탄발전 설비용량 규모도 엄청나다. 이렇게 많은 중국 석탄화력발전소에서 발생한 미세먼지는 편서풍을 타고 우리나라로 고스란히 날아올 수밖에 없다. 사진은 장쑤성 석탄화력발전소의 모습이다.

문제는 지금보다 앞으로가 더 심각하다는 것이다. 산둥성에 새로 짓고 있는 석탄발전소는 '현재진행형'이다. 산둥성에는 35기의 석탄발전소가 건설 중이며 총설비용량은 1만 510㎿다. 우리나라와 가까운 장쑤성江蘇省 (7만 5,808㎿)과 허베이성河北省(4만 2,046㎿)도 석탄발전 설비용량 규모가 엄청나다.

중국은 전 세계에서 석탄화력발전소가 가장 많다. 2위인 인도보다 무려 4.4배나 많다. 석탄화력발전은 엄청난 이산화탄소를 배출해서 지구온 난화를 부채질한다. 여기에 발전을 위해 물을 엄청 많이 사용하기 때문에 중국의 사막화를 부추긴다. 중국도 국제사회의 따가운 시선을 의식하다 보니 노후 석탄화력발전소를 폐기하고 있다. 2017년에 중국은 총설비용 량 6만 5,000㎿에 달하는 석탄화력발전소를 폐쇄하거나 건설을 취소했 다고 한다. 콜스윔도 중국이 2010년부터 2017년까지 29만㎿에 해당하 는 석탄발전을 취소했다고 분석했다. 그러나 지난 7년간 46만㎿의 석탄 발전을 취소한 인도와 비교해보면 새 발의 피다. 그런데 아이러니한 것은 중국이 220기(9만㎿)의 석탄화력발전소를 새로 짓고 있다는 것이다. 앞에 서는 석탄화력발전소를 없애는 것처럼 하면서 뒤로는 몰래 석탄활력발전 소를 짓고 있는 것이다.

북한도 중국발 미세먼지의 영향을 많이 받는다

북한은 날씨로 인한 자연재난뿐 아니라 미세먼지 문제가 심각하다. 2018 년 5월 미국 비영리단체 보건영향연구소HEI, Health Effects Institute는 '지구의 공 기 상태'라는 연구 보고서를 발표했다. 그 내용을 보자. 우리나라 초미세 먼지 농도는 2010년 연평균 $25\mu g/m^3$에서 2016년 $29\mu g/m^3$로 상승했다. 이로 인해 전체 조기사망자 수도 같은 기간 1만 2,760명에서 1만 6,803 명으로 31.7% 증가했다. 인구 10만 명당 무려 24.5명이 조기사망한 것이 다. 같은 기간 스웨덴은 인구 10만 명당 7명, 호주와 뉴질랜드는 8명으로, 이들 국가보다 우리나라의 조기사망자 수가 3~4배 이상 많다.

그럼 북한은 어떨까? 많은 사람들은 북한이 산업도 열악하고 자동차도 없어 미세먼지 농도가 낮을 것이라고 생각한다. 그러나 그렇지 않다. 북한 의 초미세먼지 농도는 2010년 연평균 $31\mu g/m^3$에서 2016년 $36\mu g/m^3$으로 증가하면서 우리나라보다 25% 정도 높다. 이로 인해 북한의 조기사망자 수는 1만 9,368명에서 2만 3,360명으로 20.6% 늘었다고 한다. 문제는 북한의 조기사망률이 너무 높다는 것이다. 10만 명당 103명으로 우리나라보다 4배나 더 높다. 김용표 이화여대 교수는 "북한 가정은 값이 싸지만 미세먼지를 유독 많이 일으키는 갈탄과 같은 연료를 주로 쓴다. 게다가 갈탄 연소 시 미세먼지 저감장치 같은 것은 사용하지 않는다. 여기에 의학 인프라가 부족하다 보니 엄청난 조기사망률을 보이는 것이다"라고 말한다. 여기에 더해 중국으로부터 날아오는 미세먼지의 영향을 우리보다 더 많이 받는다.

"2016년 기준 북한에서 넘어온 초미세먼지는 하루 평균 $0.5{\sim}1.0\mu g/m^3$이었습니다. 남한의 연평균 초미세먼지 농도에 북한발 미세먼지가 미치는 영향이 2~4% 수준이나 됩니다. 그런데 수도권의 경우 북한의 영향을 더 크게 받습니다. 무려 14.7%나 되고 초미세먼지가 가장 심한 1월의 경우 20%까지 치솟습니다."

아주대 김순태 교수의 연구 내용이다.[148] 2018년 1월에 수도권에서 측정된 오염물질의 42%가 북한발이었다.

북한의 미세먼지 농도가 높은 원인은 무엇일까? 우선 중국에서 가깝기 때문이다. 중국에서 미세먼지를 가장 많이 만들어내는 동북부 지역에서 날아오는 미세먼지의 양이 만만치 않다. 둘째로, 미세먼지를 만드는 물질 가운데 나무 등 생물을 소각하면서 발생하는 오염물질(OC)이 많기 때문이다. 연료 상황이 열악한 북한에서 나무나 석탄을 많이 때기 때문인 것으로 추정된다. 유엔환경계획UNEP, United Nations Environment Programme의 2012년

---

148 김순태 외, "수도권 초미세먼지 농도 모사: 북한 배출량 영향 추정", 한국대기환경학회지, 2018.

조사에 따르면, 북한 시골 지역이 96%, 도시가 89% 나무와 석탄을 때고 있다.

　과학기술 분야는 정치 또는 이념으로부터 자유로워 남북 간 협력이 비교적 용이한 분야다. 요즘 심각한 문제가 되고 있는 미세먼지, 황사 등을 비롯한 환경문제 등도 이에 속한다. 미세먼지 문제는 우리나라 자체로 해결이 어렵기 때문에 중국이나 북한 등 인접 국가와의 협력이 필수적이다. "우리나라가 2022년까지 연평균 미세먼지를 20% 이상 줄이려면 북한과의 협력이 필요합니다"라고 이화여대 김용표 교수는 주장한다. 미세먼지 대책을 수립하고 저감하기 위해서는 정확한 예보가 필요하다. 북한의 미세먼지 관측자료와 미세먼지 이동자료가 확보된다면 미세먼지 예측정확도가 올라간다. 그러면 대책을 수립하고 저감하는 정책에 큰 도움이 된다. 최근 환경부가 북한 관측자료를 공유하고, 미세먼지 관측망을 설치하는 등 협력 방안을 내놓았다. 미세먼지 예보를 하는 필자에게는 반가운 소식이 아닐 수 없다.

3. 최악의 중국 미세먼지 실상

각종 오염물질의 종합세트인 중국발 미세먼지

중국의 미세먼지에 포함된 중금속은 건강에 치명적이다. 그런데 중국발 미세먼지에는 세균 등의 미생물도 포함되어 있다고 한다. 2016년 11월, 스웨덴 예테보리대학교 연구진이 중국 베이징의 미세먼지를 분석했다. 그랬더니 내성을 가진 슈퍼박테리아 유전자가 나온 것이다. 특히 인간에게 가장 중요한 항생제 중 하나인 '카바페넴Cabapenem'에 내성을 가진 슈퍼

박테리아도 있었다. 미세먼지에 섞여 포집될 정도이니 상당히 많은 슈퍼 박테리아가 있을 가능성이 높다. 2017년 7월, 《사이언티픽 리포츠Scientific Reports》에 게재된 "중국, 한국 일본 동아시아 3개국의 부유 세균 군집"을 보면 정말 심각하다. 서울, 베이징, 나가사키長崎에서 1년 동안 채집한 초미세먼지를 분석했더니 한국과 중국의 초미세먼지에 들어 있는 박테리아 중 83%가 일치한 것이다. 중국발 미세먼지는 독성 중금속 및 화학물질, 슈퍼박테리아까지 포함된 각종 오염물질의 종합세트인 것이다.

중국의 미세먼지 농도가 높아진 근본적 원인

2017년 1월 중국 북동부 지역의 초미세먼지 농도가 $1,000\mu g/m^3$까지 상승했다. 이 정도 수준이면 최악으로 세계기상기구WMO, World Meteorological Organization 환경기준 수준의 70배 정도다. 모든 항공편이 결항되었고 고속도로도 폐쇄되었다. 그런 곳에서 어떻게 살까 하는 생각이 들었다. 도대체 왜 중국은 이렇게 미세먼지 농도가 높은 것일까?

먼저 역사적 고찰이 필요하다. 중국 미세먼지의 근원적인 원인을 찾아 역사를 거슬러올라가면 마오쩌둥毛澤東이 나온다. 그는 중국을 세계 최강국으로 만들겠다는 야망으로 대약진운동을 벌였다. 이 운동 중에 1958년에 벌어진 '대련강철大鍊鋼鐵'(전국적인 철강제련운동)은 중국 내륙의 울창한 산림을 순식간에 없애버렸다. 그가 철강을 대량생산하라고 지시하자, 중국 전역에 수천 개 이상의 소형 용광로가 만들어졌다. 공산주의의 특징이 지도자가 말하면 무조건 복종하는 것이다. 그의 말 한 마디로 1958년 7월 겨우 몇 십만 명이던 철강 노동자가 연말에는 9,000만 명에 이르렀다. 문제는 용광로를 달굴 연료가 없다는 것이었다. 그러자 중국 공산당은 수천만 ha(헥타르) 이상의 산림을 베어 연료로 사용했다. 그러나 그렇게 만든 철강은 불량률이 25%가 넘었다. 마오쩌둥의 대련강철은 숲도 파괴하고 철강도 제대로 생산해내지 못하면서 완벽한 실패로 끝났다.

마오쩌뚱의 실수는 1964년 8월 다시 되풀이된다. 핵전쟁 대비가 필요하다면서 '삼선정책'을 지시한다. 각종 공업시설을 산 속으로 옮겨야 한다는 이 정책으로 또다시 숲을 베어내고, 산 속에 공장을 지어 옮겼다. 마오쩌뚱은 '문화대혁명'을 통해 경제도 망가뜨린다. 그는 공업은 철강 중심, 농업은 식량생산 중심, 행정은 전쟁 준비를 위한 자력갱생을 목표로 하라고 지시했다. 베이징, 항저우杭州, 지난济南, 시안西安 등 주요 도시 가운데에 공해를 내뿜는 공장들이 들어섰다. 주변 사람들의 생활환경은 중요하지 않았다. 또 경작지 확장 지시에 의해 호수와 저수지를 메워 논밭을 만들고 경사 20~30도의 산기슭에까지 밭을 만들었다. 이때 중국 대륙의 허파라고 할 수 있는 서쪽과 북쪽 산림들은 거의 대부분 없어지고 내몽골 지역의 초원은 사막이 되었다. 울창한 산림, 맑은 호수가 사라지면서, 오염물질을 정화할 수 있는 환경도 함께 사라졌다. 이런 정책의 결과로 수많은 공장이 들어선 지금 자체적으로 미세먼지를 줄여주는 환경이 아무것도 없다 보니 전 세계적으로 최악의 미세먼지 국가가 된 것이다.

특히 중국에서 미세먼지가 많이 발생하는 원인은 제철소와 석탄화력발전소가 많기 때문이다. 이 두 산업(제철산업과 발전산업)은 이산화탄소와 미세먼지를 가장 많이 배출하는 산업이다. 2017년 11월, 의학전문지《랜싯Lancet》이 구성한 '랜싯 카운트다운Lancet Countdown' 위원회가 발표한 자료를 보면 중국에서는 초미세먼지 배출량 중에서 석탄화력발전소가 차지하는 비중이 가장 높다는 것이다. 랜싯은 중국은 초미세먼지 배출량이 900만 톤 수준으로, 유럽연합EU이나 미국의 100만 톤을 크게 뛰어넘는 것으로 추정했다. 그렇게 많이 배출된 초미세먼지가 어디로 갈까 생각하니 모골이 송연해진다.

독특하게도 미국 하버드대 연구팀은 중국 베이징의 겨울철 극심한 연무 원인은 포름알데히드 때문이라고 밝혔다. 국제학술지인 《지구물리학 Earth Physical Science》에 2018년 10월 18에 게재된 이 논문[149]에서 하버드대 공대 조너선 모크Jonathan Moch 박사는 "포름알데히드 배출 감소 정책이 이산화황 배출 감소 정책보다 겨울의 극심한 연무 발생을 줄이는 데 효과적"이라고 주장했다. 중국 정부는 지금까지 황화합물이 크게 증가할 때 초미세먼지 농도가 높아지는 것으로 보고 이산화황을 줄이는 노력을 했다. 이런 노력으로 2005년 이후 중국 내 이산화황 농도는 현격히 줄어들었다. 그러나 연구팀은 중국의 농도 분석이 잘못되었다는 것을 밝혀냈다. 즉, 장비가 대기오염물질 중 히드록시메탄설포네이트HMS, Hydroxy Methan Sulfonate라고 불리는 분자를 황산염으로 잘못 인식했다는 것이다. HMS는 구름이나 안개 방울에서 이산화황과 포름알데히드가 반응해 만들어진다. 따라서 포름알데히드를 줄이면 초미세먼지 농도가 낮아진다는 것이다. 동부 중국에서 포름알데히드 배출의 주요 원인은 차량과 발전소를 비롯한 주요 산업시설이다.

중국 어느 지역의 미세먼지가 우리나라로 날아오나

2018년 11월 환경부 국립환경과학원은 중국의 어느 지역에서 우리나라 미세먼지 농도에 기여하는가에 대한 연구 결과[150]를 발표했다. 계절별로

---

[149] Jonathan Moch et al., "A clearer path to clean air in China: Formaldehyde — not sulfur dioxide — may be the key to China's stubborn problem of wintertime air pollution", *Earth Physical Science*, 2018.

[150] 국립환경과학원, "대기질 예보 권역에 대한 배출원별 지역 간 정량적 기여도 평가 연구", 환경부, 2018.

중국의 여러 지역에서 우리나라 미세먼지 농도에 기여하는 것을 구분했다. 먼저 가장 많은 영향을 미치는 겨울철의 경우 주로 '북서풍'의 영향을 많이 받는다. 따라서 중국 중북 지역(베이징, 텐진, 허베이, 산시성山西省)과 동북 지역(랴오닝遼寧, 지린吉林, 헤이룽장성黑龍江省)이 우리나라에 미치는 영향이 각각 16%와 15%였다. 봄철에는 주로 '서풍'이 많이 불다 보니 동남(장쑤江蘇, 안후이安徽, 상하이, 저장성浙江省) 및 중남 지역(산둥山東, 허난성河南省)의 영향이 각각 13%와 12% 정도였다. 여름철에는 주로 '남서나 남동풍'이 분다. 따라서 여름철 국외 기여는 중국 동남 지역의 기여도가 17%였다. 가을에는 다시 '북서풍'의 영향을 주로 받는다. 그러나 겨울철보다는 중국 중북(13%)·동북·중남(10%) 지역의 농도가 높지 않고, 또 풍속이 강하다 보니 확산이 이루어져 상대적으로 낮은 농도를 보였다.

인천보건환경연구원도 도대체 중국의 어느 지역에서 미세먼지가 날아오는가에 대한 연구 결과를 2018년 10월에 발표했다.[151] 연구에 의하면, 중국 대도시인 상하이·베이징 주변 공장밀집지역이 주범이라는 것이다. 이곳에서 발생한 미세먼지가 서풍이나 북서풍을 타고 인천 등 우리나라 서부권으로 유입되고 있다는 것이다. 이들은 인천(남구 숭의동 기준)으로 유입되는 외부 기류는 크게 만주, 베이징(중국 중북부), 상하이(중국 동남부), 일본(동해 먼바다) 등 4개 지역을 경유해 흘러 들어오고 있다고 결론지었다. 2016년 11월부터 2017년 10월까지 1년 동안 미국 해양대기청NOAA의 대기 역궤적 프로그램을 이용해 분석했다. 그랬더니 116일(31.8%)은 중국 동남부 공업지역과 상하이 등 대도시를 경유한 미세먼

---

151 인천보건환경연구원, "2017년 PM(Particulate Matter: 입자상물질)사업 연구보고서", 인천광역시, 2018.

지가 대부분이었다. 101일(27.7%)은 중국 중북부 공업지역, 베이징, 선양 등 대도시와 북한을 거쳐온 미세먼지가 대부분이었고, 86일(23.6%)은 중국 만주를 경유한 미세먼지가, 62일(17.0%)은 일본(동해 먼바다)을 경유한 미세먼지가 대부분이었다. 앞의 자료와 인천보건환경연구원의 자료를 보고 판단해야 하는 것은 '어디에서 날라온 미세먼지가 어느 계절에 혹은 며칠간 영향을 주었는가'이지 '미세먼지의 양'에 관한 것은 아니다. 즉, 여름철에 중국 남동부의 영향을 많이 받는다고 해도 미세먼지 농도는 매우 낮은 반면, 겨울철 중국 북동부 지역에서 영향을 주는 일수는 적더라도 미세먼지 농도는 매우 높다는 것을 알아야 한다는 말이다.

국립기상과학원의 함지영 등이 연구한[152] 내용에서도 미세먼지가 어디에서 주로 영향을 주었는지 잘 알 수 있다. 이들은 2016년 봄철(3월 1일~4월 17일) 동안 서울의 $PM_{2.5}$, PM_{10}, 그리고 $PM_{2.5}$의 농도 변화를 파악하고 배출원 추적했다. 논문의 내용을 살펴보자.

"PSCF 모델은 장거리 이동 영향에 따른 배출원을 살펴볼 수 있는 간단하면서 유용한 분석 방법이다(Hopke et al., 1995). 그러나 PSCF 모델 결과는 특정 농도(75백분위수)보다 높은 농도를 갖는 역궤적만을 사용하여 위치를 추적하므로 이들 중 더 높은 농도를 갖는 역궤적에 대해서는 과소평가될 수 있는 한계가 존재하여, 이것을 보완하기 위해 CWT 모델과 함께 분석했다(Hsu et al., 2003). CWT 모델은 전체 측정 기간 기여도에 대한 주요 배출원 추적이고, PSCF 모델은 높은 농도를 나타낸 특정 역궤적에 대한 배출원 추적이다(Kang et al., 2008a). 국내 연무 현상은 국지적 오

---

152 함지영 외, "2016년 봄철 서울의 PM_{10}, $PM_{2.5}$ 및 OC와 EC 배출원 기여도 추정", 국립기상과학원, 2017.

염원 영향뿐 아니라 중국의 산업화와 석탄 사용량 증가로 오염물질이 장거리 유입되므로 장거리 수송 오염물 연구에서 연무현상도 황사와 더불어 검토한다(Park et al., 2013a). EC는 인위적 1차 배출원을 지시하는데 배출원 기여도가 높게 나타난 첫 번째 지역이 중국 상하이와 동중국해East China Sea 연안이다. 이 지역은 100여 개의 화력발전소와 항구도시로 강한 연료 연소 방출로 인해 두 모델에서 높은 배출원 기여도를 보였다.(Li and Hwang, 2015). 이와 함께 또 다른 높은 배출원으로는 중국 북동쪽에 대표적인 후룬베이얼, 지린, 창춘, 북한(평양)이다. 지린은 염분먼지saline dust의 오염이 존재하고(Liu et al., 2011), 창춘은 대규모 산업단지가 조성되어 있어 중국 북부 지역의 주요 에어로졸 배출원으로 알려져 있다(Wang et al., 2005). 이외에 세 번째 배출원 기여도가 크게 분포한 곳들은 중국 허베이성, 허난성, 산둥반도 내륙으로 이 지역들은 중국의 대표적 농업지대로 농업 소각 오염이 존재한다(Kang et al., 2008a). 이러한 농업 소각 오염은 서울의 $PM_{2.5}$ 농도에 큰 영향을 주는 것으로 알려져 있는데, 본 연구에서도 유사하게 결과가 나타났다(Kang et al., 2008a). 이 지역들은 황사의 공기 궤적이 대부분 통과되어 황사와 더불어 봄철 국내 대기질에 영향을 주고 있다."

이렇게 구분된 3개 지역은 대부분 인위적 오염물질을 다량 배출하고 있다. 이 세 지역의 오염물질은 장거리 이동하여 우리나라의 미세먼지에 많은 영향을 미치고 있는 것이다.

4. 중국도 미세먼지와 전쟁 중이다

중국 청천정책의 실과 허

미세먼지에 따른 조기사망자 순위 1위 중국. 중국은 지금 어떤 미세먼지 저감 노력을 하고 있는가? 중국 정부는 푸른 하늘을 되찾기 위한 프로젝트를 전쟁 수준으로 치열하게 진행하고 있다고 발표했다. 중국이 전 세계에 자기들의 미세먼지 저감 노력을 선전했던 것이 바로 '청천정책靑天政策'이다. '푸른 하늘'을 보겠다는 중국 정부의 미세먼지 저감 정책이다. 그런데 장기적으로 또 지속적으로 미세먼지를 줄이겠다는 정책이 아니라 짧은 기간만 벌이는 벼락치기 정책이다. 최초의 청천정책은 2008년 베이징 올림픽 때 실시했다. 이 당시 베이징 올림픽 조직위원회는 대기환경을 개선하는 데 약 20조 원을 투자했다. 살수차와 먼지 제거용 청소차량으로 베이징 도로를 청소했다. 베이징뿐만 아니라 톈진과 허베이성도 차량 2부제를 실시했다. 베이징 시내의 모든 공사현장은 폐쇄시켰다. 올림픽 개최 10개월 전부터 인근 지역 공장 300여 개도 강제로 문을 닫게 했다. 허베이성과 산시성의 석탄 광산도 가동을 중단시켰다. 여기에 인공강우까지 동원해 대기오염을 세정시켜주는 비를 내리게 만들었다. 이렇게 하는데 공기가 좋아지지 않을 턱이 없다. 2008년 베이징 올림픽 기간 내내 베이징의 하늘은 푸르렀고 구름은 하얗게 떠 있었다. 중국인들은 '올림픽 블루'라고 부르면서 또 언제 이렇게 푸른 하늘을 보게 될 것인가 이야기하곤 했다고 한다.

두 번째 청천정책은 2014년 11월에 실시했다. 제26회 아시아태평양 경제협력체APEC 회의가 베이징에서 열렸기 때문이다. 겨우 이틀간 열리는 행사를 위해 중국은 몇 개월 전부터 시진핑習近平 주석, 라커창李克强 총리 등 최고지도자들이 청천정책을 진두지휘했다. 미세먼지 배출원을 단속하기 위해 43만 4,000명에 달하는 공산당 간부를 베이징 인근 시골까지 파견해 감독했다. 베이징 인근 공장 1만여 개를 휴업 조치했다. 차량 2부제와 함께 공공기관과 학교, 기업은 6일간 강제 휴무를 실시하게 했다. 차량과 사람의 통행량을 최대한 억제하는 방법이었다. 당연히 엄청난 효과가 나타날 수밖에 없었다. 그 전해의 같은 기간에 비해 미세먼지와 초미세먼지 농도가 각각 44%, 55%나 낮아진 것이다. 베이징 하늘은 또다시 푸르다 못해 시릴 정도로 쾌청했다. 2014년 중국 최고의 유행어가 'APEC란藍(에이펙 블루)'일 정도였다. 이후 청천정책은 중국의 주요 행사 때마다 등장한다. 2016년 저장성浙江省 항저우杭州에서 개최된 'G20 정상회담' 때도 실시했다. 그리고 이젠 매년 3월에 열리는 중국 최대의 정치 행사인 양회兩會, 즉 '전국인민대표대회'와 '전국인민정치협상회의' 등 굵직한 국내외 행사 때도 시도하고 있다.

문제는 이런 단기적인 청천정책은 이 기간이 끝나면 오히려 전보다 더 나쁜 초미세먼지가 발생한다는 것이다. 청천정책의 부작용을 베이징대학이 연구했다. 보통 닷새간 개최되는 연례 정치대회 기간 중 평균 대기질 지수는 연평균 오염도보다 4.8% 정도 낮았다. 그러나 대회 직후 닷새간의 대기질 지수는 연평균 오염도보다 오히려 8.2% 높았다는 것이다.

중국은 이렇게 대외적으로 선전하거나 보여주는 미세먼지 저감 정책을 즐긴다. 그렇다고 장기적인 미세먼지 저감 대책에 아예 손 놓고 있는 것은 아니다. 공산주의 국가라서 국민들이 대놓고 불만을 터뜨리지는 않지만 국민들의 잠재적인 불만이 통치의 위험요소라는 것을 알고 있기 때문이다. 현재 중국 북부에서 대기오염물질을 분석해 원인을 규명하는 한중 공동 미세먼지 연구 사업인 '청천' 프로젝트[153]를 실시하고 있다.

중국의 미세먼지 저감 노력

과연 중국은 미세먼지 농도를 낮추기 위한 노력은 하고 있는 것일까? "중국, 대기오염으로 연 110만 명 사망." 2018년 10월 2일 《시사저널》의 기사 제목이다.[154] 기사 내용을 보자.

"스티브 임 교수가 이끈 홍콩 중문대 연구팀은 중국에서 발생하는 오존과 미세먼지로 인해 매년 110만 명이 조기사망하고 쌀, 밀, 옥수수, 대두 등 농작물 수확도 2,000만 톤 감소할 것이라는 연구 결과를 발표했다. 질병 및 식량 피해를 경제적 가치로 환산해보니 무려 연 2,670억 위안(약 43조 원)에 달했다."

베이징대학의 송궈칭宋國靑 교수는 이보다 훨씬 더 많은 피해가 있다고 말한다. 그는 장기적인 미세먼지 등의 오염 손실은 5,000억 위안 정도라고 말하면서 경제적인 손실을 줄이려면 5,000억 위안을 들여서라도 초미세먼지 저감 대책을 마련해야 한다고 주장한다. 중국사회과학원에서 펴낸 보고서에 나와 있는 것처럼 베이징 지역의 스모그 성분의 70%가 자동차 배기가스이며, 허베이성과 톈진시를 합치면 스모그 성분의 50% 이상이 석탄에서 배출되는 초미세먼지다. 그러니 중국 북동부 지역의 자동차 제한이나 석탄화력발전, 석탄난방을 획기적으로 줄이는 대책이 나와야 한다는 것이다. 중국도 미세먼지가 정말 심각하다는 것을 느끼고 있다. 그

---

153 중국의 미세먼지 발생 원인 규명과 저감을 위해 2015년 6월 설립된 한중 공동연구단의 '중국 북부 지역 대기질 공동 조사'를 '청천 프로젝트(2017년 5월~2020년 7월)'라고 부른다. 베이징을 비롯해 톈진, 다롄, 칭다오, 창다오, 바오딩 등 중국 북부 지역의 주요 6개 도시를 조사 중에 있다.

154 http://www.sisajournal-e.com/biz/article/189707

러나 실제적인 미세먼지 저감 대책은 아직 요원해 보인다.

2015년부터 2017년까지 최근 3년 동안 중국의 대기오염 관측 자료를 종합적으로 분석한 영국 연구팀의 논문이 발표되었다.[155] 연구팀은 2015년 1월부터 2017년 12월까지 중국과 홍콩, 타이완 등 총 1,689개 관측소의 매시간 초미세먼지($PM_{2.5}$)와 질소산화물(NO_2), 황산화물(SO_2), 그리고 지상 오존(O_3)의 농도 변화 자료를 분석했다. 그랬더니 절반이 넘는 관측소에서 초미세먼지와 황산화물이 크게 줄어들었다는 것이다. 초미세먼지 농도는 중국 전체 관측소를 평균 내어볼 때 매년 7.2%씩 감소한 것으로 분석되었다. 다만 오존 오염은 대부분의 관측소에서 크게 악화되어 평균적으로 매년 5%씩 증가한 것으로 나타났는데, 중앙값으로 보면 매년 4.6 $\mu g/m^3$씩 증가한 것으로 조사되었다. 중국 학자가 포함되지 않은 영국팀의 연구이기 때문에 조금 더 신뢰성이 있기는 하지만, 왜 미세먼지 농도는 낮아지는데 오존 농도는 높아지는 것일까, 그리고 중국의 미세먼지 관측소의 자료들은 신뢰할 만한 것인가 하는 의문이 든다.

물론 중국 정부가 노력한다면 미세먼지 농도는 낮아질 것이다. 베이징의 경우 그나마 미세먼지 상황이 개선되고 있는 것은 중국 정부의 미세먼지 저감 정책 영향 덕분이 아닌가 한다. 중국 환경보호부가 발표한 2017년 베이징의 연평균 초미세먼지 농도는 $58\mu g/m^3$이었다. 그러나 2017년 우리나라 연평균 초미세먼지 농도가 $25\mu g/m^3$이었던 것과 비교하면 여전히 2배 이상 높은 수치다.

---

155 Ben Silver, Carly Reddington, Stephen Arnold, Dominick V Spracklen, "Substantial changes in air pollution across China during 2015 to 2017", *Environmental Research Letters*, 2018.

중국 중앙정부의 미세먼지 저감 정책

중국은 최근에도 베이징을 중심으로 한 미세먼지 저감 정책을 펴고 있다. 2018년 11월 5일 베이징시는 12월부터 시 전역에서 '유로 3' 배출가스 기준의 경유 화물차 운행을 전면 금지한다고 밝혔다.[156] 다만 2019년 10월까지는 베이징 번호판인 차량, 외부 차량 가운데 베이징으로 생활물자를 운송하는 차량 등은 시 외곽인 6환 도로 밖으로는 다닐 수 있도록 허용했다. 이 정책으로 어느 정도의 효과를 볼까? 이 정책 덕분에 베이징으로 들어오는 외부 차량 가운데 '유로 3' 차량은 73% 감소하고 '유로 5' 화물차의 비중은 15%에서 58%로 높아질 것으로 본다. 또 베이징 시내에 있는 '유로 3' 차량도 30%가 퇴출될 것으로 예상한다. 이럴 경우 베이징을 드나드는 주요 화물차가 배출하는 미세먼지의 양은 34% 정도 줄어들 것으로 보고 있다.

2018년 11월 23일 로이터 통신은 중국이 환경오염 범죄에 무관용 원칙을 천명하고 칼을 뽑아 들었다고 보도했다. 2018년 10월까지 환경오염 관련 범죄 혐의로 3,500명 이상을 기소한 것이다. 환경오염 관련 범죄에는 미세먼지 초과 배출도 포함되어 있다. 중국 지방정부는 지방기업이 오염물질을 많이 배출해도 눈을 감아주는 등 관용적인 태도를 취해왔다. 이에 대해 칼을 뽑아 든 중국 중앙정부는 환경법을 강화하고 지속적으로 감독하고 있다. 또한 환경파괴 혐의로 약 8,500명을 기소하기도 했다.

그런데 필자는 중국 중앙정부의 환경오염물질 배출을 막겠다는 발표가 별로 신뢰성이 없어 보인다. 중국에서 환경범죄에 대한 처벌은 여전히

---

156 '유로 3'는 유럽연합(EU)이 2001년 내놓은 경유차 배출가스 기준으로 한국 등 많은 나라가 채택하고 있다. 지금은 이보다 엄격해진 '유로 6'까지 도입되었다.

미미하기 때문이다. 2018년 9월까지 환경법 위반으로 보고된 13만 건과 비교했을 때 기소율이 너무나 낮다. 어쨌든 중국 중앙정부는 여전히 지방정부 차원의 환경범죄 근절 노력이 미약하다고 보고 있다. 중국 중앙정부는 부패와 기타 불법행위 조사를 담당하는 중앙기율검사위원회CCDI, Central Commission for Discipline Inspection 등을 통해 지방정부 공무원 조사에 착수하겠다고 선언했다. 지방정부 공무원들의 눈감아주기나 형식적인 보고를 막기 위해서라고 한다. 실질적인 저감효과가 나오기에는 역부족인 것처럼 보인다.

중국의 미세먼지 언론 플레이

중국이라고 손 놓고 있는 것은 아닐 것이다. 그들도 미세먼지의 해악과 피해를 누구보다 잘 알고 있다. 그래서 무리한 정책도 서슴지 않고 펴나가고 있다. 그럼에도 여러 문제가 제기된다. "중국 미세먼지 개선되었다지만…베이징 작년 농도 60% 증가." 2019년 1월 18일 《중앙일보》 강찬수 환경기자의 기사 제목이다.[157] 필자가 보기에 강찬수 환경기자는 우리나라 환경 분야에서는 최고 전문가다. 그는 중국의 미세먼지에 대해 다음과 같이 말한다.

"중국이 미세먼지 줄이기에 본격적으로 나선 것은 2013년이다. 그리고 2017년 중국 정부는 환경보호부장(장관)을 베이징 시장에 앉혔다. 전국에서 5,600명의 단속요원을 모집해 오염기업 단속 현장에 투입, 18만 개 기업을 폐쇄했다. 지난해에는 환경보호부를 생태환경부로 이름을 바꾸고, 1만 8,000명의 베테랑 요원을 오염 단속에 투입했다. 베이징 시 등은 석탄

---

157 https://news.joins.com/article/23301118

보일러를 퇴출시키고, 천연가스LNG 보일러로 대체하는 노력도 진행했다."

중국의 노력도 어느 정도 성과가 나타나고 있는 것은 사실이다. 우정헌 건국대 융합인재학부 교수(환경기술융합전공) 등은 2018년 2월 한국대기 환경학회지에 게재한 "중국 대기오염물질 배출의 시공간적 변화 분석"이 라는 논문에서 "중국의 초미세먼지는 2010년 최대 배출량을 보이고 이후 는 점차 감소하는 경향이 나타났다"고 밝혔다.

문제는 베이징 중심으로 단속이 이루어지고 있고 중국 당국은 이것을 대대적으로 선전한다는 것이다. 게다가 2018년 11월 베이징시의 초미세 먼지 오염이 지난 2017년 같은 시기보다 오염도가 60.9%나 악화되었다 고 강 기자는 말한다. 더욱이 줄어들던 석탄 사용량도 다시 늘어나고 있 다. 2018년 9월 비영리 환경연구단체인 콜스윔은 중국에서 259GW(기가 와트) 용량의 석탄화력발전소가 건설 중이라고 밝혔다. 이 정도의 발전용 량은 미국 전체의 석탄발전용량과 맞먹는다. 이와 함께 일부 지역에서는 대기오염 측정치를 조작한다는 의혹도 제기되고 있다. 실제로 산시성山西省 의 린펀臨汾시에서는 2017년 4월부터 지난해 3월까지 6곳의 환경측정치 를 100여 차례 변조했다가 생태환경부의 순시조사에서 적발되었다. 베이 징시에서도 2017년 5월 스모그 저감용 물안개 대포를 측정 지점 인근에 서만 운용한다는 비판을 받기도 했다.

중국은 온실가스 배출 저감에 적극적으로 동참하겠다고 나섰고 국가 적으로 미세먼지 저감에도 열심이다. 그러나 사실 석탄화력발전소의 운 영은 중국뿐만이 아니라 전 세계 모든 나라들의 딜레마이기도 하다. 석탄 화력발전소를 운영할 수밖에 없는 현실을 무시할 수 없는 것이다. 아무리 지구의 상태가 위태롭다고 해도 자국의 경제 발전이나 효율, 이익을 희생 하면서까지 지구 환경을 보호하려 하는 것은 쉽게 결정할 수 있는 일이 아니다. 눈앞에 있는 싼 에너지를 두고서 멀리서 비싼 에너지를 쓰겠다고 쉽게 나설 국가나 기업은 없다. 만약 그렇게 한다면 미세먼지로 죽기 전에 경쟁에 밀려서 사라질 수밖에 없을 것이라는 위기감 때문이다. 사실 우리나라도 비슷한 처지다. 우리나라도 노후 석탄화력발전소 중단이나 폐기를 말하면서도 아직까지는 석탄화력발전소 증설로 가고 있기 때문이다. 그러나 먼 미래를 본다면 석탄화력발전소는 정말로 사라져야 한다.

5. 중국은 표리부동한 미세먼지 정책을 중지해야 한다

미세먼지 발생 산업체를 이전하는 꼼수

중국은 계속 베이징의 미세먼지 농도가 낮아졌다고 선전한다. 언론은 물론이고 해외 학자들까지 동원하고 있다. 세계 최악의 도시라는 소리를 듣고 싶지 않기 때문이다. 그래서 베이징 지역은 산업체의 지방이전, 경유차의 도시 진입 금지, 난방에 석유 사용 금지 등을 실시하여 특별히 관리하고 있다. 문제는 베이징의 대기오염은 줄어들고 있지만 우리나라에 영향을 미치는 미세먼지의 양은 거의 변하지 않고 있다는 점이다. 왜 그럴까?

중국은 2013년부터 본격적으로 베이징에 있는 공장을 지방으로 이전시키기 시작했다. 이 당시 1,500여 개의 공장들이 허베이성 일대로 옮겨갔다. 옮긴 공장들은 주로 심각한 대기오염물질을 내뿜는 철강·시멘트·전해 알루미늄·비철금속 공장 등이다. 중국은 2020년까지 2,000여 개의 공장을 더 동쪽으로 이전시킬 계획이다. 이 공장들 중에 베이징이 자랑하는 제약회사인 퉁런탕同人堂의 공장도 포함되었다고 한다. 공장 지방이전

흐름에 따라 대도시인 베이징에서 퇴출된 것이다. 이러한 중국의 정책은 2022년에 열릴 베이징 동계올림픽에 대비하기 위한 측면도 없지 않다. 공장이 이전하는 동쪽은 우리나라와 가까운 텐진, 칭다오, 허베이 지역이다. 그러니까 미세먼지를 근본적으로 줄이기 위한 의지를 담은 정책이라기보다는 중국의 미세먼지 저감 노력을 대외에 선전하고 자국의 피해를 줄이기 위한 꼼수라고 볼 수 있다.

중국 동해안 지역으로 옮겨진 공장에서 발생한 미세먼지는 온전히 서해를 통해 우리나라로 날아올 수밖에 없다. 지구에 부는 편서풍이 바뀌지 않는 한 베이징은 날로 미세먼지 농도가 낮아질 수밖에 없다. 중국도 이런 사실을 잘 알고 있다. 국무원 환경부 산하 연구소의 한 연구원은 "현재 베이징 내 공장들은 바닷가에 가까운 허베이성 동쪽으로 대거 이전되고 있다. 오염원을 줄이겠다는 의지보다는 해풍海風 같은 자연적인 요인에 기대겠다는 막연한 생각과 무관하지 않다. 중국에서는 주로 서쪽에서 동쪽으로 바람이 부니까 공장을 베이징 동쪽으로 이전하면 베이징으로는 오염물질이 안 날아온다고 여긴다"라고 말한다. 이 연구원은 해풍으로 미세먼지가 사라진다고 생각하는지 몰라도 미세먼지는 우리나라로 날아올 수밖에 없다. 중국인들의 사고에 이웃나라인 우리나라를 배려하는 마음은 눈곱만큼도 없는 것이다.

미세먼지가 날아오는 거리가 늘어날수록 영향은 적어진다. 땅으로 떨어지기 때문이다. 그러나 우리나라로 가까이 이전한 공장에서 내뿜는 미세먼지는 거리가 가까워지니 우리나라에 더 많은 영향을 줄 것이다. 불행히도 앞으로 더 늘어날 것으로 보이는 중국 미세먼지를 우리나라 사람들이 숨 쉴 때 고스란히 들이마실 수밖에 없다는 말이다.

중국의 미세먼지 농도가 심각하다 보니 국외이민자수가 늘어나고 있다.

●●● 중국은 베이징의 미세먼지 농도가 낮아졌다고 선전한다. 세계 최악의 도시라는 소리를 듣고 싶지 않기 때문이다. 그래서 베이징 지역은 산업체의 지방이전, 경유차의 도시 진입 금지, 난방에 석유 사용 금지 등을 실시하여 특별히 관리하고 있다. 문제는 베이징의 대기오염은 줄어들고 있지만 우리나라에 영향을 미치는 미세먼지의 양은 거의 변하지 않고 있다는 점이다. 왜 그럴까? 중국은 2013년부터 본격적으로 베이징에 있는 공장을 지방으로 이전시키기 시작했다. 공장이 이전하는 동쪽은 우리나라와 가까운 톈진, 칭다오, 허베이 지역이다. 중국 동해안 지역으로 옮겨진 공장에서 발생한 미세먼지는 온전히 서해를 통해 우리나라로 날아올 수밖에 없다. 그러니까 미세먼지를 근본적으로 줄이기 위한 의지를 담은 정책이라기 보다는 중국의 미세먼지 저감 노력을 대외에 선전하고 자국의 피해를 줄이기 위한 꼼수라고 볼 수 있다.

아이들은 야외활동을 많이 하는 데다가 마스크를 잘 쓰지 않는다. 또 면역체계도 약하다. 그러다 보니 부모들이 선택한 카드가 베이징 탈출이다. 중국국제이민보고서에 따르면, 1990년부터 2013년까지 해외이민자는 934만 3,000명이다. 7대 이민수출국가에서 지금은 4위로 급부상했다. 중국인들은 웬만해서는 고향을 떠나지 않는다. 그러나 최근 이민자들이 급증하는 주요 이유 중 하나가 "오염이 갈수록 심각해지고 있어서"라고 한다. 중국 당국이 선택한 대책은 오염의 남진정책이다. 베이징 지역의 공장을 남쪽으로 보내 수도권 공기를 지킨다는 전략이다. 그러다 보니 중국 남부의 공기는 더 나빠졌다는 보도가 연일 나오고 있다. 2018년 2월 14일 홍콩《사우스 차이나 모닝 포스트》는 중국 남부 창장長江(양쯔강) 삼각주 지역의 1월 초미세먼지 농도는 지난해 같은 기간보다 20% 상승해 72 $\mu g/m^3$을 기록했다고 보도했다. 이것은 세계보건기구WHO가 권고하는 10 $\mu g/m^3$의 7배를 넘는 수준이다. 이렇게 중국 남부의 초미세먼지 농도가 높아진 것은 기업들이 베이징 등의 중북부에서 공장을 남쪽으로 옮긴 영향이라는 것이다.

더 심각한 문제가 있다. 중국이 기존의 공장을 옮기는 것에 더해 우리나라 인접 지역인 동해안 지역으로 엄청난 석탄화력발전소를 짓겠다고 나섰다는 것이다. 국제환경단체 '엔드콜EndCoal'에 의하면, 중국이 우리나라와 인접한 지역에만 총 113기의 석탄화력발전소를 건설 중이라고 한다. 이 정도의 석탄화력발전소의 생산용량은 우리나라가 가동 중에 있는 석탄화력발전 3만 7,773MW(메가와트)의 약 1.37배에 해당한다. 정말 엄청난 석탄화력발전량이다. 중국은 말로는 지구온난화 문제에 선도적인 역할을 하겠다고 선전한다. 그러나 석탄화력발전은 미세먼지뿐만 아니라 이산화탄소 배출 주범이다. 2018년 10월 8일 유엔 산하 기후변화에 관한 정부 간 협의체IPCC, Intergovernment Panel on Climate Change는 2030년까지 전 세계 석탄발전 비율을 2010년 대비 약 59~78% 줄여야 한다고 주장했다. 지구 평균 온도 상승을 2100년까지 1.5℃로 제한하기 위해서다. 중국은 말과 달리 전 지구인의 바람과 정반대의 에너지 정책을 펼치고 있다.

눈 가리고 아웅 하는 중국의 미세먼지 정책

중국의 이중적인 행태는 여러 곳에서 나타난다. 중국은 미세먼지로 인한 국민들의 불만이 증가하자 '합성천연가스SNG, Synthetic Natural Gas 사용량 확대 정책'[158]을 내놓았다. 2017년 3월 6일 《미국국립과학원회보PNAS, Proceedings of the National Academy of Sciences》에 게재된 캘리포니아대학교 버클리캠퍼스, 프린스턴대학교, 베이징대학교 공동 연구진의 논문 "중국의 합성천연가스 개발이 대기질, 건강 및 기후에 미치는 영향"에서는 중국의 이 정책이 잘못

---

158 석탄을 고온, 고압에서 가스화시킨 후 불순물을 제거하고 메탄을 합성하는 공정을 거치면, 천연가스(주성분 메탄)와 동일한 성질의 상태를 가진 합성천연가스(SNG)가 만들어진다.

되었다고 말한다.[159] 중국 정부는 석탄 대신 합성천연가스를 사용하면 미세먼지가 많이 줄어든다고 한다. 조리나 난방 등에 쓰이는 석탄을 합성천연가스로 바꿀 경우에 미세먼지가 대폭 줄어들 것이라는 거다. 그러나 미세먼지 문제를 해결할 것처럼 보이는 합성천연가스는 결코 미세먼지 대책이 되지 못한다. 합성천연가스는 지구온난화의 주범인 이산화탄소를 엄청나게 만든다. 따라서 합성천연가스를 사용할 경우 동일한 에너지를 얻기 위한 석탄 연소보다 이산화탄소가 40% 정도 늘어난다. 여기에 더 큰 문제는 합성천연가스 사용을 늘일 경우 석탄 사용량이 늘어난다는 점이다. 예를 들어보자. 한 합성천연가스 플랜트에서는 연간 40억m^3의 합성천연가스를 베이징에 공급한다. 그러면 석탄 소비량은 연간 900만 톤이나 줄어든다. 여기까지 보면 정말 최상이다. 그러나 이만큼의 합성천연가스를 만들기 위해 필요한 석탄의 양은 1,200만 톤이나 된다. 그러니까 실제 연간 300만 톤의 석탄을 더 많이 소비하는 셈이다. 정말 '눈 가리고 아웅' 하는 격이 아닐 수 없다.

　이런 이중적인 행태는 곳곳에서 볼 수 있다. 철강산업은 산업체 중에서 석탄을 가장 많이 사용한다. 중국은 우리나라처럼 일부 대기업이 철강산업을 주도하는 것이 아니라 수많은 중소기업이 철강산업에 뛰어들어 많은 공장을 가지고 있다. 따라서 석탄 연소 시 발생하는 대기오염물질의 양이 어마어마하다. 그럼에도 불구하고 중국 정부는 오래된 노후 설비들만 폐쇄하고는 자화자찬한다. 그런데 뒤로 들어가 보면 오히려 생산량 확대를 독려하며 경영 보조금을 주는 것은 물론이고 각종 세제 혜택까지 온

---

159 Yue Qin et al., "Air quality, health, and climate implications of China's synthetic natural gas development", *PNAS*, 2017. 4.

갖 지원을 아끼지 않는다. 특히 가장 많은 미세먼지를 배출함에도 불구하고 대기오염물질 차단 설비 설치를 의무화하지 않는다. 미세먼지 문제를 해결하려면 철강, 석유화학 등을 먼저 구조조정해야 한다. 그러나 그렇게 하려면 실물경제가 위축된다. 여기에 오염물질 차단 설비도 생산단가를 높인다는 이유로 규제하지 않는 것이다. 환경 규제에 역행하는 이상한 정책 아닌가? 이런 이중적 노력(?)으로 2017년 3월에는 조강粗鋼(제품으로 가공되기 전의 철강 원자재) 생산량이 사상 최대치를 기록했다고 그들은 자랑한다.

이런 이중적 행태는 미국과의 무역분쟁이 벌어지자 본색을 드러냈다. "중中, 겨울 스모그 작년보다 나쁠 것… 한국도 숨 막힐라." 2018년 10월 17일 《조선일보》의 기사 제목이다.[160] 미국과 무역전쟁을 벌이고 있는 중국이 2017년과 달리 2018년 겨울에는 철강 생산과 석탄 사용 제한 조치를 완화하기로 한 것이다. 2017년에 대기오염 방지를 위해 실시했던 생산 제한 조치를 완화하기로 한 것은 무역전쟁으로 경기가 둔화되자 환경보호보다는 경기부양이 필요하다고 판단했기 때문인 것으로 보인다. 이에 따라 초미세먼지 농도 감축을 2017년 5% 감축에서 2018년에는 3% 감축으로 낮추었다. 2018년에는 미세먼지 저감정책을 상당히 완화하겠다는 것이다. 놀라운 것은 리간제李干杰 중국 생태환경부장이 2018년 겨울 미세먼지 단속을 융통성 있게 하라고 지시했다는 사실이다. 중국 생태환경부 홈페이지에 실린 그의 말은 "획일적 단속一刀切을 엄격히 금지하고, 합법적인 기업 권익을 보호하는 것이 환경보호 분야 심화 개혁의 중점"이라며 변명을 합리화했다. 조금만 여건이 달라지면 언제든 중국의 미세먼지

---

160 http://news.chosun.com/site/data/html_dir/2018/10/17/2018101700113.html

정책은 바뀐다. 매일 중국의 눈치만 보는 우리나라 정부의 모습도 안쓰럽지만, 결국 우리나라 미세먼지 농도가 높아지면서 우리 국민들만 힘들게 된 꼴이다.

중국은 미세먼지가 다른 나라 때문이라는 말을 하지 마라

중국은 미세먼지가 많이 발생하는 원인이 다른 나라에 있다고 호도하고 있다. 2017년 3월, 중국 칭화대와 베이징대, 미국 캘리포니아어바인대, 캐나다 브리티시컬럼비아대 등이 참여한 국제공동연구진이 연구 결과를 발표했다.[161] 초미세먼지의 이동이 세계인의 건강에 미치는 영향을 분석한 것이다. 연구진은 2007년 한 해 동안 228개국에서 제조업으로 발생한 초미세먼지 농도와 유입 경로를 분석했다. 그 다음 초미세먼지가 발병 위험을 높인다고 알려진 심장질환, 뇌졸중, 폐암, 만성폐쇄성폐질환으로 조기사망한 사람 수 등의 자료를 이용해 모델을 만들었다. 그리고 이 두 가지를 이용해 초미세먼지 유입과 조기사망률의 상관성을 분석했다. 그 결과, 초미세먼지로 인한 심장질환, 폐질환으로 조기사망한 사람이 총 345만 명이라는 추정값을 얻었다. 이 중 12%인 41만 1,100명은 다른 지역에서 날아온 초미세먼지의 영향으로 사망한 것으로 분석되었다. 한국과 일본의 경우 중국발 초미세먼지의 영향으로 3만 900명이 사망한 것으로 계산되었다.

언뜻 보면 중국의 미세먼지 책임을 인정한 것처럼 보인다. 그러나 가만히 들여다보면 중국의 음흉한 술수가 숨어 있다. 캘리포니아어바인대

---

161 Qiang Zhang et al., "Transboundary health impacts of transported global air pollution and international trade", *Nature*, 2017. 3.

스티븐 데이비스Steven Davis 교수는 "많은 기업이 값싼 노동력을 찾아 중국에 공장을 세우는 바람에 중국의 초미세먼지 배출량이 세계에서 가장 많다"고 하면서 "인접국인 한국과 일본은 인구밀도가 높아 더 큰 영향을 받게 된다"고 주장하고 있다. 실제 연구는 대부분 중국 과학자들이 했고 다른 나라 학자들은 곁다리 역할만 했다. 그리고 발표에는 이들을 앞세웠다. 이게 무슨 말인가 하면 중국의 미세먼지는 미국 등의 선진국이 만든 공장에서 발생한다는 것이고, 그 때문에 중국이 가장 많은 피해를 보고 있다는 말이다. 중국 책임이 아니라 선진국의 책임이니 자기들 잘못이 아니라는 것이다. 한국과 일본은 가까운 거리에 위치하고 있기 때문에 더 많은 영향을 받을 뿐이라고 강변하고 있는 것이다. 이처럼 국제공동연구를 이용해 미세먼지 책임을 중국에 공장을 만든 선진국에게 전가시키려 하고 있다.

중국의 이중성은 미세먼지 공동연구에서도 잘 나타난다. 중국발 미세먼지를 정확히 규명하기 위해 '동북아 장거리이동 대기오염물질LTP, Long-range Transboundary air Pollutants'을 한·중·일이 공동연구했다. 보고서는 2018년 6월에 공개하기로 했다. 그러나 데이터가 옛날 것이라는 이유로 중국 정부가 공개를 반대했다. 현재는 1년 연기된 상태인데 2019년 2월 한국과 중국의 환경부장관회의에서 2019년 말에 공개하기로 다시 합의했다. 그러나 중국의 행태로 보아 정말 공개할까 의문이 든다.

제5장

미세먼지 관측 및 예보는 어떻게 이루어지는가

우리나라에서는 1970년대 말부터 대기환경기준이 설정된 대기오염물질 감시를 목적으로 대기측정소를 설치·운영하기 시작했다. 1980년대에는 기준성 대기오염물질 관측에 반자동측정기기를 사용했다. 1990년대 말부터는 반자동측정기기를 사용하는 반자동대기측정소를 폐쇄하고 자동측정기기를 사용하는 자동대기측정소를 늘려갔다. 1988년에는 자동대기측정소가 49개소(반자동대기측정소 179개소)였던 것이 1994년에는 자동대기측정소가 84개소, 1997년에는 자동대기측정소가 142개소로 늘어났다.

1990년대에 들어 산성비, 오존, 광화학 스모그 등의 2차 오염물질이 새로운 대기오염물질로 부상했다. 이에 따라 환경부는 기준성 대기오염물질 측정망과 특수목적 대기오염물질 측정망으로 구분하여 운영했다. 환경부는 1997년에 대기를 감시하는 '2000년대 대기오염 측정망 기본계획'을 수립하고, 그 후 5년 주기로 측정망 기본계획을 갱신하여 새로운 대기측정 요구를 반영하고 있다.[162]

1. 대기오염 측정망

국가 대기오염 및 미세먼지 측정망

2011년에 우리나라는 총 463개의 측정소를 운영했다. 측정소는 크게 일반대기 측정소, 종합대기 측정소, 집중대기 측정소, 이 3가지로 나뉘고, 측정망은 기준성 대기오염물질 측정망과 특수대기 측정망으로 나뉜

---

162 환경부, "측정망 설치·운영 실태평가 및 기본계획 조정을 위한 연구", 환경부, 2004.
환경부, "대기오염 측정망 기본계획 조정 및 재수립을 위한 조사연구", 환경부, 2009.

다.[163] 환경부 자체 평가로 측정소의 규모 및 기능별 역할 구분과 조성은 세계적 수준이라고 본다. 그러나 측정망 설치, 운영, 유지보수와 측정 자료의 생성부터 확정까지 절차 등의 체계 및 문서화는 아직 미진하다고 보았다. 따라서 측정망 운영의 비효율화와 자료질의 객관성 신뢰도의 저하를 초래하고 있다고 본다. 이후 측정 방법 개발, 측정소 설치·운영, 측정소 정도 관리, 측정자료 확정 등 문서화된 체계적 절차를 마련하고 과학적 운영 시스템을 구축하기 시작했다.

먼저 PM$_{2.5}$ 측정망 등 미세먼지 예·경보제 운영 인프라를 확충할 계획이다. 2015년부터 법정 기준으로 신설된 PM$_{2.5}$ 측정망을 PM$_{10}$ 수준으로 단계적으로 확대할 것이다. 즉, 2016년 4월에 152개소였던 것을 2018년에는 287개소, 2020년에는 293개소로 늘린다는 계획이다. 2015년부터 PM$_{2.5}$의 신규 환경기준이 제정되었기 때문이다. 따라서 전국적으로 도시대기 측정망 및 도로변대기 측정망에 대한 PM$_{2.5}$ 측정장비의 확충이 필요해졌다. PM$_{2.5}$ 측정장비는 PM$_{10}$ 측정 지점과 동일한 측정소에 설치하는 것을 원칙으로 하고 도시대기-도로변대기 측정망 순으로 배치하기로 했다. 이러한 계획이 대기오염 측정망 운영 계획(2016~2020년)으로 확정되었다.[164] 측정망 현황을 보면 환경부 및 지방자치단체에서 운영 중인 총

---

163 기준성 대기오염물질 측정망은 도로변대기·도시대기·교외대기·국가배경농도 측정망으로 구성되며, 특수대기 측정망은 산성강하물·대기중금속·유해대기물질·광화학대기오염물질·PM$_{2.5}$ 측정망으로 구성된다.

164 운영 계획의 대강은 첫째 대기오염 측정망 운영 실태 파악을 통한 대기오염 측정망의 확충 및 재조정, 둘째 기능 확대를 통한 체계적 측정망 운영체계 마련, 셋째 측정망 운영체계 개선을 통한 대기정책 지원의 실효성 제고, 넷째 대기오염 현상의 원인 규명 및 대기질 개선 성과 평가 지원, 다섯째 지자체 대기개선대책 및 기후변화대응정책의 수립, 여섯째 지원공간분포상 취약지역(비수도권)과 예·경보 권역을 고려하여 전국적 오염도를 파악할 수 있도록 확충, 일곱째 내용 연한(10년) 도래에 따라 기존 노후 장비를 교체하고 측정 자료의 전산망 확충 등이다.

〈표 6〉 전국 대기오염 측정망 설치 현황(2018년 6월 말 기준, 출처: 환경부)

〈표 6〉 전국 대기오염 측정망 설치 현황(2018년 6월 말 기준, 출처: 환경부)

구 분	목 적	지 점 수		
		소계	환경부	지자체
도시대기 측정망	도시지역의 평균 대기질 농도를 파악하여 환경기준 달성 여부 판정	307	–	307
도로변대기 측정망	자동차 통행량과 유동 인구가 많은 도로변 대기질을 파악	37	–	37
국가배경농도 측정망	국가적인 배경농도를 파악하고 외국으로부터의 오염물질 유입·유출 상태 등을 파악	3	3	–
교외대기 측정망	도시를 둘러싼 교외 지역의 배경농도를 파악	22	22	–
산성강하물 측정망	대기 중 오염물질의 건성 침착량 및 강우·강설 등에 의한 오염물질의 습성 침착량 파악	41	41	–
대기중금속 측정망	도시 지역 또는 공단 인근 지역에서의 중금속에 의한 오염 실태를 파악	55	–	55
유해대기물질 측정망	인체에 유해한 VOCs, PAHs 등의 오염 실태 파악	33	33	–
광화학 대기오염물질 측정망	오존 생성에 기여하는 VOCs에 대한 감시 및 효과적인 관리 대책의 기초자료 파악	18	18	–
지구대기 측정망	지구온난화 물질의 대기 중 농도 파악	1	1	–
PM$_{2.5}$ 성분 측정망	인체 위해도가 높은 미세먼지(PM2.5)의 농도 파악 및 성분 파악을 통한 배출원 규명	30	30	–
대기오염 집중측정망	국가 배경지역과 주요 권역별 대기질 현황 및 유입·유출되는 오염물질 파악, 황사 등 장거리 이동 대기오염물질을 분석하고 고농도 오염현상에 대한 원인 규명	6	6	–
총 계		553	154	399

11개 종류의 측정망(도시대기·도로변대기·산성강하물·국가배경농도·교외 대기·대기중금속·유해대기물질·광화학대기오염물질·지구대기, PM$_{2.5}$성분·대 기오염집중 측정망)은 전국에 총 553개소가 있다(〈표 6〉 참조).

〈표 7〉 전국 도시별 대기오염 측정망 설치 현황(2018년 6월 말 기준, 출처: 환경부)

구 분	총 계		도시대기	도로변대기	국가배경	교외대기	산성강하물	대기중금속	유해대기	광화학	지구대기	PM$_{2.5}$성분	대기오염집중측정망
합 계	553		307	37	3	22	41	55	33	18	1	30	6
구 분	국가	지자체	지자체	지자체	국가	국가	국가	지자체	국가	국가	국가	국가	국가
계	154	399	307	37	3	22	41	55	33	18	1	30	6
서울	9	44	25	14			2	5	3	1		2	1
부산	10	26	19	2			2	5	2	5		1	
대구	7	19	13	2			2	4	2	2		1	
인천	14	25	17	3	1	2	3	5	3	2		2	1
광주	5	13	7	2			1	4	2			1	1
대전	4	14	8	2			1	4	1			1	1
울산	5	20	15	1			1	4	2			1	1
세종	0	3	3										
경기	18	86	75	7		3	4	4	3	5		3	
강원	15	13	8			4	5	5	2		1	3	
충북	8	16	13	1		2	2	2	2			2	
충남	11	30	27	1		2	3	2	3			3	
전북	10	18	16	1		2	3	1	3			2	
전남	10	23	20			1	3	3	2	2		2	
경북	12	20	16		1	3	5	4	1			2	
경남	12	25	21	1		3	3	3	2	1		3	
제주	4	4	4		1		1					1	1

여기에서 대기오염 측정망 설치·운영 지침에 따르면 측정망은 동일한 설치 목적을 가진 측정소의 모임을 말한다. 측정소는 설치 목적에 따라 대기오염물질을 측정하기 위해 측정에 필요한 시설, 장비를 갖춘 한 개의 단위를 말한다. 마지막으로 지점은 측정 장소를 의미하며, 단일 또는 다수의 측정소로 구성될 수 있다. 전국 도시별로 설치된 대기오염 측정망 현황은 220쪽 〈표 7〉과 같다.

〈그림 10〉 대기오염 측정소의 외부 및 내부 전경(출처: 환경부)

측정망별 측정 항목

측정망별 측정 항목은 222쪽 〈표 8〉과 같다.

〈표 8〉 측정망별 측정 항목(출처: 환경부)

구 분		운영 주체	주기	항목
일반대기오염측정망	도시대기	지자체	1시간(연속)	SO_2, CO, NOx, PM_{10}, $PM_{2.5}$, O_3, 풍향, 풍속, 온도, 습도
	도로변대기	지자체	1시간(연속)	SO_2, CO, NOx, PM_{10}, $PM_{2.5}$, O_3, 풍향, 풍속, 온도, 습도 ※ 필요시 Pb, HC, 교통량 추가
	국가배경농도	국가	1시간(연속)	SO_2, CO, NOx, PM_{10}, $PM_{2.5}$, O_3, 풍향, 풍속, 온도, 습도
	교외대기	국가	1시간(연속)	SO_2, CO, NOx, PM_{10}, $PM_{2.5}$, O_3, 풍향, 풍속, 온도, 습도

일반측정망	특수대기오염측정망	산성강하물	국가	건성:6일간격 습성:강수시 수은:2시간 연속	건성: $PM_{2.5}$, $PM_{2.5}$ 중 이온성분(SO_4^{2-},NO_3^-,Cl^-,Na^+,NH_4^+,K^+, Mg^{2+},Ca^{2+})
					습성: pH, 이온성분(SO_4^{2-},NO_3^-,Cl^-,Na^+,NH_4^+,K^+, Mg^{2+},Ca^{2+}), 전기전도도, 강수(설)량
				※ 수은 습성 침적량은 수동	수은(총가스상 수은), 수은 습성침적량
		대기중금속	지자체	월5회 (매월2째주)	Pb, Cd, Cr, Cu, Mn, Fe, Ni, As, Be, Al, Ca, Mg
		유해대기물질	국가	월1회(수동)→ VOCs는 순차적으로 자동전환	VOCs 14종 : Benzene, Toluene, Ethylbenzene, o-Xylene, m,p-Xylene, Styrene, Chloroform, 1,1,1-Trichloroethane, Trichloroethylene, Tetrachloroethylene, 1,1-Dichloroethane, Carbontetrachloride, 1,3-Butadiene, Dichloromethane
					PAHs 7종 : Benzo(a)anthracene, Chrysene, Benzo(b)flouranthene, Benzo(k)flouranthene, Dibenzo(a,h)anthracene, Benzo(a)pyrene, Indeno(1,2,3-cd)pyrene
		광화학대기오염물질	국가 지자체	1시간 연속	NOx, NOy, PM_{10}, $PM_{2.5}$, O_3, CO, 풍향, 풍속, 온도, 습도, 일사량, 자외선량, 강수량, 기압, 카르보닐화합물 (포름알데하이드,아세트알데하이드,아세톤)
					VOCs 56종 : Ethane, Ethylene, Propane, Propylene, i-Butane, n-Butane, Acethylene, trans-2-Butene, 1-Butene, Cis-2-Butene, Cyclopentane, i-Pentane, n-Pentane, trans-2-Pentene, 1-Pentene, Cis-2-Pentene, 2,2-Dimethylbutane, 2,3-Dimethylbutane, 2-Methylpentane, 3-Methylpentane, Isoprene, 1-Hexene, n-Hexane, Methylcyclopentane, 2,4-Dimethylpentane, Benzene, Cyclohexane, 2-Methylhexane, 2,3-Dimethylpentane, 3-Methylhexane, 2,2,4-Trimethylpentane, n-Heptane, Methylcyclohexane, 2,3,4-Trimethylpentane, Toluene, 2-Methylheptane, 3-Methylheptane, n-Octane, Ethylbenzene, m/p-Xylene, Styrene, o-Xylene, n-Nonane, Isopropylbenzene, n-Propylbenzene, m-Ethyltoluene, p-Ethyltoluene, 1,3,5-Trimethylbenzene, o-Ethyltoluene, 1,2,4-Trimethylbenzene, n-Decane, 1,2,3-Trimethylbenzene, m-Diethylbenzene, p-Diethylbenzene, n-Undecane, n-Dodecane
		지구대기	국가	1시간 연속	CO_2, CFC(-11,-12,-113,-114), N_2O, CH_4
		$PM_{2.5}$ 성분 측정망	국가	1회/1일(농도) 1회/6일(성분)	$PM_{2.5}$ 질량, 탄소성분(OC,EC), 이온성분(SO42-,NO3-,Cl-,Na+,NH4+,K+, Mg2+,Ca2+), 중금속성분(Pb, Cd, Cr, Cu, Mn, Fe, Ni, As, Be)

집중측정망	백령도 수도권 남부권 중부권 제주권 영남권	국가	연속	SO2, CO, NOx, PM10, O3, 풍향, 풍속, 온도, 습도, PM2.5질량, 탄소성분(OC,EC), 이온성분(SO_4^{2-},NO_3^-,Cl^-,Na^+,NH_4^+,K^+, Mg^{2+},Ca^{2+}), 중금속성분(Pb, Cd, Cr, Cu, Mn, Fe, Ni, As, Be)

※ 일부 항목의 경우, 확정 주기가 상이하여 연간 보고한다.

2. 대기오염 측정 방법

측정 방법 및 측정망

공기 중에는 다양한 대기오염물질이 존재한다. 이것들을 측정하기 위한 다양한 방법이 〈표 9〉에 나와 있다. 이런 측정 방법으로 미세먼지도 측정한다.

〈표 9〉 대기오염 측정 방법(출처: 환경부)

측정 항목	측정 방법
아황산가스(SO_2)	자외선형광법 (Pulse U.V Fluorescence Method)
일산화탄소(CO)	비분산적외선법 (Non−Dispersive Infrared Method)
이산화질소(NO_2)	화학발광법 (Chemiluminescent Method)
오존(O_3)	자외선광도법 (U.V Photometric Method)
미세먼지(PM_{10})	베타선흡수법 (ß−Ray Absorption Method)
초미세먼지($PM_{2.5}$)	중량농도법 또는 이에 준하는 자동측정법
납(Pb)	원자흡수분광광도법(Atomic Absorption Spectrophotometry)
벤젠	가스크로마토그래프법(Gas Chromatography)

▲ 일반항목분석장비

▲ 광화학분석장비

▲ 산성강하물채취장비

▲ 기상관측장비

▲ 미세먼지분석장비

▲ 전송장비

〈그림 11〉 대기오염 측정 설치 장비(출처: 환경부)

〈표 10〉 대기오염 측정망 측정 항목 현황(출처: 환경부)

구분			운영 주체	측정 방법	측정 항목
일 반 측 정 망	일 반 대 기 오 염 측 정 망	도시대기	지자체	연속	SO_2, CO, NOx, PM_{10}, O_3, 풍향, 풍속, 온도, 습도
		교외대기	국가	연속	SO_2, CO, NOx, PM_{10}, O_3, 풍향, 풍속, 온도, 습도
		국가 배경농도	국가	연속	SO_2, CO, NOx, PM_{10}, $PM_{2.5}$, O_3, 풍향, 풍속, 온도, 습도
		도로변대기	지자체	연속	SO_2, CO, NOx, PM_{10}, O_3, 풍향, 풍속, 온도 ※ 필요시 Pb, $PM_{2.5}$, HC, 교통량 추가
	특 수 대 기 오 염 측 정 망	유해대기물질	국가	수동(월1회)→ 순차적으로 자동전환(VOCs)	VOCs(휘발성유기화합물) : 14종
					PAHs(다환방향족탄화수소) : 7종
		대기중금속	지자체	수동(매월 2째주)	Pb, Cd, Cr, Cu, Mn, Fe, Ni, As, Be ※ 황사 기간 중에는 Al, Ca, Mg 등 3개 항목 추가
		광화학 대기오염물질	국가	연속	NOx, NOy, PM_{10}, $PM_{2.5}$, O_3, CO, VOCs(ethane 등 56종), 풍향, 풍속, 온도, 습도, 일사량, 자외선량, 강수량, 기압, 카르보닐 화합물
		산성강하물	국가	강우시, 6일 간격 ※ 수은 항목은 연속 (단, 수은 습성 침적량은 수동)	건성: $PM_{2.5}$ 질량, $PM_{2.5}$ 중 이온 성분(Cl^-, NO_3^-, SO_4^{2-}, NH_4^+, Na^+, K^+, Ca^{2+}, Mg^{2+})
					습성: pH, 이온 성분(Cl^-, NO_3^-, SO_4^{2-}, NH_4^+, Na^+, K^+, Ca^{2+}, Mg^{2+}), 전기전도도, 강수(설)량
					수은 : 총가스상 수은 농도, 입자상 수은, 산화수은, 습성침적량
		지구대기	국가	연속	CO_2, CFC(-11,-12,-113), N_2O, CH_4
		$PM_{2.5}$	국가	연속	$PM_{2.5}$ 질량, 탄소 성분(OC,EC), 이온 성분(SO_4^{2-}, NO_3^-, Cl^-, Na^+, NH_4^+, K^+, Mg^{2+}, Ca^{2+}), 중금속 성분(Pb, Cd, Cr, Cu, Mn, Fe, Ni, As, Be)
집 중 측 정 망	백령도 수도권 호남권 중부권 제주권 영남권		국가	연속	SO_2, CO, NOx, PM_{10}, O_3, 풍향, 풍속, 온도, 습도, $PM_{2.5}$ 질량농도, 탄소 성분(OC,EC), 이온 성분(SO_4^{2-}, NO_3^-, Cl^-, Na^+, NH_4^+, K^+, Mg^{2+}, Ca^{2+}), 중금속 성분(Pb, Cd, Cr, Cu, Mn, Fe, Ni, As, Be)

대기오염의 일반적 측정 방법

대기오염 측정에는 일반대기오염물질과 중금속물질과 산성강하물질이 있다. 우리가 말하는 미세먼지는 일반대기오염물질에 속한다.

일반대기오염물질

대기환경기준 항목의 측정 방법은 환경정책기본법 시행령 제2조 별표 1과 같으며, 세부적인 측정 방법은 『대기오염공정시험방법』의 '환경대기 중 무기물질(ES 01351.1~01355.1)'과 같다. 미세먼지 측정 방법에 대해서는 뒤에서 다시 설명하기로 한다.

중금속물질

대기 중 중금속 성분의 분석을 위해서 시료는 하이볼륨에어샘플러High Volume Air Sampler 또는 로우볼륨에어샘플러Low Volume Air Sampler를 사용하여 유리섬유제, 석영섬유제 여과지에 일정량의 공기를 포집하여 채취한다. 하이볼륨에어샘플러를 사용할 경우의 시료 채취 시간은 24시간을, 로우볼륨에어샘플러를 사용할 경우에는 3~7일간 연속 포집하는 것을 원칙으로 한다. 단, 대기 중의 중금속 농도와 측정 당시의 기상 조건을 고려하여 채취 기간을 결정할 수 있다. 분석 방법의 경우 원자흡광도법과 흡광광도법이 있으나 원자흡광도법을 주 시험법으로 한다. 분석용 시험용액의 조제를 위한 전처리 방법으로는 질산·염산혼합액에 의한 초음파추출법과 저온회화법 그리고 질산·과산화수소법이 있으며, 비교적 유기물 함량이 적은 경우에는 1.03M 질산과 2.23M 염산혼액에 의한 전처리가 적당하다. 질산·염산혼합액에 의한 초음파추출법은 다음과 같다. 먼저 시료를 포집한 여과지를 적당한 크기로 잘라서 $100ml$ 비커에 넣고 1.03M 질산과

2.23M 염산의 혼합액(1:1)을 $30ml$ 가한 다음 실링 필름Sealing Film으로 비커 뚜껑을 덮은 후 초음파추출기에 $100ml$ 물을 시료가 담긴 비커의 시료액 높이만큼 채워 초음파추출기의 출력 $28kHz$(킬로헤르츠)로 2시간 동안 추출한다. 초음파 처리가 끝나면 비커를 꺼내어 식힌 다음 여과지(5A)를 올려 놓은 깔때기를 이용하여 비커 속의 시료용액을 여과하고, 증류수로 최종 액량이 $100ml$가 되도록 여과지를 헹궈주어 최종 액량은 $100ml$ 메스플라스크에 옮긴 후 검액으로 사용하여 분석한다. 또한 별도로 공 여과지에 대하여 위와 같은 조작을 한 후 바탕시험용액으로 사용한다. 원자흡광도법으로 중금속을 분석할 경우 중금속 표준용액은 원자흡광분석용 중금속 표준액 $1.0mg$Metal$/ml$을 사용하며 정해진 파장에서 각 항목을 측정한다.

산성강하물

산성강하물은 습성강하물과 건성강하물로 분류하여 시료 채취와 분석을 시행한다. 습성강하물은 강수 발생 시 매일 1회 채취하고, 건성강하물은 6일마다 1일간(24시간) 시료를 채취하며 pH, 전기전도도, 이온성분(Cl^-, NO_3^-, SO_4^{2-}, NH_4^+, Na^+, K^+, Ca^{2+}, Mg^{2+}) 등을 분석한다.

〈표 11〉 산성강하물의 분석 항목 및 기기

분석 항목	분석기기
pH	Glass Electrode
전기전도도	Conductivity Cell
Cl^-, NO_3^-, SO_4^{2-}	Ion Chromatography
NH_4^+	Ion Chromatography
Na^+, K^+, Ca^{2+}, Mg^{2+}	Ion Chromatography Atomic Absorption/Emission Spectrophotometry

미세먼지 측정 방법

미세먼지는 정확한 측정이 이루어져야 한다. 이를 위해 미세먼지를 측정하는 여러 가지 방법이 있다. 미세먼지 측정 방법으로는 직접적으로 질량을 측정하는 질량농도 측정 방법, 입자의 물리적 특성을 이용한 간접적인 측정 방법으로 베타선 흡수법, 테이퍼소자 진동법, 광산란법, 광투과법 등이 있다. 그러나 대표적인 관측값으로 중량농도법을 사용한다. 우리나라의 환경정책기본법시행령을 보면 미세먼지 측정 방법은 '중량농도법 또는 이에 준하는 자동측정법'이라고 명시되어 있다. 우리나라를 비롯한 미국, 일본, 유럽 등 여러 나라에서는 중량농도법을 기준측정법으로 하여 미세먼지를 측정하고 있다.

중량(질량)농도법은 환경대기 중에 존재하는 입경이 $10\mu m$ 이하인 입자상물질(PM_{10})을 샘플러를 사용하여 24시간 동안 여지에 포집된 먼지의 양을 측정하는 방법이다. 채취된 샘플은 입자상물질의 물리·화학성분 분석에 이용된다. 샘플러는 입경 크기 $10\mu m$ 이하의 입자상물질을 관성에 의해 분리할 수 있는 특정한 구조를 갖는 도입부의 입자분리장치를 통해 공기 시료를 규정된 시간 동안 채취한다. 샘플러의 입자분리장치의 입경 크기 분리 특성은 분리 기조입경($10\mu m$)에서 50% 분리 효율 특성을 갖추어야 한다. 채취된 필터 시료는 수분 평형화 후에 PM_{10} 채취 이전과 이후의 무게를 측정하여 전체 질량농도를 결정한다. 채취된 전체 유량은 실제 측정된 온도와 압력에 대하여 25℃, 1기압으로 보정되어 채취 유속과 시간으로부터 계산된다. 대기 중의 PM_{10} 질량농도는 PM_{10}의 크기 영역에서 채취된 미세먼지 전체 질량을 샘플링된 유량부피로 나눈 값으로 계산하고, $\mu g/m^3$으로 표현한다. 샘플링 시의 온도와 압력은 샘플링 기간 동안의 평균 온도와 압력으로 계산한다.

베타선법과 같은 자동측정법은 대기 중에 부유하고 있는 $10\,\mu m$ 이하(단, 분립장치에 따라 채취 입자의 크기를 조절할 수 있음)의 입자상물질을 일정한 시간(1시간 혹은 그보다 짧은 시간) 동안 여지 위에 채취하여 베타선을 투과시켜 입자상물질의 질량농도를 연속적으로 측정하는 방법이다. 측정 방법은 베타선을 방출하는 광원으로부터 조사된 베타선이 여과지 위에 채취된 먼지를 통과할 때 흡수·소멸되는 베타선의 차로 농도를 계산한다. 자동측정법은 중량농도법보다 정확성이 낮기 때문에 중량농도법과의 등가성 평가를 실시한 후 승인된 자동측정기만을 사용해야 한다. 국립환경과학원에서는 $PM_{2.5}$ 전국 측정기 형식 승인을 위한 등가성 평가를 실시하고 있다.

이외에도 다양한 측정 방법이 있다. 간단하게 소개해보겠다. 자외선형광법은 단파장 영역의 자외선에 의해 여과되어진 아황산가스 분자로부터 발생되는 형광강도를 측정하여 아황산가스 농도를 연속적으로 측정하는 방법이다. 비분산적외선법은 광원에서 방사된 적외선이 시료 셀^{cell}을 통과할 때 최초의 적외선 양과 시료 통과 후의 적외선 양이 시료 중의 측정 성분에 의해 흡수되어 차이가 나게 되는 원리를 이용하여 측정한다. 화학발광법은 시료 중에 포함되어 있는 일산화질소(NO) 또는 질소산화물($NO+NO_2$)을 연속적으로 측정하는 방법이다. 먼저 시료 중의 일산화질소와 오존과의 반응에 의해 이산화질소(NO_2)가 생성될 때 생기는 화학발광강도가 일산화질소(NO) 농도와 비례관계가 있는 것을 이용하여 일산화질소(NO) 농도를 측정한다. 또한 질소산화물($NO+NO_2$)을 측정할 경우 시료 중의 이산화질소(NO_2)를 컨버터^{converter}를 통하여 일산화질소(NO)로 변환시킨 후 일산화질소(NO) 농도를 구하는 방법과 동일하게 측정하여 얻은 질소산화물($NO+NO_2$)에서 일산화질소(NO) 농도를 뺀 값이 이산화질소(NO_2)가 된다. 자외선광도법은 파장 $254nm$(나노미터) 부근에서 자외선 흡수량의 변화를 측정하여 환경대기 중의 오존 농도를 연속적으로 측정하는 방법이다. 가스크로마토그래프법Gas Chromatograph Mass Spectrometry은 기체 시료 또는 기화한 액체나 고체 시료를 운반가스에 의해 분리관 내에 전개시켜 기체 상태에서 분리되는 각 성분을 크로마토그래피적으로 분석하는 방법이다.

각 분석 항목에 대한 측정 원리는 다음과 같다. 먼저 수소이온농도(pH)는 유리막의 막 전위차에 의해 pH를 측정하는 유리전극으로 된 pH계를 사용한다. 전기전도도Conductivity는 단면적 $1cm^2$, 거리 $1cm$에 상대하는 전극간의 용액이 갖는 전기저항의 역수로서 단위는 25℃로 환산한 $\mu s/cm$ ($\mu l/cm$)으로 표시한다. 이온크로마토그래피법Ion Chromatography으로 분석하는데 이 방법은 이동상으로 액체를 사용하고, 고정상으로는 이온교환수지를 사용한다. 이동상에 녹은 혼합물을 고분리능 고정상이 충진된 분리관 내로 통과시켜 시료 성분의 용출 상태를 전도도검출기 또는 광학검출기로 검출하여 그 농도를 정량하는 방법이다. 원자흡광분광광도법Atomic Absorption Spectrophotometry도 사용한다. 시료를 적당한 방법으로 해리시켜 중성원자로 증기화하여 생긴 기저 상태의 원자가 원자층을 투과할 때 특유 파장의 빛을 흡수하는 현상을 이용하여 시료 중의 농도를 정량하는 방법이다. 원자흡광분광광도법으로 분석할 수 있는 양이온은 Ca^{2+}, Mg^{2+}, K^+, Na^+이며, Ca^{2+}의 파장은 422.7nm, Mg^{2+}의 파장은 285.2nm, K^+의 파장은 766.5nm, Na^+의 파장은 586.0nm이다.

산성강하물 측정망 내에 설치된 수은자동연속측정망을 통해 대기 중의 총 가스상 수은을 측정한다. 가스상 수은의 채취는 대기 중의 수은이 시료 채취 도입부로 유입되면서 튜브 내부의 금아말감 흡착제들과 접촉하여 수은들이 금과 아말감을 이루는 특성을 바탕으로 하며, 시료 채취 유량은 0.1~1.5lpm 범위에서 설정된다. 냉증기원자형광광도법CVAFS, Cold Vapor Atomic Fluorescence Spectrometry은 샘플러 전단에 석영유리섬유필터quartz glass fiber filter를 넣은 테프론 필터팩을 장착하여 입자상 수은을 제거한 후 금아말감 튜브에 열탈착을 가하여 냉증기원자형광광도법으로 수은 농도를 측정한다. 검출기로 원자형광광도계를 사용하며 수은 증기 램프로부터 나오는 빛이 대기 중의 수은 원자를 여기시켜 더 많은 빛을 방출한다. 수은 원자로부터 방출된 빛은 253.7nm의 파장대에서 필터를 거쳐 광증배관PMT, PhotoMultiplier Tube에서 전기적인 신호로 변환된다. 마지막으로 휘발성유기화합물(광화학오염물질측정망)은 자동연속열탈착분석법Online GC을 이용하여 도입부에 일정 형태의 저온농축장치를 사용한 후 대기 중의 공기를 직접 채취해 저온농축관에서 농축한다. 이후, 2단 열탈착하여 고분리능 캐피럴리칼럼을 이용한 가스크로마토그래프에 의해 분석 대상 물질인 56종의 휘발성유기화합물질을 분리, 일반 가스크로마토그래프의 검출기(FID 등)로 현장에서 바로 분석한다. 분석 대상 물질은 231쪽 〈표 12〉와 같다.

이외에 다환방향족 탄화수소류(PAHs) 분석도 행한다.

이노우에 히로요시는 초미세먼지 측정에 관해 자세하게 설명한다.[165] 초미세먼지를 측정하기 위해 모으는 방법은 다음과 같다. 먼저, 공기를 모아 지름 10μm의 구멍이 뚫린 필터로 거른다. 그러면 10μm보다 큰 입자는 전부 걸러지고 그 이하의 입자만 통과한다. 이렇게 모인 물질을 지름 5μm의 구멍이 뚫린 필터로 다시 거르면, 한 변이라도 5μm보다 큰 물질은 걸러지지만 5μm 이하는 모두 통과한다. 여기서도 세로 5μm 가로 1μm와 같이 모양이

---

[165] 이노우에 히로요시, 『은밀한 살인자 초미세먼지』, 전나무숲, 2018.

No.	Compunds	Molecular weight	B.P (℃)
1	Benzene	78.1134	80.1
2	Toluene	92.1402	110.6
3	Ethylbenzene	106.167	136.2
4	m,p-Xylene	106.167	138.3
5	Styrene	106.167	139.1
6	o-Xylene	104.1512	145.2
7	Chloroform	119.38	61.0
8	MethylChloroform	133.41	74~76
9	TriChloroethylene	131.39	86.7
10	Tetrachloroethylene	165.83	131.3
11	1,1-Dichloroethane	98.96	57~59
12	Carbon tetrachloride	153.82	76~77
13	1,3-Butadiene	54.09	−4.4
14	Dichloromethane	84.94	40

비뚤어진 물질은 통과할 수 있다. 마지막으로 지름 2.5μm의 구멍이 뚫린 필터로 걸러내면 지름 2.5μm 이하의 물질만 남는다. 정확히 말하면, 이 과정을 거쳐 채집한 물질은 '입자의 크기가 일정한' 초미세먼지는 아니지만 지름이 2.5μm 이하인 초미세먼지(PM$_{2.5}$)라는 것이다.

이노우에 히로요시는 이렇게 모아진 초미세먼지의 농도를 측정하는 방법을 크게 3가지로 구분한다. 초미세먼지(PM$_{2.5}$) 농도는 1m^3라는 공간의 공기에 포함된 초미세먼지의 무게(μg)를 나타낸다. 이론적으로는 1m^3 공간의 공기를 모아서 그 속에 들어 있는 초미세먼지를 끄집어내어 무게를 재는 방법이다. 여기에는 3가지 방법이 있다. 첫째가 필터법(전자저울)이다. 일정량의 공기를 모아서 원심분리기에 넣고 돌리면 공기에 포함된 먼지가 모인다. 초미세먼지에 원심력이 작용하게 하려면 상당히 강한 소용돌이를 만들어야 한다. 모인 먼지에 들어 있는 큰 입자들은 '구멍의 지름이 2.5μm인 필터'로 걸러내고 남은 입자들은 모아서 μg 단위까지 무게를 잴 수 있는 전자저울로 측정한다. 두 번째가 베타선 흡수법이다. 모인 공기 속에 방사선인 베타선을 쬔다. 베타선의 산란散亂과 투과율을 이용하여 공기 속 입자들의 크기를 알 수 있는 것이다. 이 측정기는 사용하기는 쉬우나, 방사능을 사용하는 데다 값도 비싸다는 단점이 있다. 마지막으로 필터진동법TEOM, Tapered Element Oscillating Microbalance(초미세먼지 진동 미량저울)이 있다. 큰 입자를 걸러낼 필터를 미리 일정한 힘으로 진동하게 한다. 그러면 필터를 통과한 입자가 모여 무게가 생기면서 진동이 변화한다. 이 진동의 힘이 줄어드는 차이를 이용하여 초미세먼지(PM$_{2.5}$)의 무게를 재는 것이다. 주로 정부에서 활용하는 방법이다.

3. 다양한 미세먼지 관측이 필요하다

미세먼지 관측 방법 및 연구들

지금까지 주로 사용된 미세먼지 관측 방법은 지상에서 낙하한 미세먼지의 양을 측정해 관측하는 것이다. 최근에는 기상청이 도입한 기상항공기와 특화된 미세먼지 항공기를 이용하여 미세먼지를 관측하는 방법이 새로 등장했다. 2018년 4월 18일 국내에 도입된 종합기상관측용 항공기 '킹에어King Air 350HW'가 주인공으로 이 항공기는 서해상에서 대기질을 측정하기 시작했다. 여기에 미세먼지에 특화된 '비치크래프트 1900D' 항공기도 2018년 12월부터 국내 대기질을 관측하기 시작했다. '비치크래

오염원
자동차 및 공장 매연,
석탄화력발전소 배출가스,
황사 등

미세먼지 흡입구
비행 중 미세먼지(에어로졸)를
빨아들이는 장비.
상단에 2개 설치

기체상 물질 흡입구
이산화황(SO2) 등 기세 상태의
오염물질과 산화제 흡입.
양측 맨 앞 창문과 양 날개 하단에
총 4개 설치

연구용 항공기 비치크래프트 1900D 제원	
길이, 높이	18m, 4.5m
탑재 중량	최대 2.1톤
관측장비 수	최대 7, 8개로 교체 설치도 가능
탑승 가능 인원	연구자 6명, 조종사 1명
비행 가능 시간	한 번에 5~6시간
대기흡입구 수	6개(미세먼지용 2개, 기체상물질용 4개)

(출처: 미세먼지 국가프로젝트 사업단)

〈그림 12〉 대기질 관측용 항공기 비치크래프트 1900D

프트^{Beechcraft} 1900D'는 '미세먼지 국가프로젝트 사업단'이 한국의 연중 대
기질 관측을 위해 도입한 항공기다. 이 항공기는 미세먼지 조성뿐 아니라
미세먼지 재료가 되는 오염물질과 미세먼지 생성 반응을 일으키는 산화
제 등을 동시에 측정한다. 여기에 더해 미세먼지 발생 원인과 경로를 실
시간 모니터링한다.

김상민 등은 지표에서의 미세먼지 농도를 정확히 모니터링하기 위해서
에어로졸의 수직 분포 및 기상 상황을 파악하는 연구를 실시했다.[166] 에어

---

166 김상민 외, "지상 에어로졸 관측 및 운고계 관측을 통한 지상 미세먼지 농도 추정방법 분석", 한국기
상학회, 2017.

로졸 광학 두께(AOT, Aerosol Optical Thickness)는 에어로졸의 흡수 및 산란에 의한 대기복사 감소량을 나타내며 지표부터 대기 상단까지의 에어로졸 소산계수의 적분으로 표현될 수 있다. 대기오염물질의 대부분은 경계층 내에 존재하기 때문에 행성 경계층의 높이는 지상 미세먼지 농도의 추정에 직접적인 영향을 준다는 이론에 근거한 것이다.

김윤헌은 대기오염 측정망을 구축할 수 없는 지역에 농도를 파악하기에는 기술적·경제적 어려움이 있기 때문에 이를 극복하고자 다양한 대기물질을 선택적으로 측정할 수 있도록 개발된 수동간이채취기(passive airsampler)를 이용한 측정 방법을 연구했다.[167] 이 측정 방법는 고도의 기술이 필요하지 않고, 자연적인 이동, 침강, 확산 등의 현상을 이용하기 때문에 전력이 필요하지 않아 광범위한 지역에도 활용할 수 있는 도구다. 그는 연구를 통해 입도분석기를 이용하여 표준입자와 입자수동간이채취기(Particle passive air sampler)로 채취한 미지의 시료에 대해 재현성 평가를 한 결과, 모두 상대표준편차 12% 이내로 나타났다. 이에 입도분석기는 모든 시료에 대한 입자상 분석이 충분한 신뢰도를 나타내고 있음을 확인했다.

배주연 등은 상대습도(RH, %), 온도(TEMP, ℃), 행성경계층 높이(HPBL, m), 풍속(WS, m/s)의 기상변수를 사용하여 회귀 분석을 시행하여 미세먼지 농도를 추정하는 연구를 실시했다.[168] 그리고 다양한 기상변수들을 통해 회귀 모델을 만들어 미세먼지 농도의 직접 측정이 불가능한 곳에서의 측정을 가능케 하고자 했다. 이를 통해, 에어로졸의 광학적 깊이(AOD)만

---

[167] 김윤헌, "입자상 Passive air sampler를 이용한 대기 중 미세먼지 측정에 관한 연구", 대전대학교 대학원, 2018.

[168] 배주연, "에어로졸 광학두께와 기상변수를 활용한 미세먼지 농도 추정", 경북대학교 천문대기과학과, 2017.

을 가지고 미세먼지 농도를 예측하는 것이 가능하다. 그는 여기에 기상변수인 온도를 추가하여 사용했을 때 더 개선된 예측을 도출해냈고, 더불어 인공위성 자료의 사용은 PM의 공간적 분포에 대한 정보를 제공해주는 이짐이 있다고 주장한다.

이런 방법 외에 더 정교한 관측 방법을 위한 연구가 진행되고 있다. 기상청을 포함한 대부분의 미세먼지 관측은 지상 직접 관측in-situ measurement이 대부분이기 때문에 에어로졸의 연직 분포와 이동 및 통과 고도 등에 대한 분석은 부족한 실정이다. 이에 김만해 등은 정확한 라이다Lidar, Light Detection & Ranging 관측자료를 이용한 미세먼지 농도 산정에 대한 연구를 했다.[169] 라이다는 대기 중으로 레이저를 발사하여 후방 산란된 빛을 관측함으로써 에어로졸이나 구름의 연직분포를 파악할 수 있는 장비다. 원격 광학장비인 라이다는 일반적으로 대기 중 에어로졸의 광학적인 양을 나타내는 에어로졸 소산계수나 광학두께를 산출하는 데 사용된다(e.g., Murayama et al., 2003; Won et al., 2004; Noh et al., 2007; Yoon et al., 2008). 이들은 라이다와 동시에 관측된 스카이라디오미터Skyradiometer 및 지상 PM_{10} 관측 결과를 이용했다.

김희상 등은 드론drone을 이용해 미세먼지의 연직분포 및 플럭스flux를 측정하는 연구를 실시했다.[170] 이들은 멀티콥터(드론)을 이용하여 미세먼지의 연직분포를 측정할 수 있는 시스템을 개발했다. 이 시스템에는 풍향-풍속을 측정하는 센서와 온도, 습도, 기압, GPSGlobal Positioning System, 광학입자계수기Optical Particle Counter, Hy-OPC와 응축핵계수기Water-based Condensation Particle

---

169 김만해 외, "라이다 관측자료를 이용한 미세먼지 농도 산정", 서울대학교, 2014.

170 김희상 외, "드론을 이용한 안면도 상공 대기경계층내의 미세먼지 연직분포 및 Flux 측정", 한양대학교 기계공학과, 2018.

●●● 환경부는 소규모 사업장에서 이뤄지는 미세먼지 불법 배출 감시에 드론을 활용하기로 했다. 불법 배출에 투입되는 드론에는 150m 이상 상공에서 질소산화물, 암모니아, 미세먼지, 휘발성유기화합(VOCs) 등 30여 가지 대기오염물질을 측정할 수 있는 센서가 장착되어 있다. 이 드론은 동영상 카메라를 장착한 드론과 함께 움직인다. 드론들은 비행하면서 오염물질 고농도 배출 현장을 찾아 촬영해 지상으로 전송한다.

Counter, Hy-CPC가 탑재되어 있다. 이 장비를 통해 고도 1,000m까지 미세먼지의 연직분포 및 플럭스를 측정했다는 것이다.

4. 우리나라의 미세먼지 예보

환경부의 미세먼지 예보

환경부는 1단계 사업으로서 2013년 8월부터 수도권(서울, 경기, 인천)을 대상으로 PM$_{10}$ 시범예보를 실시했다. 그리고 11월 전국을 대상으로 시범 예보를 거쳐 2014년 2월부터 전국 대상 정식 예보를 본격적으로 실시했다. 기상청, 국립환경과학원으로 이원화되었던 미세먼지 예보를 2017년 7월 환경기상통합예보실로 일원화하여 미세먼지 예·경보 체계를 개선했고 다양한 모델[171]을 활용하여 예보 정확도를 높이고 있다. 또한 한국형 예보 모델 개발도 준비 중에 있다.

미세먼지 예보는 대기질 전망을 방송, 인터넷 등을 통해 알림으로써 국민의 건강과 재산, 동식물의 생육, 산업활동에 미치는 피해를 최소화해야 한다. 또한 대기오염을 줄이는 데 있어 국민의 참여를 구하기 위한 제도다. 대기질 예보 절차는 '관측 → 모델 → 예측 → 전달'의 4단계로 이루어진다.

첫째, '관측'은 기상과 대기질을 감시하고 추세를 파악하는 단계다. 기상 관측망과 국내외 실시간 대기질 측정 자료가 이에 활용된다. 둘째, '모델'은 다양한 기상 조건에서 오염물질 배출량을 대기 중 농도로 변환하는 과정이다. 기상, 배출처리, 대기화학, 수송 등의 요소로 구성된다. 셋째, '예측'은 관측 자료와 모델 결과에 예보관의 지식과 경험, 노하우를 더하여 예보를 생산하는 과정이다. 마지막으로, '전달'은 생산된 미세먼지 예보 결과를 TV, 라디오, 홈페이지(에어코리아), 문자, 모바일 앱(우리동네 대기질) 등을 통해 국민에게 알리는 것이다(238쪽 〈표 13〉 참조).

환경부에서는 에어코리아를 통해 대기 상태를 발표한다. 발표 요소와 시간, 그리고 단계는 238쪽 〈표 14〉와 같다. 환경부는 미세먼지 예보에

---

171 환경부는 기상청과 협력하여 기상 모델 및 수치 모델을 이용하여 미세먼지 예측을 수행하고 있다. 현재 운영되고 있는 수치예보 시스템은 WRF를 사용한다. 배출량 모델 SMOKE, 화학수송 모델 CMAQ로 수치 모델링 시스템을 구성하여 운영하고 있다. 또한, 수치예보 시스템에 환경부에서 작성한 최신 토지피복도 자료를 이용하여 모델링 입력 자료를 개선하는 노력도 하고 있다. WRF는 2005년부터 미국 해양대기청(NOAA)의 산하 기관인 국립환경예측센터(NCEP, National Center for Enviromental Prediction)의 현업 모델이다. 우리나라 기상청뿐 아니라 기상연구소에서도 WRF 모델을 구축하여 MM5와의 성능 비교 검증을 통해 차세대 화학수송 모델로 대비하고 있다. 배출량 모델로 쓰이는 SMOKE는 국내외의 INTEX-B 및 CAPSS와 같은 배출량 자료를 기초로 한다. 시간별로 변화하는 기상을 반영하여 분류된 1시간 해상도의 화학수송 모델링을 위한 배출량 입력 자료를 작성했다. 배출량 자료 개선을 위해서 미국 EPA에서 제공하는 SMOKE를 사용한다. 화학수송 모델로 쓰이는 CMAQ는 1998년에 개발되어 현재도 활발하게 개선되고 있는 모델로, 모델링 영역의 규모가 다양하여 국지 규모에서 지역 규모 모델링까지 다양하게 동시에 모델링이 가능하다.

〈표 13〉 미세먼지 예보 모델링 체계(출처: 환경부)

구분	주요 업무	모델링 체계	주관/협조기관
관측	관측		
모델링	입력자료 생산	관측/실황 (기상, 대기오염 농도) ↓ 기상 / 배출량 / 대기오염(측정,위성) ↓	기상자료(기상청) 측정망(과학원, 지자체) 위성(과학원, 해수부) 배출량산정(과학원, 중국/일본 등)
	대기오염 모델링 (농도 예측)	기상 모델 배출 모델 대기질 모델 ↓	모델 공동개발 (과학원/학계연구소)
	모델 결과 표출	모델 결과 표출 ↓	
예보	예보	예보 확정 ↓	예보(과학원)
	전파/통보	예보 통보(SNS, 메일, 웹)	
평가	예보 평가		정책 수립(환경부)

〈표 14〉 대기 상태 발표 요소와 시간, 단계

환경부-에어코리아		
발표일	매일 5시, 11시	매일 17시, 23시
예보 요소	PM_{10}, $PM_{2.5}$, 오존	PM_{10}, $PM_{2.5}$, 오존
단계	4단계	4단계
간격	일 단위	일 단위
예보 기간	오늘, 내일	내일, 모레

※ 오존 예보는 매년 4월 15일부터 10월 15일까지 발표함.

활용하는 예상 모델을 에어코리아를 통해 공개한다. 모델은 1시간 단위로 미세먼지·초미세먼지 농도를 표출한다. 매일 5시와 11시에는 오늘과 내일의 예상 모델 자료를, 매일 17시와 23시에는 내일부터 모레까지의 모델 자료를 표출해 일반인의 이해를 돕는다.

그리고 지역별 농도 단계를 예보해 발표한다. 매일 5시와 11시에는 오늘과 내일의 지역별 일 농도 단계를, 매일 17시와 23시에는 내일부터 모레까지의 지역별 일 농도 단계를 예보하고 원인 분석에 대해 설명해준다.

환경부에서 발표하는 농도 범위 기준은 〈표 16〉과 같다. 미세먼지의 경우 81부터 나쁨이면 151이 넘으면 매우 나쁨 상태가 된다. 초미세먼지는 36부터 나쁨이며 76이 넘으면 매우 나쁨이다.

〈표 15〉 환경부 미세먼지 예보 기간, 단계

환경부-에어코리아	
발표일	매일 5시, 11시
예보 요소	PM_{10}, $PM_{2.5}$, 오존
단계	5단계
간격	3시간 / 오전·오후 / 일 단위
예보 기간	오늘, 내일, 모레, 글피, 그글피

※ 오존 예보는 매년 4월 15일부터 10월 30일까지 발표함.

〈표 16〉 미세먼지 농도 범위에 따른 상태 단계

농도	PM_{10}	$PM_{2.5}$	오존
좋음	0~30	0~15	0~0.030
보통	31~80	16~35	0.031~0.090
나쁨	81~150	36~75	0.091~0.150
매우 나쁨	151~	76~	0.151~

민간기상기업인 케이웨더 미세먼지 예보

케이웨더 공기지능센터에서는 국가 및 지자체가 설치한 장비에서 관측된 대기오염 관측 데이터를 활용하여 대기오염예보를 한다. 요소로는 미세먼지(PM_{10})와 초미세먼지($PM_{2.5}$), 황사, 자외선, 오존의 대기오염 요소와 실내 환기 예보 등이다. 총 19개 권역으로 세분화하여 예측 자료를 오전과 오후로 나눠 하루 2회 발표한다.

케이웨더는 자체 CMAQ 모델을 구축하여 활용하고 있으며, 추가적으로 환경부 대기질 예측 모델과 KAQFS(한국 대기질 예보 시스템)의 CMAQ 모델, 국외 기상청 모델(중국, 일본)을 참고하여 대기오염예보에 활용하고 있다. 오랜 경험을 가진 대기예측 전문예보관들이 예보를 생산하기 때문에 정확도가 높다는 평가를 받고 있다. 케이웨더는 2017년 6월 1일부터 기존의 환경부 기준에 따른 예보와 함께 세계보건기구WHO 일평균 권고기준을 참고한 기준에 따른 이원화된 예보를 발표하고 있다. 세계보건기구 기준에 맞춘 미세먼지 예보를 제공하여 국민의 건강 예방에 기여하기 위해서다. 케이웨더가 발표하는 예보 요소와 단계, 그리고 기간은 〈표 17〉과 같다.

매일 5시와 17시에 발표하는데 예측 요소는 미세먼지, 초미세먼지, 황사, 오존, 자외선이고, 단계는 오존은 4단계, 나머지 요소는 5단계로 예측하고 있다. 예보의 간격은 3시간 단위, 오전과 오후, 그리고 일 단위, 이 3가지가 있다. 예보 기간은 5일 예보를 하고 있다. 케이웨더 홈페이지나 앱에서 표출되는 화면으로 시도별 미세먼지, 초미세먼지, 황사, 오존, 자외선 예보를 확인할 수 있다.

케이웨더에서 사용하는 농도 범위는 환경부 기준과 같다. 다만 한 단계 더 늘려 한때 나쁨을 사용하고 있다. 한때 나쁨은 일 단위로 6시간 미만의 나쁨 단계가 예상될 때 발표한다. 따라서 총 5단계가 된다. 그 내용은 〈표

<표 17> 케이웨더의 미세먼지 예보 기간, 단계

케이웨더	
발표 시간	매일 5시, 17시
예보 요소	PM_{10}, $PM_{2.5}$, 황사, 자외선, 오존
단계	5단계
간격	3시간 / 오전·오후 / 일 단위
예보 기간	– 오늘~내일(3시간 단위) – 모레~그글피(오전, 오후)

※ 오존 예보는 매년 4월 15일부터 10월 30일까지 발표함.

<표 18> 케이웨더의 미세먼지 상태별 단계 구분

	PM_{10}	$PM_{2.5}$	오존
좋음	0~30	0~15	0~0.030
보통	31~80	16~35	0.031~0.090
한때 나쁨(일 단위)	나쁨 단계 6시간 미만	나쁨 단계 6시간 미만	나쁨 단계 6시간 미만
나쁨	81~150	36~75	0.091~0.150
매우 나쁨	151~	76~	0.151~

18)에 나와 있다.

미세먼지 예보 능력 향상을 위한 노력

"우리나라 미세먼지 예보의 지수 적중률은 87%, '나쁨' 이상의 고농도 감지 확률은 67% 수준입니다." 서울대 등이 국립환경과학원에 제출한 용역 최종 보고서에 나오는 내용이다.[172] 특히 초미세먼지($PM_{2.5}$)의 경우 봄

---

172 서울대학교, "통계–역학 융합방식의 미세먼지 예보기법 개발연구(Ⅱ)", 국립환경과학원, 2015.

철과 겨울철 미세먼지가 고농도일 때 예보정확도는 2015년 69%, 2016년 72%, 2017년에는 71%에 그쳤다. 현실적으로 예보정확도가 낮다 보니 최근에는 미세먼지 예측정확도 향상을 위한 다양한 연구가 이루어지고 있다. 예측 모델의 정확도 향상을 위해 초기장, 토지이용도, 해수온도를 중심으로 CMAQ 모델에서의 기상 입력 자료에 따른 불확실성을 분석했다. 또 재분석 자료의 종류와 3DVAR의 적용 여부에 따른 기상 모델 WRF, Weather Research and Forecasting model의 민감도 분석도 하고 있다. 그러니까 최근에는 객관분석, 3DVAR, 4DVAR 등과 같은 자료동화를 이용한 기상 입력 자료 정확도 향상 연구들이 활발하게 이루어져왔다. 김태희 등도 부산 지역의 고농도 미세먼지 일에 대해 객관분석기법에 따른 기상 모델WRF의 민감도를 분석하여 미세먼지 예측 모델의 기상 입력 자료 정확도를 개선하기 위한 연구를 실시했다.[173]

2016년에 미국의 IBM이 환경과학원에 미세먼지 예보를 위해 자사의 인공지능AI, Artificial Intelligence 시스템인 '왓슨Watson'을 사용할 것을 제안해왔다. 지금까지 환경과학원의 미세먼지 예보는 예측 모델의 결과를 바탕으로 예보관이 경험을 통해 수정·보완한 뒤 최종 발표하는 체계였다. 환경과학원이 운영하는 미세먼지 예측 모델은 공기의 움직임을 예상하는 기상 모델과 화학반응을 예상하는 화학 모델이 결합한 14가지 조합으로 구성되어 있다. 즉, 예보관들은 14가지에 이르는 결과의 조합을 참고해 최상이라고 생각하는 예보를 결정해 발표하는 것이다.

환경부는 예보 불확실성 감소를 위한 예보 모델 다양화와 고도화를 추

---

173 김태희, "미세먼지 예측 모델의 정확도 향상을 위한 WRF 모델링: 객관분석기법에 따른 민감도 분석", 부산대학교, 2016.

진하고 있다. 먼저 한국형 예보 모델 개발 및 예보 권역별 맞춤형 상세 모델을 구축한다. 미세먼지 직접 배출과 전구물질(SOx, NOx, VOC, NH₃ 등)에 의한 2차 생성 초미세먼지($PM_{2.5}$)의 발생 원인 분석 및 예측 기술을 개발할 예정이다. 2018년까지 미세먼지 배출량, 측정 결과를 기초로 대기 중 화학반응을 고려하여 지역 규모 영향을 예측·분석이 가능한 '대기질 영향예측시스템K-MEMS, Korea Monitoring-Emission Model System'[174]을 개발한다. 그리고 미래부, 환경부, 복지부 등 범부처 합동으로 '미세먼지 기술 개발 종합계획'을 마련하여 미세먼지 4대 분야[175]의 과학적 솔루션 마련을 위한 '다부처 R&D 프로젝트'를 본격 추진하고 있다. 그리고 미세먼지 저감 기술의 개발 및 사업화를 촉진하기 위한 제도 개선과 지자체·출연(연)·기업 합동 실증사업도 병행하고 있다.

환경부는 인공지능을 활용한 대기질 예보를 연구하고 있다. 인공지능을 이용한 고농도 예보정확도를 향상시키겠다는 것이다. 이것은 4차 산업혁명의 핵심 기술인 인공지능을 활용한 예측 시스템 개발로 1단계는 2017~2019년 단기이고, 2단계는 2020~2021년간의 중기 계획이다, 또한 국내 대기화학, 배출 특성 등을 반영한 한국형 대기질 모델을 개발 중에 있다. 1단계는 2017~2019년에 모델을 개발하고, 2단계는 2020~2021년에 고도화 및 현업화하겠다는 것이다. 이를 위해 국립환경과학원은 인공지능을 활용한 예보 기반 구축 연구(Ⅰ)를 2017년에 수행했다. 용역 과제의 주요 연구 내용을 살펴보자. 먼저 인공지능 기술을 활용한 보정 알고리즘을 개발했다. 알고리즘 개발에 필요한 기상·대기오염

---

174 대기질영향예측시스템(K-MEMS)은 대기 중에 배출된 오염물질의 화학반응·이동·확산에 따른 대기질 영향 예측 도구다.

175 ① 발생·유입, ② 측정·예보, ③ 집진·저감, ④ 보호·대응

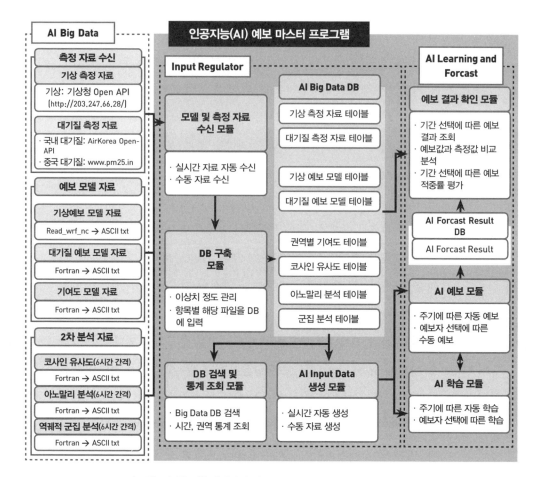

〈그림 13〉 한국형 미세먼지 예보 프로그램 상세 구성도

물질 등 인자 선정 및 생산, 기상·대기질 등 빅데이터Big Data를 심층 학습하기 위한 알고리즘별 평가 및 대표 알고리즘 선정, 예보에 활용되고 있는 측정망의 지점별 및 예보권역에 대한 보정 알고리즘 개발, 학습자료 기간 변화 및 입력 인자 조정에 따른 자동학습 알고리즘 모듈 개발 등이다. 이를 통해 인공지능 기반 예측 시스템의 초기 버전을 구축했다. 보정 알고리즘 및 자료 연계 프로그램 이관을 통한 예측 결과 D/B화와 함께

현업 예보(PM_{10}, $PM_{2.5}$)결과와 인공지능 예측 결과의 상호 비교를 통한 연계성 및 활용성 증대 방안을 마련한 것이다.

연구 내용 및 방법을 보면 다양한 지상 및 위성 관측 자료와 여러 형태의 수치예보 모델 결과를 종합해 빅데이터를 구성하고, 이를 활용한 심층 학습 인공지능기법을 개발하여 예보를 수행한다. 즉, 관측 자료를 수집·분석하여 자료동화가 적용된 대기질 예보 모형을 보완한다. 이를 통해 품위가 높은 1차 및 2차 빅데이터를 구축한다. 동북아 지역과 국내 예보권역 간의 공간적 연계성과 시계열 변화 특성을 반영하여 한국형 인공지능 시스템을 개발하는 것이다.

2018년에는 2017년까지의 연구를 바탕으로 인공지능을 활용한 미세먼지 단기 및 중기 예측 도구를 개발했다. 한국형 미세먼지 예보 프로그램 상세 구성도는 〈그림 16〉을 참조하길 바란다.

5. 외국의 미세먼지 예보

외국의 미세먼지 예측 모델 자료는 환경부 자료를 참고했다. 미세먼지 예보는 기상 모델의 정확도 향상이 우선시되어야 한다. 대부분의 국가가 독자적 현업 기상 모델을 보유하고 있다. 유럽은 Integrated Forecast System, 영국은 United Mode, 미국은 Global Forecast System, 일본은 Global Spectral Model, 독일은 Global MEteorological model, 중국은 Global and Regional Assimilation and Prediction System 등의 현업 단기 기상 예보 모델을 구동하고 있다. 우리나라도 한국형 수치 모델 개발 사업단이 독자 모델을 개발하는 과정에 있으며, 현재는 2008년 5

월에 차세대 모델로서 기상 단기예보 정확도 세계 2위 수준인 영국 통합 모델을 도입하여 2010년에 차세대 수치예보 시스템으로 현업 운영을 시작했다.

미국의 NAQFC[National Air Quality Forecast Capability]는 국외 대기질 예보 시스템이다. 미국 환경청과 해양대기청이 2004년 공동개발한 시스템으로 초기에는 미국 동부 중 일부 권역의 공간을 대상으로 시작하여 2007년부터 미국 전역을 대상으로 대기질 예보를 수행하고 있다. 2009년 이후에는 미 해양대기청이 단독으로 운영 중이다. 미국의 대기질 예보는 미국 내 여러 기관의 협업으로 이루어진다. 기상 입력 자료는 기상 모델 WRF-NMM[176]을 이용하며, NOAA/NWS[177]에서 마련한다. 배출량 인벤토리 NEI[178]는 EPA/OAQPS[179]에서 준비한다. 이들 바탕자료를 토대로 NOAA/EMC[180]에서는 광화학 대기질 모델 CMAQ을 수행하여 대기질 예보 결과를 산출한다.

캐나다는 환경청 주관으로 1999년 파일럿[Pilot] 대기질 예보 프로그램을 시작으로 2001년부터 대기질 예보를 수행해왔다. 초기에는 주로 오존을

---

176 WRF-NMM(WRF Nonhydrostatic Mesoscale)은 미국 해양대기청(NOAA)이 개발한 일기예보 모델이다.

177 미국 기상청(NWS, National Weather Service)은 미국 정부의 미국 해양대기청(NOAA)을 이루는 6개의 과학청 가운데 하나다.

178 국가배출목록(NEI, National Emissions Inventory)은 대기오염원으로부터의 기준 오염물질, 기준 전구물질 및 유해 대기오염물질의 대기 배출에 대한 포괄적이고 상세한 추정치다.

179 대기질 계획 표준 사무국(OAQPS, Office of Air Quality Planning and Standards)은 미국의 대기오염 데이터를 수집하고 검토하며, 대기오염을 제한하고 줄이기 위한 규제를 개발하고, 주정부 및 지방정부 기관의 대기오염을 감시 및 통제한다. 또한, 대중에게 대기오염에 대한 정보를 제공하고 의회에 대기오염의 상태와 이를 줄이기 위한 진전 상황을 보고한다.

180 환경모델링센터(EMC, Environmental Modeling Center)는 국립환경센터(NECP)의 산하 기관으로 자료동화 및 모델링을 통해 수치 예측, 해양 및 기후 예측, 환경 예측 등의 정확도를 높이는 일을 한다.

중심으로 수치 모델인 크로노스^{CHRONOS}를 이용했고, 2007년 마하^{MACH} 모델로 교체했으며, 2012년 현재 수평 격자 크기를 $10km$ 단위까지 낮춘 마하10^{MACH10}이 개발되었다.

유럽에서 운영되는 EU_MACC는 유럽연합^{EU}에서 지원받는 협업 프로젝트로 대기에 관한 다양한 정보를 제공한다. 그중 하나로 유럽 지역에 대한 대기질 예보 결과를 제시한다. 이 프로젝트는 2009년부터 2011년까지 맥^{MACC}, 2011년부터 2014년까지 맥-II^{MACC-II}가 진행되어오고 있으며, 36개의 기관이 협업을 수행하고 있다. 다수 기관의 협업으로 유지되고 있는 만큼 다양한 수치 모델(CHIMERE, EMEP, EURAD, MATCH, MOCAGE, LOTOS-EUROS, SILAM)을 통한 미래 대기질 예측이 이루어지고 있으며, 모델들의 중앙값을 계산한 앙상블 예보 결과 또한 제공하고 있다.

일본의 씨포스^{CFORS}는 일본 규슈대학의 응용역학연구소와 미국 아이오와대학의 전 지구와 지역규모 환경연구센터가 공동개발 및 응용을 진행하고 있는 시스템이다. 램스^{RAMS}와 완전히 결합된 3차원 온라인 지역규모의 화학적 운송 모델을 기초로 하는 운영이 가능하다.

인도 최초의 대기질 예보 시스템인 사파^{SAFAR}는 2010년 개발이 시작되었다. 사파^{SAFAR} 시스템은 기상 자료의 경우 인도 기상청^{India Meteorological Department}에서, 대기질 예보 시스템은 인도 열대기상연구소^{Indian institute of Tropical Meteorology}에서 개발 및 운영하고 있으며, 24시간 추수 예보를 제공한다.

일본의 미세먼지 예보

먼저 일본의 미세먼지 예보 현업을 살펴보자. 일본은 매일 21시에 미세먼지 예보를 발표한다.[181] 예상 모델을 공개하고 72시간의 미세먼지 예보를 제공한다. 그 내용은 〈표 19〉와 같다.

〈표 19〉 일본의 미세먼지 예보 기간 및 단계

	일본 예상 모델	일본 지점별 예보
발표일	매일 21시	매일 21시
예보 요소	$PM_{2.5}$	$PM_{2.5}$, 풍향, 풍속
단계	7단계	7단계
간격	3시간	3시간
예보 기간	48시간	72시간

〈표 20〉 일본 기상청의 초미세먼지 농도 구분

	초미세먼지($PM_{2.5}$) 농도 ($\mu g/m^3$)
거의 없음	–
적음	~10
다소 적음	11~15
다소 많음	16~35
많음	36~50
매우 많음	51~70
극도로 많음	71~

일본 기상청에서 미세먼지 정보 표출 화면 중 예상 모델은 매일 21시에 초미세먼지($PM_{2.5}$)의 농도를 3시간 간격(총 48시간) 애니메이션으로 7단계 농도 단위로 표출해준다. 그리고 지점별로 매일 21시에 초미세먼지

---

181 https://tenki.jp/pm25/

(PM$_{2.5}$) 농도를 3시간 간격(총 72시간) 7단계로 농도 단위로 표출해준다. 일본은 초미세먼지를 총 7단계로 나누어 예보하고 발표한다. 단계는 〈표 20〉과 같다. 우리나라보다 기준이 높고 세분화한 것이 특징이다.

영국의 미세먼지 예보

영국은 대기종합지수를 발표[182]하는데, 여기에는 미세먼지, 초미세먼지, 오존, 이산화질소, 이산화황의 지수를 종합해 대기질을 판단한다. 단계는 10단계이며 예보 기간은 5일이다.

〈표 21〉 영국의 대기질 발표 자료

	영국
예보 요소	AQI(오존, 이산화질소, 이산화황, PM$_{10}$, PM$_{2.5}$)
단계	10단계
간격	일 단위
예보 기간	5일

영국 기상청에서 발표하는 대기질 표출 화면은 전국 지도에 지점별 대기오염 요소 중 가장 높은 단계를 표시한다. 그리고 오늘과 내일의 기상 개황과 대기오염 설명을 해준다. 그리고 독특한 것은 지역 내의 지점별 대기오염 단계를 표시해준다는 것인데, 이 역시 5일 동안 일 예보를 해주고 있다.

영국의 대기질 농도 범위는 요소별 10단계로 나눈다. 요소 중 가장 높은 농도의 값을 대기오염단계로 표출하는데 요소별 농도 범위가 상이하다.

---

182 https://uk-air.defra.gov.uk/

미국의 미세먼지 예보

미국은 종합대기질관리지수를 전국 지점별로 예보하는데, 총 6단계 예보를 하며 일 단위로 5일 예보를 한다.[183] 표출 화면에는 전국 지점별 AQI예보와 오늘과 내일의 일예보가 나온다. 오늘을 포함한 5일까지의 일예보가 표출되는데 오늘 기준으로 농도가 높았던 요소를 메인으로 표출해준다.

미국은 AQI를 6단계로 설정해서 발표한다. 101이 넘으면 민감한 사람들에게 건강에 안 좋고 151부터는 건강에 좋지 않으며, 201 이상이면 건

〈표 22〉 미국의 대기오염 요소 및 단계

	미국
예보 요소	AQI (오존, PM_{10}, $PM_{2.5}$)
단계	6단계
간격	일 단위
예보 기간	5일

〈표 23〉 미국의 대기오염 범위

	AQI 범위
Good	0~50
Moderate	51~100
Unhealthy for Sensitive Groups	101~150
Unhealthy	151~200
Very Unhealthy	201~300
Hazardous	301~500
No Data	데이터 미표출

---

183 https://www.airnow.gov/

강에 매우 나쁜 정도다.

프랑스의 미세먼지 예보

프랑스는 매일 11시에 오존, 이산화질소, 미세먼지를 종합한 AQI를 발표하는데, 단계는 5단계로 일간격 예보를 하며 내일 예보만 한다. 표출 화면에는 파리의 일예보와 AQI 중 원인오염물질이 표출되어 있다. 그리고 주변지점의 오존, 이산화질소, 미세먼지의 최대 농도 범위를 설명해준다.[184]

〈표 24〉 프랑스의 대기오염 예보 시간 및 단계

	프랑스
발표일	매일 11시
예보 요소	AQI (오존, 이산화질소, PM_{10})
단계	5단계
간격	일 간격
예보 기간	내일

이들은 프랑스 전 지역 일예보의 종합지수, 이산화질소, 오존, 미세먼지를 농도 범위에 따라 해당 색으로 표출해준다. 프랑스의 농도 범위는 AQI를 5단계로 설정했는데 도로변과 도로 이면별 법적 오염물질과 보조 오염물질을 분류하고 농도 범위를 규정하고 있다. 이렇게 도로변과 도로 이면별 오염물질을 다르게 규정한 것은 실제 사람이 다니는 곳의 대기오염물질 기준을 강화한 것으로 독특하다.

---

184 https://www.airparif.asso.fr/en/indices/resultats-jour-citeair#jour

<표 25> 프랑스 도로변의 대기오염 농도 범위 구분

단계	AQI	도로변					
		법적 오염물질			보조 오염물질		
		NO_2	PM_{10}		$PM_{2.5}$		CO
			1시간	24시간	1시간	24시간	
Very low	0~25	0~50	0~25	0~15	0~15	0~10	0~5,000
Low	25~50	50~100	25~50	15~30	15~30	10~20	5,000~7,500
Medium	50~75	100~200	50~90	30~50	30~55	20~30	7,500~1,000
High	75~100	200~400	90~180	50~100	55~110	30~60	10,000~20,000
Very High	100~	400~	180~	100~	110~	60~	20,000~

<표 26> 프랑스 도로 이면 지역의 대기오염 농도 범위 구분

단계	AQI	길가							
		법적 오염물질				보조 오염물질			
		NO_2	PM_{10}		O_3	$PM_{2.5}$		CO	SO_2
			1시간	24시간		1시간	24시간		
Very low	0~25	0~50	0~25	0~15	0~60	0~15	0~10	0~5,000	0~50
Low	25~50	50~100	25~50	15~30	60~120	15~30	10~20	5,000~7,500	50~100
Medium	50~75	100~200	50~90	30~50	120~180	30~55	20~30	7,500~1,000	100~350
High	75~100	200~400	90~180	50~100	180~240	55~110	30~60	10,000~20,000	350~500
Very High	100~	400~	180~	100~	240~	110~	60~	20,000~	500~

호주 뉴사우스웨일즈 주(New south wales)의 미세먼지 예보

호주[185]에서는 매일 오후 4시에 내일의 오존, PM_{10}, $PM_{2.5}$를 종합한 AQI를

---

185 https://www.environment.nsw.gov.au/aqms/aqiforecast.htm

발표한다. AQI는 농도 범위에 따라 6단계로 나뉘며, 100 이상이면 나쁨, 150 이상이면 매우 나쁨 상태가 된다.

〈표 27〉 호주 뉴사우스웨일즈 주의 대기오염 요소

	호주-뉴사우스웨일즈-시드니 예보
발표일	매일 오후 4시
예보 요소	AQI (오존, PM_{10}, $PM_{2.5}$)
단계	6단계
간격	일 단위
예보 기간	내일

〈표 28〉 호주 뉴사우스웨일즈 주의 대기오염 단계

	AQI 범위
Very Good	0~33
Good	34~66
Fair	67~99
Poor	100~149
Very Poor	150~199
Hazardous	200~

혹시 세계 곳곳의 미세먼지 농도를 실시간으로 알기를 원하면 다음의 사이트를 찾아보기 바란다.[186] 과학자 얀 보키로드Yann Boquillod는 위성 데이터와 8,000개 이상의 관측소 자료를 이용해 실시간으로 대기오염을 표

---

[186] http://www.sciencemag.org/news/2016/11/watch-air-pollution-flow-across-planet-real-time?utm_source=sciencemagazine&utm_medium=facebook-text&utm_campaign=airpollution-9407

●●● 위성 데이터와 8,000개 이상의 관측소 자료를 이용해 실시간으로 세계 대기오염을 알려주는 온라인 공기오염 맵인 'AirVisual Earth'. 사용자들이 더 정확하게 볼 수 있도록 지구를 확대하거나 기울이거나 회전할 수 있게 만들었다. AirVisual Earth는 대기오염을 시각화함으로써 사람들이 실제로 대기오염이 얼마나 나쁜지를 쉽게 이해할 수 있게 만든다.

시하는 온라인 공기오염 맵인 'AirVisual Earth'를 공개했다. AirVisual Earth 대화형 지도는 바람 패턴에 따라 폐 깊숙이 침투할 수 있는 지름 2.5마이크론 미만의 초미세먼지 입자를 색으로 구분해 농도를 보여준다. 또한, 사용자들이 더 정확하게 볼 수 있도록 지구를 확대하거나 기울이거나 회전할 수 있게 만들었다.

대기오염의 시각화는 사람들이 실제로 대기오염이 얼마나 나쁜지를 쉽게 이해할 수 있게 만든다. 또 이런 정보를 바탕으로 시민들은 정부와 공동체가 공기를 깨끗하게 하도록 압력을 가할 수 있다. AirVisual은 6,000개 도시의 3일간 대기오염 예측을 스마트폰에 제공하고 있다.

제6장

실내공기는
안전한가

"왜 여성의 폐암 발생률이 높을까?" 내 주변에는 담배를 피우지 않는데도 폐암에 걸린 여성이 많다. 전문가들은 유전적 요인, 간접흡연, 라돈 등 화학물질 등이 그 원인이라고 본다. 그런데 최근에는 실내 미세먼지가 주범이 아닌가 하는 의견이 많다. 국제암연구소^{IARC, International Agency for Research on Cancer}는 요리할 때 발생하는 연기와 미세먼지가 암을 유발할 수 있다고 발표했다. 2013년 3월 24일에 발표된 중국의 대규모 역학조사 결과는 이를 입증한다. 요리를 자주 하면서 미세먼지에 많이 노출된 여성이 그렇지 않은 여성에 비해 폐암 발생률이 3.4~8배나 높았다는 것이다. 조사에 참여한 여성 폐암 환자들은 모두 비흡연자였다. 그러니까 담배를 피우지 않아도 밀폐된 주방에서 요리를 하는 시간이 길어지면 폐암에 걸릴 가능성이 높아진다는 것이다. 이 역학조사 결과는 실내공기의 오염도가 우리가 생각하는 것보다 심각하다는 것을 잘 보여준다.

1. 실내공기가 왜 중요한가

실내공기는 왜 나쁜가

"제주도 공기가 가장 나쁘다?" 그럴 리가 없다. 제주도라 하면 청정도로 우리나라에서 공기가 가장 좋은 곳이 아닌가? 이 이야기의 근거는 무엇일까? 이것은 건강보험진료비 지급자료에서 나온 결과다. 국민건강보험공단의 2008~2012년 아토피 피부염에 대한 건강보험 진료비 지급자료를 분석해보았더니, 2012년 기준 10살 미만 어린이 1만 명당 시도별 진료 인원은 제주도가 1,211명으로 가장 많았다. 그 다음은 인천 1,122명, 서울 1,084명, 경기 1,065명 순이었다. 청정지역으로 손꼽히는 제주도에서 아토피 환자가 가장 많다는 것은 무엇을 뜻하는 것일까? 환경보건 전문가들은 아토피의 원인으로 실내공기 악화를 꼽는다. 전문가들은 건물 도시화로 인한 실내공기질 저하가 제주도에서 빠르게 진행되는 것을 그 원인으로 본다. 실외공기는 맑지만 상대적으로 실내공기의 상태는 나쁘다는 말이다.

2018년 11월에 중국에서 날아온 미세먼지의 영향으로 미세먼지주의보가 발령되자, 약국의 황사 마스크가 동이 났다. 황사 마스크 업체와 공기청정기 업체는 대박이 났다. 이처럼 실외공기가 나빠지면 이제는 우리나라 사람들도 민감하게 반응한다. 그런데 실외공기오염에 비해 실내공기오염에 대해서는 지나치게 무관심하다. 세계보건기구^{WHO}가 2014년 발표한 자료를 보자.[187] 2012년에 전 세계적으로 공기오염으로 사망한 사람이 700만 명 정도였다. 이 중 약 61%(430만 명)가 실내공기오염 때문에 사망했다고 한다. 놀랍지 않은가? 그런데 가만히 생각해보면 '이 데이터가 맞구나'라는 생각이 든다. 우리나라 통계청의 '2004년 생활시간조사' 결과를 보면, 우리나라 사람들은 하루 24시간 중 집에서 59.5%를 보낸다. 직장이나 학교 등의 실내에서 28.3%, 대중교통이나 자동차 등에서 7.2%를 지내는 것으로 나타났다. 바깥에서 보내는 시간은 겨우 5.2%에 불과했다. 그러니까 실내에서 보내는 시간이 실외에서 보내는 시간보다 19배 정도 많다. 그러니 실내공기오염으로 피해를 볼 확률이 높아질 수밖에 없는 것이다.

그렇다면 실내공기는 왜 이렇게 오염되는 것일까? 에너지 효율을 높이기 위해 실내 공간이 점점 밀폐화되고 있다 보니 환기가 제대로 이루어

---

[187]　7 Million Premature Deaths Annually Linked to Air Pollution, WHO, 2014.

지지 않고 있다. 또 복합화학물질로 구성된 건축자재 사용이 증가하고 있다. 건축자재, 가구류, 교육용품에서는 휘발성유기화합물이나 폼알데하이드formaldehyde가, 벽지에서는 휘발성유기화합물이나 폼알데하이드, 톨루엔이 나온다. 새집증후군의 범인들이다. 가스레인지나 난로에서는 일산화탄소나 이산화탄소가 주로 배출된다. 욕실 등의 습한 장소에서는 곰팡이, 세균, 암모니아 가스가 많다. 오염된 외부 대기도 실내로 유입된다. 카펫, 쿠션, 담요 등에서는 진드기 등 미생물성 물질이 있다. 집 안에서 활동하면서 미세먼지나 이산화탄소가 만들어진다. 이런 것들이 복합적으로 발생하면서 실내공기오염 농도를 증가시킨다. 세계보건기구가 실내공기오염의 독성이 실외공기오염 독성의 2~5배 수준이라고 밝힌 것은 바로 이 때문이다.

실내공기오염물질은 무엇인가

환경부는 2014년에 10가지 실내공기오염물질을 선정해 발표했다.

1. 미세먼지(PM_{10})
2. 이산화탄소Carbon Dioxide(CO_2)
3. 폼알데하이드Formaldehyde
4. 총부유세균TAB, Total Airborne Bacteria
5. 일산화탄소Carbon Monoxide(CO)
6. 이산화질소Nitrogen Dioxide(NO_2)
7. 라돈Radon(Rn)
8. 휘발성유기화합물Volatile Organic Compounds($VOCs$)
9. 석면Asbestos
10. 오존Ozone(O_3)

먼저 미세먼지를 살펴보자. 미세먼지는 실내공기오염물질 중 가장 비중이 크다. 실내 미세먼지는 조리, 난방 등 연소 기구에서의 연소 과정, 실내 바닥에서 발생되는 먼지로부터 발생한다. 외부 공기의 유입으로도 실내 미세먼지 농도는 높아진다. 미세먼지는 폐에 직접 염증을 일으켜 폐 손상이나 천식증상 악화를 가져온다. 미세먼지 중에 입자가 더 작은 초미세먼지의 경우 혈관을 통해 인체에 직접 영향을 주므로 건강에 더 해롭다. 미세먼지에 관해서는 제1장에 상세하게 설명했으므로 여기에서는 이 정도로 설명하겠다.

폼알데하이드는 상온에서 강한 휘발성을 띠는 기체로, 수용성이며 자극적인 냄새가 난다. 접착제, 실내 가구, 담배연기 등에서 방출된다. 건축자재에서 발생된 폼알데하이드는 새집증후군이나 아토피 피부염의 원인이기도 하다. 국제암연구소는 폼알데하이드를 1급 발암물질로 분류하고 있다. 알레르기 반응, 호흡곤란, 천식, 두통 등을 가져오며 피부질환 및 알레르기 증상을 악화시킨다. 폼알데하이드의 농도에 따라 인체에 미치는 영향을 살펴보면, 폼알데하이드의 농도 0.1ppm 이하일 때에는 눈, 코, 목에 자극을 주고, 0.25~0.5ppm일 때에는 호흡기 장애와 함께 천식이 있는 사람에게는 심한 천식발작을 일으킬 수 있으며, 2~5ppm일 때는 눈물이 나며 심한 고통을 느끼게 되고, 10~20ppm일 때는 정상적인 호흡이 곤란해지며 아울러 기침, 두통, 심장박동이 빨라지는 증상이 나타난다. 폼알데하이드 농도의 측정 상한치인 50ppm 이상일 때는 폐의 염증과 더불어 현기증, 구토, 설사, 경련 같은 급성 중독 증상을 일으킬 수 있고, 심한 경우에는 독성 폐기종으로 사망할 수도 있다.

총부유세균은 실내공기 중에 부유하는 세균이다. 스스로 번식하는 생물학적 오염 요소다. 먼지나 수증기 등에 부착해 생존하며 알레르기성질환, 호흡기질환 등을 유발시킬 수 있다. 또한 독감, 홍역, 수두 등과 같은 전염성질환을 일으키기도 한다. 주로 냉장고나 가습기 등으로부터 생긴다. 실내 먼지 또한 미생물성 물질의 또 다른 발생원이 될 수도 있다. 국회 국토교통위원회 소속 정성호 의원은 측정대상 어린이집에서 12%가 총부유세균 수치가 법정기준을 넘었다고 발표했다.[188] 서울시 환경기본조례 제16조에 따르면, 실내 총부유세균 수치는 800(CFU/㎥)을 넘어서는 안 된다. 하지만 강남구의 한 어린이집의 경우 그 수치가 기준치의 3.7배인 2,981.5(CFU/㎥)로 매우 나빴다. 양천구 어린이집과 영등포구 어린이집의 경우도 각각 1,733.5(CFU/㎥), 1,634(CFU/㎥)로 법적 기준치의 2배를 넘었다.

실내 이산화질소는 취사용 시설이나 난방, 흡연 등에서 발생한다. 외부에서 유입되는 양도 상당량 존재하는 편이다. 이산화질소는 호흡촉진, 질식감, 불안감을 일으킨다. 폐수종 증상과 혈압상승을 가져오며, 중증의 경우 의식불명 상태에까지 빠지기도 한다.

이산화탄소는 조리나 난방시설, 인간의 호흡활동에서 많이 배출된다. 고농도 이산화탄소에 노출될 때 권태, 현기증, 구토 등의 증상이 나타난다.

이와 비슷한 것이 일산화탄소다. 일산화탄소는 취사, 난방 연소 과정에서 발생한다. 일산화탄소의 흡입으로 산소 공급이 부족해지면, 중추신경계(뇌, 척추)가 영향을 받는다. 두통, 현기증, 이명, 가슴 두근거림, 맥박 증가, 구토가 일어난다. 심할 경우 목숨을 잃게 된다. 2018년 12월 17일 강릉으로 여행을 떠난 서울 대성고등학교 학생들이 일산화탄소 중독으로 3

---

188 서울시로부터 제출받은 '시 다중이용시설 공기질 측정현황' 자료에 따르면 2015년 실내공기질 측정 대상 어린이집 142곳 가운데 17곳(12%)에서 총부유세균(CFU/㎥) 수치가 법정 기준치를 초과했다.

명이 숨진 사건은 실내 일산화탄소가 생명에 얼마나 위험한지를 잘 보여준다.

라돈은 자연방사능의 일종이다. 2018년 라돈 침대 문제로 신드롬을 가져왔던 라돈은 현재 생리대와 온수매트 등 각종 생활밀착형 제품들에까지 깊숙이 자리 잡고 있다. 안전한 곳은 없다는 이야기도 있다. 그러나 무작정 두려워할 필요는 없다. 라돈은 실내에 쌓여 있다가 인체 호흡기로 들어갈 경우에만 피해를 주기 때문이다. 1980년대에 미국 광부들의 폐암 발생률이 매우 높았는데, 당시 원인 물질로 라돈이 지목되었다. 라돈이 호흡을 통해 폐나 기관지 등 호흡기에 들어가면 강한 방사선을 뿜으며 붕괴한다. 이 방사선이 폐나 기관지 세포의 DNA를 손상시켜 폐암을 일으키는 것이다. 그러니까 라돈이 무서운 건 폐암을 일으키기 때문이다. 미국 환경보호청은 2003년 미국에서 1년 동안 발생한 폐암 사망자 가운데 10% 이상이 라돈에 의한 것이라고 밝혔다. 라돈에 의한 폐암 사망자가 무려 2만여 명으로, 교통사고 사망자보다 많았다.

세계보건기구가 1급 발암물질로 규정한 라돈은 암석이나 토양에서 자연 발생하는 무색·무취의 방사성 기체다. 지각을 구성하는 암석이나 토양 중에 천연적으로 존재하는 우라늄과 토륨의 방사성 붕괴에 의해 만들어진 라듐이라는 원소가 붕괴되었을 때 생성되는 것이 일반적이다. 우라늄은 거의 모든 토양에서 존재하며 토양에 함유된 양은 금보다 많다고 한다. 국내에서는 현무암으로 이뤄진 제주도가 비교적 안전한 지역이다. 라돈은 주로 건물 바닥과 하수구, 콘크리트 벽의 틈새를 통해 침투한다. 또한 땅으로부터 높이 지어진 고층 아파트에서도 라돈이 발생하는 것은 단열재로 쓰이는 석고보드 때문이다. 석고보드는 인광석을 주원료로 사용하는데 인광석 안에는 우라늄이 들어 있어 라돈을 방출한다. 그런데 라돈은 감지하기가 어렵기 때문에 무방비로 노출될 가능성이 높다. 2013년 환경부 조사 결과에 따르면, 국내 다섯 집 중 한 집에서 기준치를 훌쩍 넘는 라돈이 검출될 만큼 라돈은 이미 우리 생활공간에 깊숙이 들어와 있다.

라돈은 건물의 균열, 연결 부위, 틈새를 통해 실내로 유입된다. 라돈은 사람이 가장 흡입하기 쉬운 가스성 물질이다. 공기 중에 퍼진 라돈은 호흡기를 거쳐 폐를 계속 자극하고, 결국 폐 세포를 손상시켜 암을 유발하게 된다. 그러다 보니 소리 없는 공포라 불리게 되었다. 특히 방사능이나 미세먼지에 취약한 어린이, 임산부, 노약자들이 이용하는 어린이집, 유치원, 학교, 경로당의 피해가 클 것으로 예상되는 물질이다.

휘발성유기화합물이란 악취나 오존을 발생시키는 탄화수소 화합물을 말한다. 대체로 벤젠이나 폼알데하이드, 톨루엔, 자일렌, 에틸렌, 스틸렌, 아세트알데히드 등을 통칭한다. 주로 흡연, 자동차 배기가스, 페인트나 접착제 등 건축자재, 주유소의 저장탱크 등에서 발생한다. 전문가들은 실내에서 요리나 난방 또는 흡연을 할 때도 상당량의 휘발성유기화합물이 발생한다고 보고 있다. 또한 실내에서 발생한 휘발성유기화합물과 오존이 또 다른 2차 오염물질을 형성할 수 있다는 연구 결과도 있다. 이들 물질은 대부분 저농도에서 악취를 유발하며 환경 및 인체에 직접적으로 유해한 물질이다. 건강에 미치는 영향으로는 호흡기관의 자극과 두통의 원인이 된다. 일부 신경·생리학적 기능장애 등을 유발한다고도 보고되고 있다. 그런데 대부분의 휘발성유기화합물은 피의 흐름을 통해 체내의 각 조직에 영향을 주고, 임산부의 경우에는 수유를 통해 유아에게도 전달될 수 있는 것으로 알려졌다. 정부는 2014년부터 37종의 휘발성유기화합물을 규제대상으로 목록화했다. 또한 2005년부터 시행된 다중이용시설 등의 실내공기질관리법에도 휘발성유기화합물 항목을 제시해 규제를 강화하고 있다.

석면은 석면 시멘트판, 석면 슬레이트, 바닥용 타일, 마감재 등에 사용된다. 대기 중이나 실내에 다양한 형태의 석면섬유들을 발생시킨다. 지름 $3\mu m$ 이하의 섬유는 기도를 거쳐 폐에 침착되어 폐암을 유발한다. 유해성이 큰 물질로 선진국에서는 사용금지 물질이기도 하다. 우리나라에서는 석면을 건축재로 많이 사용했는데, 그 유해성이 알려지면서 2015년 4월부터는 국내 생산과 사용이 전면 금지되었고, 건축물에 사용된 석면을 제거하는 공사가 이루어지고 있다.

오존은 바깥에서는 자동차 배기가스와 자외선이 만나 만들어지지만, 실내에서는 사무실 등에서 사용하는 복사기, 레이저프린터, 팩스 등 사무기기에서 많이 발생한다. 오존 농도가 높아지면 눈과 목 등에 따가움을 느끼고 기도가 수축되어 호흡이 힘들어진다. 두통, 기침 등의 증세가 나타날 수 있다. 반복 노출 시에는 기관지염, 심장질환, 폐기종 및 천식이 악화될 수 있다.

마지막으로 환경부의 10대 실내공기오염물질은 아니지만 실내공기를 오염시키면서 건강에 영향을 주는 곰팡이가 있다. 오래되었거나 결로현상으로 습기가 잘 차는 집에는 곰팡이가 잘 생긴다. 실내 습도가 60% 이상인 주택의 경우 그 이하인 주택보다 2.7배가량 더 많이 나타난다는 연구도 있다. 공기 중 곰팡이는 천식을 유발한다. 특히 곰팡이에 민감한 사람은 코 막힘, 눈 가려움증, 피부 자극 같은 증상을 일으킬 수 있다. 김재열 중앙대병원 호흡기알레르기내과 교수는 "영유아나 면역억제 치료 등으로 면역체계가 약해진 사람, 만성폐쇄성폐질환을 갖고 있는 사람은 폐 속에 곰팡이 감염이 생길 수 있어 특히 주의해야 한다"면서 "곰팡이는 높은 습도와 수분, 적절한 온도, 약간의 영양분만 있다면 음식, 실내 식물, 벽, 바닥 등의 표면에 언제라도 자랄 수 있기 때문에 집에서 습기를 제거하는 것이 곰팡이 성장을 막기 위한 가장 중요한 요소"라고 말한다. 날씨가 좋고 미세먼지 수치가 낮은 날이면 하루 3회 정도 창문을 열고 자연환기를 하면 곰팡이를 없앨 수 있다. 습도가 높을 경우에는 선풍기를 켜주면 곰팡이가 잘 생기지 않는다.

2. 실내공기오염의 영향

실내공기오염이 건강에 미치는 영향

2005년에 세계보건기구WHO가 처음으로 실내공기오염의 건강 피해를 발표했다. "매년 실내공기오염으로 인해 전 세계적으로 160만 명의 사망자가 발생되고 이는 약 20초당 1명이 사망하는 것과 같다." 아직 실내공기오염의 해악성에 대한 인식이 없던 시절이어서 충격이 꽤 컸다. 2006년에 덴마크공대의 실내환경에너지센터에서 "습하거나 곰팡이가 핀 건물에서 생활하는 사람들은 천식과 호흡기질환을 앓을 가능성이 75% 증가한다"고 발표했다.[189] 2010년에 미국 알레르기천식면역학회American Academy of Allergy, Asthma, and Immunology는 "오염된 실내공기는 전염성 호흡기질환, 알레르기, 천식 증가 및 새집증후군 발생에 큰 영향을 미칠 수 있다"는 연구 결과를 발표했다. 지속적인 실내공기오염에 대한 연구가 진행되면서 2013년에 미국 환경보호청은 "실내공기오염은 공중위생에 미치는 상위 5개의 환경 위험 중 하나다"라고 경고하고 나섰다. 미국 폐협회American Lung

---

189   J. Holme et al, Culturable mold in indoor air and its association with moisture-related problems and asthma and allergy among Swedish children, Indoor Air, 2010.

Association는 "미국 내 천식 치료에 드는 연간 비용은 270억 달러로 추정된다. 그리고 오염된 공기로 인한 천식은 학교 결석에 가장 큰 원인일뿐더러 매년 총 1,050만일의 결석으로 이어진다"고 발표하기도 했다. 미국 알레르기 천식면역학회는 2014년에 "모든 질병의 50%는 오염된 실내공기로 인해 발생 또는 악화된다"면서 실내공기 정화에 관심을 가질 것을 촉구했다.

이후 2014년에는 세계보건기구가 잇따라 실내공기오염에 관해 연구 자료를 발표하고 경고했다. 다음은 세계보건기구의 발표 내용이다.

- "매년 430만 명이 가정 내 공기오염 노출로 인해 사망한다."
- "5세 이하 어린이 조기사망의 50%는 실내에서 흡입한 입자상물질에 의한 폐렴 때문이다."
- "생활 공기오염 노출로 인한 비전염성 뇌졸중, 허혈성 심장질환, 만성폐쇄성폐질환COPD을 포함한 폐암은 매년 380만 명의 조기사망 원인이 된다."
- "고체 연료의 잘못된 사용으로 인한 가정 공기오염 조기사망자 수는 매해 430만 명에 이른다."
- "연간 약 100만 명의 조기사망자를 발생시키는 허혈성심장질환의 원인 중 15%는 실내공기오염 노출이 차지한다."
- "2012년 동남아시아와 서태평양 지역 내 실내공기오염 관련 사망자와 실외공기오염 관련 사망자 수는 각각 330만 명과 260만 명이다."

위의 내용들을 보면서 모골이 송연해지지 않는가? 세계보건기구는 실내공기오염이 건강에 미치는 영향 외에 대안도 다음과 같이 제시했다. "효과적인 공기질 개선은 비전염성 질병을 방지할 뿐만 아니라 어린이와 노인을 포함한 여성과 취약 계층의 질병 발생률을 감소시킬 수 있다".

실내공기오염이 업무와 학습에 미치는 영향

실내공기오염은 사람들의 건강뿐만 아니라 일의 능률에도 영향을 미친다. 하버드대의 조지프 앨런Joseph Allen 교수는 2016년 의미 있는 실험을 했다. 다양한 직종의 전문직업인 24명을 대상으로 공기 상태를 통제할 수 있는 사무실에서 6일 동안 일하게 하면서 여러 실험을 했다. 놀랍게도 실내공기질에 따라 피험자의 인지기능 점수가 160% 이상 차이가 나는 결과를 얻었다. 정보를 수집하고 적용하는 '정보 활용 능력' 점수는 299%까지 차이가 났고, 계획하고 전략을 세우는 '기획 전략 능력' 부문에서는 288%까지 차이를 보였다. 이는 공기질이 좋은 환경에서는 더 현명한 결정을 내리고 생산성이 높아진다는 것을 보여준다.

미국 연방직업안전보건국OSHA, Occupational Safety and Health Administration은 2008년에 "오염된 실내공기오염으로 인한 생산성 손실은 연평균 3~7%이고, 이는 연간 약 100시간에 해당한다"고 밝혔다. 미국 환경보호청은 2009년에 "호흡기질환, 알레르기 및 천식은 2% 정도의 생산성 손실을 일으키고 이는 연간 600억 달러에 해당한다"는 연구 결과를 발표했다. 2012년에 네덜란드 델프트대학의 실내공기오염센터에서는 "평균적으로 네덜란드 직장인의 약 35%가 실내 환경에 불만을 표출했고, 이 중 20%가 건강 상태에 이상을 보였다"고 주장했다. 덴마크공대의 실내환경에너지센터에서는 2013년에 "나쁜 실내공기오염은 생산성을 감소시킬뿐더러 방문자나 고객이 불만을 표출하는 원인이기도 하다"면서 실내공기를 깨끗하게 하는 것이 생산성 증가의 방안이라고 주장했다. 그러다 보니 기업들도 공기질에 관심을 가진다. 구글의 21개 건물 실내공기질을 관리하는 '애클리

●●● 실내공기오염은 사람들의 건강뿐만 아니라 일의 능률에도 영향을 미친다. 하버드대의 조지프 앨런 교수는 2016년 다양한 직종의 전문직업인 24명을 대상으로 공기 상태를 통제할 수 있는 사무실에서 6일 동안 일하게 하면서 여러 실험을 했다. 놀랍게도 실내공기질에 따라 피험자의 인지기능 점수가 160% 이상 차이가 나는 결과를 얻었다. 정보를 수집하고 적용하는 '정보 활용 능력' 점수는 299%까지 차이가 났고, 계획하고 전략을 세우는 '기획 전략 능력' 부문에서는 288%까지 차이를 보였다. 이는 공기질이 좋은 환경에서는 더 현명한 결정을 내리고 생산성이 높아진다는 것을 보여준다. 〈사진 출처: pakutaso.com〉

마Aclima'라는 회사는 회의실 내 이산화탄소 농도가 높아지면 회의를 중단하게 한다. 실내공기질이 업무 생산성에 크게 영향을 미치기 때문이다. 우리나라에서도 높은 생산성을 요구하는 두뇌집단에서 공기질 관리가 중요한 이슈가 되고 있다. 한 인터넷 포털 회사는 신사옥으로 이전할 때 직원들의 요구에 의해 실내공기질 개선 작업을 실시했다. 2018년 새로 조성된 서울 마곡지구의 연구단지에서는 회사들이 입주 이전에 공기 개선 작업을 하는 것이 필수가 되었다.

그렇다면 실내공기오염을 개선하면 어떤 효과가 있을까? 2010년에 미국 환경보호청은 "실내공기오염을 개선하면 생산성을 20% 향상 시킬 수 있을 뿐만 아니라 연간 400억~2,500억 달러의 이익을 낼 수 있다"는 연구 결과를 발표했다. 2013년에 덴마크공대의 실내환경에너지센터는 "실내공기질 개선을 통해 5~15% 정도의 생산성을 증대시킬 수 있다. 그리고 실내공기질을 개선할 시 직원들의 결근을 연간 35% 감축시킬 수 있다"는 획기적인 연구 결과를 발표했다. 생활 공기질 개선 서비스 기업인 소덱소Sodexo는 "오염물질 제거를 통해 실내공기를 개선할 경우 생산성은 2~7% 증가하고, 양질의 실내공기가 지속적으로 공급될 경우, 생산성은 2% 증가 한다. 그리고 실내 소음 개선을 통해 생산성을 3~9% 증가시킬 수 있다"고 발표했다.

실내오염물질은 학습능력을 떨어뜨린다.

실내공기가 오염될수록 인지능력은 낮아진다. "만성적인 대기오염 노출이 인지능력 저하에 영향을 줄 수 있다." 2018년 8월 중국 베이징대학과 미국 예일대학의 연구결과이다. 이들은 미국 《국립과학원회보PNAS, Proceedings of the National Academy of Sciences》에 이 내용을 발표했다.[190] 중국인 2만여 명을 4년에 걸쳐 조사해보니 대기오염에 노출된 사람은 언어와 수학능력이 저하되었다는 것이다. 공기를 맑게 해주면 인지능력은 상승한다. 로런스 버클리 국립연구소LBNL, Lawrence Berkeley National Laboratory는 "올바른 환기를 할 시, 학생들의 성적은 5~10% 증가하고, 결석률은 35%가량 감소한다"고 주장했다. 2014년에 덴마크공대의 실내환경에너지센터는 "실내 온도

---

190 https://www.nytimes.com/2018/08/29/world/asia/pollution-health-china. html?rref=collection%2Ftimestopic%2FProceedings%20of%20the%20National%20 Academy%20of%20Sciences&action=click&contentCollection=timestopics&region-=stream&module=stream_unit&version=search&contentPlacement=2&pgtype=collecti on

를 (25℃에서 21℃로) 4℃ 낮추면 학습능력은 8% 증가한다"고 주장했다. 2014년에 영국 레딩대학은 "상대적으로 더 나은 환기시설이 설치된 교실에서 시험을 본 학생들은 그렇지 않은 학생들에 비해 약 15% 이상 더 높은 점수를 받았다"는 흥미로운 연구 결과를 발표했다. 미국 환경보호청은 "미국 내 학교 50%는 실내공기오염 문제를 갖고 있다"면서 시급히 개선해야 한다고 주장했다.

새집증후군을 일으키는 폼알데하이드도 학생의 인지기능을 떨어뜨리는 것으로 확인되었다. 영남대 의대 사공준 교수 연구팀의 연구 결과다.[191] 2017년 새로 개교한 대구 지역 모 초등학교와 개교한 지 12년 된 학교에서 5학년 학생 각 66~70명을 대상으로 폼알데하이드의 영향을 비교 조사했다. 신축 학교 교실 내 폼알데하이드 농도는 1교시 $80\mu g/m^3$에서 4교시 $127.09\mu g/m^3$으로 증가했다. 이 교실 학생들에게 1교시와 6교시에 인지기능검사를 실시했다. 검사 결과, 학생들의 인지기능이 13.6% 떨어졌다. 5시간 40분(수업시간과 쉬는 시간 각 40분과 10분, 점심시간 1시간) 간격을 두고 비슷한 검사를 실시했는데, 학생의 집중력이 13.6% 낮아진 것이다.

지은 지 12년 된 학교에서 같은 검사를 실시했더니 이 학교 학생들의 인지기능은 1교시 때보다 6교시 때 3% 높아졌다. 이 차이는 무엇 때문에 발생했을까? 신축 학교가 지은 지 12년 된 학교보다 폼알데하이드 농도가 6~8배가 높았기 때문이다. 폼알데하이드 농도가 높을 때 인지기능이 떨어진다는 것이 밝혀진 것이다.

"혈액 속에 이산화탄소가 많아지고 산소 양이 적어질 경우 단기적으로

---

191 사공준 외, "실내공기질이 초등학생에게 미치는 영향: 신축학교 실내공기질이 초등학생들의 인지기능에 미치는 영향", 대학산업의학회지 제 19권 1호, 2017.

지각과 기억력이 떨어지고 장기적으로는 치매와 같은 신경 퇴행성 질병의 위험이 높아진다." 2018년 8월 15일《뉴욕타임즈Ⓝⁿᵉʷ ʸᵒʳᵏ ᵀⁱᵐᵉˢ 》에 실린 그레첸 레이놀즈Gretchen Reynolds[192]의 연구 내용이다. 우리가 가장 쉽게 간과하는 것이 실내공기오염 중의 이산화탄소 농도다. 예전에 공부하러 도서관에 가면 왜 졸음이 쏟아지는지 답답할 때가 있었다. 바로 도서관의 실내공기 이산화탄소 농도가 높기 때문이다. 장소 특성상 사람이 많고 환기가 어려운 도서관은 이산화탄소 농도가 높을 수밖에 없다. 이산화탄소 농도가 높으면 졸리고 답답할 뿐만 아니라 두통까지 생길 수 있다. 이용득 국회의원이 서울과 인천 도서관 2곳의 이산화탄소(CO_2) 농도 자료를 받아 분석했다.[193] 그 결과 2014~2016년 두 도서관의 이산화탄소 농도는 실내공기 유지기준을 초과한 것으로 밝혀졌다. 이산화탄소는 실내공기질 관리법에 따라 유지기준은 일 평균 최고 1,000ppm 이하다. 두 도서관의 이산화탄소 농도는 이틀에 하루꼴로 기준을 넘어섰다. 2016년 서울의 한 도서관 이산화탄소 농도는 유지기준을 넘은 날이 무려 257일이나 되었다. 이산화탄소 농도가 높아지면 산소량이 그만큼 줄어 집중력이 떨어지고 졸음이 오게 된다. 이산화탄소 농도가 1,000ppm을 넘으면 졸음이 오기 시작하고 5,000ppm을 넘으면 숨쉬기가 답답해진다. 필자가 이산화탄소간이측정기로 실험을 해보았다. 필자 회사의 회의실에서 15명이 1시간 정도 회의를 하고 측정해보니 이산화탄소 농도가 2,000ppm이 넘었다. 그러니 많은 사람이 모이는 도서관 열람실의 이산화탄소 농도가 높아질 수밖에 없는 것이다.

---

192 https://www.nytimes.com/2018/08/15/well/move/why-sitting-may-be-bad-for-your-brain.html

193 http://news.donga.com/3/all/20180104/88018527/1

우리나라 실내공기오염 연구

실내공기오염이 건강에 많은 위해를 가져오면서 최근 이에 대한 연구가 우리나라에서도 활발히 진행되고 있다. 2018년 서울시환경연구원의 연구를 보면 실내공기의 오염도가 실외공기보다 더 높다고 나온다.[194] 폼알데하이드와 톨루엔, 총휘발성유기화합물TVOC의 농도가 실외공기에 비해 4~14배 높고, 박테리아 농도도 7~15배 높다는 것이다. 폼알데하이드, 총휘발성유기화합물, 박테리아의 농도는 환경부가 정한 실내공기질 권고기준을 초과하는 수치다.

이와 관련된 연구들 중에서 우리가 살고 있는 주택환경에 대한 연구가 가장 많다. 예를 들어 공동주택이 단독주택보다 실내공기질이 안 좋다는 연구[195]를 살펴보자. 이들의 연구에 따르면 공동주택은 단독주택과 다르게 단위주택이 상하, 좌우로 다른 주택과 접하고 있다. 이로 인해 외부 환경에 접하게 되는 면적이 단독주택에 비해 작다. 여기에 구조가 조밀하여 실내공기오염물질의 축적을 유발하기 쉽다. 특히 겨울철의 주거 밀폐율을 높인 관계로 실내오염이 더 높아진다. 이 연구에서 실시한 미세먼지 측정 결과에 따르면, 소형 주택은 아파트의 실내 미세먼지 농도(87.0μg/m³)가 단독주택의 경우(73.5μg/m³)보다 높았다. 그러나 중대형 주택의 경우에는 아파트나 단독주택과 거의 비슷한 것으로 나타났다. 똑같은 아파트의 경우 저층일수록 총부유곰팡이의 농도가 더 높았다.[196] 지면과 가까이에 있는 주택(지하세대)일수록 실외 환경에 영향을 받아 미세먼지, 부유

---

194 서울시환경연구원, "서울시 주택의 실내공기질 개선방안", 서울시환경연구원, 2013.

195 전형진 외, "겨울철 가정의 에너지 사용량과 실내환경 인자의 상관성에 관한 조사", 한국실내환경학회지 8권 4호, 한국환경정책평가연구원, 한양대학교 환경 및 산업의학연구소, 2011.

196 극립환경과학원, "주택실내공기질 관리를 위한 매뉴얼", 환경부, 2012

미생물 등의 오염물질 농도가 높았다는 것이다. 그런데 휘발성유기화합물의 경우에는 고층부로 갈수록 높아진다.[197] 50층 초고층 주택을 대상으로 하층부(10~20층), 중층부(21~35층), 고층부(40층 이상)로 나누어 조사했다. 휘발성유기화합물인 에틸벤젠, 벤젠, 자일렌, 톨루엔이 상층부로 갈수록 증가되고 발암물질인 라돈 수치도 올라간다. 실내공기 관리에 대한 국민적 공감대가 필요한 대목이다.

3. 실내공기 규제 관련 법 및 대책

우리나라의 경우, 아이들이 공부하고 노는 공간의 실내공기오염이 심각하다. 환경부가 2018년 2월에 발표한 것을 보면 마음 놓고 어린이집에 보낼 수 있을까 하는 생각이 든다.[198] 환경부가 유치원 같은 소규모 어린이 활동 공간 4,639곳을 조사했다. 조사해보니 이 중 25.2%인 무려 1,170곳이 중금속 및 실내공기질 기준을 초과한 것으로 나타났다는 것이다.

중금속뿐만이 아니다. 환경부의 '2015~2017 전국 다중이용시설의 실내공기질 오염도 검사[199]'에 의하면 전국 어린이집 10곳 중 1곳은 미세먼지와 총부유세균(공기 중에 떠도는 일반 세균과 병원성 세균)이 기준치를 초과했다고 한다. 이렇게 기준을 초과한 어린이집은 매년 2배 수준으로 늘

---

197 김승이, "초고층아파트 주민의 신체적 건강과 주거환경에 관한 연구", 아주대학교 대학원 건축학과, 2012.

198 환경부 환경보건정책과, "소규모 어린이 활동공간 환경안전 진단… 1,170곳 개선 필요", 환경부, 2018.

199 실내공기오염도 검사는 미세먼지(PM_{10})와 폼알데하이드 등 세계보건기구(WHO)가 규정한 1군 발암물질을 포함해 일산화탄소, 이산화탄소 등까지 포괄적으로 검사한다.

●●● 전국적으로 1,200개가 넘는 초·중·고교의 미세먼지 농도가 '나쁨'에 해당하는 것으로 조사되었다. 환경부는 미세먼지(PM_{10}) 농도가 81㎍/㎥ 이상, 초미세먼지($PM_{2.5}$) 농도가 36㎍/㎥ 이상인 경우 '나쁨'으로 예보하고 '실외활동 자제'를 권고하고 있다. 문제는 이 기준을 초과한 학교 수가 엄청나다는 것이다. 교실 미세먼지 농도가 높다는 비판이 잇따르자. 교육부는 2018년 3월에 교실 미세먼지 관련 규정을 바꿨다. 초미세먼지 기준을 새로 추가하고 관리 기준도 대폭 강화했다. 그러나 정말 중요한 것은 학생들이 활동하는 시간에 정확하게 기준이 지켜져야 한다는 것이다. 실내공기 관련 법 정비가 시급한 시점이다.

어나고 있다고 한다.

"심각한 교실 미세먼지… 학교 1,200여 곳 '나쁨'." 2018년 10월 9일 CBS노컷뉴스 기사 제목이다.[200] 전국적으로 1,200개가 넘는 초·중·고교의 미세먼지 농도가 '나쁨'에 해당하는 것으로 조사되었다. 환경부는 미세

---

200 http://www.nocutnews.co.kr/news/5042222

먼지(PM_{10}) 농도가 $81\mu g/m^3$ 이상, 초미세먼지($PM_{2.5}$) 농도가 $36\mu g/m^3$ 이상인 경우 '나쁨'으로 예보하고 '실외활동 자제'를 권고하고 있다. 문제는 이 기준을 초과한 학교 수가 엄청나다는 것이다. 그러나 더 큰 문제는 '학교보건법 시행규칙'에 따른 교실의 미세먼지 기준이 미세먼지(PM_{10}) 농도 $100\mu g/m^3$, 초미세먼지($PM_{2.5}$) 농도 $70\mu g/m^3$ 이하로 환경부 규정보다 느슨하다는 점이다.

교실 미세먼지 농도가 높다는 비판이 잇따르자. 교육부는 2018년 3월에 교실 미세먼지 관련 규정을 바꿨다. 초미세먼지 기준을 새로 추가하고 관리 기준도 대폭 강화했다. 그런데 웃기는 것은 측정시간을 현행 6시간에서 24시간으로 크게 늘렸다는 점이다. 학생들이 방과 후 없는 시간에도 농도를 측정해서 수치를 내리려는 꼼수를 부리는 것이다. 초등학교 교실 미세먼지 농도가 높아지는 것은 오전 9시부터 오후 2시 사이이다. 그러니까 24시간 측정을 하면 학생들이 학교에 없고 미세먼지 수치도 낮은 시간대가 함께 계산되어 평균 농도가 낮아질 수밖에 없다. 한 연구팀의 조사 결과를 보면 6시간 측정한 미세먼지 농도를 24시간 측정치로 환산하면 많게는 4분의 1 수준까지 떨어진다. 정말 중요한 것은 학생들이 활동하는 시간에 정확하게 기준이 지켜져야 한다는 것이다. 실내공기 관련 법의 정비가 필요한 대목이다.

정부의 실내공기오염 정책

환경부는 실내공기오염에 관한 법규를 만들어 운용하고 있다. 특히 사람들이 많이 사용하는 다중이용시설에 관해서는 "다중이용시설 등의 실내공기 관리법" 중 실내공기질(시행규칙 제12조)에 나와 있다.

시행규칙에 보면 사람들이 많이 이용하는 다중이용시설은 매년 실내공기를 측정해 보고해야 한다. 보고사항으로는 다중이용시설 현황, 공기정화설비 및 환기설비현황, 실내공기질 등이다. 측정 기한은 매년 12월 31일까지이며, 결과는 그 다음해 1월 31일까지 시, 구, 도, 군청에 보고한다.

측정 기준은 시행규칙 제11조에 나와 있다. 측정 횟수는 유지기준의 경우 1년에 1회, 권고기준의 경우 2년에 1회다. 실내공기질 유지기준에 포함된 5개 물질은 미세먼지, 이산화탄소, 폼알데하이드, 총부유세균, 일산화탄소 등이다. 권고기준에 해당하는 물질은 외부 오염원이 있거나 위험도가 비교적 낮은 물질로 이산화질소, 라돈, 총휘발성유기화합물, 석면, 오존 등이 여기에 속한다.

최근에는 실내공기질에 대한 관심과 중요성이 더욱 높아지고 있다. 이에 발맞추어 정부는 기존 실내공기질 관리법의 적용 대상을 추가했다. 2014년 9월에 추가된 다중이용시설은 호텔, 영화관, PC방, 학원, 보육시설 등이다. 개정 법률안의 주요 내용을 살펴보면, 새집증후군 예방과 관리를 강화하기 위해 건축자재 관리 체계를 합리적으로 개편했다. 폐암 유발물질인 라돈을 체계적으로 관리하기 위한 법적 근거도 마련했다. 어린이, 노인 등 건강 취약계층 이용시설의 실내공기질 관리를 지원할 수 있도록 했다는 점도 눈에 띈다. 실내공기질 측정기기를 자율적으로 부착하여 안전한 실내환경이 되도록 노력하는 시설의 소유자에게는 그에 대한 혜택을 준다. 법적 교육이수 의무 또는 자가측정결과 보고의무를 면제해주는 것이다.

정부는 2016년 12월 23일에 실내공기질관리법을 일부 제정 및 개정했다. 개정 이유는 현행 오염물질 방출 건축자재 관리체계는 시중에 유통되는 건축자재를 환경부장관이 임의로 선정·조사하여 기준을 초과한 건축자재 사용을 금지하는 '사후관리 체계'다. 따라서 오염물질을 방출하는 건축자재를 관리하기에는 한계가 있었다. 또한, 라돈은 발암물질로 인체에 유해함에도 불구하고 현행 법령에서는 라돈을 실내공기질 권고기준(148Bq/㎥)으로만 설정하고 있다. 따라서 그동안 체계적으로 관리하지 못하는 등 국민의 건강 피해를 방지하기에 어려운 실정이었다. 이에 건축자재를 제조·수입하는 자가 그 건축자재를 다중이용시설 또는 공동주택에 설치하려는 자에게 공급할 경우에는 해당 건축자재가 기준에 적합한지 여부를 시험기관으로부터 확인받도록 오염물질 방출 건축자재의 관리 체계를 개편·강화했다. 실내 라돈 조사, 라돈 관리 계획 수립 등을 통해 라돈 관리를 체계적으로 하려는 것이다. 그리고 지금까지는 실내공기질이 환경부, 교육부, 고용노동부 등 각 기관별로 개별법에 따라 분산·관리되고, 관리기준도 각각 다르게 정하고 있었다. 따라서 실내공기질 관리 정책을 통합·조정할 수 있는 제도가 마련되지 않아 관련 부처 간 협업 또는 정보의 공유 등이 미흡한 상황이었다. 이에 법 개정을 통해 중앙행정기관 간의 실내공기질 관리 기준 및 정책에 관한 사항을 협의·조정하기 위해 환경부에 실내공기질 관리 조정협의체를 두게 된 것이다.

또한, 현행법은 신축되는 공동주택의 시공자로 하여금 시공이 완료된 공동주택의 실내공기질을 측정하여 그 결과를 자치단체장에게 제출하고 입주 개시 전에 입주민들이 잘 볼 수 있는 장소에 공고하도록 하고 있으나 실질적으로 그 공고의 효과가 미미한 실정이다. 따라서 입주민이 실내공기질에 관한 정보에 보다 쉽게 접근할 수 있도록 하기 위해, 시공자로부터 실내공기질 측정 결과를 제출받으면 자치단체장이 환경부장관에게 이를 보고하고 관보 및 인터넷 홈페이지 등에 공개할 수 있게 했다. 한편, 다중이용시설 또는 공동주택을 설치하는 자는 오염물질을 방출하는 건축자재를 사용하지 못하게 하고, 이를 위반하는 자에게는 2,000만 원 이하

의 과태료를 부과하고 있다. 다중이용시설의 종류 및 대기오염 기준치는
〈표 29〉, 〈표 30〉과 같다.

〈표 29〉 장소에 따른 시설 기준(출처: 환경부)

구분	개념	구분	개념
가군	• 모든 지하 역사 • 지하도상가 　(연면적 2,000m² 이상) • 여객자동차터미널의 대합실 　(연면적 2,000m² 이상) • 공항시설 중 여객터미널 　(연면적 1,500m² 이상) • 항만시설 중 대합실 　(연면적 5,000m² 이상) • 도서관·박물관 및 미술관 　(연면적 3,000m² 이상) • 지하장례식장 　(연면적 1,000m² 이상) • 찜질방 　(연면적 1,000m² 이상) • 대규모 점포	나군	• 의료기관 　(연면적 2,000m² 이상 또는 병상 수 　100개 이상) • 국공립 보육시설 　(연면적 1000m² 이상) • 국공립 노인전문요양시설, 　유료노인전문 요양시설 및 　노인전문병원 　(연면적 1,000m² 이상) • 산후조리원 　(연면적 500m² 이상)
		다군	• 실내주차장 　(연면적 2,000m² 이상)

〈표 30〉 시설 구분에 따른 대기오염 기준(출처: 환경부)

구분	미세먼지 (µg/m³)	이산화탄소 (ppm)	폼알데하이드 (µg/m³)	총부유세균 (CFU/m³)	일산화탄소 (ppm)
가군	150			–	10
나군	100	1,000	100	800	
다군	200			–	25

구분	이산화질소 (ppm)	라돈 (pC/L)	총휘발성유기화합물 (µg/m³)	석면 (개/cc)	오존 (ppm)
가군	0.05	4.0	500	0.01	0.06
나군			400		
다군	0.30		1,000		0.08

앞의 표에서 나온 것처럼 의료기관과 산후조리원, 노인요양시설과 어린이집이 6시간 평균 $100\mu g/m^3$ 이하로 기준이 가장 높다. 지하철역사와 지하도상가, 대규모 점포는 $150\mu g/m^3$ 이하, 실내주차장과 업무시설(일반사무실) 등은 $200\mu g/m^3$ 이하다. 그런데 이 기준이 너무 약하다. 즉, 미세먼지를 기준치 이하로 관리하는 곳이라 할지라도 미세먼지 예보등급상 '나쁨'($81{\sim}150\mu g/m^3$)이나 '매우 나쁨'($151\mu g/m^3$ 이상)일 수 있다는 것이다. 세계보건기구가 대기질 권고기준(연평균 $PM_{2.5}$=$10\mu g/m^3$, PM_{10}=$20\mu g/m^3$, 일평균 $PM_{2.5}$=$25\mu g/m^3$, PM_{10}=$50\mu g/m^3$)이 실내에도 적용되어야 한다고 밝힌 것과는 거리가 멀어도 한참 멀다. 그런데 건강에 더 해로운 초미세먼지는 오히려 더 엉성하게 관리된다. 실내공기질 유지기준에는 아예 $PM_{2.5}$가 없고 2017년부터 '권고기준'으로 관리된다. 유지기준은 준수 의무가 있고 위반 시 과태료나 개선명령이 내려지지만, 권고기준은 참고사항으로서 지킬지 말지는 사업주 마음이다. 이마저도 지하역사나 대규모 점포, 실내주차장 등에 대한 기준은 없고 의료기관과 어린이집, 노인요양시설, 산후조리원에만 $70\mu g/m^3$ 이하로 설정되었다. $70\mu g/m^3$는 $PM_{2.5}$ 예보등급으로 '나쁨' 단계다. 아예 실내공기질에는 관심이 없는 듯하다. 이런 부분은 조속히 개선해야 할 것이다.

사람들이 가장 많이 머무는 공간인 실내의 공기질이 좋아야 건강해진다. 웰빙의 첫째 조건이 쾌적한 실내공기라는 것은 이 때문이다. 청정한 실내공기 유지를 위해 정부는 다중이용시설에 대한 법을 엄격하게 적용해야 한다. 기업들은 직장에서 종업원들에게 최적의 깨끗한 공기를 제공해주어야 한다. 국민들은 집 안에서 더 맑고 청정한 공기를 만들도록 노력해야 한다. 이것이 오래 사는 길이다.

실내공기오염 가정 대책

2016년에 국립환경과학원이 고등어를 조리하는 과정에서 초미세먼지가 기준치보다 70배 이상 높다는 안내서를 발표했다. 당장 고등어 수요가 급감했고 또 직화구이 집들도 찬 서리를 맞았다. 실외 미세먼지 대책에 부실하다는 욕을 먹자 실내 미세먼지를 터뜨려 시선을 다른 곳으로 옮긴 것이 아니냐는 비난도 있었다. 그러나 실제 생선이나 음식을 조리하는 과정에서 우리가 생각하는 것 이상의 초미세먼지가 발생한다. 환경과학원의 안내서를 보자.

"생선굽기처럼 연기가 많이 발생하는 조리 과정에서는 초미세먼지(PM$_{2.5}$) 농도가 3,480$\mu g/m^3$으로 주택 평상시 농도(49$\mu g/m^3$)보다 70배 이상 높았다. 총휘발성유기화합물은 농도가 1,520$\mu g/m^3$으로 평소(636$\mu g/m^3$)보다 2배 이상 발생했다. 육류를 구울 때는 상대적으로 생선보다는 연기가 덜 나와 초미세먼지 농도가 878.0μg인 것으로 나타났다. 생선굽기의 4분의 1 수준이었다. 또 육류 튀기기와 같이 기름을 사용하는 조리에서는 초미세먼지 농도가 269$\mu g/m^3$으로 연기가 날 때보다는 현저히 낮았지만 평소보다는 5배 이상 높았다. 육류를 삶는 조리 방식에서는 119$\mu g/m^3$으로 나타나 굽기나 튀기기에 비해 낮았다. 아울러 주방 환기설비(레인지 후드)를 작동하지 않고 조리한 경우에는 작동했을 때와 비교해 오염물질의 농도가 최대 10배 이상 높게 나타났다."

김재열 중앙대병원 호흡기알레르기내과 교수는 "미세먼지 농도가 심각한 요즘 외출을 삼가고 창문을 닫고 지내면 안전하다고 생각하기 쉽다. 그러나 실내는 밀폐된 공간이므로 음식을 조리할 때 발생하는 오염물질이 많다. 여기에 전자전기 제품을 사용할 때 발생하는 화학오염물질도 있다. 건축자재 등에서 발생하는 오염물질도 있다. 이런 것이 밖으로 배출되지 못하고 쌓여 오히려 실외보다 실내에서 심각한 호흡기질환에 걸릴 위험이 더 높을 수 있다"고 말한다.

고등어구이에 대한 국립환경과학원 연구가 과장되지는 않았다. 실제로 조리할 때 발표한 것만큼 초미세먼지가 발생한다. 그러나 이 정도의 초미세먼지는 총배출량이 많지 않기 때문에 환기만 잘 하면 아무 걱정할 필요가 없다. 따라서 실내 미세먼지나 오염물질에 대처하는 가장 좋은 방법은 환기를 잘 하는 것이다. 만일 굽는 요리를 할 경우 요리 시작 전부터 끝날 때까지 환기장치를 반드시 켜놓는 것이 좋다.

많은 사람들이 건강을 위해, 혹은 냄새를 없애기 위해 향초를 사용하는 경우가 많아지고 있다. 그러나 냄새는 좋아질지언정 연소 과정에서 실내 공기는 오히려 더 나빠지므로 향초는 그 원료가 천연이든, 친환경이든 밀폐된 실내에서는 사용하지 않아야 한다.

통상 실내 환기는 미세먼지가 없거나 심하지 않은 날 오후 1시에서 3시 사이에 그리고 비가 내린 직후에 하는 것이 좋다. 이때가 상승기류가 가장 강하고 비에 의한 세정효과가 있기 때문이다. 만일 미세먼지 수치가 높은 날에는 가급적 환기 횟수와 시간을 줄이는 것이 좋다. 그러나 미세먼지 농도가 높다고 하루 종일 문을 닫아놓고 있을 경우 오히려 실내공기오염이 더 심해질 가능성이 높다. 따라서 나쁜 날에도 하루에 한 번 30분 정도는 환기를 해준다. 이때 중요한 것은 가습기나 분무기를 이용해 실내 습도를 높여주면 실내공기오염물질이 수증기에 흡착되어 바닥에 가라앉는다. 이때 자주 물걸레질을 해주면 실내공기오염물질 제거에 도움이 된다. 특이한 것은 실외에서 담배를 피운 후 곧 바로 실내로 들어올 경우 초미세먼지가 50배 가까이 급증한다는 것이다. 따라서 흡연자들은 담배를 피우고 어느 정도 시간이 흐른 뒤 실내로 들어오는 것이 좋다. 실내에서 건강을 위해 향수나 방향제 같은 것들을 많이 사용하는데 이런 것들은 오히려 건강에 해로울 수 있으니 지나치게 사용하지 않는 것이 좋다. 가정에서는 에어컨, 가습기 등 전기전자 제품을 주기적으로 청소하고 실내 습도를 40~60% 이하로 유지해야 한다. 특히 장마철에는 높은 습도로 인해 곰팡이가 발생할 가능성이 높다. 곰팡이 제거제 사용과 함께 수시로 환기와 청소를 실시해 곰팡이가 발생하지 않도록 해야 한다. 화학물질이 다량 함유된 제품(건축자재, 가구, 가전제품)의 사용을 자제하고, 실내 인테리어를 하거나 새로운 가구를 집 안에 들일 때에는 환기가 잘 되는 여름에 하는 것이 좋다. 환풍기, 공기청정기나 숯이나 고무나무 등 공기정화 식물을 이용하는 것도 도움이 된다.

4. 실내 미세먼지 줄이기

공기청정기는 필요한가

미세먼지 농도가 높을 때 실내에서 미세먼지 농도를 낮출 수 있는 가장 좋은 방법은 공기청정기를 작동하는 것이다. 문제는 공기청정기의 제품이 너무 많고 또 가격도 천차만별이라는 점이다. 가전업계에서는 자사의 공기청정기가 최고라는 온갖 미명하에 엄청난 고가의 공기청정기를 선보인다. 그렇다면 공기청정기는 어떻게 미세먼지를 제거하는지를 먼저 알아보자.

공기청정기는 대기오염물질을 없애는 방식에 따라 기계식과 전기식으로 나눈다. 다시 기계식은 필터식과 습식으로 나눌 수 있고, 전기식은 전기집진기식과 음이온식으로 구분한다. 우리나라 공기청정기 시장은 기계식 중에서 필터식 공기청정기가, 전기식 중에서는 음이온식 공기청정기가 가장 많이 팔린다. 그렇다면 이 두 종류의 공기청정기 차이는 무엇일까? 가장 큰 차이는 공기정화 과정에서 화학반응이 이용되었는지의 여부, 즉 살균력의 유무 차이다. 필터식 공기청정기는 헤파필터로 고체 및 액체 형태의 미세먼지를 여과해주고, 탈취 필터로 유해가스 및 냄새를 흡착한다. 그러나 음이온식 공기청정기는 오존 등을 발생시켜 휘발성유기화합물을 화학적으로 분해해준다. 필터식은 중금속, 검댕 등 모든 미세먼지를 걸러낸다. 그리고 유해 가스와 냄새도 없애준다. 그러나 곰팡이나 박테리아를 죽이는 기능은 없다. 음이온식은 휘발성유기화합물, 곰팡이, 박테리아 등을 살균해준다. 그러나 여과 및 흡착을 통한 중금속, 매연 등의 미세먼지 제거 기능은 없다. 최근에는 이 둘의 장점을 살린 공기청정기가 나왔다. 필터식 공기청정기에 음이온 발생 기능을 추가한 복합형 공기청정기가 그 주인공이다.

한 가지 소비자들이 알았으면 하는 것은 한국공기청정협회가 '필터식' 제품만을 진짜 공기청정기로 인정한다는 것이다. 우리나라 쇼핑몰이나 가전제품 매장에서 파는 다양한 공기청정기(습식, 음이온식, 삼림욕식, 산소발생식 등의 이름으로 출시된 공기청정기)의 미세먼지 제거능력이 너무 약하기 때문이다. 중요한 것은 미세먼지 제거용 '필터'가 장착되지 않은 제품은 '공기청정기'가 아니라 '공기정화살균기'라는 사실이다. 공기청정기와 공기정화살균기의 큰 차이점은 후자의 경우 고압 전류를 공기 중에 발생시켜 '오존'을 만들어 살균제로 공기 중에 방출해 곰팡이균 등을 죽이고 공기를 정화해준다는 것이다. 그러나 오존의 경우 인체에 해로울 가능성이 높다. 환경부는 다중이용시설의 실내 오존 농도를 0.06ppm 이하로 권장한다. 또 기술표준원은 공기청정기에서 발생하는 오존의 양을 규제한다. 그러나 공기정화살균기의 공기정화 기능에 대한 품질 인증은 아직 없다. 따라서 국가 및 단체로부터 공인되지 않았다는 것을 참조했으면 좋겠다. 오존에 관해서는 한국오존협회에서 제공하는 PA인증이 있기는 하지만, 국가 및 단체로부터 공인되지 않은 상태임을 참조할 필요가 있다. 자동차용도 마찬가지다. 자동차용 필터식 공기청정기를 사용하는 것이 좋다.

해외 유명 기관의 이름을 간판으로 내걸고 엄청나게 비싼 가격을 붙인 다음 최첨단기술을 적용한 공기청정기라고 선전하는 기업들이 있다. 미세먼지에 대해 잘 모르는 사람들은 속아 넘어갈 수밖에 없다. 이들은 허위광고라는 논란을 피하기 위해 '미세물질', '유해물질', '초미세 오염물질'이라는 말을 사용해 교묘하게 제품을 설명한다. 그러나 제품 설명 어디에도 중금속이나 미세먼지, 검댕 등을 의미하는 단어는 나오지 않는다. 유해물질을 '분해'한다고 하는데, 미세먼지는 분해하는 물질이 아니라 여과나 흡착해야 하는 물질이다.

서강대 이덕환 교수는 '이덕환의 과학세상'에서 소비자를 현혹하는 요란한 엉터리 정보는 절대 믿지 말라고 말한다. 특히 부가기능으로 붙여놓은 오존발생장치는 확실하게 경계해야 한다고 한다. 음이온, 라디칼, 플라스마, 활성산소, 클러스터 등과 같은 낯선 용어나 '공기정화기' 등과 같은 묘한 이름은 과학적으로 아무 의미가 없다. 그는 공기청정기와 에어컨에 오존 발생장치가 부착된 제품은 반드시 경계하고, 탈취나 유해가스 제거 기능은 큰 의미가 없으며, 일시적인 악취나 유해가스라면 환기가 최선의 해결책이라고 말한다. 공기청정기는 비교적 단순한 제품으로 지나치게 화려한 광고에 현혹되지 말라고 조언한다. 광고에 자주 등장하는 헤파 HEPA는 그저 '고효율 먼지제거용 필터'라는 영어 표현의 약자일 뿐이라고 설명한다. 가정에서는 관리도 어렵고 값도 비싼 필터는 사용할 필요가 없다고 말한다. 필자는 이덕환 교수의 말을 절대적으로 지지한다. 필자의 사무실과 침실, 거실에는 공기청정기가 있다. 그런데 이 교수의 말처럼 필자는 다양한 기능을 가지고 있는 고가의 공기청정기를 사용하지 않는다. 면적에 맞는 저렴한 공기청정기를 사용한다. 이것으로 충분하다는 것을 간이미세먼지측정기로 확인했기 때문이다.

공기청정기를 살 때 고려해야 하는 첫 번째는 CA 인증이다. CA란 Clean Air의 약자로, 한국공기청정협회에서 부여하는 인증 마크다. CA 마크가 붙어 있는 제품은 집진 효율과 탈취 효율, 적용 평수, 소음, 오존 발생 농도 등이 표준 규격을 만족시켰다는 뜻이다.

이노우에 히로요시의 좋은 공기청정기 고르는 법을 참조하기 바란다.[201]

- 미세한 먼지가 잘 제거되며, 감기바이러스, 꽃가루, 집먼지진드기 등 초미세오염물질도 잡아주는가?
- 악취는 물론 담배연기나 새집증후군 등 오염물질도 제거되는가?
- 공기를 강제로 순환시켜 정화해주며 전기료나 필터 유지보수비가 적절한가?
- 3단계 정화 시스템을 장착했는가? 3단계 정화 시스템이란 큰 먼지와 초미세먼지를 모두 거르고 탈취 기능까지 갖춘 것을 말한다.
- 필터 사용량에 따라 필터 오염 정도가 보이고 필터 교환이 용이한가?
- 한국공기청정기협회의 'CA 마크', 미국 가전제조사협회의 'AHAM 인증' 등 신뢰할 수 있는 인증기관 마크를 획득했는가?

---

201 이노우에 히로요시, 『은밀한 살인자 초미세먼지』, 전나무숲, 2018.

- 모터의 소음은 어떠한가? 수면을 방해하지는 않는가? 센서가 있어 자동작동기능이 있는가?

사물인터넷과 인공지능을 활용해 실내공기오염을 관리한다

김윤기는 실내 환경에서 미세먼지와 같은 오염물질이 발생했을 때 사물인터넷IoT, Internet of Things 기술을 기반으로 한 실시간 감지 센서로부터 전송받은 정보를 빠르게 분석하여 피해를 신속하게 파악하고 이후의 상황을 예측 및 대응할 수 있는 시스템을 구축하는 연구[202]를 하고 있다. 모든 기기를 인터넷과 연결하는 사물인터넷을 활용한 주택 서비스 업무 시스템과 노인 및 아동 안전관리 서비스를 위한 시스템도 개발되어 활용되고 있다. 이것은 통신과 결합되어 미래 인공지능AI과 더불어 융합기술시스템으로 발전할 것으로 전망하고 있다. 이런 기술들이 주택시장에서 적극적으로 활용되고 판매에 이용되고 있다.

차상민은 우리나라 실내공기질관리제도의 한계를 말한다.[203] 그는 전국에 있는 1만 7,000여 개의 다중이용시설은 기존의 실내공기질관리법에 의해 의무적으로 연 1회 공기질을 측정받아야 한다고 말한다. 새로 개정된 실내공기질관리법에 의해 3만 5,000여 개의 공중이용시설까지 포함됨에 따라 공기질 의무 측정 시설이 급증하게 되었다고 한다. 그러나 이러한 의무 측정 방식은 실제 운영상 다음과 같은 문제점을 안고 있다고 한다. 먼저, 실내공기질 측정업체가 측정 의뢰자로부터 측정비용을 받도록 되어 있기 때문에 '갑을'관계가 형성될 수밖에 없고, 그로 인해 그 결

---

202 김윤기, "국내외 실내공기질 관련 IoT 기술 동향", 포모컴㈜, 2017.

203 차상민, "IoT기반 빅데이터를 활용한 실내공기질 관리 시도 및 전망", 케이웨더㈜, 2018.

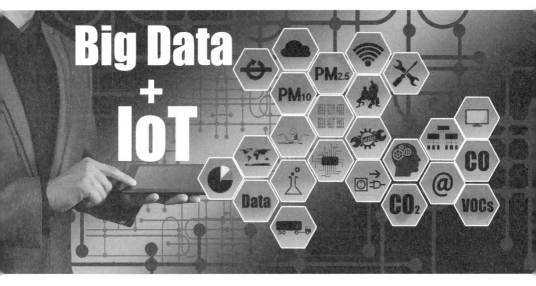

●●● 최근 정보통신과 센서 기술의 발달에 힘입어 상대적으로 저렴하고 간편하게 공기질을 상시 측정할 수 있는 사물인터넷(IoT) 공기측정기가 등장하면서 새로운 희망과 가능성을 보여주고 있다. 현재의 미세먼지 측정망은 한계가 있으므로 간이미세먼지측정기를 다량 설치하여 사물인터넷 기술과 빅데이터를 연결한 기술로 대응하는 것은 실내공기오염을 관리하는 좋은 방법이 될 수 있다.

과가 '99%의 합격률'로 나타나고 있다. 이러한 구조적 문제와 더불어 실내공기질 측정을 1년에 한 번 실시해서 공기질을 판단하는 원천적인 한계가 있을 수밖에 없다. 실내공기질 측정은 의뢰자가 정한 날짜에 완전히 환기가 이루어진 '준비된' 현장을 방문하여 1~6시간 실시하기 때문에 비록 부실, 허위 측정이 이루어지지 않는다 하더라도 그 결과가 나쁠 수가 없다. 이러한 문제점을 해결할 수 있는 방법은 365일 24시간 모니터링을 통해 실내공기질을 상시 측정하는 방법이다. 최근 정보통신과 센서 기술의 발달에 힘입어 상대적으로 저렴하고 간편하게 공기질을 상시 측정할 수 있는 사물인터넷^{IoT} 공기측정기가 등장하면서 새로운 희망과 가능성을 보여주고 있다. 차상민은 현재의 측정망은 한계가 있으므로 간이미세먼지측정기를 다량 설치하여 사물인터넷 기술과 빅데이터를 연결한 기술로 대응하자고 주장한다.

실내공기오염의 가장 좋은 해결책은 환기다

미세먼지 농도가 높으면 학교 교실은 창문을 닫고 공기청정기를 가동한다. 그러면 실내 미세먼지 농도는 낮아진다. 그런데 문제는 이산화탄소 농도가 급격히 올라간다는 것이다. 경희대 조영민 교수팀의 연구[204]에 따르면, 교실에 공기청정기를 설치하는 경우 미세먼지($PM_{2.5}$)는 30% 줄었다고 한다. 이때 공기청정기와 함께 공기순환기나 창문형 필터를 설치하면 미세먼지는 40%까지 줄어든다고 한다. 그런데 문제는 공기청정기 가동을 위해 창문을 닫으면 교실 내 이산화탄소 농도가 급증한다는 것이다. 연구에서는 최대 2,300ppm까지 급증한 것으로 나타났다. 이것은 교실 안 공기질 기준인 이산화탄소 농도 1,000ppm보다 2배 이상 높은 수치다. 창문을 닫은 채 공기청정기를 가동하다 보니 아이들이 호흡하면서 뱉어낸 이산화탄소가 교실에 가득 차게 된 것이다.

 "일부 백화점 푸드코트와 영화관의 미세먼지 농도가 바깥보다 최대 7배나 높은 것으로 나타났습니다. 유독성 화학물질과 세균, 곰팡이가 검출된 곳도 있었습니다." 2018년 환경부가 사람들이 붐비는 수도권 백화점 푸드코트와 영화관의 공기질을 조사한 결과다. 잠실 L백화점 푸드코트의 초미세먼지 농도는 $95\mu g/m^3$ 수준이었다. 야외 초미세먼지 '나쁨' 기준보다 3배가량 높고, 같은 시간 바깥보다 7배 더 높았다. 용산 I백화점 푸드코트는 $51\mu g/m^3$, 용산 C영화관의 상영관 중 한 곳은 $42\mu g/m^3$으로 측정되

---

204 조영민, "초등학교 공기정화장치 효율성 평가 및 설치기준 마련을 위한 연구 보고서", 경기도교육청, 2018.

어 초미세먼지 '나쁨' 수준보다 높았다.

가정에서 사용하는 화학제품에서 발생하는 대기오염물질이 실내공기오염을 가중시킨다. 이로 인한 대기오염은 자동차 매연으로 인한 대기오염보다 더 심각할 수 있다고 한다.[205] 보험연구원은 미국 캘리포니아주 로스앤젤레스에서 채취한 대기 샘플 분석 결과를 공개했다. 대기오염물질인 휘발성유기화합물의 전체 배출량 중 가정용 소비재 제품에서 배출되는 것의 비중이 38%나 된다는 것이다. 놀라운 것은 차량 연료가 배출한 비중은 33%, 산업에서 사용한 휘발성화학제품 비중은 15%에 그쳤다. 우리가 별로 심각하게 생각하지 않는 휘발성유기화합물의 많은 양이 가정용 소비재 제품에서 나온다는 결과는, 그로 인해 실내공기가 오염되지 않을 수 없다는 것을 잘 보여준다.

이런 실내공기오염을 해결할 수 있는 가장 좋은 방법은 환기다. 2018년 녹색소비자연대는 가정, 학교, 도로에서 미세먼지를 줄이기 위한 방법과 피해를 최소할 수 있는 방안을 담은 『미세먼지 가이드북』[206]을 발간했다. 이 가이드북에는 우리가 잘못 생각하고 있는 '미세먼지에 관한 4가지 오해'가 실려 있다. 그 내용을 살펴봐도 실내공기오염을 줄이는 데 환기가 가장 좋은 방법임을 알 수 있다. 그 4가지 오해 중 실내공기오염과 관련된 3가지 오해를 살펴보자. 녹색소비자연대가 지적한 미세먼지에 관한 오해 4가지 중 하나는 "미세먼지가 많으면 환기를 시키지 않고 요리를 해야 한다"는 것이다. 가정 내에서는 실외에서 유입되는 미세먼지뿐 아니라 실내에서 발생하는 미세먼지도 확인해야 한다. 구이, 튀김 같은 요리나 가정

---

205 보험연구원, "가정에서 배출되는 대기오염 관리의 필요성", KiRi고령화리뷰, 2018.

206 녹색소비자연대, 『미세먼지 가이드북』, 녹색소비자연대전국협의회, 2018.

내 흡연 시 발생하는 미세먼지가 대표적이다. 주방 환기시설을 작동하지 않고 구이 등의 요리를 할 경우에는 작동했을 때보다 최대 10배 이상 많은 오염물질이 실내에 퍼지게 되고 조리 이후에도 환기팬을 작동하지 않으면 1시간이 지나야 평소 상태를 유지할 수 있다. 따라서 집 안에서 요리를 할 때에는 반드시 환기시설을 가동하고 바깥에 미세먼지가 많더라도 잠깐이라도 환기를 시키는 것이 좋다. 또 다른 오해 하나는 "미세먼지가 많으면 창문을 닫아야 한다"는 것이다. 보고서에 따르면, 10가구 중 7가구가 미세먼지 때문에 환기를 하지 않는다고 밝혔다. 하지만 이는 잘못된 행동이다. 환기를 하지 않을 경우 실내에 이산화탄소, 폼알데하이드, 라돈 등의 수치가 높아지고 산소가 부족해진다. 전문가들은 환기를 하지 않아 오염된 실내공기에 장시간 노출될 경우 만성감기, 기침, 가래, 천식 등 호흡기질환과 두통, 눈 자극 등 신체 여러 부위에 이상이 생길 수 있다고 지적한다. 따라서 미세먼지 수치가 높더라도 짧게라도 환기는 시켜주는 것이 좋다. 또 다른 오해 하나는 "미세먼지가 많은 날에는 실내에만 있어야 한다"는 것이다. 연세대 임영욱 교수는 "미세먼지에 의해 발생되는 악영향은 미세먼지의 노출시간, 농도, 조건에 따라 달라지는데 대부분의 사람들은 실내에서 생활하기 때문에 실내 미세먼지가 더 치명적일 수 있다"고 이야기한다. 따라서 실내에 있다고 해서 안심하지 말고 요리, 청소 등으로 발생하는 미세먼지를 줄이기 위해 주기적으로 환기를 하고 바닥의 쌓인 미세먼지를 제거하기 위해 물걸레질을 자주 해주어야 한다. 이 3가지 내용의 핵심은 '환기가 중요하다'는 것이다.

공기정화장치를 가동하라

"공기정화장치 가동 시 미세먼지 최대 64% 저감." 2018년 12월 세종시 교육청은 각 학교에 지원한 공기정화장치를 가동하면 고농도 미세먼지를 최대 64% 저감할 수 있다고 밝혔다. 세종시 각급 학교의 공기정화장치 유형은 2012년 이후 건축된 학교에 설치된 천장형 기계식 환기장치가 80%를 차지하고 있다. 그 외의 학교에는 바닥형 기계식 환기장치, 공기청정기 등이 설치되어 있다. 이것들의 가동효과를 7회에 걸쳐 측정했다. 그랬더니 모든 유형의 공기정화장치에서 미세먼지와 초미세먼지의 저감효과를 확실히 확인할 수 있었다. 공기정화장치 가동 시, 미가동실 농도와 비교했을 때 미세먼지는 최대 64%에서 최소 26%, 초미세먼지는 최대 64%에서 최소 20%까지 저감되는 것으로 나타났다고 한다. 이산화탄소(CO_2)의 경우에는 천장형 기계식 환기장치 가동 시 59%가 저감되었다. 환기 기능이 없는 공기정화장치가 설치된 교실은 주기적 환기가 필요한 것으로 분석되었다고 한다. 환기가 얼마나 중요한지를 잘 보여주는 사례다.

　최근 환기에 관한 많은 연구가 나오는 것도 이처럼 환기의 중요성 때문이다. 실내공기질 문제가 중요시되면서 신축 공동주택에 환기장치 설비가 의무화되고 있다. 또한 실내 공기청정기의 보급률이 확대되고 있다. 문제는 이 두 시스템을 효율적으로 운영할 수 있는 제어 방안이 아직까지 미비하다는 것이다. 서울대의 김지혜는 변화하는 미세먼지 환경 조건에서 환기가 유리한 환경과 불리한 환경을 판단하여 벤틸레이션Ventilation과 필터레이션Filtration의 제어 모드와 제어량을 결정할 수 있는 제어 전략이 필요하다고 주장한다.[207] 필자가 근무하는 회사에서도 공기환기와 정화가 결합된 환기청정기를 판매·설치하고 있는데 생각보다 큰 호평을 받고 있

207　김지혜, "공동주택의 실내외 미세먼지 환경조건을 고려한 Ventilation과 Filtration 제어 전략", 서울대학교 대학원, 2018.

다. 이제는 공기청정기가 아니라 환기청정기가 대세인 것이다.

그런데 우리나라 사람들이 잘 알지 못하는 것이 있다. 국토교통부령 제467호에 따라 2006년 이후 승인된 100세대 이상의 신축 공동주택에는 '환기장치'가 설치되어 있다는 사실이다. 따라서 서울시 공동주택의 20% 정도인 30여만 세대 이상의 가구에 환기장치가 설치되어 있는 것이다. 그러나 많은 사람들이 미세먼지를 막을 수 있는 환기장치가 내 집에 있다는 것을 잘 모른다. 그러다 보니 서울시에서는 환기장치를 활용할 수 있도록 하는 보도자료를 2018년 7월 12일에 발표했다.[208] 이 보도자료에는 환기장치 운전 요령, 필터 관리, 전기료 발생 등에 관한 내용이 담겨 있다. 보도자료에 의하면, 환기장치를 시간당 10분 내외 가동할 경우 실내공기질이 개선되는 효과를 볼 수 있다고 한다. 이렇게 했을 때 월 전기료가 3,000~5,000원 정도 된다고 한다. 공기정화기의 경우는 내부 먼지만 제거하지만, 환기장치는 나쁜 공기를 밖으로 내보내고 외부의 신선한 공기를 실내에 유입하는 효과를 거둘 수 있다는 것이다. 필자가 일하는 회사에서 2018년 9월에 입주를 시작한 시흥시의 은계신도시의 U아파트를 점검해보았다. 집주인은 환기장치가 설치되어 있다는 사실을 인지하지 못했다. 설치되어 있는 환기장치를 점검해보니 장치에서 공기가 새는 현상이 발견되었다. 이 문제를 필터 리사이징 및 제작을 통해 해결했다. 그랬더니 미세먼지 필터링 효율이 90%가 넘었다. 많은 아파트나 대형 빌딩에는 환기장치가 설치되어 있음을 국민들이 알았으면 좋겠다. 환기장치의 필터만 주기적으로 교체해주면 실내공기오염에서 벗어날 수 있는 것이다. 만일 각 가정에서 맑은 공기를 마시고 싶다면 공기청정기보다는 환기

---

208 서울시 주택건축국, "우리집 미세먼지 환기장치 제대로 쓰고 계신가요?", 서울시, 2018.

청정기를 설치하길 권한다.

5. 지하주차장과 터널, 지하철의 미세먼지 농도가 높다

창문이 있는 건물의 실내공기도 안심할 수 없는데, 창문조차 없는 대형 마트나 백화점의 지하주차장 안 공기는 어떨까? 물론 환기시설이 되어 있겠지만 아마 수많은 차량들이 내뿜는 매연물질로 가득할 것이다. 그런데 실제로 지하주차장의 미세먼지 농도가 매우 높다는 연구 결과가 나왔다. 경기도보건환경연구원은 지하주차장의 미세먼지 농도가 매우 높다는 연구 결과를 발표했다.[209] 연구팀은 지하주차장의 미세먼지 농도가 지상의 미세먼지 농도가 최악일 때보다 3~4배 높은 수준이라고 주장한다. 이들은 300~700가구 규모의 아파트 단지 가운데 주차장 출입구가 2개 이하인 5개 단지를 선정했다. 그중 대표성이 높은 1개 단지에서는 지하 1층과 지하 2층 주차장의 진·출입로 10m 반경 내의 오염치를 측정했다. 측정 결과, 대부분의 오염물질 농도는 기준치를 초과하지 않았으나 미세먼지(PM_{10}) 농도는 기준치를 크게 넘었다. 미세먼지 평균 농도는 591.4 $\mu g/m^3$으로 다중이용시설 실내공기질 유지기준치인 $200\mu g/m^3$의 약 3배에 달할 정도로 높았다. 참고로 서울의 2017년 미세먼지 연평균 농도는 44 $\mu g/m^3$이었다. 나쁨 수준일 때의 일평균 농도는 $100\mu g/m^3$ 안팎이었다. 그렇다면 자동차 배기가스로 인한 지하주차장의 미세먼지 농도는 나쁨 수

---

[209] 경기도보건환경연구원, "경기도 북부지역 아파트의 지하주차장 실내공기질 변동 특성", 환경보건학회지, 2018.

●●● 2018년 경기도보건환경연구원 연구팀은 지하주차장의 미세먼지 농도가 지상의 미세먼지 농도가 최악일 때보다 3~4배 높은 수준이라고 발표했다. 물론 환기시설이 되어 있겠지만 창문이 없는 밀폐된 지하 공간에서 수많은 차량들이 내뿜는 매연물질로 인해 지하주차장의 미세먼지 농도는 실외보다 높을 수밖에 없다. 밀폐된 지하주차장의 미세먼지 관리가 시급한 실정이다.

준일 때(서울의 경우)의 일평균 미세먼지 농도보다 6배나 높은 심각한 수준이다.

지하주차장뿐만이 아니라 터널도 마찬가지다. 운전을 하면서 긴 터널을 만나면 가슴부터 답답해지기 시작한다. 도대체 이 터널 안의 미세먼지는 어떻게 처리할까? 그런데 우리나라 터널 유지 해당 기관은 터널의 미세먼지에 대한 자료도 없고 무관심하다. 《헤럴드경제》가 2018년 10월 10일 보도한 내용을 보자.[210]

"국내 터널 10개 중 7개는 공기질 상태를 제대로 파악할 수조차 없는 것으로 나타났다. 길게는 10km 이상 이어지기도 하는 터널은 대부분 자

---

210 http://news.heraldcorp.com/view.php?ud=20181010000857

●●● 국내 터널 10개 중 7개는 공기질 상태를 제대로 파악할 수조차 없는 것으로 나타났다. 길게는 10km 이상 이어지기도 하는 터널은 대부분 자연환기 방식으로 운영되고 있으며, 아무런 측정장치가 없어 미세먼지가 얼마나 많은지, 공기질이 좋은지 나쁜지 확인조차 안 되는 것으로 조사되었다. 한국도로공사는 터널 미세먼지 저감장치 확대 설치 방안을 통해 터널 내에서 발생하는 미세먼지를 최소할 계획이다.

연환기 방식으로 운영되고 있으며, 아무런 측정장치가 없어 미세먼지가 얼마나 많은지, 공기질이 좋은지 나쁜지 확인조차 안 되는 것으로 조사되었다. 국회 국토교통위 S의원이 국토교통부에서 받은 자료에 따르면 전국 5개 국토관리청이 관리하는 터널 631개 중 483개가, 도로공사가 관리하는 고속도로 터널 976개 중 709개가 환기시설 및 측정계가 없는 자연환기 방식을 택하고 있는 것으로 드러났다. 환기시설이 있는 곳은 기계의 작동을 위해 공기질을 상시 측정하지만, 자연환기 방식으로 운영되는 곳은 아무런 장치가 없어 별도 장비를 동원해 일부러 찾아가지 않는 한 공기질 측정은 불가능하다. S의원은 '최근 출시된 차량의 핵심 기술 중 하나가 터널에 진입할 때 자동으로 창문을 닫고, 공조 시스템을 대기순환 모드로 전환하는 기능'이라며 '터널 내 공기질에 우리 국민들의 인식이 얼마나 부정적인지 보여주는 대목'이라고 지적했다. 법규에는 일산화탄소와 질소산화물에 대한 농도 기준을 제시하기는 했지만,[211] 미세먼지 농도 상태조차 파악할 수 없는 자연환기 방식의 터널은 어떻게 관리해야 하는지 별다른 규정이 없다."

다른 측정 기록으로 터널의 미세먼지 농도를 추정해보는 방법밖에 없다. 2017년에 인천시 보건환경연구원은 인천김포고속도로 구간인 북항터널(5.6km) 내 미세먼지 농도를 측정했다. 최대 $595\mu g/m^3$로, 환경부가 정한 도로 재비산먼지 기준인 $200\mu g/m^3$보다 3배 가까이 많았다. 2017년 한국생활환경학회지 24권에 발표된 "고속도로 터널 내 실내오염물질 농도의 일변화 분포 특성"을 보면 경기도 군포시 수리터널, 충북 단양시 죽령터널 등에도 차량 통행량이 많은 시간대에는 미세먼지 농도가 환경부 허용기준을 초과한다고 나와 있다.

터널이나 주차장에서도 차량 통행이 많을 경우 미세먼지 농도가 급격히 올라감을 알 수 있다. 그런데 차량 통행이 많고 속도가 느린 도로에서는 차 안 미세먼지 농도가 밖의 2배에 달한다는 연구도 있다.

2017년에 미국 듀크대, 에모리대, 조지아공대 등이 공동연구를 실시했다.[212] 주행 중인 자동차의 실내와 도로 위의 공기를 각각 조사해 비교해보니 자동차 실내의 초미세먼지 농도가 도로 위보다 2배가량 높더라는 것이다. 특히 미세먼지와 함께 유입되는 활성산소 등 유해물질의 농도도 차

---

211 '도로의 구조·시설 기준에 관한 규칙 제42조(터널의 환기시설 등)'에 따르면, "환기시설 및 조명시설을 설치해야 한다", "터널 안의 일산화탄소와 질소산화물 농도는 각각 100ppm, 25ppm 이하가 되도록 해야 하며, 환기 시 터널 안 풍속이 초속 10m를 초과하지 않도록 환기시설을 설치해야 한다".

212 Heidi Vreeland et al., "Oxidative potential of PM$_{2.5}$ during Atlanta rush hour: Measurements of in-vehicle dithiothreitol(DTT) activity", *Atmospheric Environment*, 2017.

량 안이 더 높았다고 한다. 활성산소는 세포의 DNA를 손상시켜 암이나 파킨슨병, 알츠하이머를 일으킬 수 있는 위험 물질이다. 공동연구팀은 자동차 실내는 바깥에 비해 공기의 흐름이 약해 먼지가 잘 빠져나가지 못하기 때문에 이런 현상이 발생한다고 주장한다. 오히려 도로는 아스팔트가 햇빛에 데워지면서 상승기류가 생겨 오염물질이 위로 날아가기 때문에 미세먼지 농도가 상대적으로 적게 나온다는 것이다. 따라서 차량이 몰리는 러시아워에는 자동차 창문을 열고 환기를 하거나 지하철을 이용하는 것이 폐 건강에 이롭다고 조언한다.

미세먼지 농도가 더 높은 지하철

"도시철도 1호선과 4호선 객실 내 미세먼지 농도가 환경부 권고기준을 초과했다. 정부는 대중교통 장려보다 미세먼지 안전을 위한 정책에 우선순위를 둬야 한다." 2018년 2월 경기도 남경필 지사가 서울 지하철 미세먼지의 심각성을 지적했다. 그러자 서울시가 "경기도가 측정한 조건이나 측정 방법의 일관성이 없다. 그리고 서울시 산하의 교통공사에 경기도가 권고하는 것은 상도의에 어긋나는 행동이다"라고 되받아쳤다. 남경필 지사는 즉각 "국민 건강 증진을 논하는데 '상도의'라니 제정신에서 나온 말씀이냐? 정신 차리시라. 실패한 대중교통 무료 정책이나 당장 할 수 없는 뜬구름 정책 말고 당장 무엇을 해야 국민들이 안심할 수 있는지 더 생각하라"고 일갈했다. 일견 정치적인 치졸한 싸움 같아 보이지만, 필자는 이런 논란이 필요하다고 생각한다. 서울이나 경기도의 미세먼지 정책에 한 곳이라도 '빠지면 성공하기 어렵기 때문이다. 이런 논쟁을 통해 실제적 해결책이 나온다면 국민들 입장에서는 최고인 것 아닌가?

사람들은 지하철역사나 객실의 미세먼지가 좋을 것이라고 생각한다. 미세먼지 농도가 높은 날 바깥에서는 미세먼지 마스크를 쓰던 사람들도 지하철로 내려오면 마스크를 벗기 때문이다. 그러나 그렇지 않다. 오히려 지하철역사나 객실 내의 미세먼지 농도가 높은 경우가 많다. 미세먼지 농도가 높은 날 실내 지하철역 플랫폼에는 실외 미세먼지가 내부로 흘러들어온다. 여기에 지하철이 지나가면서 일으키는 비산미세먼지가 더해진다. 승객들이 바쁘게 오가는 와중에 발생하는 미세먼지도 상당하다.

앞의 논쟁에서 경기도는 도시철도 미세먼지가 높다고 했고 서울시는 아니라고 부정했다. 2015년 기준 연간 25억 명이 이용하는 서울 지하철의 미세먼지는 어느 정도일까? 국립암센터의 황성호 등이 연구한 "지하철역사의 호선별로 미세먼지의 노출특성에 대한 평가"를 보도록 하자. 지하철역사 100곳의 공기 중 미세먼지 평균 농도는 $91.8\pm4.9\mu g/m^3$이었다. 가장 높은 곳이 1호선으로 $95.7\mu g/m^3$, 다음이 4호선으로 $91.1\mu g/m^3$이었다. 지하철 1~4호선 모두 실외 미세먼지 농도보다 실내 미세먼지 농도가 더 높게 나타났다. 실내와 실외 미세먼지 농도 차이가 가장 많이 나타난 곳은 3호선으로 실내 평균 농도가 $90.1\mu g/m^3$이었을 때 실외 농도는 $30.7\mu g/m^3$으로 무려 실내가 3.4배 이상 높았다. 서울메트로 100개 역사의 미세먼지 평균 농도는 미세먼지로 악명 높은 멕시코시티나 타이베이와 비슷했다. 다만 12년 전에 측정했던 지하철역사의 미세먼지 농도보다는 현재의 미세먼지 농도가 크게 줄어들었다. 지속적인 공기청정기 설치 및 공기질 관리의 결과로 판단된다.

두 번째로는《한국경제》의 뉴스래빗의 조사 내용을 보자.[213] 이들도 서울 1~9호선 역사 실내공기를 측정했다. 뉴스래빗은 각 호선 운영사가 공

개한 최근 10년치(2007~2016년) 실내 미세먼지 농도 측정 결과를 수집해 분석했다. 1~9호선 283곳 지하철역사 중 2016년 미세먼지 농도가 세계보건기구 나쁨 이하 기준인 $50\mu g/m^3$ 이하인 곳은 단 한 군데도 없었다. 그렇다면 서울 지하철역들은 1급 발암물질인 미세먼지가 '나쁨' 수준으로 유지되었다는 뜻이다. 그런데 국내 실내공기질관리법상 유지기준을 적용하면 달라진다. 우리나라 실내공기질관리법상 유지기준은 $150\mu g/m^3$이다. 그렇다 보니 2016년 1~9호선 진 역사 미세먼지 농도는 아무런 문제가 없다. 10년간 이 기준을 넘은 역은 2015년 공항시장($150.7\mu g/m^3$) 등 9호선의 9개 역뿐이다.

그렇다면 무엇이 문제일까? 실외미세먼지관리법에서는 $80\mu g/m^3$을 넘어서면 '나쁨' 수준으로 본다. 실내 기준보다 매우 강한 수준이다. 여기에다가 실내 관리 기준인 $150\mu g/m^3$은 실외 기준으로 볼 때 '매우 나쁨' 수준이 된다. 그런데 미세먼지 '나쁨' 수준인 $80\mu g/m^3$으로 분석해보면 이 농도를 초과한 역이 그렇지 않은 역보다 매년 많았다고 한다. 서울 지하철역 중 과반수가 실외 미세먼지 기준 '나쁨' 상태를 10년 이상 유지해왔다고 뉴스래빗은 주장한다. 필자는 실내와 실외의 미세먼지 기준이 다른 것은 한마디로 넌센스라고 생각한다. 실외든 실내든 미세먼지가 건강에 영향을 미치는 것은 같기 때문이다. 참고로 세계보건기구는 실내·외를 따로 구분하지 않는다. 참고로 경기도보건환경연구원이 측정한 서울도시철도 1,4호선 객실의 미세먼지 농도는 평균 $228.8\mu g/m^3$과 $308.7\mu g/m^3$이었다. 정말이라면 지하철에서는 꼭 미세먼지 마스크를 써야만 한다.

미세먼지가 극성을 부리는 날이면 지하철을 이용할 때 더욱 찝찝해진다. 지하인 데다가 환기구는 시커멓고 공사하는 곳도 많다. 여기에다가 지하철 미세먼지 농도가 어느 정도인지 표시해주는 시설물도 없다. 우리나라의 미세먼지 농도가 매년 높아지고 있는 추세인데 지하철역 역시 좋아지지 않을 것이라는 것은 명약관화하다. 옥외보다 상대적으로 공기가 잘 통하지 않는 땅 속이기에 미세먼지가 확산되지 않아 농도 더 높을 것이기 때문이다. 김민해는 그의 연구[214]에서 대기 고농도 현상은 그 자체만으로도 위험하지만, 국내외에서 발표된 연구 결과에 따르면 외기보다 지하철역사의 미세먼지 농도가 2~30배 높게 나타났다(Raut et al., 2009; Murruni et al., 2009)고 말한다.

2017년 서울시가 최판술 서울시의원(중구)에게 제출한 자료를 보자. 2016년 기준으로 서울메트로 1~4호선의 전체 미세먼지(PM_{10}) 평균 농도는 $89.0\mu g/m^3$을 기록했다. 서울의 연평균 미세먼지 농도(실외)인 $48\mu g/m^3$보다 무려 1.8배나 높다. 실제로 옥외보다 지하에 있는 지하철역사의 미세먼지 농도가 훨씬 더 높은 것이다. 서울 사람들은 궁금하다. 도대체 어느 지하철역사가 가장 나쁠까 하고 말이다. 자료에 의하면 호선별로는 1호선이 평균 $95.6\mu g/m^3$으로 가장 높았다. 가장 농도가 낮은 노선은 2호선으로 $86.6\mu g/m^3$이었다. 지하철역 중에서는 2호선 시청역이 $109.3\mu g/m^3$으로 가장 높았고, 그 다음으로 3호선 종로3가역($108.1\mu g/m^3$), 1호선 종로3가역($105.3\mu g/m^3$), 2호선 신정네거리역($101.9\mu g/m^3$), 3호선 충무로역($101.3\mu g/m^3$) 순이었다. 미세먼지 농도가 가장 낮은 역은 2호선 을지로4가역($67.0\mu g/m^3$)으로 시청역의 절반에 가까웠다.

서울도시철도공사의 5~8호선의 미세먼지 평균 농도는 어떨까? 평균 농도는 $78.0\mu g/m^3$으로, 노후된 1~4호선보다는 낮았다. 호선별로는 6호선

---

214 김민해, "지하역사 미세먼지 노출량 평가 및 인공지능기반 데이터 분석", 과학기술연합대학원대학교, 2017.

●●● 사람들은 지하철역사나 객실의 미세먼지가 좋을 것이라고 생각한다. 그래서인지 미세먼지 농도가 높은 날 바깥에서는 미세먼지 마스크를 쓰다가도 지하철역으로 내려오면 마스크를 벗는다. 그러나 오히려 지하철역사나 객실 내의 미세먼지 농도가 높은 경우가 많다. 미세먼지 농도가 높은 날 실외 미세먼지가 지하철역 플랫폼으로 흘러들어오고, 여기에 지하철이 지나가면서 일으키는 비산미세먼지가 더해진다. 그리고 승객들이 바쁘게 오가는 와중에 발생하는 미세먼지도 상당하다. 땅 속이다 보니 미세먼지가 밖으로 확산되지 않아 실외보다 미세먼지 농도가 더 높다. 하루 500만 명 이상이 이용하는 밀폐된 지하철역사의 미세먼지 기준이 지금보다 훨씬 더 강화되어야 하는 것은 바로 이 때문이다.

이 $87.1\mu g/m^3$로 가장 높았다. 그 다음 5호선($75.5\mu g/m^3$), 7호선($75.1\mu g/m^3$), 8호선($72.9\mu g/m^3$) 순이었다. 지하철역 중에서는 6호선 공덕역, 버티고개역이 $116.2\mu g/m^3$로 오히려 2호선 시청역보다 높았다.

가장 최근의 지하철 미세먼지 수준은 어느 정도일까? 2018년 10월 10일《머니투데이》기사를 보자.[215] "국회 국토교통위원회 L의원이 서울시로부터 받은 자료에 따르면, 지난해 서울 지하철 1~8호선 지하철역(승강장과 대합실 평균 수치)의 미세먼지 평균 농도는 $81\mu g/m^3$로 $44\mu g/m^3$인 지상

215 http://news.mt.co.kr/mtview.php?no=2018101011267617734

에 비해 1.8배 나빴다. 미세먼지가 가장 심한 지하철역은 한성대입구역 (102.6$\mu g/m^3$), 시청역(102$\mu g/m^3$), 명동역(101.7$\mu g/m^3$), 신림역(100.3$\mu g/m^3$), 동대문역(100.1$\mu g/m^3$) 순이었다. 승강장과 대합실을 구분할 경우 5호선 강동역 승강장이 112.2$\mu g/m^3$로 가장 심했다. 그 다음 발산역 승강장(110.3$\mu g/m^3$), 광나루역 승강장(109.2$\mu g/m^3$), 명동역 대합실(108.7$\mu g/m^3$), 동대문역 대합실(108.6$\mu g/m^3$)이 뒤를 이었다. 명동역과 동대문역은 오히려 대합실이 승강장보다 미세먼지 수치가 더 높았다. 환경부는 대기 미세먼지 등급을 4단계로 세분화해 농도가 80$\mu g/m^3$을 넘으면 '나쁨'으로 본다. 그러나 지하철역사 미세먼지 기준은 '실내공기질관리법' 시행규칙에 따라 농도 150$\mu g/m^3$, 서울시 조례에 따라 140$\mu g/m^3$ 이하로만 규정하고 있다. 이는 환경부의 미세먼지 등급 중 '매우 나쁨(151$\mu g/m^3$~)'에 가까운 셈이다. 이에 L의원은 '지하철역의 미세먼지를 보통(80$\mu g/m^3$) 수준까지 내려야 한다. 미세먼지 농도가 10$\mu g/m^3$ 높아질 때마다 사망률은 1.1% 증가한다. 환경부와 서울시가 지하철역사 내 미세먼지 유지기준을 하루 빨리 강화하고 관리 등급을 세부적으로 나눠 국민 건강을 보호해야 할 것이다'라고 말했다."

서울시 지하철 담당자들은 서울시 조례의 기준치인 140$\mu g/m^3$ 이내에서 유지되고 있다고 말한다. 이들은 오히려 서울시 기준인 법정기준 150$\mu g/m^3$보다도 엄격하다고 말한다. 그러나 이것은 말도 안 되는 이야기다. 자기들 편리하게 기준을 낮춰놓고 잘 유지된다고 하면 안 된다. 140$\mu g/m^3$이면 실외 미세먼지 기준으로 따져도 매우 나쁨 수준이다. 150$\mu g/m^3$이 넘으면 미세먼지주의보 발령이 가능한 수준이다. 하루 500만 명 이상이 이용하는 밀폐된 지하철역사의 기준이 지금보다 훨씬 더 강화되어야 하는 이유다.

그런데 더 큰 문제는 인체에 치명적인 초미세먼지에 대한 지하철(실내) 관리 기준은 아예 없고 지자체나 지하철 운영기관이 측정하거나 제거해야 할 법적인 의무도 없다는 것이다. 초미세먼지는 입자가 작아 폐조직의 모세혈관까지 침투해 들어가기 때문에 건강에 치명적인 물질이다. 국제암연구소^{IARC}는 석면, 흡연과 같은 수준의 발암물질로 미세먼지를 지정할 정도다.

환경부와 서울시의 대응

환경부는 원성이 잦은 미세먼지(PM_{10}) 기준을 강화하기로 했다. 지하철역사의 미세먼지(PM_{10}) 기준을 강화($150 \rightarrow 100 \mu g/m^3$)하고 초미세먼지($PM_{2.5}$) 기준은 '유지기준'으로 신설($50 \mu g/m^3$)되었다.

먼저 2019년까지 미세먼지 오염도가 높고, 사람들이 많이 이용하는 주요 역사에 미세먼지자동측정기를 설치한다. 지하철을 이용하는 국민들이 실시간으로 지하철역사의 미세먼지 농도를 확인할 수 있도록 하겠다는 것이다. 2020년까지 '실내공기질관리사'를 국가자격으로 신설하고, 주요 역사에 자격증을 가진 전문인력 채용을 의무화할 계획이다. 그리고 지하철역사 내·외부 오염정보와 교통정보 빅데이터를 활용하기로 했다. 이를 통해 역사 내의 미세먼지 농도를 예측하고, 예측 결과에 따라 환기설비를 최적으로 가동하는 '스마트 공기질 관리 시스템'을 도입하는 정책을 펼 계획이다. 환경부는 대전 정부청사역에 실증화시범사업을 2018년부터 2019년까지 실시한 후 전국으로 확대할 계획이라고 한다. 미세먼지 농도가 높은 지하철역사를 '특별 관리 역사'로 지정해 물청소 횟수를 늘리고, 환기설비 가동을 강화하겠다고 한다. 수도권의 '특별 관리 역사'는 미세먼지($PM_{2.5}$) 비상저감조치가 발령되면 역사 물청소, 필터 확인 등 비상

조치를 연동해서 시행하겠다고 한다. 획기적인 것은 지하 터널 내의 미세먼지 발생원을 제거하겠다는 것이다. 터널 내 자갈이 깔린 선로(자갈도상)를 콘크리트로 개량하고, 전동차 운행 소음 감쇄를 위해 승강장 선로 부분에 설치한 '흡음몰탈'도 단계적으로 제거하겠다고 한다. 또한 터널 내의 물청소를 위한 장비(살수차량, 살수배관 등)를 추가로 도입하고, 전 노선에 대해 연 1회 이상 인력을 활용한 물청소도 실시할 계획이라고 한다. 오염도가 높은 터널 구간에 대해서는 집진·살수차량 운행 횟수와 환기시설 가동 시간을 늘리는 등 중점 관리하겠다고 한다. 이것이 실제로 이루어진다면 지하철역사의 미세먼지 농도가 상당히 낮아질 것으로 예상된다.

2018년 9월 환경부는 지하철역사를 대상으로 한 2019년 실내 미세먼지 개선 사업 예산안을 국회에 제출했다.[216] 환기설비 교체, 자동측정망 설치, 필터 교체, 방풍문 설치 등의 지하철역사 실내 미세먼지 개선 사업비로 77억 원을 새로 편성한 것이다. 환경부는 2019년부터 시작하는 지하철역사 미세먼지 개선 대책을 통해 2022년까지 전국 지하철역사의 미세먼지 오염도를 13.5% 낮추겠다고 한다. 기대해볼 만한 좋은 소식이 아닐 수 없다.

---

216 http://www.hani.co.kr/arti/society/environment/860075.html#csidx1274c496230c91f974a2995f8f073e6

제7장

미세먼지
어떻게
해결할 것인가

환경부가 2018년 8월 31일부터 9월 2일까지 전국 성인 1,091명을 대상으로 '미세먼지에 대한 인식 조사'를 실시했다. 조사 결과에 따르면, 국민의 91%가 '미세먼지 오염도가 심각하다'고 응답했다. 78.7%는 '미세먼지가 건강에 위협이 된다'고 답했다. 미세먼지 발생 원인으로는 '중국 등 국외 유입'이라는 응답이 51.7%로 가장 높았다. 우리나라의 미세먼지의 가장 큰 원인이 중국이라고 국민들의 절반 이상이 믿고 있는 것이다. 미세먼지에 대한 국민들의 인식은 이런데 정부는 중국에 강력하게 항의하지 못하고 있고 이렇다 할 미세먼지 대책을 내놓지 못하고 있는 것이 현실이다. 이런 정부의 미세먼지 대책을 두고 국민 절반에 가까운 44.6%가 불만족을 표시했다. 국민들의 인식이 잘못된 것인가, 아니면 정부의 대책이 미흡한 것인가? 날로 심각해지는 미세먼지를 어떻게 해결할 것인가? 미세먼지 마스크로 하루하루를 버티고 있는 국민들에게 파란 하늘과 마음껏 숨 쉴 수 있는 깨끗한 공기는 이제 옛날 이야기가 되었다. 어떻게 하면 미세먼지 지옥에서 벗어나 파란 하늘과 깨끗한 공기를 되찾을 수 있을까?

1. 석탄화력발전을 중단해야 한다

검은 산타가 나타난 이유는?

"미세먼지 주범 석탄연료 그만!" 2018년 12월에 폴란드 카토비체Katowice에서 열린 제24차 유엔기후변화협약 당사국총회에 온몸에 석탄재를 뒤집어쓴 '검은 산타'가 나타났다. 한글, 영어, 중국어로 적힌 팻말을 든 사람은 최열 환경재단 이사장이었다. 그는 "석탄 1톤을 태우면 이산화탄소 3톤이 나오는 등 미세먼지 발생의 최대 주범은 석탄연료"라면서 "전 세계

10대 석탄화력발전소 중 5기가 중국에, 3기가 한국에 있다"고 말한다. 석탄연료의 심각성을 국제사회에 알리기 위해 흑연가루를 잔뜩 묻히고 방독면을 쓴 산타로 분장했다는 것이다. 그는 "문재인 정부의 미세먼지 정책 점수는 50점"이라고 말한다. 미세먼지에 대한 문 대통령의 의지는 높게 사지만 약속을 안 지켜서란다.

정부는 앞으로는 수십 년간 고수해온 화석연료 중심의 발전 정책에서 대변화를 이루겠다고 말한다. 그러나 내용을 잘 살펴보면 앞으로도 석탄화력발전소는 계속 짓겠다는 것으로 보인다. 산업부는 새로운 보완대책에 따라 2019년 봄철 석탄발전 미세먼지 배출량이 2018년 대비 최대 43%까지 감축될 것으로 전망했다. 이것이 가능할까? 환경운동연합은 10기의 노후 석탄화력발전소를 폐지하더라도 이에 따른 온실가스 배출 감소 효과는 석탄화력발전소 추가 확대에 의해 상쇄될 것이라고 주장한다. 석탄화력발전소 폐지의 온실가스 배출 총량 감축 기여도는 8.4%에 그치는 반면, 건설 또는 계획 중인 석탄화력발전소로 인한 배출 증가량은 노후 설비 폐지에 의한 감소량보다 5배 높은 것으로 분석되었기 때문이라고 한다.[217] 그린피스 동아시아지부는 "국민 건강에 치명적 영향을 미치는 석탄화력발전소 신규 건설 계획을 철회해야 한다. 석탄화력발전소에 대한 환경영향평가를 정확하게 실시해야 한다. 발전소 주변 지역뿐 아니라 대기오염물질의 장거리 이동을 고려한 건강 피해와 환경 피해 비용을 산출해야 제대로 된 대책을 마련할 수 있다"고 주장한다.

정부는 겉으로는 '탈脫석탄'이라는 상징적 공약을 계속 지켜나가는 것처

---

217 환경운동연합의 분석은 2015년 현재 가동 중인 석탄화력발전소 53기의 온실가스 배출량 실적 자료와 건설 또는 계획 중인 20기의 온실가스 배출량 평가방법을 활용했다고 밝혔다.

럼 보인다. 그러나 봄철 노후 석탄화력발전소의 셧다운을 두고도 환경부와 환경운동연합의 시각차는 크다. 정부는 미세먼지 저감효과가 컸다고 선전하지만 환경운동연합은 "지난해 새로 가동한 석탄화력발전소 6기에서 봄철에 미세먼지 809톤이 나올 것으로 예상되며, 이렇게 되면 셧다운에 따른 저감효과는 사라진다"고 주장했다. 산업부의 8차 전력수급계획에 따르면 이제 막 가동한 신규 석탄화력발전소 이외에도 앞으로 7기가 추가로 도입된다. 환경운동연합은 "노후 석탄화력발전소을 셧다운하더라도 신규 석탄화력발전소 증설 효과로 인해 오히려 미세먼지는 1,321톤이 더 증가한다"면서 새 석탄발전량을 줄이려면 신규 발전소 사업을 취소하고 석탄발전에 대한 과세를 강화해야 한다고 주장한다. 어쨌든 석탄화력발전소만 놓고 볼 때, 문 대통령은 대선기간 '공정률 10% 미만의 석탄화력발전소 원점 재검토', '석탄화력발전소의 신규 건설 전면 중단'도 함께 공약했지만 실제로는 공약에서 후퇴하고 만 셈이다. 이런 정책은 우리나라에서 배출되는 초미세먼지의 상당부분이 석탄화력발전소에서 발생한다는 것을 간과한 데서 나온 것이다. 앞에서 언급했듯이 우리나라는 2016년 경제협력개발기구[OECD] 회원국 중에서 국민 1인당 석탄 소비량 2위를 차지할 만큼 엄청난 양의 석탄을 소비하고 있다.

2018년 현대경제연구원은 보고서[218]에서 "정부 정책 목표 달성을 위해서는 석탄화력발전 비중을 현재 43%에서 오는 2022년까지 30%로 낮춰야 한다"고 주장했다. 석탄화력발전 비중을 낮추기 위해서는 원자력발전 비중은 26.8%에서 31.6%로, 천연가스발전 비중은 22.2%에서 27.4%, 신재생에너지발전 비중은 5.0%에서 9.7%로 늘려야 한다는 것이다.

---

218 현대경제연구원, "에너지전환 정책의 실효성 제고 방안", 현대경제연구원, 2018.

STOP FOSSIL FUELS
There's no border in the sky!

●●● 우리나라는 2016년 경제협력개발기구(OECD) 회원국 중에서 세계 최대 석탄 생산국인 호주(1.8TOE)에 이어 국민 1인당 석탄 소비량 2위(1.6TOE)를 차지할 만큼 엄청난 양의 석탄을 소비하고 있다. 현대경제연구원은 정부가 미세먼지 정책 목표 달성을 위해서는 석탄화력발전 비중을 현재 43%에서 오는 2022년까지 30%로 낮춰야 한다고 주장한다. 석탄화력발전 비중을 낮추기 위해서는 원자력발전 비중은 26.8%에서 31.6%로, 천연가스발전 비중은 22.2%에서 27.4%, 신재생에너지발전 비중은 5.0%에서 9.7%로 늘려야 한다는 것이다. 이렇게 해야 2022년 초미세먼지가 2017년 대비 30.2% 줄어들고 온실가스도 15.4% 감축된다는 것이다. 정말 정부가 미세먼지를 줄여야 하겠다는 의지가 있다면 당장 석탄화력발전소를 획기적으로 줄이는 정책을 펴야만 한다.

이렇게 해야 2022년 초미세먼지가 2017년 대비 30.2% 줄어들고 온실가스도 15.4% 감축된다는 것이다. 왕도는 없다. 정말 정부가 미세먼지를 줄여야 하겠다는 의지가 있다면 당장 석탄화력발전소를 획기적으로 줄이는 정책을 펴야만 한다.

외국의 탈석탄 정책

석탄 사용으로 미세먼지가 많이 배출되면 건강 및 환경 부담이 증가한다. 그렇기 때문에 선진국을 포함한 중국 등은 석탄 사용을 점차 줄여나가고 있다. 특히 석탄을 가장 많이 사용하는 석탄화력발전소의 신설 및 증설을 줄이고 있다. 우리나라와는 정반대의 정책을 펴고 있는 것이다.

"동아시아의 석탄화력발전소 증설 계획은 전 세계에서 환경비용이 가장 높은 사업이다." 2013년 트러코스트^{Trucost Plc} 등이 발간한 보고서[219]에 나온 내용이다. 사용하기에는 저렴하고 좋은데 막상 배출되는 오염물질과 온실가스를 처리하기 위해서는 더 큰 비용이 든다는 것이다. 미세먼지 배출 주범으로 지목된 중국은 석탄화력발전소를 폐쇄해나가기 시작했다. 2017년 2월에 베이징의 마지막 석탄화력발전소가 운영을 중단했다. 베이징은 가스와 풍력발전 등 청정에너지에만 의존하는 첫 도시가 되었다. 베이징에 있던 석탄화력발전소는 석탄을 연료로 사용하는 발전시설 5곳을 운영했다. 연 84만 5,000kW의 전기를 생산하고 2,600만km^2 지역에 난방을 공급해왔다. 매년 석탄 소비량만 800만t에 달할 정도로 거대한 발전소였다. 중국은 베이징의 석탄화력발전소 가동 중단만으로도 매년 이산

---

219 최근 트러코스트(Trucost Plc)와 TEEB for Business Coalition이 공동으로 발간한 보고서 "위기에 처한 자연자본 : 비즈니스의 상위 100대 외부비용"은 온실가스 배출, 물이용, 폐기물, 대기오염, 토양 및 수질오염, 토지이용 등을 핵심 지표로 사용해 세계 500개 산업 분야를 분석한 결과를 담고 있다.

화황 91톤과 질소산화물 285톤, 분진 110톤 등의 미세먼지 배출이 감소할 것으로 전망하고 있다.

중국이 우리나라보다 더 강한 석탄화력발전소 폐쇄를 진행하고 있는 것은 대기오염의 무서움 때문이다. 베이징시는 2017년까지 4곳의 대형 석탄화력발전소를 폐쇄하고 4곳의 가스화력발전소 건설 계획을 마련했다. 그 일환으로 마지막 석탄화력발전소가 폐쇄된 것이다. 중국은 석탄화력발전소를 없애는 것에서 한 발 더 나아가 추가 건설 계획도 백지화하고 있다. 지방정부에도 석탄화력발전소 건설을 중지하라고 명령했다. 중국의 리커창 총리는 석탄화력발전소의 대규모 구조 조정을 통해 2020년까지 연간 석탄 사용을 1억 톤가량 줄인다는 비전을 내놓았다. 이렇게 될 경우 이산화탄소 배출량이 1억 8,000만 톤이나 줄어들면서 전력산업의 오염물 배출량은 2005년에 비해 60% 수준으로 낮아진다는 것이다.

미국 등 선진국도 마찬가지다. 미국은 이미 석탄화력발전소 655기의 문을 닫았고 앞으로 619기를 더 폐쇄할 예정이다. 영국도 석탄화력발전소 확장이라는 손쉬운 방법을 거부하고 청정에너지 시설에 투자를 늘려왔다. 2015년 2분기 영국 전력생산의 25%는 재생에너지에서 나왔고, 석탄화력발전 비중은 20%밖에 안 되었다. 영국에서 재생에너지를 이용한 전력생산은 지난 4년 사이 2배 이상 늘어난 것이다. "영국이 석탄, 석유 등 온실가스를 배출하는 에너지원과 거리를 두면서 해상풍력 분야에 투자하기에 매력적인 국가로 자리 잡았습니다." 상공회의소 주재 기후컨퍼런스에서 영국대사 찰스 헤이Charles Hay가 한 말이다. 영국은 다른 나라와 손잡고 재생에너지 분야에서 획기적인 성과를 거두고 있다는 것이다. 예를 들어, 세계 최대 해상풍력발전 시설인 런던 어레이London Array 같은 혁신적 프로젝트는 독일 대형 발전회사 이온E.ON과 덴마크 국영 에너지회사

●●● 영국은 석탄화력발전소 확장이라는 손쉬운 방법을 거부하고 청정에너지 시설에 투자를 늘려왔다. 영국은 다른 나라와 손잡고 재생에너지 분야에서 획기적인 성과를 거두고 있다. 예를 들어, 세계 최대 해상풍력발전 시설인 런던 어레이(사진)는 독일 대형 발전회사 이온과 덴마크 국영 에너지회사 동에너지 등 여러 회사가 참여해 일궈낸 성과다. 여의도 32배 크기에 달하는 런던 어레이는 60만 가구에 659MW의 전력을 공급한다. 클레어 페리 영국 에너지부 장관은 "이번 성과로 영국이 전 세계 재생에너지 분야에서 가진 주도권을 공고히 하고 수천 개의 고급 일자리를 만들어냈다"고 평했다.

동에너지Dong Energy 등 여러 회사가 참여해 일궈낸 성과다. 미국의 경우 강력한 석탄화력발전소 폐쇄 정책을 오바마Barack Obama 정부가 주도했다. 그러나 트럼프Donald Trump 행정부는 석탄의 온실가스 증가에 부정적인 견해를 가지고 있기 때문에 향후 진행은 두고 봐야 할 것 같다.

석탄을 대신하는 신재생에너지

"기후변화를 막기 위한 온실가스 저감 대책에는 신재생에너지밖에 없습니다." 나오미 클라인Naomi Klein은 그의 저서인 『이것이 모든 것을 바꾼다 This Changes Everything』[220]에서 최근 발표된 재생에너지 관련 연구 결과를 소개

---

[220] 나오미 클라인, 『이것이 모든 것을 바꾼다: 자본주의 대 기후』, 열린책들, 2016.

한다. 연구에 따르면 전 세계 에너지 수요를 재생에너지인 풍력, 수력, 태양광으로 100% 공급이 가능하다고 한다. 빠르면 2050년까지 기술적 측면과 경제적 측면 모두를 달성할 수 있다는 것이다.

"신재생에너지로 건강을 선택한 캐나다." 2017년 7월 30일《연합뉴스》기사 제목이다. 이 기사 제목이 필자의 눈을 사로잡은 것은 석탄 등의 화석연료가 심각한 피해를 주고 있기 때문이다. 캐나다 정부는 석탄화력발전소를 전부 폐쇄하기로. 했다. 석탄화력발전소에서 생산하는 전력을 신재생에너지로 대체하겠다는 것이다. 아직은 신재생에너지로 발전하는 단가가 비싸 오르는 전기료를 부담해야 하는데도 깨끗한 자연환경과 신선한 공기가 안겨주는 건강을 선택한 캐나다인들의 모습이 얼마나 아름다운가!

후진국보다 선진국들이 신재생에너지 투자에 앞장서는 것은 깨끗한 환경을 우선하기 때문이다. 여기에 막대한 자본과 기술력, 인프라가 갖춰져 있기 때문이기도 하다. 먼저 유럽 국가들의 탈석탄 정책 및 신재생에너지 정책을 살펴보자. 영국 정부는 일찍부터 기후변화에 적극적으로 대처하기 위해 다른 나라에 비해 신재생에너지에 많은 투자를 해왔다. 그 결과, 이산화탄소나 미세먼지 배출량은 물고 일자리는 늘었다. 많은 사람들이 신재생에너지 정책을 펴면 일자리가 줄어들고 나라 경제도 어려워질 것이라며 신재생에너지 정책을 비판했는데, 영국은 과감한 신재생에너지 정책을 통해 신기술을 개발하고 새로운 비즈니스와 일자리를 창출함으로써 이러한 우려와 비판을 깨끗이 잠재웠다. 신재생에너지 정책을 통해 오히려 경제성장이 가능하다는 것을 입증한 셈이다.

프랑스도 영국 못지않게 신재생에너지에 대한 확고한 정책을 수립하고 집행해나가고 있다. 프랑스는 화력발전소를 2020년까지 모두 폐쇄하고,

2040년부터 자국 영토에서 원유와 천연가스 채굴과 생산을 중단하기로 했다. 프랑스 영내에 있는 원유와 천연가스 유전 63곳을 2040년 전면 폐쇄하기로 하는 법안을 각료회의에서 의결한 것이다. 이 법안에는 셰일(퇴적암층)가스 탐사와 시추도 완전히 금지한다는 내용이 포함되었다. 환경까지 고려한 정책이다. 에마뉘엘 마크롱Emmanuel Macron 대통령이 이끄는 프랑스가 이 같은 파격적인(?) 정책을 펼치는 것은 화석연료 의존을 줄이고 신재생에너지 개발의 선봉에 서겠다는 강한 의지를 가졌기 때문이다.

독일은 화석연료에서 배출되는 온실가스가 지구 환경과 생태계를 교란시켜 엄청난 피해를 주기 때문에 신재생에너지 정책에 적극적이다. 독일은 현재 30%에 달하는 신재생에너지 의존도를 2050년까지 80%로 끌어올리기로 했다. 2018년 7월 12일 《한겨레》 신문의 보도 내용을 소개한다.[221]

"세계 26개국에 걸쳐 활동하는 기후변화 분야 커뮤니케이션 전문가 네트워크인 '글로벌 전략 커뮤니케이션협의회GSCC'는 12일 독일에너지와물산업협회BDEW가 최근 2018년 상반기 독일 총전력의 36.3%가 수력을 포함한 재생에너지로 생산되어 석탄 발전량 비중 35.1%를 넘어섰다는 분석 결과를 발표했다고 전했다.[222] 재생에너지 발전량 36.3%는 육상풍력 14.7%, 태양광 7.3%, 바이오가스 7.1%, 수력 3.3%, 해상풍력 2.9% 등으로 구성되었다. 재생에너지와 석탄을 제외한 나머지 발전원은 천연가스 12.3%, 원자력 11.3%, 기타 5% 등이었다. 독일에서는 5년 전까지만 해도 석탄 발전량이 풍력과 태양, 바이오매스 발전량의 거의 2배를 차지했다.

221 http://www.hani.co.kr/arti/society/environment/852998.html#csidx53e9d28d8a82 ef38b5bc99108aab998

222 https://www.montelnews.com/en/story/german-renewables-overtake-coal-in-first-half-of-2018--bdew/916513

지난해 같은 기간에는 38.5%를 기록해 재생에너지 발전량(32.5%)을 앞섰다. 독일에너지와물산업협회는 재생에너지 및 석탄 회사들의 연합체로, 이들이 내는 통계는 높은 신뢰도를 갖고 있다."

석탄에서 탈피한 확고한 재생에너지 정책이 정말 부럽기만 하다.

석탄산업 투자를 중단하는 외국 금융사들

2018년 12월 폴란드 카토비체에서 열린 제24차 유엔기후변화협약 당사국총회(COP24)를 앞두고 세계의 강력한 기관투자가들이 화석연료 사용을 줄이는 정책을 채택하라고 압력을 가했다. HSBC, 노무라 자산운용, UBS 자산운용 등 415개 글로벌 기관투자가들은 '기후변화에 대한 기관투자가 그룹'이라는 이름으로 모였다. 이들이 운용하는 자산은 총 32조 달러로 중국 경제 규모의 2배가 넘는다. 이들은 기후변화에 대해 각국 정부가 약속한 조치와는 다르게 파리기후협약의 목표를 달성하는 데 필요한 행동은 취하지 않는다고 주장했다. 각국 정부에는 석탄화력발전과 화석연료 보조금 지급을 단계적으로 중단하고, 탄소 배출에 가격을 매기라고 촉구했다. 기업에는 기후변화 위험에 대한 정보 제공 확대를 요구했다. 그러면서 기후변화 대응에 앞장서면, 새로운 일자리와 투자 등 큰 이익을 얻을 수 있을 것이라고 주장했다. 이들의 강력한 압력으로 세계적인 석유 기업인 로열더치셸Royal Dutch Shell이 최근 탄소 배출과 최고경영진 보수를 연계하기로 했다. 그리고 이들은 강력한 석유그룹인 영국 BP, 미국 엑슨모빌Exxon Mobil과 셰브런Chevron에도 압력을 가하고 있다.

최근 세계적인 투자가들의 흐름을 그대로 이어가는 기조라고 할 수 있다. 자산 규모 1,000조 원이 넘는 노르웨이 국부펀드가 2016년 1월부터 석탄 기업에 투자하지 않겠다고 발표한 것도 좋은 예다. 노르웨이 의회는 이미 2015년 6월 전력 생산량의 30% 이상을 석탄에서 얻는 기업에 대한 투자 회수를 결정했다. 이들은 지금까지 세계 122개 석탄 기업에 투자했었다. 투자금이 약 87억 달러(약 9조 7,000억 원)로 전액 회수하겠다고 한다. 여기에는 우리나라 한국전력에 투자한 1,600억 원도 포함되어 있고, 포스코도 포함되었다. 이 밖에 독일 RWE, 중국 선화^{神華}, 미국 듀크에너지 Duke Energy, 호주 AGL에너지, 일본 전원발전^{J-Power} 등 세계적 석탄 이용 에너지 기업도 대상이라고 한다.

2015년 12월에는 다국적 은행인 모건스탠리^{Morgan Stanley}와 웰스파고^{Wells Fargo} 은행이 석탄 기업에 자금을 지원하지 않겠다고 발표했다. 이미 뱅크 오브아메리카^{Bank of America}와 씨티그룹^{Citigroup}도 석탄 기업에 대한 투자 철회를 공식화한 바 있다. 골드만삭스^{Goldman Sachs}의 분석보고서를 보면 세계 전력발전 시장에서 석탄이 차지하는 비중은 2009년 이후 9% 포인트 감소했다. 미국 대형 석탄업체들의 주식을 추적하는 다우존스^{Dow Jones} 미국 석탄지수는 2011년 7월 이후부터 2016년 초까지 95% 하락했다. 발전용 석탄 가격은 2015년 말 기준 톤당 약 51달러로, 2011년보다 3분의 1 수준까지 떨어졌다. 세계적으로 석탄산업은 사양산업이라는 것이다. 그럼에도 우리나라 산업은행은 열심히 석탄기업에 대한 투자를 늘리고 있다.

"한국은 기후악당, 문재인정부 석탄발전 멈춰라!" 글로벌 환경단체들이 유엔 기후 총회장에서 시위를 벌이며 외친 말이다. 폴란드 카토비체에서 2018년 12월에 열린 제24차 유엔기후변화협약 당사국 총회(COP24)[223] 에서 벌어진 일이다. 문재인 정부가 탈원전과 청정에너지로 꼽히는 재생

---

223 COP24는 197개국 대표단이 산업화 이전 수준과 비교해 지구 평균 온도가 2℃ 이상 상승하지 않도록 온실가스를 단계적으로 줄이는 내용을 담은 파리기후변화협정의 구체적 이행 지침을 마련하기 위한 국제회의다.

에너지 확대 정책을 추진하고는 있다. 그런데 정작 온실가스 주범인 석탄 화력발전을 늘리고 있다. 이것은 꼼수에 지나지 않는다는 국제 환경단체의 따가운 비판인 것이다. 그린피스와 '지구의 벗' 등 환경단체는 한국 산업은행 등 금융기관이 베트남 등 동남아 석탄화력발전 프로젝트에 투자하지 말라고 요구했다. 우리나라가 2000년 후반부터 최근까지 해외 석탄화력발전소에 제공한 금융 지원은 9조 4,000억 원에 달한다. 정말 이해할 수 없는 정책이 아닐 수 없다. 전 세계 선진 금융권은 수익성이 계속 떨어질 것으로 예상되기 때문에 석탄에 투자한 돈을 회수하고 있는데, 우리나라만 거꾸로 가고 있는 것이다. 탈석탄을 내세우면서 죽음을 앞당기는 해외 석탄산업을 지원하다니 말이다. 우리나라가 '탈원전' 한다면서 체코에 원전을 수출하겠다고 하는 자가당착적 정책과 너무 닮았다.

우리나라의 신재생에너지는?

그럼 우리나라는 어떤가? 우리나라의 신재생에너지 비중은 6%다. 여기에는 폐기물 소각도 포함되어 있기 때문에 국제에너지기구IEA, International Energy Agency가 인정하는 신재생에너지만 보면 2.2%다. 연료전지, 수소 등을 뺀 순수 재생에너지는 채 1%도 안 된다. 정말 부끄럽게도 경제협력개발기구OECD 꼴찌 수준이다. 박근혜 정부가 실패한 것 중의 하나가 신재생에너지 정책이다.

문재인 정부는 원전과 석탄화력 비중을 줄이고 신재생에너지를 확대하는 에너지 전환을 적극 추진하고 있다. 정책의 방향은 옳지만, 문제는 비용이다. 에너지 전환은 기후변화에 대응하는 가장 효과적인 방법이지만 비용이 많이 들어 전기요금에 직접 영향을 미친다. 2018년 살인적인 폭염으로 전기 사용이 큰 폭으로 늘어나면서 전기요금에 대한 국민들의 격정을 덜기 위해 전기요금을 한시적으로 인하할 수밖에 없었다. 그러니까 전기요금 인상을 좋아할 국민은 아무도 없다는 말이다. 당장 투표를 의식하는 정치인들 입장에서는 누구도 전기료 인상을 말하지 못한다. 우리나라는 에너지 소비에서 전력이 차지하는 비중이 24.5%로 미국보다 높다. 그런데 우리나라 전기요금은 OECD 32개 국가 중 31위다. 전기요금이 엄청 싸다는 말이다. 전기요금이 싸다 보니 전력 소비 증가율은 OECD 국가 중 2위를 기록할 정도로 빠르다. 이는 문제가 아닐 수 없다.

전문가들은 전기야말로 가장 비싼 에너지라고 말한다. 1차 에너지인 석탄 등을 원료로 가공해 얻는 2차 에너지이기 때문이다. 전력 생산에는 원료 외에 가정이나 공장으로 전기를 보내는 송배전과 계통 운영비도 만만치 않다. 국회 보고서에 따르면, 2015~2035년 추정 전력 생산 비용은 500조 원이 넘는다고 한다.

우리나라의 탄소 배출량 중 40% 정도가 발전 부문에서 나온다. 그러다 보니 감축 노력은 발전 부문에 집중되어 있다. 결과적으로 전력 분야는 약 9,000만 톤의 탄소를 감축해야 한다. 정부는 신재생에너지 비중을 2030년까지 20%로 끌어올리겠다는 계획을 발표했다. 문제는 원전 비중을 축소하면서 신재생에너지 비중을 늘리더라도 신재생에너지의 확장성에 한계가 있기 때문에 수요 전력을 충분히, 그리고 싸게 공급할 수 있느냐 하는 것이다. 따라서 앞에서 살펴본 유럽 선진국 같은 획기적인 방안이 나오지 않는다면 실현이 어렵지 않겠느냐는 생각이 든다.

다행인 것은 우리나라의 전기 품질은 세계 최고라는 점이다. 전력 손실률은 3% 수준으로 세계에서 제일 낮고, 정전시간과 주파수 측면에서도 세계 최고 수준이다. 그리고 에너지와 IT 융합을 통한 에너지 절약 솔루션 부문에서 소프트웨어와 하드웨어 전부 높은 경쟁력을 가지고 있다. 지능형 계량기와 전기저장장치ESS, Energy Storage System, 전기자동차, 스마트빌딩, 스마트시티 등에서 에너지의 효율적 사용과 절감이 가능하다.

2018년 2월 2일 문재인 대통령이 고속도로에서 현대자동차가 만든 수소차 넥쏘에 시승했다. 자율주행 기능을 장착한 최고 성능의 차였다. 전기차는 짧은 주행거리, 긴 충전 시간 등이 단점이지만, 수소차는 이런 단점이 없다. 넥쏘는 한 번 충전으로 $600km$를 가고 충전에 걸리는 시간도 5분밖에 되지 않는다. 전기자동차에 비하면 정말 획기적인 것은 맞다. 문제는 수소차를 위한 새로운 충전 인프라를 깔아야 한다는 것이다. 우리나라에 전기차 급속 충전기는 1,500기 보급되어 있는데, 수소 충전소는 14곳뿐이다.

아직 화석연료에 많이 의지하는 우리나라 형편에서는 수소전기차가 한 방법일 수는 있다. 선진국들도 수소차에 관심이 많다. 가정용 연료전지 시장의 선두주자인 일본과 유럽에서 가장 많은 수소차 인프라를 갖춘 독일, 캘리포니아를 친환경 도시로 만드는 실험을 하는 미국, 친환경 규제 강화와 함께 수소차 관련 시장 1위 등극을 노리는 중국 등이 눈에 띈다. 그러나 우리나라는 세계 최초로 수소전기차 양산에 성공한 나라다. 정부는 '수소경제'의 기반을 마련하는 시점을 2020년으로 설정하고 있다고 한다. 계획처럼 이루어졌으면 좋겠다.

2. 경유차량을 없애야 한다

"우선 디젤차 수입과 제조부터 규제하라." 뉴욕대 의대의 윌리엄 롬 교수의 말이다. 2018년 4월 우리나라를 방문한 그는 미세먼지가 호흡기와 심혈관계에 미치는 영향 등에 관한 연구로 500여 편의 논문을 펴낸 환경의학의 대가다. 롬 교수는 한 언론과의 인터뷰에서 "한반도에 들이닥친 미세먼지의 폐해를 잘 알고 있다"고 말하면서 "노후 경유차 폐차도 중요하지만 경유차를 아예 없애는 것이 더 중요하다"고 강조했다.

서울의 초미세먼지 발생원 중에서 가장 큰 비중을 차지하는 것이 경유차량이다. 거대도시 서울에는 1,000만이 넘는 인구가 밀집되어 있고 수도권에만 2,500만 명이 산다. 거의 모든 가정에 차가 있으며 최근에 SUV차량 열풍으로 경유차량이 증가하고 있다. 경유차량이 내뿜는 오염물질의 양은 이미 이 지역 공기의 경유차량 배출 오염물질 희석 용량을 초과해버렸다.

왜 경유차량을 없애야만 하는가? 최악의 대기오염물질이자 초미세먼지의 주범이기 때문이다. 독일 공영 ARD방송은 2018년 2월 21일 독일 연방환경청의 연구 결과를 보도했다. 경유차량에서 배출되는 질소산화물이 기준치보다 훨씬 더 낮은 대기 농도에서도 조기사망률을 높인다는 것이다. "연간 평균 이산화질소(NO_2) 농도가 기준치인 $40\mu g/m^3$의 4분의 1인 $10\mu g/m^3$에서도 조기사망자가 크게 늘어납니다"라고 독일환경청은 밝혔다. 독일과 유럽연합EU, 세계보건기구WHO 등의 이산화질소 대기환경 연간 기준치는 $40\mu g/m^3$(0.021ppm) 이하다. 우리나라는 연간 $57.4\mu g/m^3$ 정도 된다. 그러니까 독일과 유럽연합 기준치의 4분의 1, 한국 기준치의 6분의 1 수준에서도 질소산화물로 인해 조기사망이 크게 늘어난다는 뜻이다. 연구팀은 질소산화물로 인한 심혈관질환으로만 독일에서 연간 6,000~8,000명이 조기사망한다고 밝혔다.

그럼 독일환경청이 정말 건강에 나쁘다고 밝힌 이산화질소는 어디에서 가장 많이 배출되는가? 국립환경과학원 교통환경연구소의 실험 결과를 보자. 경유차 배기가스의 99%가 미세먼지($PM_{1.0}$)보다 작은 입자다. 경유차에서 나오는 입자의 평균 크기가 대략 $0.08\,\mu m$로 경유차 배기가스의 대부분이 극미세먼지나 나노먼지다. 신정수[224]는 미세먼지 및 초미세먼지는 경유차의 직분사엔진류에서 특히 심하다고 말한다. 경유차는 대부분 직분사엔진인데, 직분사 방식은 연비가 좋아 이산화탄소 배출 저감에는 도움이 되지만, 미세먼지 부문에서는 큰 문제가 된다.

경유가 연소되는 온도는 매우 높아서 대기 중의 안정적인 산소 분자를 반응성이 높은 산소 원자로 쪼갤 정도다. 이산화질소(NO_2) 자체가 미세먼지는 아니다. 그러나 대기의 산화력을 높여 결과적으로 미세먼지 농도를 높이는 역할을 한다. 독일과 영국을 중심으로 강화되고 있는 경유차 규제는 바로 이산화질소 과다 배출 때문이다. 2015년 미국에서 폴크스바겐Volkswagen이 이산화질소 배출량을 조작한 '디젤게이트Dieselgate'도 이산화질소 배출을 줄여야 한다는 부담감에서 발단된 것이다. 우리나라에서 빈번하게 발생한 BMW 화재사고 역시 배기가스재순환장치EGR, Exhaust Gas Recirculation[225]를 탑재한 경유차 모델에서 주로 발생했다.

2017년 환경부 조사 결과 초미세먼지의 수도권 배출 기여도에서 경유차(29%)와 경유를 쓰는 건설기계(22%)가 합해서 절반 이상을 차지했다. 대기 중에서 수증기 등과 2차 반응을 통해 미세먼지를 만드는 질소산화물(NOx)의 경유차 배출 비중은 무려 44%에 달한다. 서울연구원 자료에 따르면 국내 차량에서 발생하는 초미세먼지의 90% 이상은 경유차가 배출한다고 한다. 수도권에서 초미세먼지의 가장 확실한 주범은 바로 경유차인 것이다.

---

224 신정수, 『미세먼지 저감과 미래에너지 시스템』, 일진사, 2018.

225 배기가스재순환장치(EGR)는 이산화질소가 포함된 배기가스를 한 번 더 엔진에서 연소해 그 양을 줄여주는 장치로, 이 장치 없이는 환경기준을 충족하기 어렵다.

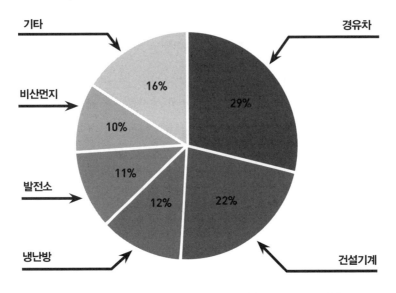

<그림 14> 수도권의 초미세먼지 기여도 비율(환경부, 2017년 3월)

그럼 우리나라의 경유차 정책은 어떤가? 도대체 왜 경유차가 클린 디젤이라는 이름 하에 특권을 누렸던 것일까? 이명박 정권은 왜 '클린 디젤clean diesel' 정책을 폈던 것일까? 당시에는 미세먼지보다 기후변화를 저지하기 위한 이산화탄소 저감정책에 초점을 맞추었다. 디젤(경유)차는 이산화탄소 배출량은 적다. 이산화탄소 배출이 적어 디젤엔진이 깨끗하다면서 클린 디젤이라는 말이 생긴 것이다. 이런 논리로 '환경친화적 자동차의 개발 및 보급 촉진에 관한 법률'에 '클린 디젤차'가 포함되었다. 경유차는 전기차, 하이브리드차와 함께 '친환경차' 대우를 받았다. 노무현 정부에서 디젤 승용차를 만들게 하거나 이명박 정부에서 경유 택시 보급을 추진한 것은 이 때문이었다. 그러나 '클린 디젤'은 신기술 매연저감장치 등을 달아 배출가스를 기준치 이하로 줄인 디젤(엔진)이다. 그러나 과학자들은 클린 디젤이 '몸에 좋은 담배'처럼 모순된 용어라고 비판했다. 경유에 어떤 공

●●● 디젤(경유)차는 질소산화물을 많이 배출한다. 질소산화물은 입자로 나타나지 않아 미세먼지로 측정이 안 된다. 그러나 질소산화물이 대기 중에서 인체에 해로운 초미세먼지로 바뀐다. 경유가 연소되는 온도는 매우 높아서 대기 중의 안정적인 산소 분자를 반응성이 높은 산소 원자로 쪼갤 정도다. 이산화질소 자체가 미세먼지는 아니다. 그러나 대기의 산화력을 높여 결과적으로 미세먼지 농도를 높이는 역할을 한다. 실제로 국내 차량에서 발생하는 초미세먼지의 90% 이상은 경유차가 배출한다고 한다. 경유차가 초미세먼지의 주범인 셈이다.

정을 추가해도 청정에너지가 될 수 없기 때문이다. 실제로 디젤엔진은 질소산화물을 많이 배출한다. 질소산화물은 입자로 나타나지 않아 미세먼지로 측정이 안 된다. 그러나 질소산화물이 대기 중에서 인체에 해로운 초미세먼지로 바뀌기에 '더티 디젤dirty diesel'이라 불려야 마땅한 것이다.

결국 '클린 디젤' 정책은 폐기되었다. 정부는 2018년 11월 8일 이낙연 국무총리 주재로 열린 제56회 국정현안점검조정회의에서 미세먼지 대책을 발표했다. 11월 들어 미세먼지 농도가 높아지면서 국민들의 불만이 높아지자 대책을 발표한 것이다. 이날 정부는 10여 년 전부터 시행해온 '클린 디젤' 정책을 폐기하기로 했다. 저공해 경유차 인정 기준을 삭제하고,

주차료·혼잡통행료 감면 등 과거 저공해 자동차로 인정받은 경유차 95만 대에 부여되던 인센티브 폐지가 주요 내용이다. 또 정부의 모든 공공기관에서 경유차 구입을 더 이상 하지 않고 전기차 등 친환경차로 교체해 2030년까지 '경유차 제로화'를 실현하기로 했다. 여기에 고농도 미세먼지가 발생할 경우 공공부문 차량2부제 등 재난 상황에 준해 총력 대응하고, 현재 자율시행으로 하고 있는 민간부문 차량2부제는 2019년 2월 15일부터 의무화하기로 했다.

환경부는 지속적으로 노후 경유차에 매연저감장치를 부착하고 조기 폐차를 지원하는 사업을 펼치고 있다. 2018년에 운행차 배출가스 저감 사업 대상인 노후 차량은 모두 13만 368대였다. 이 중 1만 6,845대에 매연저감장치를 달고, 220대의 엔진을 개조하고, 11만 411대를 조기에 폐차했다. 이를 통해 2018년 한 해 초미세먼지를 2,000톤가량 줄였다고 발표했다. 이 양은 2015년 기준 연간 경유차 초미세먼지 배출량(3만 3,698톤)의 6%에 해당한다.

이외에도 정부는 획기적인 정책도 시행했다. 경유자동차에 대한 질소산화물(NO$_X$) 검사제도를 세계에서 처음으로 도입한 것이다.[226] 2018년 1월 1일 이후 제작된 중·소형 경유차를 수도권에 등록한 차량 소유자는 3년 뒤인 2021년 1월 1일부터 자동차 종합검사(정밀검사)를 받을 때 기존 매연 검사 이외에도 질소산화물 검사도 받아야 하는 것이다. 질소산화물 정밀검사에서 기준치를 초과한 운행차의 소유자는 정비업체에서 선택적 촉매 환원장치SCR, Selective Catalytic Reduction, 질소산화물 흡장 촉매 장치LNT, Lean NOx

226 http://www.hani.co.kr/arti/society/environment/814946.html#csidx71352eaa81994 27a9027d0c0d39193c

Trap 등 질소산화물 저감장치의 정상 작동 여부를 확인하고 재검사를 받아야 한다. 운행 중인 경유차에 대한 질소산화물 검사는 유럽에서 필요성을 인식해 연구 중인 단계에 있다. 중국에서 제도 시행을 검토 중일 뿐 아직 시행 사례가 없다. 환경부는 "미세먼지 원인 물질로 지목된 질소산화물을 선도적으로 관리하기 위해 미국, 유럽 등 자동차 선진국도 아직 시행하지 않고 있는 운행 경유차 질소산화물 정밀검사 제도를 도입하기로 했다"면서 "수도권에서 우선 적용하고 실시 결과를 검토한 후 단계적으로 수도권 외 지역까지 확대할 계획"이라고 밝혔다. 환경부는 운행 경유차 질소산화물 정밀검사 제도가 신설되면 10년간 질소산화물 배출량이 2,870톤, 질소산화물에 의한 2차 생성 미세먼지($PM_{2.5}$) 발생량이 195톤 줄어들어 수도권 지역에 2,204억 원의 사회적 편익을 가져다줄 것으로 기대하고 있다. 상당히 적극적인 정책 시행이라고 볼 수 있다.

선진국의 경유차량 대책

프랑스는 2017년에 '기후 계획Plan Climate' 로드맵을 수립했다. 로드맵 중에서 기후변화에 적극 대응하기 위해 2040년까지 내연기관차 판매를 중단하기로 결정했다. 프랑스 정책과는 별도로 파리시는 2024년까지 경유차, 2030년까지 휘발유차를 퇴출하기로 목표를 정했다. 파리시 정부는 이를 실현하기 위해 2025년 대중교통 탈탄소화, 2024년 무인자동 셔틀 방식의 대중교통체계 도입을 하겠다고 밝혔다.

영국도 2017년에 '클린 에어 전략Clean Air Strategy'을 발표했다. 전략의 일환으로 '수송부문 이산화질소(NO_2) 농도 감축 계획'을 발표했다. 신규 휘발유차량과 경유차량의 판매를 중단하고 전기차로 대체하겠다는 것이다. 이를 위해 영국 정부는 2017~2021년 전기차 충전소 인프라 확충 예산으로 약 1,200억 원 가량의 예산을 배정했다.

대만은 대기오염 요인의 30% 이상이 수송부문에서 발생하는 것으로 분석되자, 화석연료 자동차 판매를 금지하겠다는 초강수 정책을 발표했다. 승용차는 2024년부터, 버스는 2030년부터, 이륜차는 2035년부터 화석연료 자동차 판매가 금지된다. 이 정책을 뒷받침하기 위해 대만은 전기차 보급·확산에 총력을 다하겠다고 밝혔다. 대만은 2022년까지 전기차가 약 23만 대로 증가할 것으로 보고 전기차 충전소 설치 및 확대에 나섰다.

자동차 업계도 경유차 폐차 수순을 밟고 있다. 폭스바겐을 비롯한 독일차 업체들이 디젤엔진을 전기차로 바꾸는 작업을 벌이고 있다. 스웨덴의 볼보Volvo는 생산라인업 전체를 전기차로 계획하고 있다. 미국에서도 하이브리드를 거쳐 전기차로 옮겨가려는 계획이 구체적으로 실행되고 있다. 당연히 우리나라의 현대나 기아차 등도 전기차나 수소차 생산에 열을 올리고 있다.

세계보건기구에서도 경유차에서 배출되는 대기오염물질이 발암물질이라고 발표했다. 경유차가 심각한 것은 미세먼지를 만드는 질소산화물(NO_x)을 다량으로 배출한다는 점이다. 실제 도로 주행 상태에서는 질소산화물이 7배나 더 많이 나온다. 질소산화물은 대기 중에서 반응해 초미세먼지($PM_{2.5}$)를 만드는데, 입자가 너무 작아 폐포까지 깊숙이 침투해 심각한 위해를 준다. 우리나라 연구에서도 자동차 배출가스 중 경유차 미세먼지의 발암 기여도가 84%라고 나왔다. 경유차가 만드는 미세먼지가 건강에 심각할 정도로 안 좋다는 것이다.

정부는 노후된 경유차를 조기 폐차하는 정책을 쓰고 있다. 노후된 경유차는 주행을 하면 할수록 기계적 특성상 마모가 심해지고 오염 배출량은 증가한다. 전문가들은 이것이 옳은 정책이기는 하지만 궁극적인 해법은 아니라고 본다. 국민의 건강 측면만 놓고 본다면 사람들의 코앞에서 극심한 미세먼지를 발생시키는 경유차를 궁극적으로 없애는 정책을 마련해야 한다.

3. 미세먼지 관측망 확대가 필요하다

정확한 미세먼지 측정이 중요하다

정부는 미세먼지 농도가 나빠지지 않는다고 말하는데, 실제로는 2018년에도 미세먼지 농도는 더 높아졌다. 2018년에는 미세먼지 저감대책이 시도 때도 없이 발표되었다. 그럼에도 미세먼지 '나쁨' 또는 '매우 나쁨' 일수가 2017년보다 크게 늘어난 것이다. 2018년 12월 16일 한국환경공단에서 발표한 자료에 따르면, 2018년 1~11월 17개 광역자치단체에서 일평균 미세먼지(PM_{10}) 농도가 $80\mu g/m^3$을 초과해 나쁨 또는 매우 나쁨으로 기록된 일수는 총 294일이었다. 이것은 2017년 대비 27.2%나 증가한 것이다. 미세먼지 나쁨 일수가 늘어난 것은 정부가 본격적으로 미세먼지 대책을 내놓기 시작한 2016년 이후 처음이라고 한다. 초미세먼지 농도도 2017년보다 나쁨이나 매우 나쁨 일수가 증가했다.

그렇다 보니 많은 국민들은 이미 미세먼지 농도가 높은데도 정부 측정치는 좋다고 하는데 믿을 수 없다고 말한다. "미세먼지 측정 눈높이서 해보니… 정부 수치보다 최대 2배↑" 2018년 12월 14일 《한국일보》의 기사 제목이다.[227] 환경단체가 2018년 11월 인천 곳곳에서 미세먼지 모니

---

227 http://www.hankookilbo.com/News/Read/201812131504365169?did=NA&dtype=&dtypecode=&prnewsid=

터링을 해봤더니 일부 지역 미세먼지 농도가 정부 측정망 수치보다 최대 2배 가까이 높게 나타났다는 것이다. 인천녹색연합은 24시간 동안 38개 지점에서 시민들과 함께 미세먼지 중 이산화질소(NO_2) 농도를 측정했다. 그랬더니 평균 수치가 73ppb로 정부 미세먼지 측정소 평균인 43.6ppb 보다 높았다는 것이다. 대표적으로 서구 석남2동 행정복지센터 앞 미세 먼지 농도는 정부 측정망 값이 38.0ppb이었으나 시민 모니터링 결과는 83.7ppb이었다. 인천녹색연합 관계자는 "정부 미세먼지 측정망은 시민 들 눈높이가 아닌 건물 옥상에 설치되어 있는 경우가 많아 시민들이 호흡 을 통해 직접 마주하는 미세먼지에 대한 정확한 수치를 확인하기 어려워 다른 방안을 마련할 필요가 있다"라고 주장한다. 이 사례는 정부의 측정 치가 국민들이 체감하는 미세먼지와 차이가 있다는 실증이기도 하다.

정부의 미세먼지 농도 관측치를 믿지 못하는 문제는 다른 지역에서도 발표되었다. 원주시민 모니터링단이 6개월간 도심 미세먼지를 직접 측정 해보니 미세먼지 농도값이 환경부 측정값보다 무려 30% 높더라는 것이 다. 원주소비자시민모임은 2018년 4월부터 9월까지 차량 통행량과 유동 인구가 많은 교차로, 공장단지 등 20개소를 선정해 미세먼지 농도를 측정 했다. 그랬더니 환경부 관측치보다 30%나 높았다. 물론 시중 판매 간이측 정기로 측정한 결과이니 다소 높게 나타날 수 있기는 하다.

김동환은『오늘도 미세먼지 나쁨』[228]에서 이 문제를 다음과 같이 설명한 다. "고개가 갸우뚱, 환경부의 PM 농도"라는 내용에서 환경부에서 발표하 는 미세먼지 농도는 실제 시민들의 활동 공간에서 측정한 미세먼지 농도 와 편차가 크다고 말한다. 그는 2016년 12월 2일을 예로 든다. 서울시 중

---

228 김동환,『오늘도 미세먼지 나쁨』, 휴머니스트, 2018.

구의 미세먼지(PM$_{10}$) 농도는 '보통' 수준으로, 야외활동을 해도 괜찮다고 예보된 평일 오후였다. 그런데 시민들의 왕래가 많은 서울 시청역 근처의 미세먼지(PM$_{10}$) 농도는 '나쁨' 수준인 $133\mu g/m^3$으로 정부의 실시간 측정값인 $64\mu g/m^3$보다 2배 이상 높았다. 같은 날, 서울시 성동구 왕십리에서 오후 3시부터 4시까지 측정한 미세먼지(PM$_{10}$) 농도 평균치도 $137\mu g/m^3$으로, 같은 시간 정부의 실시간 측정치인 $73\mu g/m^3$의 2배 수준이었다.

측정치가 이렇게 차이가 나는 이유에 대해 그는 관측소 위치가 원인이라고 말한다. 관측소는 시청, 구청, 주민센터 등 관공서의 옥상이나 인적이 드문 곳에 있는 경우가 많다. 통상 사람이 호흡하는 높이인 1.5m에서 10m 이내에 설치하게 되어 있는데, 이런 곳들은 측정장비가 너무 높은 곳에 설치되어 있다는 것이다. 전국의 도시 대기측정소 264곳 중 무려 82.6%인 218곳이 지상 10미터가 넘는 곳에 설치되어 있다(2018년 1월 기준). 이렇게 상대적으로 미세먼지 농도가 낮은 곳에 측정장비가 설치되어 있으니 국민들은 잘못된 미세먼지 정보를 제공받을 수밖에 없는 것이다. 그가 들은 예를 보면 너무하다는 생각이 들 정도다. 경기도 광명시 소하1동 주민센터 및 노인복지회관 복합건물(6층) 옥상에 설치된 측정소는 높이가 39.15m로 국내에서 가장 높은 곳에 설치되어 있다. 옥상의 미세먼지 농도 측정값이 $40.7\mu g/m^3$일 때, 지상에서 측정한 값은 $48.9\mu g/m^3$으로, 20.2%나 차이가 났다. 초미세먼지의 경우는 23% 차이가 났다. 정부가 야외활동하기 괜찮은 날이라고 해도 목이 따끔따끔하고 답답하다고 느낀 이유가 바로 여기에 있었던 것이다.

그런데 이는 우리나라만의 문제가 아닌 것 같다. "중국 당국이 미세먼지 관측치를 조작." 2017년 5월 7일 동방망東方网 등 중국 언론이 보도한 기사 제목이다. 이들에 따르면, 한 시민이 소셜미디어에 "베이징 올림픽 경기장

인근에 스모그 저감 차량이 공기관측소를 향해 물안개를 분사하고 있었다. 이것은 데이터 조작인가?"라는 의혹을 제기했다는 것이다. 중국 당국은 부인했지만 베이징 시민들은 믿지 않는다. 시민들은 공기질을 감시하는 웹사이트 '에어 매터스在意空气'를 인용했다. 베이징의 미세먼지 농도가 $699\mu g/m^3$인 날에도 경기장 근처의 미세먼지 농도가 $528\mu g/m^3$밖에 되지 않으니 조작이라는 것이다. 사실 여부는 우리도 모른다. 그러나 정말이라면 이것은 매우 심각하다. 미세먼지의 영향을 알고 미세먼지를 예측하기 위한 첫 번째 조건이 정확한 미세먼지 관측이기 때문이다. 정확한 미세먼지 관측이 이루어지지 않으면 미세먼지의 영향을 알고 미세먼지를 예측하는 것 모두 불가능하다. 정부는 미세먼지의 영향을 제대로 알고 미세먼지를 정확하게 예측하기 위한 첫 번째 조건이 정확한 미세먼지 측정이라는 것을 알아야 한다. 어떻게 미세먼지 농도를 정확하게 측정할 것인가? 정확한 미세먼지 측정에 대한 정부의 인식 전환이 절실하게 필요하다.

미세먼지 간이측정기를 많이 설치하라

2018년 전 세계를 휩쓴 폭염과 한파, 허리케인, 홍수와 가뭄은 엄청난 피해를 가져왔다. 이상기상현상뿐만 아니라 대기오염도 심각한 문제로 대두되었다. 인도와 중국, 중동국가, 한국 등의 미세먼지가 최악으로 밝혀졌기 때문이다. 이제 전 지구촌이 '공기오염'과 '기후변화'로 신음하고 있다. 문제가 심각하다 보니 국제기구가 공조에 나섰다. 세계기상기구WMO와 세계보건기구WHO는 2018년 10월 31일~11월 1일 스위스 제네바Geneva에서 처음으로 '글로벌 공기오염과 건강에 대한 컨퍼런스Global Conference on Air Pollution and Health'를 개최했다. 21세기 '전 세계인의 적'인 공기오염과 기후변화에 대응하기 위해서다.

테드로스 아드하놈Tedros Adhanom Ghebreyesus 세계보건기구 사무총장은 "'자궁에서 무덤까지' 그 어떤 이도 공기오염으로부터 자유롭지 못합니다. 특히 어린아이들의 경우 매우 취약합니다"라고 컨퍼런스에서 주장했다. 그는 공기오염으로 매년 전 세계 700만 명의 생명이 단축되고 있고, 전 세계가 시커먼 안개 속으로 진입 중이라고 말한다. 이 두 단체는 지구촌 공기질에 대한 모니터링을 공동으로 하기로 했다. 모니터링은 정확한 미세먼지 관측을 뜻한다. 정확한 모니터링이 기반이 되어야 미세먼지를 정확히 예측해 이를 방어할 수 있다는 것이다. 이처럼 미세먼지 문제 해결을 위해서는 미세먼지 측정망이 많아야 한다. 현재 우리나라에서는 공식적인 미세먼지 측정장비로 국가 미세먼지 관측장비를 사용한다. 그러나 워낙 고가이다 보니 실제 미세먼지 자료를 필요로 하는 곳에 쉽게 설치하기가 어렵다. 외국의 경우는 학교나 병원, 유치원, 사무실 등에 간이공기측정기를 설치하여 적극적으로 활용한다.

"정작 미세먼지 비상대책이 발표된 날은 미세먼지 농도가 좋았습니다." 2017년 1월 14일에 서울시는 미세먼지 비상대책을 발표했다. 차량 2부제와 대중교통수단인 버스와 지하철의 무료탑승을 실시했다. 그런데 미세먼지가 나쁠 것으로 예상해 대중교통을 무료로 제공했지만 정작 1월 15일 오전에 서울시의 미세먼지 농도는 보통 단계로 좋았다. 이 사례는 무엇을 보여주는가? 아직도 우리나라 미세먼지 예측 기술이 낮다는 사실이다.

미세먼지에 대한 정확한 처방과 대책이 나오기 위해 가장 시급한 것이 정확한 미세먼지 예측 능력이다. 정확한 예보를 위해서는 관측 정확도와 관측소 증가가 필수적이다. 그런데 현행 환경부의 미세먼지 관측망의 수는 매우 적다. 초미세먼지 측정소는 2016년 4월에 152개소였다. 이것을 2020년에는 293개소로 늘리겠다고 한다. 측정장비의 대폭 확장이 어려운 것은 장비가 고가이기 때문이다. 측정소가 부족한 것도 문제지만 측정소의 측정대표값도 문제다. "서울시를 비롯한 지자체들은 제대로 된 미세 먼지 정보부터 국민에게 알려야 한다. S 국회의원이 조사한 결과, 서울시 서대문구 미세먼지 측정소가 지상 24.6m 높이에 설치되어 사람들이 숨 쉬는 높이보다 미세먼지 농도를 30% 정도 적게 측정했다고 한다." 2018년 1월 25일 《조선일보》의 기사 내용이다. 실제로 관측 높이 기준(1.5~10m)을 충족한 것은 17%뿐이다. 정확한 미세먼지 관측값이 아니라는 것이다. 여기에 공원(서울시 성동·송파구)이나 정수시설(서울시 광진구, 김포시 고촌면)처럼 지역 대표성이 없는 곳에 설치된 것도 많다. 그렇다 보니 국민들은 미세먼지 농도가 높은 것 같은데 정부 발표는 좋다고 하는 경우가 생긴다. 이런 것들이 정부의 미세먼지 예측이나 대책에 대한 국민들의 불신감을 키운다.

사물인터넷, 빅데이터, 인공지능을 이용한 간이관측망을 활용하라

미세먼지는 한 지역의 좁은 곳에서도 농도 차이가 큰 특성이 있다. 길 옆인지, 지하철 입구인지, 공장 옆인지, 아니면 공원인지에 따라 미세먼지 농도는 차이가 있게 마련이다. 따라서 국가의 미세먼지 관측망으로는 내가 사는 지역의 미세먼지 정보를 정확하게 알 수는 없다. 그렇다면 환경부가 발표하는 미세먼지 농도는 어느 정도 신뢰할 수 있는가? 미세먼지가 보통으로 예보되었다고 해도 내가 있는 곳의 대기 중 미세먼지는 나쁠 수 있다. 이것이 흔히 말하는 '평균의 함정'이다.

《시사저널》은 2018년 4월에 이 문제를 취재해 보도했다.[229] 그 내용을

---

229 http://www.sisajournal.com/journal/article/174771

보자. "서울의 미세먼지 농도가 '보통'으로 예보된 4월 2일 11시, 미세먼지는 도봉구($85\mu g/m^3$), 서초구($86\mu g/m^3$), 송파구($85\mu g/m^3$), 강동구($82\mu g/m^3$)에서, 그리고 초미세먼지는 구로구($47\mu g/m^3$) 등에서 '나쁨' 수준을 보였다. 미세먼지는 $81\mu g/m^3$ 이상부터, 초미세먼지는 $36\mu g/m^3$ 이상부터 '나쁨'으로 구분된다. 서울시 송파구에서 직장을 다니는 김은진(25·여)씨는 '아침에 본 예보에서 서울이 보통어서 걱정 없이 나왔는데, 점심때 보니 송파구는 나쁨이더라'며 퉁명스레 말했다. 김씨는 '예보만 믿지 말고, 실시간으로 농도를 체크하면서 마스크도 늘 챙겨야겠다'고 말했다. 이처럼 서울시 전체의 미세먼지 예보가 보통이라도 일부 지역구는 나쁨을 넘는 경우가 속출하고 있다. 전국이 보통일 것으로 예상된 4월 3일 오전 11시에도 서울시 서초구 미세먼지(PM_{10}) 농도는 $91\mu g/m^3$까지 치솟았다. 한 시간 뒤인 정오에는 서초구가 $103\mu g/m^3$까지 올랐고 도봉구도 $104\mu g/m^3$를 기록했다. 같은 시각 용산구($88\mu g/m^3$), 성북구($88\mu g/m^3$), 은평구($89\mu g/m^3$), 서대문구($81\mu g/m^3$), 마포구($89\mu g/m^3$), 구로구($90\mu g/m^3$), 영등포구($84\mu g/m^3$), 관악구($82\mu g/m^3$), 송파구($93\mu g/m^3$), 강동구($87\mu g/m^3$) 등도 역시 나쁨 수준이었다. 25개 구 중 12개 구가 평균을 넘어선 것이다. 반면 환경부의 대기질 예측 사이트 '에어코리아'에는 오후 5시까지 서울시의 미세먼지 수준이 보통으로 나와 있었다." 바로 이것이 미세먼지 평균의 함정이라고 기자는 말한다. 즉, 미세먼지 농도를 발표할 때 전체 평균으로 발표하다 보니 실제 내가 사는 지역의 미세먼지는 매우 나쁜데도 불구하고 좋다고 발표될 때가 있다는 것이다. 따라서 국민들은 지역구별 실시간 농도를 확인하는 것이 필요하다. 여기에 더해 더 많은 미세먼지 관측망을 확대 설치하고, 예산 문제가 있다면 간이관측망을 이용하는 방법도 정부가 고려해야 한다.

이런 문제를 해결하기 위한 또 다른 방법에는 무엇이 있을까? 사물인터텟^{IoT}을 이용한 관측자료 확장 방법이 있다. 미세먼지 간이측정기를 도시 곳곳에 설치하는 것이다. 미세먼지 간이측정기 가격은 통상 환경부 관측장비의 10분의 1 정도밖에 안 된다. 미국 UC버클리대학의 커크 스미스$^{Kirk\ Smith}$ 박사는 미세먼지 간이측정기 이용에 적극적으로 찬성한다. "미세먼지 간이측정기의 데이터를 통계에 활용하거나 정교한 수치를 필요로 하는 곳에서 사용하기는 어렵다. 그러나 저렴한 미세먼지 간이측정기는 미세먼지 농도의 흐름을 정확하게 집어낼 수 있다." 스미스 박사는 실외 미세먼지 간이측정기들이 국가의 미세먼지 정책에 변화를 가져올 수 있다고 말한다. 사람들의 행동을 바꾸려면 그들 행동의 직접적인 결과를 데이터로 보여줘야 효과적이다. 그래서 스미스 박사는 "메시지의 효과적인 전달에는 실시간 피드백만한 게 없다. 데이터가 완벽하지는 않더라도 이런 측정기들이 변화를 가져올 수 있다"고 주장한다.

이런 방법을 도시에 활용한 나라가 대만이다. 대만도 미세먼지 관측장비가 고가이다 보니 많이 설치하지 못했다. 그러자 대만의 기난 국제대학이 외부용 미세먼지 간이측정기를 곳곳에 다량으로 설치했다. 이들은 관측 데이터를 대만 미세먼지 사이트를 통해 정부와 국민들에게 실시간으로 제공한다. 이를 통해 정부나 지자체는 각각의 작은 영역에 대해 다른 초미세먼지 저감대책을 수립하고 실천하고 있다. 국민들은 최상의 미세먼지 정보를 서비스받을 뿐만 아니라 정부가 미세먼지 저감을 위해 어떤 대책을 시행하는지에 대해서도 알 수 있다. 지금은 사물인터넷이나 통신망을 이용한 초기 단계이지만, 곧 빅데이터가 쌓이면 인공지능을 활용한 예측 단계로 나아갈 계획이라고 한다.

우리나라에서도 필자가 근무하고 있는 케이웨더(국내 최대 날씨 및 기상, 공기서비스기업)가 실외용 미세먼지 간이측정기를 만들어 현재 전국적인 관측망을 구성해나가고 있다. 케이웨더는 대만의 사례와 유사한 간이 측정기 관측망을 제주시에 구축했다. 62대의 실외 미세먼지 간이측정이 를 설치하여 사물인터넷 기반의 공기질 모니터링 서비를 제공했다. 이 서 비스를 통해 상세 공기질 측정값을 제공하여 시민 건강 증진을 추구할 수 있게 되었다. 또한 실내공기 측정값과 연계한 입체적 공기질 관리가 가능 해졌고 지자체는 미세먼지에 즉시 대응이 가능해졌다. 케이웨더는 관측 자료의 데이저베이스 구축을 통해 대기오염과 건강의 상관성을 정량직으 로 분석하여 빅데이터와 인공지능을 결합한 예보 체계로 나갈 계획이다.

교육 현장에서도 미세먼지를 스마트하게 파악·예측하는 시도가 이루 어지고 있다. 날로 악화되고 있는 미세먼지에 피해를 많이 입는 곳이 학 교다. 학교에는 고농도 미세먼지 대응 매뉴얼이 보급되고 있지만 적극적 인 대응 조치가 미흡하다. 따라서 미세먼지 대응 교육을 체계적·전문적으 로 수행하는 것이 필요하다. 일례로 부산시 교육청은 사물인터넷 기반 스마트 공기질 관리 체계를 구축하여 운영하고 있다. 부산시 교육청은 미세먼지의 유 해성에 대한 경각심을 고취하고 미세먼지 피해를 최소화하기 위해 미세먼지 대응 매뉴얼을 마련하고 초등학교 5곳, 중학교 3곳, 고등학교 2곳 등 총 10개 교를 미세먼지 대응교육 선도학교로 지정하여 운영하고 있다. 실내외 공기 간 이측정기를 학교 운동장, 교실, 체육관 등 실내외에 각 1대씩 설치하여 운영하 고 특정된 실내외 데이터를 종합적으로 분석하여 학습 능률 지수와 체육이나 야외활동 가능 여부 및 야외활동 지속 시간을 제공한다.

미세먼지 국가 관측망과 민간기업의 실외 공기 간이측정기의 데이터를 연계하여 빅데이터화하면 더 정확한 예측이 가능하다. 빅데이터와 인공 지능을 결합하면 환기장치나 공기청정기가 자동으로 작동하고 학생은 물 론 교사에게도 정보 서비스가 실시간으로 전달될 것이다.

또 다른 미세먼지 간이측정기 활용 국내 사례를 들어보자. 필자가 근무하는 케이웨더는 KT와 협력하여 수많은 지역에 미세먼지 간이측정기를 설치하고 있다. 광화문 네거리 KT사옥 인근 공중전화 부스에 최근 미세먼지 간이측정기가 설치되었다. 국민이 숨 쉬는 높이와 가깝다 보니 관측치가 정확하다. 한 시간마다 발표하는 정부 측정소와 달리, 미세먼지 간이측정기는 1분 간격으로 데이터를 산출한다. KT는 2018년 3월까지 100억 원을 들여 전국 각지 공중전화 부스와 기지국, 전봇대 등에 측정기를 1,500개 설치했다. 이를 통해 미세먼지 농도와 유동인구, 오염물질 배출업소 등을 빅데이터로 분석하고 있다. 관계자는 이런 미세먼지 정보를 국민과 정부에 제공할 예정이라고 한다. 필자의 회사에서도 많은 실외간이측정기를 설치해 얻은 자료로 실시간 동별 미세먼지 정보를 제공하고 있다.

우리에게 진짜 필요한 것은 이런 것들이 아닐까? 정부는 사물인터넷과 인공지능, 빅데이터를 이용한 더 많은 미세먼지 간이측정기를 설치하고 이를 활용하는 데 노력해야 할 것이다.

4. 미세먼지 저감 기술을 개발하라

미세먼지 저감 기술 시장이 미래의 먹거리다

"2030년 중국의 공기청정 기술 관련 시장이 20조 위안(약 3,400조 원)에 육박할 수 있다." 2018년 4월, 중국 싱크탱크Think Tank인 창란創藍이 '2030 중국 공기정화 시장 전망 보고서'를 발표한 내용 중에 나오는 말이다. 세계 최악의 대기오염을 개선하고 '푸른 하늘'을 지켜내겠다는 의지를 천명한 것으로 볼 수 있다. 중국은 2013년 '대기 10조'라는 대기오염 방지 및 개선 조치를 내놨고 온갖 노력을 다해 결국 2018년에 이르러 초미세먼지 농도를 30% 이상 감축하는 데 성공했다고 선전하고 있다. 중국은 선진국이 10~20년 걸려 얻은 성과를 5년여 만에 이룬 자신들의 노력이 전 세계의 주목을 받고 있다고 말한다. 진실 여부는 차지하고라도 중국의 미세먼지 정책은 상당히 긍정적인 것은 사실이다.

중국이 2030년에는 푸른 하늘을 보게 하겠다는 공약을 지키기 위해서는 다양한 노력이 필요하다. 당연히 미세먼지 저감 시장이 커질 수밖에 없다. 친환경자동차 시장, 오염물질 배출량 통제 관련 시장, 공기청정기 등 대기오염방지 관련 시장이 주목을 받고 있다. 우리나라는 이 기회를 놓쳐서는 안 된다. 중국의 미세먼지 저감 시장을 공략하기 위한 신기술 개발에 더 많은 자원을 투입할 필요가 있다. 그래야 중국 시장뿐만 아니라 우리나라 시장, 그리고 미세먼지로 고통받는 전 세계 시장을 선점할수 있기 때문이다.

최고의 미세먼지 필터 기술

최근 많은 국내 대학이나 연구기관, 기업들이 미세먼지 관련 최신 기술을 속속 개발하고 있다. 그중 몇 가지를 소개한다. "국내에서 헤파필터보다 미세먼지 더 잘 잡는 '나노섬유 필터' 개발." 한국생명공학연구원 스마트IT융합시스템연구단이 전남대학교와 공동으로 초미세먼지를 효율적으로 걸러낼 수 있는 나노섬유 필터를 개발했다. 현재 시중에서 팔리는 미세먼지 헤파필터는 수십 μm 크기의 섬유를 기반으로 하는 필터링 방식이다. 미세먼지 포집 효율이 좋아 가장 많이 사용되고 있다. 그러나 필터 입구와 출구의 압력차로 나타나는 압력 손실이 높다. 이로 인해 공기를 정화하는 데 필요한 송풍장치의 전력 소모량이 크고 소음과 진동 등이 발생한다.

연구진은 '반응성 이온 에칭 공정 기술RIE, Reactive Ion Etching'을 전기방사된 고분자 나노섬유 소재에 적용했다. 이를 통해 섬유의 두께를 줄이면서 주입된 산소 가스를 통해 미세먼지가 더 잘 붙도록 표면을 처리했다. 기존 헤파필터보다 미세먼지를 잡는 포집 성능이 약 25% 높아졌고 압력 손실은 30% 낮출 수 있었다. 이를 차량용 공기청정기로 활용한 실험을 해보았다. 결과는 낮은 소비전력으로도 약 $70\mu g/m^3$의 농도로 오염된 자동차 실내를 16분 만에 효과적으로 정화할 수 있는 것으로 나타났다. 한국생명공학연구원은 "차량용 공기청정기 필터뿐만 아니라 스마트 마스크, 윈도우 필터 등에 응용할 수 있다"며 "고효율 이차전지 필터나 특수 의료용 섬유 소재 등 다양한 분야로 확장할 수 있을 것"으로 전망하고 있다.

필터에 대한 기술은 끝이 없다. "KIST 연구진, 초미세먼지 재사용 필터 개발." 2018년 4월 한국과학기술연구원(KIST) 연구진이 고온의 열로 태워 재사용이 가능한 필터를 개발했다. 미세먼지를 포함한 일반적인 유기 미립자들은 350℃ 이상으로 가열하면 연소되어 이산화탄소와 물로 분해된다. 연구진은 초고온(레이저, 플라즈마)에서 900℃까지 타지 않는 고품질의 질화붕소 나노튜브로 필터를 제조했다. 기공에 걸린 미립자를 태워서 제거하고 필터를 재활용하는 것이 가능한 기술을 세계 최초로 개발한 것이다. 개발된 필터는 아주 미량(약 100mg)의 나노튜브만으로도 명함 크기의 필터 제조가 가능하다. 또한 초미세입자를 99.9% 이상 제거할 수 있는 우수한 성능을 가지고 있다. 여기에 더해 미립자에 의해 막힌 필터를 태워서 재생하는 반복 공정 후에도 우수한 입자의 제거 효율이 유지된다. 이런 필터링 기술은 미세먼지 제거에만 활용되는 것은 아니다. 바이러스 정제, 수처리, 식품 등 대량 정제 공정 등에 적용할 수 있는 뛰어난 기술이다. 이번 연구는 KIST의 주도하에 한국과학기술원의 공동연구로 이뤄졌으며 연구 결과는 국제학술지인《저널 오브 멤브레인 사이언스Journal of Membrane Science》최신호에 게재되었다. 하루 속히 이런 기술들이 상용화되었으면 한다.

또 산업체에서 가장 많이 발생하는 미세먼지를 잡아주는 스마트 집진기가 있다. 에어릭스Aerix라는 환경기업은 포스코에서 나오는 미세먼지를 성공적으로 잡아주는 필터 집진기를 개발했다. 포스코의 포항·광양제철소에는 1,700대가 넘는 에어릭스 회사의 백필터 집진기가 쉬지 않고 가동되고 있다. 이 회사는 백필터 집진기의 핵심 설비인 필터 개발과 신기술 도입 등에 꾸준히 투자하여 큰 성과를 거두고 있다. 에어릭스의 '집진기 스마트 정비 시스템'은 사물인터넷과 빅데이터[230] 등과 결합하여 온라인을 통한 실시간 데이터 측정과 이상 상태를 사전 점검한다. 원격제어를 통해 최적의 운전 상태를 유지하면서 에너지 절감까지 가능해진 것이다. 대기환경 분야에서 쌓아온 기술력과 노하우를 바탕으로 대기환경 관련 토털 솔루션을 제공하는 에어릭스처럼 자랑스런 우리 기업이 많이 등장했으면 한다.

광촉매 기술로 미세먼지 잡는다

"미세먼지를 필터로만 잡는 것이 아니고 광촉매 기술로도 잡을 수 있습니다." 데코페이브decopave 사는 광촉매 물질을 활용해 대기환경오염물질을 획기적으로 빨아들이는 기술 개발에 성공했다고 발표했다. 이들이 개발

---

230 에어릭스는 42년간의 산업 현장 노하우를 바탕으로 4차 산업혁명의 핵심 기술인 사물인터넷(IoT)과 결합한 스마트 관제 시스템 'ThingARX' 플랫폼을 2017년에 개발했다.

●●● 데코페이브의 대기정화 보도블록은 보도블록의 광촉매 물질이 햇빛에 반응해 공기 중의 미세먼지 씨앗인 질소산화물(일산화질소, 이산화질소)을 표면에 흡착한다. 흡착된 미세먼지는 비에 의해 자연스럽게 씻겨 나가게 된다. 데코페이브의 대기정화 보도블록에 적용된 광촉매 기술은 특수성보다는 경제성을 확보했다는 점에서 큰 주목을 받고 있다. 경제성이 확보되자 유럽 시장에서 러브콜이 이어지고 있다고 한다. 이 광촉매 기술을 적용한 대기정화 보도블록은 미세먼지 문제를 해결하는 새로운 방안이 될 수 있을 것으로 보인다. 〈그림 출처: (주)데코페이브〉

한 기술을 대학 연구기관에서 테스트해보니 20% 이상의 질소산화물 등 미세먼지 제거 효율이 나타났다는 것이다. 이들은 놀랍게도 이 기술을 보도블록에 접목시켜 미세먼지를 효과적으로 줄일 수 있는 '대기정화 보도블록'을 개발했다고 한다.

대기정화 보도블록의 원리를 살펴보자. 기존 투수 보도블록을 화학처리해 광촉매 기능을 더해준다. 대기정화 보도블록의 광촉매 물질이 햇빛에 반응해 공기 중의 미세먼지 씨앗인 질소산화물(일산화질소, 이산화질소)을 표면에 흡착한다. 흡착된 미세먼지는 비에 의해 자연스럽게 씻겨 나가게 된다.

광촉매 기술을 활용해 대기환경을 개선하자는 매커니즘은 1960년대에 이미 나온 기술이다. 그러나 그동안 경제성으로 상용화가 이루어지지

●●● 미세먼지 저감 기술인 광촉매 기술을 이용한 광촉매 도료의 공기정화원리는 다음과 같다. 광촉매 도료가 칠해진 아파트 벽면에 미세먼지가 붙으면 미세먼지 속 질소산화물이 광촉매제와 화학반응을 일으킨다. 이때 질소산화물은 없어지고 이산화탄소와 물이 배출된다. 질소산화물은 자동차 배기가스에서 나오는 물질로 미세먼지를 만드는 물질이다. 광촉매 페인트는 무독성 친환경 도료로, 아파트 외벽뿐만 아니라 학교나 병원, 공항, 쇼핑몰 등 공공장소의 벽과 외관에 칠하면 공기청정에 도움을 줘 좀 더 맑은 공기를 마실 수 있도록 도와주는 역할을 한다.

않았다. 데코페이브는 유럽 제품보다 비용을 반으로 낮추고 효율을 높이는 기술력으로 상용화를 앞둔 것이다. 참고로 이들이 개발한 대기정화 보도블록은 1㎡당 3만 원대이며 대기정화 효율은 21.7% 정도라고 한다. 데코페이브의 대기정화 보도블록에 적용된 광촉매 기술은 특수성보다는 경제성을 확보했다는 점에서 큰 주목을 받고 있다. 경제성이 확보되자 유럽 시장에서 러브콜이 이어지고 있다고 한다. 이 광촉매 기술을 적용한 대기정화 보도블록은 미세먼지 문제를 해결하는 새로운 방안이 될 수 있을 것으로 보인다.

"광촉매 도료 시공해 미세먼지 잡겠습니다." 서울주택도시공사(이하 SH공사)는 아파트 외벽 녹화 및 광촉매 도료 시공으로 미세먼지를 저감하겠다고 밝혔다. 우선 SH공사가 시공하고 관리하는 아파트 856개동 측벽 하층부에 벽면 녹화를 실시하고, 상층부에는 선진국형 미세먼지 저감 기술인 광촉매 기술을 이용한 광촉매 도료를 시공한다는 것이다. 광촉매 도료의 공기정화원리는 다음과 같다. 광촉매 도료가 칠해진 아파트 벽면에 미세먼지가 붙으면 미세먼지 속 질소산화물이 광촉매제와 화학반응을 일으킨다. 이때 질소산화물은 없어지고 이산화탄소와 물이 배출된다. 질소산화물은 자동차 배기가스에서 나오는 물질로 미세먼지를 만드는 물질이다. 광촉매 페인트는 무독성 친환경 도료로, 아파트 외벽뿐만 아니라 학교나 병원, 공항, 쇼핑몰 등 공공장소의 벽과 외관에 칠하면 공기청정에 도움을 줘 좀 더 맑은 공기를 마실 수 있도록 도와주는 역할을 할 수 있다. 미세먼지를 줄이는 데 화학이 도움이 된다는 사실, 흥미롭지 않은가? SH 공사는 "선진국형 미세먼지 저감 기술인 광촉매 도료 시범 적용이 가장 획기적 사례가 될 것"이라고 말한다.

미세먼지를 에너지 재료로 활용한다

미세먼지 저감을 위해서 선박에서 발생하는 미세먼지를 에너지 재료로 재활용하는 기술이 개발되었다. 한국해양대학교는 최재혁, 이원주, 강준 교수가 융합연구로 선박에서 나오는 그을음 속 탄소를 리튬이온전지 전극물질로 재활용하는 방법을 개발했다고 발표했다.[231] 이들의 논문은 네이처 자매지인 《사이언티픽 리포트Scientific reports》에 게재되었다.

비도로이동수단 중 가장 많은 미세먼지를 배출하는 것이 선박이다. 선박에서 미세먼지가 많이 배출되다 보니 부산, 인천 등 항구도시의 미세먼

---

231 Won-Ju Lee et al, Recycling Waste Soot from Merchant Ships to Produce Anode Materials for Rechargeable Lithium-Ion Batteries, *Scientific reports*, 2018.

지 평균 농도가 높다. 따라서 선박에서 배출되는 미세먼지를 없앨 수 있는 방법은 그야말로 대박이라고 할 수 있다. 통상 선박에서 발생하는 그을음은 6만 톤급 선박 기준으로 연간 약 1톤에 이른다. 이 그을음은 모아서 폐기물업체에 돈을 주고 처리한다. 폐기물업체는 열분해 등 여러 가지 방법으로 처리하나 이 과정에서 또 다른 미세먼지가 발생한다.

흑연은 휴대전화, 전기차 등 일상생활에서 많이 사용되는 리튬이온전지 전극물질이다. 이 중 인조흑연은 충전재와 결합재를 혼합해 성형과 탄화 과정을 거친 뒤 2,500℃ 이상 고온에서 인공적으로 결정을 발달시킨다. 따라서 천연흑연보다 순도가 높으나 가격이 매우 비싸다. 최재혁 교수팀은 선박에서 발생하는 그을음soot으로 인조흑연 제조를 시도한 것이다. 흑연화 과정을 거친 그을음은 공 모양 탄소 구조체인 카본 나노 어니언carbon nano onion 형태로 구조가 발달한다. 이 형태는 리튬이온전지 전극물질로 사용 가능하며 도전재導電材로도 활용할 수 있다고 한다. 미세먼지도 없애고 돈도 벌고 그야말로 꿩 먹고 알 먹고의 기술이 아닌가?

선박의 디젤엔진에서 나오는 미세먼지 원인 물질 처리 기술도 있다. 2차 생성 미세먼지의 원인 물질인 질소산화물을 효율적으로 처리할 수 있는 촉매 기술이다. 하헌필, 김종식 한국과학기술연구원KIST 물질구조제어 연구센터 박사 연구팀의 개가다. 이들은 기존 질소산화물 촉매의 단점이었던 독성 물질 배출, 비싼 촉매 비용 등의 문제를 해결했다. 연구팀은 '구리바나듐 복합산화물($Cu_3V_2O_8$)'을 주 촉매 성분으로 사용하고 촉매 구조를 개량했다. 그리고 이를 통해 독성 성분을 억제하고 230℃ 환경에서도 질소산화물을 효율적으로 처리할 수 있는 촉매 기술을 개발하는 데 성공했다.

미세먼지가 온 국민의 관심을 받다 보니 기발한 아이디어로 개발되는 제품들이 많아지고 있다. 그중의 하나가 미세먼지가 닿으면 색이 변하는 '스마트 창문'이다. 부산대 산학협력단은 스마트 창호 시스템 개발을 가능하게 할 '박테리오파지 기반 신개념 인공코 기술'을 확보했다. '인공코 artificial nose'는 부산대 오진우 교수와 김규정 교수가 특이 물질에 반응해 색이 변하는 컬러 센서를 기반으로 공동 개발한 신기술이다. '인공코 기술'은 인간의 코로는 감지할 수 없는 ppb(10억 분의 1) 단위의 극미량 화합물을 검출할 수 있다. 여기에 물질의 존재 여부와 함께 종류까지 구분이 가능한 획기적인 기술이다. 부산대 산학협력단이 보유한 이 원천 기술과 창호 기업인 ㈜윈체가 보유한 창호 기술이 접목되었다. 창문의 설치만으로도 미세먼지를 포함한 유해물질 또는 환경호르몬의 동시 감지가 가능한 스마트 창호의 개발 가능성이 매우 높아진 것이다. 만약 상용화가 이루어진다면 특히 중국에서 엄청난 수요가 있지 않을까 기대된다. 미세먼지 저감 기술들은 당장 미세먼지 농도를 줄이는 역할도 하겠지만 미래에 우리를 먹여 살릴 유망한 기술이 될 것이다.

　희망적인 것은 기술력과 인력, 장비 등 종합적인 면에서 세계적인 회사인 삼성전자가 '미세먼지 연구소'를 2019년 1월에 설립했다는 것이다. 삼성전자 관계자는 "종합기술원의 핵심 연구 역량을 바탕으로 미세먼지의 생성 원인부터 측정·분석, 포집·분해에 이르기까지 전 과정을 이해하고 단계별로 기술적 해결 방안을 찾을 계획"이라며 "국민 건강과 직결된 사안인 만큼 선제적이고 장기적인 관점에서 기업의 혁신 역량을 투입해 사회적 난제를 해결하겠다는 취지"라고 말했다. 국가와 기업, 학교 등이 협력해 실질적인 미세먼지 문제 해결에 도움이 되는 신기술 개발에 힘썼으면 한다.

5. 숲과 녹지 공간을 넓혀라

함부르크의 공기가 맑은 이유는?

"한국의 초미세먼지 노출도는 OECD 국가 중 가장 높습니다." OECD가 공개한 '2017년 삶의 질' 보고서의 '초미세먼지 노출도'에 나온 내용이다. 우리나라 초미세먼지 노출도는 무려 $32.0\mu g/m^3$로 OECD 35개 회원국 중 가장 높았다. 해당 조사가 시작된 1998년 이후 12차례나 1위를 차지하는 불명예를 안았다. 부끄러운 일이다.

"함부르크 면적의 70%는 호수와 강과 공원입니다." 잠시 동안 필자가 공부했던 함부르크대학 친구의 자랑이다. 그의 말처럼 함부르크는 녹색 도시로 이름이 높다. 도시 한가운데서 신선한 녹지, 깊고 푸른 호수, 물결치는 강변을 만날 수 있다. 우아한 쇼핑거리, 고급 부티크, 앤티크 상점과 고급 식료품 상점이 즐비하다. 세계 최고 수준의 대학, 300여 개의 극장, 수많은 음악무대와 소극장을 만날 수 있다. 브람스의 고향이어서인지 음악 수준도 높다. 자연과 도시 생활이 조화를 이룰 수 있다는 것을 잘 보여준다. 이런 점을 인정받아 함부르크는 2011년 유럽 환경 수도로 지정되었다. 녹지와 호수가 도시 기후와 인간의 삶을 바꿀 수 있다는 것을 보여준 좋은 예다. 함부르크에 있다가 서울로 돌아오니 너무 비교가 되었다. 서울 등 우리나라의 대도시는 살기에는 대기오염이 너무 심각하다. 미세먼지로 인해 호흡하기가 어려운 날이 점점 늘어나고 있다. 함부르크에서 숲이나 나무가 공기를 깨끗하게 해준다는 것을 몸으로 실감했기 때문에 우리나라 대도시가 미세먼지 등 대기오염으로 몸살을 앓으면서도 숲과 녹지가 부족한 것이 늘 걱정이었다.

미세먼지나 초미세먼지의 농도가 높다 보니 우리나라에서 숲세권 아파트가 인기를 끄는 현상까지 발생한다. 미세먼지를 줄여주는 숲을 끼고 있는 아파트의 분양 인기가 대단하다는 것이다. 정말 숲이나 나무가 미세먼지를 줄이는 효과가 있을까? 2017년 KBS 김성한 기자는 도심 숲의 나무들이 인체에 해로운 미세먼지를 정말 흡수하는지 차량이 오가는 도심의 일반 환경과 숲 속의 미세먼지 농도를 비교해봤다.[232] 보도 내용이다. "차량이 오가는 도심의 일반 환경과 숲 속의 미세먼지 농도를 비교해봤습니다. 버스 환승장에선 '나쁨' 수준인 $110\mu g/m^3$을 넘어갑니다. 그러나 숲으로 들어가자 미세먼지 농도는 $75\mu g/m^3$, '보통' 수준으로 뚝 떨어집니다. 국립산림과학원이 지난 4월부터 비교 측정한 결과, 숲 속의 미세먼지 농도는 바깥보다 평균 $10\sim20\mu g/m^3$ 정도 낮게 나타났습니다.

박찬열(박사/산림청 국립산림과학원): '(나무가) 미세먼지를 잘 붙잡아서 농도를 낮춰줌으로써 공기청정기 역할을 하는 셈입니다.'

나무 한 그루가 흡수하는 미세먼지 양은 1년에 35.7g, 나뭇잎 표면의 거친 섬유조직에 미세먼지가 붙잡혀 있는 겁니다. 미세먼지는 웬만한 바람에도 나뭇잎에 붙어 있다가 비가 오거나 바람이 강할 때 바닥으로 떨어진다고 연구진은 설명했습니다."

얼마나 대단한가? 도심의 숲이 미세먼지를 흡수해 도심의 공기청정기 역할을 한다는 것이 입증된 것이다.

2018년에 국립산림과학원이 숲의 효과에 관한 조사 결과를 발표했다. 도시 숲을 만들년 도시 기온이 평균 2.3~2.7℃ 낮아지며, 1ha(헥타르)의 도시 숲이 연간 168kg의 미세먼지 등 대기오염물질을 흡수하여 대기오

---

232 https://news.naver.com/main/read.nhn?mode=LPOD&mid=tvh&oid=056&aid=0010461711

●●● 2018년 국립산림과학원이 발표한 숲의 효과에 관한 조사 결과에 따르면, 도시 숲을 만들면 도시 기온이 평균 2.3~2.7℃ 낮아지며, 1ha(헥타르)의 도시 숲이 연간 168㎏의 미세먼지 등 대기오염물질을 흡수하여 대기오염물질 저감 효과를 보인다는 것이다. 이들은 미세먼지가 심했던 2018년 봄의 경우 도시 숲의 미세먼지 농도가 일반 도심보다 25.6%, 초미세먼지 농도는 40.9%까지 낮았다고 밝혔다. 도심 숲 나무들이 미세먼지를 흡수해 도심의 공기청정기 역할을 하는 것이다. 도심 속에 숲과 녹지를 조성하는 것은 열섬 현상뿐만 아니라 미세먼지 문제를 해결할 수 있는 좋은 방법이다.

염물질 저감 효과를 보인다는 것이다. 이들은 미세먼지가 심했던 2018년 봄의 경우 도시 숲의 미세먼지 농도가 일반 도심보다 25.6%, 초미세먼지 농도는 40.9%까지 낮았다고 밝혔다. 이 정도로 효과가 높다면 도심에 좀 더 많은 숲과 녹지를 조성하는 정책을 적극적으로 펼 필요가 있다.

"미세먼지 차단 숲-체육시설 80곳… 정부, 생활형 SOC에 내년 7조 투자."[233] 정부가 2019년에 미세먼지 차단 숲 등 지역 밀착형 사회기반시설에 7조 원 이상을 투자하겠다는 것이다. 또 서울시도 도심 곳곳에 '도시 숲'을 촘촘히 만들어 미세먼지를 줄이겠다고 밝혔다. 작게는 학교, 아파트, 민간 건물의 옥상 정원에서부터 자투리 공간을 활용한 소규모 공원, 소형 숲으로 녹지를 확대해나가겠다는 것이다. 중장기적으로는 도시 숲과 외곽 산림을 연결해 바람길을 확보한다는 계획도 세웠다. 바람길을 타고 깨끗한 외부 공기가 도심에 유입되면 열섬 현상이 완화되고, 미세먼지도 줄일 수 있다는 것이다.

녹지 공간을 확보하라

대도시는 독특한 기후가 만들어진다. 폭염 발생 일수가 증가하고 대기오염물질이 증가하면서 미세먼지 농도도 더 높아지고 있다. 왜 이런 특성이 만들어지는 것일까? 제2차 세계대전 이후 도시의 규모가 급격히 확대되었다. 자동차 대수가 늘어나고 산업이 발달했다. 도시에는 큰 고층 건물이 빽빽이 들어서고 아스팔트가 깔리면서 녹지 공간은 줄어들고 맨땅이 사라졌다. 그로 인해 도시의 대기는 혼탁해지고 시정이 악화되는 등 독특한 기후가 만들어졌다. 바로 도시 기후다. 도시 기후의 가장 큰 특성은 기온

---

233 http://news.donga.com/3/all/20180809/91433959/1

이 주변 지역보다 높다는 것이다. 열을 받아들이는 양이 방출하는 양보다 많아지면서 생긴 현상이다. 도시의 구조물로 인해 전체적으로 바람이 약해지고, 빌딩풍 등 독특한 바람이 생긴다. 배출되는 대기오염물질 증가로 공기질이 악화되고 미세먼지 농도가 높아지면서 시계가 나빠진다. 야외의 기온보다 도심의 기온이 현저히 높아지는 '도시 열섬urban heat island' 현상과 함께 열대야 일수도 증가한다. 야외 지역에 비해 소나기 구름이 많이 만들어져 국지적 소나기가 자주 내린다. 우리나라에 도시 기후가 본격적으로 나타난 것은 1960년대부터다. 우리나라 기온 변동을 보면 1960년대 이전에는 대체적으로 자연 변동이었다. 그러나 1960년대 이후에는 산업화, 도시화로 인한 인위적인 변동 추세를 보인다. 특히 대도시의 기온 상승폭이 크게 나타난다. 급속한 도시화와 산업 발전의 영향으로 판단된다.

　도시 기후가 미세먼지 농도를 높이는 원인 가운데 하나가 기온 상승이다. 기온이 상승하면 쾌적한 생활을 유지하기가 어려워진다. 전력 소비 증가도 심각하다. 미국 캘리포니아에서 실험을 해보았다. 가옥의 밀도가 10% 높아질 때마다 도심의 온도는 0.16℃씩 높아진다. 기온이 올라가면 에너지 소비량은 증가한다. 에너지 소비가 증가하면 화석연료 사용도 증가한다. 당연히 대기오염물질 배출량이 증가하면서 미세먼지 농도가 올라갈 수밖에 없다. 도시화와 많은 자동차의 증가는 잦은 스모그 현상을 가져온다. 기온이 상승할 때 자동차에서 배출되는 물질이 광화학반응을 일으키면서 대기오염물질을 만들어내는 것이다. 화석연료의 배출 증가와 기온 상승은 미세먼지 등으로 인한 스모그 현상을 많이 만들어낸다. 도시 기온 상승을 억제하고 대기오염물질을 제거하기 위한 좋은 방법 중 하나가 도시의 녹화 면적을 넓히는 것이다. 연구에 의하면 미세먼지 제거율은 바늘잎나무가 활엽수보다 높다. 미세먼지 제거 효과가 높은 나무는 소나무-주목-양버즘나무-느티나무-은행나무 순이다. 도로변 띠 녹지대나 산줄기 연결 바람길 숲 등 미세먼지 대응 숲을 만들되, 이런 나무들을 주로 심으면 효과가 더 클 것이다.

우리나라 국민의 91%가 도시에 산다. 도시는 기온 상승으로 인한 폭염과 열대야가 증가하고 매연 증가로 인한 미세먼지 등으로 인해 건강에 나쁜 환경을 가지고 있다. 이를 해결하기 위한 가장 좋은 방법이 도시 숲 면적을 늘리는 것이다. 산림청에 따르면, 우리나라 1인당 도시 숲 면적은 $8.32m^2$이다. 런던 $27m^2$, 뉴욕 $23m^2$, 파리 $13m^2$에 비해 크게 부족하다. 특히 서울($4.35m^2$), 인천($5.95m^2$), 경기($5.29m^2$) 등은 세계보건기구가 권고하는 $9m^2$의 절반가량에 불과하다. 산림청은 도시공원사업을 확충해나가고 있는데, 가장 시급한 것은 녹지 공간을 확보해야 한다는 것이다.

도시에 녹지 공간을 확대하는 방법에는 2가지가 있다. 먼저 도시의 빌딩이나 주택의 옥상을 녹화하는 방법이다. 두 번째로는 도시공원 공간을 확장하는 방법이다. 빌딩의 옥상 녹화를 효과적으로 수행하는 도시로 미국의 시카고^{Chicago}가 있다. 마천루로 가득 찼던 1995년에는 폭염으로 5,000명 이상의 사망자가 발생하기도 했다. 시카고 시는 건물에 녹색지붕을 입히는 그린 루프$^{Green\ Roof}$ 프로젝트를 시행했다. 그린 루프 프로젝트를 통해 70℃까지 치솟는 건물 옥상의 온도를 최고 44℃까지 내렸다. 폭염으로 인한 피해를 줄이면서 겨울철 실내 난방열을 유지하는 효과도 보았다. 또 탄소동화작용을 통해 산소를 배출, 도시 공기 청정 역할도 했다. 시에서는 옥상 녹화를 조성하는 건물주에게는 최대 5,000달러를 지원한다. 대규모 개발업자에게는 최대 10만 달러까지 지원해준다. 그린 루프 프로젝트로 시카고의 옥상 녹화 면적은 총 700만m^2에 이르고 있다. 물론 녹색지붕이 도심의 기온을 낮추는 기능을 우선시해 시행한 프로젝트였지만,

●●● 미국 시카고 시는 건물에 녹색지붕을 입히는 그린 루프(Green Roof) 프로젝트를 시행했다. 그린 루프 프로젝트를 통해 70℃까지 치솟는 건물 옥상의 온도를 최고 44℃까지 내렸다. 폭염으로 인한 피해를 줄이면서 겨울철 실내 난방열을 유지하는 효과도 보았다. 또 탄소동화작용을 통해 산소를 배출해 도시 공기 청정 역할도 했다. 녹색지붕이 도심의 기온을 낮추는 기능을 우선시해 시행한 프로젝트였지만, 미세먼지 등 대기오염물질을 제거하는 효과까지 보임으로써 시카고 시는 일석이조의 이득을 본 셈이다. 사진은 건물 옥상에 녹색지붕을 조성한 시카고 시청의 모습이다.

미세먼지 등 대기오염물질을 제거하는 효과까지 보임으로써 일석이조의 이득을 본 셈이다. 이에 자극을 받은 뉴욕도 시카고를 따라하고 있다. 뉴욕의 콘 에디슨 학습센터Con Edison Learning Centre는 옥상 녹화 후 겨울 열 손실이 35%가량 줄었다. 여름에도 건물 내부로 들어오는 열에너지가 84%까지 감소했다고 한다.

　일본도 옥상 녹화에 많은 관심을 보이고 있다. 도쿄東京의 번화가 신주쿠新宿에 있는 더 센터 도쿄THE CENTER TOKYO 오바루 가든이 대표적이다. 주차장동 옥상에 설치된 1,340㎡의 옥상 정원이다. 최첨단 기술을 적용한 것으로 유명하다. 도쿄도東京都 미나토구港区에 있는 보련토普連土학원은 학교에 옥상 공원을 설치했다. 옥상 정원, 발코니, 라이트 코트, 어프로치, 학교 옹

벽 등 건물 전체를 녹화한 것으로 유명하다. 미세먼지 제거, 열에너지 효과 외에 150종류 이상의 다양한 식물을 심어 교육 효과까지 더하고 있다.

유럽에서는 독일과 프랑스의 옥상 녹화가 유명하다. 세계는 옥상 녹화를 의무화하는 방향으로 가고 있다. 캐나다 토론토^{Toronto} 시는 건물 옥상 녹화 의무를 조례로 정했다. 옥상 면적이 5,000m^2 이상인 모든 건물은 옥상 면적의 20~60%를 녹지로 조성해야만 한다.

우리나라의 옥상 녹화는 외국에 비해 규모도 작고 활발하지는 않다. 그러나 점차 증가하는 추세를 보이고 있다. 서울시에서 시청별관 옥상에 만든 옥상 정원 초록뜰이 대표적이다. 서울시에서 채택한 보급형 옥상 녹화 시스템을 기본 모델로 만들었다. 현재 초록뜰은 옥상 녹화 홍보 및 학습장으로 이용되고 있다. 이외에 서울 유네스코 빌딩 옥상에 조성된 생태공원 '작은누리'도 있다. 약 190평의 공간에 조성된 유네스코회관 작은누리는 생태학습장으로 활발히 이용되고 있다. 서울시 강북구에 위치한 북서울꿈의 숲도 옥상 녹화가 적용된 시설이다. 낡고 흉물스러운 시설물들을 철거한 곳에 나무를 심고 분수를 만들어 66만여m^2 규모의 대형 공원을 만들었다. 방문자센터, 미술관, 갤러리, 아트센터, 레스토랑 등 총 5개소의 건물에 옥상 녹화를 적용했다. 서울시 중구에 위치한 동국대학교의 학술문화관에도 특성 있는 옥상 정원이 설치되어 있다. '생태공원', '수평공원', '눈썹공원'을 조성하여 특색 있는 공간을 만든 것으로 유명하다. 2009년 서울시 환경상을 수상하기도 했다. 경기도 수원시에 있는 경기문화재단 3층 옥상 정원도 있다. 회색빛 도심 속에 새로운 녹색 경관을 창출해냈다는 평을 받는 공간이다. 대구광역시에 위치한 대백 프라자 하늘공원도 있다. 12층의 백화점 옥상에 조성된 정원으로 다양한 수종이 식재되어 있다.

●●● 세계는 옥상 녹화를 의무화하는 방향으로 가고 있다. 옥상 녹화는 미세먼지 제거, 열에너지 효과 외에 150종류 이상의 다양한 식물을 심어 교육 효과까지 더하고 있다. 우리나라의 옥상 녹화는 외국에 비해 규모도 작고 활발하지는 않다. 그러나 점차 증가하는 추세를 보이고 있다. 사진은 우리나라 대표적인 옥상 녹화 사례인 서울 유네스코 빌딩 옥상에 소성된 생태공원 '책▒▒▒▒의 ▒▒'이다.

도시 녹색공원을 확장하자

두 번째 방안인 도시공원 공간을 늘리는 방법을 보자. 도시에 공원을 늘릴 경우 수목의 기화열에 의한 냉각 효과가 있다. 수목의 차양 기능으로 인한 열 차단 효과도 있다. 이로 인한 도시 내 항온 상태를 유지할 수 있다. 미세먼지 제거 효과도 매우 크다. 우리나라에서는 대구가 도시녹화사업에 선도적이라 할 수 있다. 대구는 우리나라 대도시 중에 가장 무더운 도시다. 도시열섬과 열대야 현상이 가장 많이 나타난다. 이를 해소하기 위해 대구시는 1996년부터 2006년까지 제1차 푸른대구가꾸기사업을 시행했다. 국채보상운동기념공원, 2·28기념중앙공원 등 도심공원 확대와 함께 가로수 조성을 통해 1,000만 그루의 나무를 심었다. 공원 조성 후 비교해보니 조성 전에 비해 온도가 낮게 나타났다. 대구시 자체 분석에 따르면 공원 조성 후 공원에서 생성된 찬 공기의 흐름이 주변 지역에 영향을 주었다고 한다. 이로 인해 온도가 낮아졌다는 것이다. 2·28공원의 온도는 공원 내 0.39℃, 공원 외 0.55℃, 전체적으로 0.51℃ 떨어졌다. 국채보상공원의 온도는 공원 내 0.51℃, 공원 외 0.31℃, 전체적으로 0.36℃ 떨어졌다. 당시는 미세먼지 제거 효과에 관한 연구가 없어 구체적인 자료는 없지만 효과는 매우 크다고 본다. 대표적인 도시공원 성공 사례로 구미시의 '광평도시숲', 대전광역시의 '둔지미공원', 광주광역시의 진월국제테니스장 근처 '힐링경관숲', 부산광역시 서구의 '중앙공원'이 있다.

산림청은 도시민의 '허파 역할'을 하고 있는 도시 숲을 지속적으로 늘리기로 했다. 그러나 정부가 일방적으로 주도하는 도시녹화운동은 한계가 있다. 한국갤럽이 2013년 조사한 자료에 따르면, 국민 88.7%가 기업의 도시 숲 조성 참여에 찬성하고 있다. 그리고 76%가 스스로 도시 숲 조성과 관리에 참여할 의사가 있다고 밝혔다. 시민과 기업, 지방자치단체가 공동으로 참여하는 방법이 시너지 효과를 가져올 수 있다. 에쓰오일이 지원한 울산 태화루공원, 이브자리가 지원한 서울 암사동 탄소상쇄숲, 더맥키스가 조성한 대전 계족산 황톳길 등이 좋은 예다. 우리뿐 아니라 후손들에게 쾌적한 공기를 물려주기 위해 이런 녹지 공간 확대나 나무심기 등은 더욱 확대해 실시해야 한다. 나무 심어 미세먼지 잡고 도시 기후를 완화하고 살기에 쾌적한 공간을 만드니 도랑 치고 가재 잡는 격이 아닐까?

6. 중국에 미세먼지 저감을 강력하게 요구하라

2019년 3월 우리나라는 최악의 미세먼지 공포에 휩싸였다. 거리에는 심지어 방독면까지 등장했다. 대부분의 지역에서 미세먼지 농도가 '매우 나쁨' 수준을 기록하면서 부산과 울산을 제외한 전국 15개 시·도에서 비상 저감조치가 시행되었다. 수도권 지역에서는 사상 첫 6일 연속 비상저감조치가 내려졌다. 최악의 미세먼지가 계속되자, 미세먼지를 '사회재난'에 포함시킨 법안이 3월 11일 국회 행정안전위원회를 통과했다.

대부분의 국민들은 최악의 미세먼지 사태가 중국발 미세먼지 탓이 크다고 생각한다. 실제로 중국발 미세먼지가 우리나라에 많은 영향을 미치고 있음을 입증한 연구들이 속속 발표되고 있다. 그런데도 정부는 왜 중국에 강력하게 항의하지 못하는가? 대부분의 국민들은 중국발 미세먼지에 대한 우리 정부의 소극적인 대응에 강한 불만을 표시하고 있다.

왜 우리나라 일부 사람들은 중국을 변호할까?

"아침이면 새들의 아름다운 합창이 울려 퍼지곤 했는데, 이제는 기묘한 침묵만이 감돈다." 환경운동의 선구자 레이첼 카슨Rachel Carson의 책 『침묵의 봄Silent Spring』에 나오는 말이다. 그녀의 책이 나오면서 전 세계적으로 찬반 논쟁이 격렬하게 벌어졌다. 『침묵의 봄』을 발표한 것은 카슨에게 엄청난 용기가 필요한 일이었다. 당시에는 매카시즘McCarthyism의 영향으로 기존의 권력체계에 반기를 든다는 것은 위험했다. 또 카슨의 직접적인 공격 목표였던 화학산업은 당시의 미국에서 '진보'의 상징이었다. 그럼에도 카슨은 누구도 말하지 못한 미국의 현실을 고발했다. 화학살충제 탓에 물과 토양이 오염되고, 봄의 시작을 알리는 울새가 사라지고, 미국의 상징이 된 흰 머리독수리의 개체 수가 감소되며, 백혈병과 암 같은 질병이 급격히 증가한다는 것을 말이다. 그녀의 용기가 부러워지는 것은 우리나라의 많은 학자와 정부관계자들이 진실을 말하는 것을 두려워하는 것처럼 보이기 때문이다.

어떤 영향력 있는 분이 중국에 미세먼지 대책을 요구하는 것이 유감이라는 뉘앙스의 글을 기고했다. 그분의 글을 여기에 소개해본다. 첫 번째로 그는 우리나라의 미세먼지가 중국으로부터 온 것이 얼마나 되는지 증명해낼 수 있는가 하는 문제를 제기했다. 중국은 위성이나 슈퍼컴 등 미세먼지를 관측하는 하드웨어의 능력이 우리나라보다 강하다는 것이다. 우리는 미국 등에 의존해야 한다면서 어느 정도 기본 소스를 얻을 수 있겠는가 의문을 제기한다. 두 번째로 국경을 넘는 대기오염물질에 관한 국가 간 규제나 책임에 관해 국제법적으로 얼마나 정립되어 있는가 하는 문제를 제기했다. 책임을 지울 수 있을지도 의문이 든다고 말하면서 감정싸움이 될 것이라는 걱정을 한다. 또 중국이 미세먼지 문제 해결을 위해 적극적으로 나서고 있다고 말한다. 이분의 주장을 보면서 전형적인 친중 인사가 아닌가 하는 생각이 들었다. 물론 이분의 말이 전부 틀린 말은 아니다. 어느 정도 일리는 있다.

그러나 하나하나 따져보자. 이분은 우리나라의 하드웨어 능력을 무시한다. 이분은 이 모든 자료를 미국에 의존해야 한다고 주장한다. 그러나 몰라도 정말 너무 모른다. 우리나라의 기상·환경 능력은 세계적이다. 우리나라는 독자적인 기상위성을 운영하고 있다. 세계에서도 몇 번째 정도의 슈퍼컴퓨터를 보유하고 있다. 미세먼지를 관측하는 능력도 세계적이다. 그럼에도 우리나라를 비하하는 이분의 말에 너무 자존심이 상한다. 여기에다가 우리나라의 기상 능력은 세계 10위권 이내로 특히 소프트웨어 부분은 뛰어나다. 중국으로부터의 미세먼지가 월경하는 것에 대한 논문만 해도 수를 헤아리기 힘들다. 미세먼지 문제를 담당하는 정부당국자들이 관심 있게 취합해보면 놀랄 정도의 수준이라고 생각한다.

두 번째로 중국이 미세먼지 문제 해결에 최선을 다한다는 이야기도 일부는 맞지만 일부는 틀리다. 시진핑 국가주석이나 리커창 총리는 '오염과의 전쟁'을 선포하기는 했지만, 환경오염을 통제할 수 있는 하부 시스템이 제대로 갖춰져 있지 않다. 그러다 보니 정책으로는 미세먼지 문제를 해결하겠다고는 하나 실제로 개선하기는 어렵다. 여기에 오염처리시설이 부족하고 관련 기술력이 매우 약하다는 점도 있다. 그보다 가장 중요한 것은 중국이 취하는 정책이 사실은 표리부동하다는 것이다. 일례로 중국은 자신들의 엄청난 노력으로 베이징의 미세먼지 농도가 낮아졌다고 선전하지만, 실제로는 대기오염물질을 배출하는 공장들을 동쪽 지역으로 이전시켜 베이징의 미세먼지 농도는 낮추고 동쪽 지역의 미세먼지 농도는 높이는 눈 가리고 아웅 하는 식의 정책을 펴고 있다. 중국은 2020년까지 2,000여 개의 공장을 한반도와 가까운 동쪽으로 이전시킬 계획이다. 또한 중국은 현재 한반도와 가장 가까운 산둥성에서 가장 활발하게 석탄화력 발전소를 운영 중이며, 산둥성에 새로운 석탄화력발전소를 추가로 건설하고 있다. 여기서 발생하는 미세먼지가 과연 어디로 날아가겠는가? 이것은 자국의 미세먼지를 저감하려는 정책이 아니라 자국의 미세먼지는 다른 나라에 떠넘기는 표리부동한 정책이 아닐 수 없다.

그분의 마지막 주장인 국가 간 오염물질 분쟁에 대한 해결책이 쉽지 않다는 말에 대해 따져보자. 그분은 국경을 넘는 대기오염물질에 관한 국가 간 규제나 책임에 관해 국제법적으로 얼마나 정립되어 있는가 하는 문제를 제기하고 또 책임을 지울 수 있을지도 의문이 든다고 말하면서 감정

싸움이 될 것이라는 걱정을 한다. 실제로 이에 대한 규제나 책임이 정립되어 있지는 않다. 그러나 그렇다고 해서 국가 간 감정싸움으로 번질 것을 걱정하여 아무런 문제제기도 하지 않는 것은 한 국가를 책임지는 정부가 할 일은 더더욱 아니다. 정말 이런 사고를 가진 사람이 우리나라 정책을 좌지우지할까 봐 걱정된다. 그러니까 그분의 말은 중국이 알아서 미세먼지를 줄일 때까지 그냥 기다리라는 말이 아닌가 생각된다. 정말 중국에 아무 말도 하지 않고 처분만 기다리는 것이 옳은 일인가?

외국 대기오염분쟁 선례를 통해 중국발 미세먼지 문제 해결 방안을 모색하라

지금까지 다른 나라에서 넘어온 대기오염물질로 인한 국가 간 갈등 사례는 20세기에 들어와 몇 차례 발생했다. 최초의 분쟁은 1930년대에서 1940년대에 걸쳐 발생한 미국과 캐나다의 대기오염분쟁이다. '트레일 제련소 사건'으로 불리는 이 분쟁은 공동위원회 및 2차례의 중재재판을 통해 구체적 배상이 제시되어 해결된 사례다. 캐나다 브리티시컬럼비아British Columbia주의 트레일Trail 지역 제련소에서 배출된 아황산 가스가 바람을 타고 미국 워싱턴 주에 유입되어 농작물과 삼림자원에 피해를 주었다. 그러나 당시 대기오염 인과관계의 입증 및 손해배상액 선정이 어려워 정부 단위에서의 외교적 교섭이 이루어졌다. 이 사건은 1935년에 체결된 양국 간의 중재계약에 기초하여 국제중재재판소에 의뢰되었다. 중재재판소는 캐나다가 42만 8,000달러의 배상금을 미국에 지급하라고 판결했다. 이 판결은 영역의 사용에 관한 국가의 관리 책임이라는 국제법상의 원칙을 최초로 명확하게 인정하고 국경을 초월한 대기오염이라는 새로운 사례에 그것을 적용했다는 점에서 우리에게는 좋은 선례가 아닐 수 없다.

두 번째가 북유럽 국가와 영국, 독일 간의 대기오염분쟁이다. 1950년대

●●● 캐나다 브리티시컬럼비아주의 트레일 지역 제련소(사진)에서 배출된 아황산 가스가 바람을 타고 미국 워싱턴 주에 유입되어 농작물과 삼림자원에 피해를 준 '트레일 제련소 사건'은 국제중재재판소가 "캐나다는 42만 8,000달러의 배상금을 미국에 지급하라"고 판결함으로써 해결되었다. 이 판결은 영역의 사용에 관한 국가의 관리 책임이라는 국제법상의 원칙을 최초로 명확하게 인정하고 국경을 초월한 대기오염이라는 새로운 사례에 그것을 적용했다는 점에서 우리에게는 좋은 선례가 아닐 수 없다.

부터 북유럽 스칸디나비아 반도의 숲이 사라지기 시작했다. 스웨덴의 9만 개에 이르는 호수 가운데 4만 개가 생물이 살 수 없을 정도가 되었다. 스웨덴의 과학자인 스반테 오덴Svante Oden은 외국으로부터 날아온 이산화황 가스(SO_2)가 원인이라고 주장했다. 1971년에 OECD는 영국과 서독이 스칸디나비아 산성비의 주요 원인이라는 연구 결과를 발표했다. 그러나 영국과 서독은 이러한 연구에 대해 부정했다. 양측 간의 갈등이 고조되면서 1972년부터 OECD 주도 하에 유럽의 11개국이 참여하는 '대기오염물질 장거리 이동 측정에 관한 협동 기술 프로그램'이 시작되었다. 러시아가 참여해 정치적 이슈화하는 우여곡절 끝에 1979년 11월 13일 당시 유엔유럽경제위원회UNECE, United Nations Economic Commission for Europe 34개 회원국 가운데 31개국이 '월경성 장거리 이동 대기오염물질에 관한 협약CLRTAP, Convention on Long-Range Transboundary Air Pollution'에 서명했다. 협약 체결 과정에서도 영국과 서독은 오염물질 배출 감축 의무에 반발했다. 그러나 체결된 '월경성 장거리 이동 대기오염물질에 관한 협약'은 이후 대상 오염물질의 확대, 감축 목표의 설정, 감축 방법 및 비용 분담 등을 골자로 하는 8개 의정서를 단계적으로 체결했다. 이런 과정을 거치면서 유럽의 산성비 문제는 거의 해결되었다.

세 번째 사례가 싱가포르와 인도네시아의 '연무 갈등'이다. 1997년 강력한 엘니뇨의 영향으로 동남아 지역에 큰 가뭄이 들었다. 가뭄은 인도네시아의 열대우림에 대형 산불을 가져왔고 이곳에서 발생한 심각한 연무로 수만 명이 호흡기 장애를 일으켰다. 항공기 운항이 취소되고 관광 수입이 줄어드는 등 피해 추정치는 최대 93억 달러나 되었다. 그러자 가장 큰 피해를 입은 말레이시아, 싱가포르, 브루나이와 인도네시아 사이에 갈등이 발생했다. 이들은 인도네시아에 인도네시아의 국내법을 집행해 산불을 야기한 범법자들에게 이에 상응하는 조치를 취할 것을 촉구했다. 그러나 법적 소송이나 배상은 요구하지 않았다. 다만, 이후에 싱가포르 정부가 취한 대응은 우리가 눈여겨볼 필요가 있다. 인도네시아는 면적 1억 9,000만m^2에 인구 2억 7,000만 명을 거느린 동남아 대국大國인 반면, 싱가포르는 서울과 비슷한 면적에 인구 600만 명이 안 되는 작은 나라다. 이런 싱가포르 정부는 외교 갈등을 불사하고 연무오염법 등을 법제화하고 이와 함께 아세안ASEAN이라는 다국가 지역공동체를 활용해 공동 해결책을 모색했다.

이 사례들을 보면 공통적인 것이 있다. 우선 처음에는 대기오염을 발생시킨 나라들이 사실을 적극적으로 부정한다. 그 다음에 갈등이 심화되다가 결국에 분쟁은 대개 힘 있는 나라의 의도대로 끝이 난다. 미국과 캐나다의 대기오염분쟁도 미국이 힘이 약했다면 해결되기 어려웠다는 의견이 지배적이다. 영국과 독일의 대기오염물질이 북유럽을 오염시킨 사건도 결국 러시아나 OECD가 개입함으로써 해결되었다. 인도네시아와 싱가포르와의 연무 갈등도 결국 힘 있는 인도네시아의 의도대로 끝이 났다. 국가 간의 대기오염 문제도 '힘과 정치의 논리가 지배한다'는 말이다. 여기에다가 문제가 해결될 때까지 많은 시간이 필요하다. 그런데 40~50년 전이라 충분한 과학적 근거를 대기 어려운 상황에서도 미국은 캐나다에, 북유럽 국가들은 영국과 독일에 당당하게 항의했고 배상을 요구했다. 그런데 우리나라의 일부 학자들은 오히려 줄기차게 법적 근거가 없느니 과학적인 자료가 없느니 하며 중국의 쉴드 역할을 하고 있다.

중요한 것은 피해국이 대기오염물질의 피해를 설득력 있게 입증하고 대기오염물질 발생국에게 이를 당당하게 항의하여 함께 공조를 통해 대기오염 문제를 해결하거나 그렇지 못할 때는 국제적 관계를 적극 활용하여 국제적 지지를 얻음으로써 이를 통해 대기오염물질 발생국을 압박해 문제를 해결해나가는 방법도 고려해볼 수 있다. 해결책이 보이지 않는 중국발 미세먼지 문제는 지금과 같은 눈치보기식 외교로는 해결할 수 없다. 한편으로는 중국을 설득하고 한편으로는 압박하는 국제정치외교적 접근법이 필요하다.

언론들의 중국 편들기

미세먼지 저감에 대한 기사를 살펴보자. 우리나라 한 언론사는 세계 여러 나라의 도시를 취재한 후 기사를 작성했다. 이들은 미세먼지를 극복한 성공 사례로 맑은 하늘을 되찾아가고 있는 중국 베이징과 최악의 대기오염을 이겨낸 미국 로스앤젤레스Los Angeles, 일본 기타큐슈北九州를 꼽았다. 이 도시들은 정부의 강한 정책의지와 시민들의 동참으로 대기오염 문제를 해결했다고 말한다. 그런데 우리나라에서는 미세먼지 농도를 줄이기 위한 대중교통 할인정책이 정치적 의도를 가진 자들에 의해 공격당한다고 말한다. 우리와 달리 독일, 프랑스 등 유럽 국가들은 미세먼지를 줄이려는 빈틈없는 교통정책을 실시하고 있다고 말하면서 인도네시아의 산불로 인한 미세먼지 문제도 국제 협력으로 해결했다고 주장한다.

이 연재 기사가 주는 메시지는 2가지다. 첫째, 미세먼지를 비롯한 대기오염 문제는 정치외교적 문제이자 과학적 문제라는 것이다. 둘째, 중국의 미세먼지 문제도 중요하지만 체계적인 국내 대기오염 저감 정책이 더 중요하다는 것이다. 기자는 한국 미세먼지의 원인은 중국에 있다는 주장을 반박한다. 기자는 "한국 내 미세먼지 배출원에는 눈감고 있는 것 아닌가? 정부는 지자체는, 시민은, 기업은 미세먼지 농도 개선을 위해 할 수 있는 일을 다 하고 있는가"라고 질문한다. 물론 기자의 주장도 어느 정도 일리가 있다고 생각한다. 그러나 우리나라에 영향을 미치는 미세먼지가 어디에서 날아온 것이고, 그것이 어느 정도 우리에게 영향을 미치는지를 안다면 이런 주장은 하지 않을 것이다. 도대체 우리나라만큼 중국의 미세먼지를 통째로 뒤집어쓰는 나라가 지구상에 있는가를 묻고 싶다. 기자가 성공사례로 쓴 독일이나 미국, 일본의 도시들은 자국에서 만들어지는 미세먼지의 영향이 가장 크다. 그러나 우리나라는 우리나라 자체에서 만들어지는 미세먼지보다 중국에서 날아오는 미세먼지가 더 많다. 물론 우리나라 자체에서 만드는 미세먼지를 줄이려는 노력은 반드시 필요하다. 그러나 중국발 미세먼지 문제가 해결되지 않는 한 우리나라 미세먼지 문제는 해결되지 않는다는 것이 필자의 의견이다.

중국에서 날아오는 엄청난 양의 미세먼지를 막는 방벽이 하늘에는 존재하지 않는다. 따라서 중국의 미세먼지를 몰고 오는 편서풍이 우리나라로 불어오면 우리나라의 미세먼지는 최악으로 치닫는다. 2019년 3월 13일 서울대와 콜로라도대의 교수 및 연구진의 분석에 따르면, 2016년 5~6월 지상 측정망 측정치와 연구 기간 기상 조건이 입력된 초미세먼지 확산 시뮬레이션을 확인한 결과, 고농도 미세먼지 발생 시 중국 기여율이 최대 68%까지 치솟았다. 반면, 편서풍 유입이 적을 때는 중국발 요인이 25%로 떨어졌다. 편서풍이 불 때 중국발 미세먼지가 우리나라에 큰 영향을 미친다는 것이다.

2018년 11월 14일 한 언론은 "중국에 미세먼지 책임 추궁할 만큼 우리 실력 갖췄나"라는 제목의 기사를 내보냈다.[234] 어느 환경단체 전문가를 인터뷰한 기사였다. 그런데 제목처럼 중국에 미세먼지 책임을 추궁하기 위해서 우리 실력이 뛰어나야만 할까? 1970년대에 북유럽 국가들의 미세먼지 연구는 형편없었다. 미세먼지나 대기오염물질이 어느 정도 영국이나 독일에서 날아오는지에 대해 전혀 몰랐다. 그럼에도 이 나라들은 영국과 독일에 항의했고 대책을 수립하라고 요구했고 책임을 물었다. 미국과 캐나다와의 분쟁에서도 대기오염 인과관계의 입증 및 손해배상액 선정이 어려웠기에 추정으로 배상금을 산정했다. 환경단체 전문가는 우리가 중국에서 날아오는 미세먼지에 대해 중국에 책임 추궁할 만큼 실력을 갖췄냐고 했지만, 우리에게는 중국에 책임을 추궁할 수 있는 근거가 되는 국제적 공동연구와 국내 연구 논문들이 많이 있다. 1970년대 북유럽 국가

---

234 https://news.joins.com/article/23124796

들이 가졌던 자료보다 수십 배 많은 입증 자료들을 가지고 있다.

또 그는 "중국은 위성과 항공기, 선박까지 동원해 미세먼지 오염도를 측정하는데, 우리나라는 중국에 책임을 물을 수 있을 정도로 기술적 우위에 있는가"라고 묻는다. 우리나라의 위성 하드웨어와 분석 소프트웨어 기술은 중국에 못지않다고 필자는 생각한다. 그는 중국의 세미나에 참석해보니 중국의 오염물질이 한반도에 영향을 준다는 연구는 중국에서 찾아볼 수 없다고 말한다. 미세먼지의 최대 발생지가 중국이고, 그 피해를 한국이 보고 있다고 한국 언론과 시민단체, 그리고 정부 관계자들이 연일 발표하고 비난하지만, 중국은 어느 곳에서도 이를 전혀 고려하지 않고 있다고 말한다. 그러니까 중국은 우리나라 사람들의 말을 전적으로 무시하고 있는 것이다. 그는 인터뷰 기사에서 중국의 속셈을 알려준다. 중국은 공개된 장소에서 진행되는 회의에서 연구 결과를 발표할 때는 국익에 도움이 되는 것만 발표한다. 국제 관계에 문제가 예상되거나 국익에 악영향을 미칠 수 있는 민감한 내용에 대해서는 공적 기관에서 절대 발표하지 않도록 규제하고 있다고 한다. 공산국가인 중국이 능히 할 수 있는 행동이다. 그러니 중국 학자들이 중국에서 만들어진 미세먼지가 한국에 영향을 준다고 말할 리가 없는 것이다.

지금 중국은 어용학자들을 동원해 책임을 회피하려 하고 있다. "미세먼지가 중국에서 날아갔다는 증거가 있느냐"며 손바닥으로 하늘을 가리려 한다. 우리 정부 차원에서 중국에 미세먼지 감축을 요구하기 어렵다면 전략적으로 비정부기구NGO, Non-Governmental Organization 차원에서 지속적으로 미세먼지 문제를 국제적으로 제기하여 중국이 부담을 갖게 만들어야 한다. 또한 유럽의 산성비 사건처럼 국제기구 등을 통해 해결해나가는 방법도 있다. 마지막으로 조금 속상하기는 하지만 우리나라의 공해저감 기술과 비용을 중국에 제공하는 방법도 있다. 미세먼지 문제는 결코 짧은 시간에 해결될 문제가 아니다. 장기적이면서 실질적인 대책을 다각도로 마련해 나가는 노력이 필요하다.

최근 중국 정부가 한국의 미세먼지는 한국에서 생겼다는 말을 했다는 보도를 들으면서 화가 났다. 2018년 12월 29일 MBC 뉴스에서 김윤미 기자는 이런 사실을 보도했다. 그 보도 내용을 보자.

"중국 정부가 한국의 미세먼지는 중국에서 건너간 게 아니라 한국에서 발생한 것이라고 말해 논란입니다. 무슨 근거로 주장하는지, 중국 정부의 말이 맞는지 따져봤습니다. 지난달 6일(화) 미세먼지가 수도권 전역을 뒤덮었습니다. 그리고 다음날은 미세먼지 저감 조치까지 발령되었습니다. 중국 생태환경부는 이 미세먼지가 중국에서 건너간 게 아니라 주로 한국에서 나온 거라고 말했습니다. 우리 천리안 위성이 포착한 미세먼지 영상입니다. 지난달 6일 중국에서 서해를 건너 한반도에 상륙하는 장면이 천리안 위성에 고스란히 잡혔습니다. 환경과학원은 중국과 북한 등에서 온 미세먼지의 비율이 최고 45%에 달했다고 분석했습니다. 국내 발생량이 많기는 했지만 중국발도 상당했습니다. 3주 뒤에는 더 고농도의 미세먼지가 바다를 건넜습니다. 이때는 황사까지 더해져 중국 등 국외 미세먼지의 비율이 최고 74%에 달한 것으로 추정되었습니다. 중국 등 국외 미세먼지가 3배 가까이 많았습니다."

필자는 우리 정부의 미적지근한 대응과 일부 언론, 그리고 친중학자들의 주장에 힘을 얻은 중국이 정말 뻔뻔하게 한국 미세먼지는 한국 것이라고 당당하게 말하는 것이 아닌가 해서 화가 난다. 우리나라 정부 당국자는 한중환경협력센터에서 중국 영향의 증거가 나오면 중국과 협의하겠다고 했다. '한·중 대기질 공동연구'를 통해 중국발 미세먼지의 '실체'를 규명하면 중국에 항의할 수 있을 것이라는 기대 때문이었다. 하지만 센터 개소식에 맞춰 열린 20차 한·중·일 환경장관회의(TEMM20)에서 벌어진 해프닝은 중국의 인식이 아직 멀었다는 것을 보여주었다. 회의에서 '동북아 장거리 이동 대기오염물질 공동연구 보고서'를 공개하기로 했는데 중국 측의 거부로 무산되었다. 국가 간의 신의나 배려조차 전혀 없는 안하무인의 태도다. 여기에 더해 2018년 12월 중국 생태환경부 류여우빈劉友賓 대변인은 "한국의 미세먼지는 바다를 건너서 넘어온 것"이라고 주장하는 한국 언론 보도에 대한 의견을 묻자 "서울 미세먼지는 서울 탓이지 중국 탓이 아니다"라는 발언을 했다. 정말 후안무치한 행위가 아닐 수 없다.

그럼 우리나라 환경부는 어떻게 대응했을까? 중국 측에서 내놓은 주장에 대해 일일이 대응을 하지는 않기로 했단다. 예민한 국제 문제인 데다가 현재 상황에서는 문제 해결을 위해 협력이 더 중요하다고 판단하기 때문이란다. 환경부가 언제까지 중국의 무례함에 비굴하게 침묵해야만 하는가? 우리나라 국민 건강을 담보로 언제까지 중국의 비위나 맞출 것인가? 정부는 당당하게 중국에 "노NO!"라고 말하고 미세먼지를 줄이라고 강력하게 요구해야만 한다. 다만 한 가지 위로가 되는 것은 조명래 환경부 장관이 책임을 회피하는 중국의 말에 "무슨 소리를 하는가? 많은 관측치들이 중국 책임이라는 것을 보여주고 있는데"라면서 우리나라 정부 당국자로서는 처음으로 중국 책임을 언급했다는 점이다. 그러나 우리 정부는 양국의 책임 공방 속에 이렇다 할 중국발 미세먼지 문제 해결 방안을 도출하지 못한 채 아직도 공동연구나 협력에 방점을 찍고 있는 것 같다. 즉, 중국과의 미세먼지 협의에서 아무런 결과를 얻지 못하고 있는 것이다. 중국은 여전히 개선 정책 마련에 소극적이다. 중국이 협력을 빌미로 시간만 끌다가 나중에 가서 책임은 없다고 하는 패턴을 반복하지 못하도록 우리

정부가 중국 정부에 미세먼지 저감을 강력히 요구해야 하고, 적극적인 환경외교를 통해 국제적 지지를 얻음으로써 중국이 행동에 나서도록 압박해야 한다.

7. 지속적이고 실질적인 미세먼지 저감 정책을 시행하라

"'이 미세먼지에 야외활동 하는 학교 어디냐' 뿔난 부모들." 2018년 11월 7일 《한겨레》 신문의 기사 제목이다.[235] 경기도의 한 학교에서 하루 평균 초미세먼지 농도가 $71\mu g/m^3$로 '나쁨' 수준을 기록했는데, 학생들이 야외에서 체육수업을 했다는 것이다. 이뿐만이 아니다. 이날 전 학년이 '연탄 나르기' 봉사활동도 했다고 한다. 이날은 수도권 기준으로 가을 들어 첫 미세먼지 비상저감조치가 발령되었던 날이다. 환경부는 미세먼지가 '나쁨' 수준이면 어린이, 노인 등 민감군뿐만 아니라 일반인도 무리한 실외활동을 피하라고 권고한다. 교육부에서도 미세먼지가 심한 날 학교와 유치원 등은 학생들의 실외활동을 자제해야 한다고 규정하고 있다. 각급 학교는 "바깥놀이, 체육활동, 현장학습, 운동회 등을 실내수업(활동)으로 대체해야 한다"고 규정하고 있다. 그럼에도 일선 학교는 그야말로 마이동풍이다. 아니, 미세먼지의 심각성을 전혀 인식하지 못하기 때문에 이런 일이 발생하고 있는 것이다.

필자는 정부가 날로 심각해지는 미세먼지 문제를 해결하기 위해 더 많은 예산을 투자해야 한다고 생각한다. 미세먼지는 국민의 건강과 직결되

---

[235] http://www.hani.co.kr/arti/society/society_general/869237.html

어 있고, 노동생산성과도 연관이 있기 때문이다. 우리나라는 대기오염으로 입게 될 노동생산성 저하 등 경제적 피해가 OECD 회원국 중 가장 클 것으로 예상되었다.[236] 2060년 한국의 국내총생산 손실 규모는 0.63%로 미국(0.21%)이나 일본(0.42%)을 크게 앞지를 거라는 것이다. 미세먼지로 질병이 증가하고 노동생산성이 떨어진다는 것이다. 이것은 우리나라 미래 사회가 떠안아야 할 부담이고 짐이다. 인간은 숨을 쉬지 않고는 살 수 없다. 어느 순간 우리는 마음껏 숨 쉴 수 없는 유해한 미세먼지에 둘러싸이게 되었다. 지금보다 맑은 공기와 파란 하늘이 절실했던 적은 없다. 지금 당장 대기질을 획기적으로 개선하기는 어렵겠지만, 먼저 자라는 아이들이 미세먼지에 노출되지 않도록 더 많은 관심을 갖고 유치원 및 초등학교에 미세먼지 마스크 배포, 모든 교육 현장에 공기청정기 또는 공기정화 설비(환기청정기) 설치, 도로에 인접한 학교에 미세먼지 차단벽 설치 등에 많은 예산을 투입해야 한다.

정부의 미세먼지 정책은 어떤가

2017년 9월 26일 정부는 미세먼지 종합관리대책을 발표했다. 정부는 2016년 6월 3일에 관계부처 합동으로 '미세먼지 관리 특별대책'을 수립하여 추진했다. 그러나 대책에도 불구하고 2017년 1월에 고농도 미세먼지가 자주 발생하면서 미세먼지 문제 해결에 대한 국민적 요구가 높아졌다. 그러자 2017년 5월에 출범한 문재인 정부는 미세먼지 문제 해결을 최우선 과제로 설정했다. 정부는 미세먼지 대책 마련을 위해 관계부처 합동 TF[Task Force]를 구성해 운영했다. 또한 시민사회, 전문가 등 사회적 의견

---

236 김동환, 『오늘도 미세먼지 나쁨』, 휴머니스트, 2018.

수렴도 병행했다. 그러나 그간의 미세먼지 정책이 부족하고 정책 추진 과정에서 소통이 부족했다고 판단했다. 미세먼지 문제는 산업계, 일반국민 등 사회 전체가 함께 해결해야 하나, 대책 수립 및 집행 등 전 과정에서 의견 수렴이 거의 없었다는 것이다. 또한 정부의 주요 정책도 경제 개발을 최우선적으로 고려했다. 미세먼지와 기후변화·에너지 정책 간의 연계성 고려도 미흡했다. 또한 전체 발생량의 72% 정도를 차지하는 2차 생성 미세먼지에 대한 저감 대책이 부족했다. 따라서 통합적인 관점에서 미세먼지 관리 대책 수립이 필요하다고 보았다. 여기에 미세먼지 국외 영향에 대한 대책도 미흡했다. 한·중 간 연구 협력을 추진 중이나, 실질적 오염도 개선에는 역부족이었다는 것이다. 따라서 미세먼지 문제에 있어 인접국가에 대한 보다 적극적인 대응이 필요하다는 것이다. 미세먼지 환경기준도 미흡했고, 민감계층 보호대책도 부족했다고 보았다. 이런 분석의 바탕 위에 '미세먼지 종합관리대책'이 발표되었다. 그 내용을 살펴보자.

1. 기본 방향

(1) 오염도 높은 '우심지역' 중점 관리

• 수도권·대도시 중심 ⇒ 수도권 외차 지역 관리로 전환

(2) 통합적인 저감 대책 추진

• 2차 생성 고려한 원인물질 관리 강화, 에너지 정책과의 정합성 제고

(3) 국제 협력을 통한 공동노력 강화

• 한·중 양자 협력, 다자간 협력을 통해 미세먼지 문제 공동 대응

(4)인체 위해성 관리에 중점

• 민감계층 활동 공간 관리 강화, 보호 서비스 강화 등 집중보호

(5) 과학 기반의 미세먼지 대응역량 제고

• 인벤토리 정교화, 위성·항공기 등을 통한 입체적 미세먼지 분석 등

2. 미세먼지 관리 패러다임 전환

종전에는 관리 지역이 수도권 및 대도시 중심이었으나 새로운 패러다임에서는 전국 우심지역 중심으로 바뀌었다. 관리 방식은 개별적 오염물질 관리에서 통합적 관리 추진으로, 국제 협력은 연구 협력에서 실질적 저감으로 전환하겠다. 중심 정책이 일반 대기오염물질 중심이었으나 인체위해성 저감 중심으로 바꾸었다. 대응 기반은 개별, 분산된 연구에서 체계적·통합적인 연구로 전환하겠다는 것이다.

전체적인 비전은 '맑고 깨끗한 공기, 미세먼지 걱정 없는 대한민국'으로 목표는 2022년까지 국내 배출량을 30% 감축하겠다는 것이다. 실현될 경우 나쁨 이상 일수(전국)가 '16년에 258일이었지만' 22년에는 78일로 줄어든다. 또한 서울의 초미세먼지 농도는 '16년 26$\mu g/m^3$에서' 22년 18$\mu g/m^3$으로 저감된다는 것이다

이를 위한 추진 전략으로는 ◇ 대규모 배출원 집중 저감을 통한 감축 목표 달성, ◇ 주변국과의 환경 협력 강화로 동북아 대기질 개선, ◇ 민감계층 집중보호로 국민 건강 피해 예방, ◇ 과학적인 연구 기반 강화로 미세먼지 대응역량 제고로 세웠다.

필자는 정부에서 미세먼지 종합관리대책을 발표한 이후 2017년 9월 말에 K-TV(국정정책방송)에 출연해 정부의 미세먼지 정책은 방향을 제대로 잡은 것이라고 말했다. 다만 '계획대로 추진된다면'이라는 단서를 달았지만 말이다.

미세먼지 저감 및 관리에 관한 특별법은 무엇인가

정부는 2018년 8월 14일에 미세먼지 저감 및 관리에 관한 특별법(약칭 미세먼지법)을 공포했다.[237] 시행 시기는 2019년 2월 15일이다. 2017년 9월 26일 발표한 '미세먼지 종합관리대책'을 보완하면서 법으로 뒷받침하기 위함이다. 국무총리를 위원장으로 하는 미세먼지 특별대책위원회도 설치되었다. 가장 중요한 것이 비상저감조치에 대한 법적 근거를 마련했다는 점이다. 각 시·도지사는 비상저감조치 요건에 해당할 경우 관련 조례 등에 따라 자동차의 운행제한 또는 대기오염물질배출시설의 가동 시간 변경이나 가동률 조정, 대기오염방지시설의 효율 개선 등의 비상저감조치를 시행할 수 있게 되었다. 주요한 법령을 보자.

제3조(국가와 지방자치단체의 책무)

① 국가와 지방자치단체는 미세먼지가 국민에게 미치는 영향을 파악하고, 미세먼지로부터 국민의 건강과 생명을 보호하기 위하여 필요한 시책을 수립·시행해야 한다.

② 국가와 지방자치단체는 국민이 일상생활에서 미세먼지와 미세먼지 생성물질(이하 '미세먼지 등'이라 한다)의 배출 저감 및 관리에 참여할 수 있도록 대국민 교육·홍보 등을 강화해야 한다.

③ 국가와 지방자치단체는 미세먼지 등의 배출 저감 및 관리를 위해 국제적인 노력에 적극적으로 참여하고 주변국과 협력해야 한다.

---

[237] http://www.law.go.kr/lsInfoP.do?lsiSeq=204195&efYd=20190215#0000

제5조(국민의 책무)

국민은 일상생활에서 발생하는 미세먼지 등의 배출을 저감 및 관리하기 위해 노력해야 하며, 국가와 지방자치단체가 시행하는 미세먼지 배출 저감 및 관리 시책에 협조해야 한다.

제14조(미세먼지 관련 국제 협력)[238]

정부는 미세먼지 등의 저감 및 관리를 위해 다음 각 호의 사항을 관련 국가와 협력하여 추진하도록 노력해야 한다.

1. 국제적 차원의 미세먼지 등의 조사·연구 및 연구 결과의 보급

2. 국가 간 또는 국제기구와 미세먼지 관련 분야 기술·인력 및 정보의 국제교류

3. 국가 간 미세먼지 등의 감시체계 구축

4. 국가 간 미세먼지로 인한 피해 방지를 위한 재원의 조성

5. 국제사회에서 미세먼지 피해 방지를 위한 교육·홍보 활동

6. 국제회의·학술회의 등 각종 행사의 개최 및 참가

7. 그 밖에 국제 협력을 위해 필요한 사항

제18조(고농도 미세먼지 비상저감조치)

① 시·도지사는 환경부장관이 정하는 기간 동안 초미세먼지 예측 농도가 환경부령으로 정하는 기준에 해당하는 경우 미세먼지를 줄이기 위한 다음 각 호의 비상저감조치를 시행할 수 있다. 다만, 환경부장관은 2개 이상의 시·도에 광역적으로 비상저감조치가 필요한 경우에는 해당 시·도지사에게 비상저감조치 시행을 요청할 수 있고, 요청받은 시·도지사는 정당한 사

---

238 제14조에서 아쉬운 것은 중국의 미세먼지에 대한 항의나 저감 요구가 없다는 점이다.

유가 없으면 이에 따라야 한다.

1. 대통령령으로 정하는 영업용 등 자동차를 제외한 자동차의 운행 제한

2. 「대기환경보전법」 제2조 제11호에 따른 대기오염물질배출시설 중 환경부령으로 정하는 시설의 가동시간 변경, 가동률 조정 또는 같은 법 제2조 제12호에 따른 대기오염방지시설의 효율 개선

3. 비산먼지 발생사업 중 건설공사장의 공사시간 변경·조정

4. 그 밖에 비상저감조치와 관련하여 대통령령으로 정하는 사항

제21조(배출시설 등에 대한 가동 조정 등)

① 환경부장관은 계절적·비상시적 요인 등으로 미세먼지 등의 배출 저감 및 관리를 효율적으로 수행하기 위해 필요하다고 인정하는 경우에는 대통령령으로 정하는 바에 따라 관계 중앙행정기관의 장, 지방자치단체의 장 또는 시설운영자에게 「대기환경보전법」 제2조 제11호에 따른 대기오염물질배출시설의 가동률 조정 등을 요청할 수 있다.

② 제1항에 따른 요청을 받은 중앙행정기관의 장, 지방자치단체의 장 또는 시설운영자는 정당한 사유가 없으면 환경부장관의 요청에 따라야 한다.

③ 그 밖에 가동률 조정 요청의 방법 및 절차 등에 필요한 사항은 환경부령으로 정한다.

제23조(취약계층의 보호)

① 정부는 어린이·노인 등 미세먼지로부터 취약한 계층(이하 '취약계층'이라 한다)의 건강을 보호하기 위해 일정 농도 이상 시 야외 단체 활동 제한, 취약계층 활동 공간 종사자에 대한 교육 등 취약계층 보호대책을 마련해야 한다. 다만, 종합계획에 이 법에 따른 취약계층 보호대책이 반영된 경우에

는 이 법에 따른 보호대책을 수립한 것으로 본다.

② 제1항에 따른 취약계층의 범위, 보호대책 마련 등에 필요한 사항은 대통령령으로 정한다.

비상·상시 미세먼지 관리 강화 대책

2018년 11월 들어 전국적으로 미세먼지가 극성을 부리자, 정부는 11월 12일 '비상·상시 미세먼지 관리 강화 대책'을 발표했다. 주요 정책으로는 '클린 디젤' 정책을 공식적으로 폐기하고 비상저감조치를 전국·민간으로 확대하겠다는 것이다.

그 주요 내용을 살펴보자. 먼저 비상저감조치를 강화하는 것으로 시·도별로 발령(수도권은 합동 발령)하고 2019년 2월 15일부터는 민간부문도 참여 의무에 동참해야 한다. 고농도 미세먼지 비상저감조치 대상 지역 및 참여 범위는 〈표 31〉과 같다.

〈표 31〉 고농도 미세먼지 비상저감조치 대상 지역 및 참여 범위

구분	종전(~2018년 4월)	강화(현행)	법 시행 후(2019년 2월~)
지역	수도권	13개 시·도(매뉴얼)	전국 17개 시·도(조례)
공공	• 차량 2부제 • 공공사업장·공사장	• 차량 2부제, 예비저감조치 • 공공사업장·공사장	(민간 공공 노누 석봉 *) • 차량운행 제한 • 배출사업장·공사장 법 시행 후 조례 제정 필요
민간	• 차량 2부제 자율 참여 • 민간 사업장 39개소 (MOU 체결)	• 차량운행제한 - 자율 참여 - 서울, 노후경유차 운행제한 (조례) • 민간 317개소 (MOU 체결) • 화력발전 상한 제약(42기)	

두 번째로는 공공부문 예비저감조치를 선제적으로 시행하겠다는 것이다. 즉, 도로 청소, 차량 2부제 등 예비저감조치를 시행하되 수도권부터 시행한다는 것이다.

세 번째로는 주요 배출원은 긴급 감축 조치로 미세먼지를 줄이겠다는 것이다. 이를 위해 배출가스 5등급 경유차 운행 제한(수도권 먼저 적용), 석탄화력발전 80% 상한 제약(석탄 35기, 중유 7기), 사업장·공사장 조업 조정, 드론 활용 집중단속 등을 시행한다.

네 번째로는 우리 아이가 더 안전하도록 하겠다는 것이다. 이를 위해 학교, 유치원에 공기정화장치 지속 설치, 작은 규모(430㎡ 미만) 어린이집에 실내 공기질 측정·분석, 컨설팅 지원(매년 100개소) 등을 시행한다.

다섯 번째는 미세먼지를 더 강화된 상시 저감 대책으로 줄이겠다는 것이다. 이를 위해 클린 디젤 정책을 공식 폐기한다. 2030년까지 공공 경유차 제로화를 실현하며, 2020년까지 공공기관 친환경차 구매 비율을 100%까지 올리겠다는 것이다. 저공해 경유차 인정 기준은 삭제하고, 주차료 감면 등 혜택은 폐지하며 저공해 자동차 표지의 유효기간을 설정하여 오래된 경유차에 대한 혜택을 종료하겠다고 한다.

그리고 석탄화력발전소 미세먼지를 줄이겠다고 선언했다. 실제 미세먼지 배출량을 고려해 조정하되 기존에는 삼천포 1·2호기(30년 이상 노후 발전소)를 삼천포 5·6호기(단위배출량 약 3배) 등으로 조정한다. 그리고 주변 지역 날림먼지를 줄이겠다는 정책이다. 지역 맞춤형 미세먼지 대책을 강화하는데, 예를 들어 해안도시의 경우 중앙정부(해수부·환경부)와 지자체가 협력해 항만 내 미세먼지 저감 협력사업을 추진한다. 선박용 중유의 황 함량 기준을 강화하고(3.5%→0.5%, 2020년~) 25년까지 친환경 선박(LNG 추진선)을 도입하며, 신규 부두부터 야드 트랙터의 연료를 LNG

로 의무 전환하겠다는 것이다. 도심에서는 가정용 친환경 보일러 보급사업을 전국으로 확대하는데, 가정용 저녹스 보일러로 바꿀 경우 비용을 지원한다(대당 16만 원). 미세먼지 저감을 위해 범부처가 총력 대응하겠다고 다짐했고 시민참여를 확대하도록 하겠다고 했다.

마지막으로 국외에서 유입되는 미세먼지도 다각적으로 대응하겠다고 했다. 이를 위해 한·중 환경협력센터(2018년 6월 25일 개소)를 활용해 분야별 연구협력사업을 하고, 신규 저감사업도 발굴 추진하며, 중국의 주요 지방정부와 협력해 대기오염방지시설에 한국 환경기술을 적용하는 실증 협력사업을 강화하겠다는 것이다.

미세먼지를 줄이기 위한 노력의 일환으로 경유차 줄이기 로드맵과 함께 석탄화력발전소 상한 제약 개선을 하겠다고 했다. 이외에 예보만으로 비상저감조치를 발동하겠다고 밝혔다. 발령 기준을 보자.

① 당일 (00~16시) PM-2.5 50$\mu g/m^3$ 초과 + 익일 예보 PM-2.5 50$\mu g/m^3$ 초과

② 당일 16시 기준 PM-2.5 주의보, 경보 발령 + 익일 예보 PM-2.5 50$\mu g/m^3$ 초과

③ 익일 예보 PM-2.5 75$\mu g/m^3$ 초과 등

정부는 법령이나 대책을 발표만 하지 말고 실질적인 대책을 시행해야 한다. 정부의 약속이 꼭 지켜지길 바란다. 기후변화 대응은 미세먼지 문제 해결의 대안이라는 인식이 필요하다. 온실가스와 미세먼지 배출을 줄이기 위해서는 전기자동차와 같은 친환경자동차 기술의 개발과 보급이 적극적으로 이루어져야 한다. 세계에너지기구는 지구 온도 상승을 2℃ 이내

로 억제하는 파리협정이 이루어지면, 2040년에는 전 세계 자동차 20억 대 중 9억 대가 전기자동차일 것으로 전망한다. 이러한 시대의 흐름을 읽고 화석연료 퇴출을 통한 미세먼지와 온실가스를 감축하는 정책이 최상이라는 마인드가 정책당국자들에게 있어야 한다.

미세먼지도 사회재난 포함. 재난안전법 개정안 국회 통과

2019년 3월 11일 미세먼지를 '사회재난'에 포함시킨 법안이 국회 행정안전위원회를 통과했다. 행정안전위원회는 이날 오전 전체 회의를 열어 이러한 내용의 '재난 및 안전관리기본법'(약칭 재난안전법) 개정안을 만장일치로 의결했다. 이 개정안은 미세먼지를 '사회재난'으로 지정한 것이 골자다.

재난안전법에서 '자연재난'은 태풍, 홍수, 호우, 강풍, 풍랑, 해일, 대설, 한파, 낙뢰, 가뭄, 폭염, 지진, 황사, 조류藻類 대발생, 조수潮水, 화산활동, 소행성·유성체 등 자연우주물체의 추락·충돌, 그 밖에 이에 준하는 자연현상으로 인해 발생하는 재해를 말하고, '사회재난'은 화재, 붕괴, 폭발, 교통사고, 화생방 사고, 환경오염 사고 등으로 국가 또는 지방자치단체 차원의 대처가 필요한 피해와 에너지·통신·교통·금융·의료·수도 등 국가기반체계의 마비, 감염병 또는 가축 전염병의 확산 등으로 인한 피해를 포함한다. 이번 개정안은 사회재난의 정의에 미세먼지로 인한 피해를 명시적으로 규정해 미세먼지로 인한 피해를 줄이기 위한 재난사태 선포, 피해조사 및 복구계획 수립, 특별재난지역 선포, 위기관리 매뉴얼의 작성·운용, 중앙대책본부 등의 구성, 국가안전관리기본계획 수립 등을 할 수 있도록 했다. 그동안 미세먼지가 재난으로 포함되지 않아 국가안전관리체계에 따른 위기 단계별 조치와 즉각적인 예산 지원이 어려웠는데, 앞으로는 미세먼지 해결에 예비비 등 국가 예산을 투입할 수 있게 되었다.

3월 13일 국회는 본회의를 열고 미세먼지 대책 법안 8개를 통과시켰다. 이제 미세먼지가 심해지면 '특별재난지역'으로 선포할 수 있고 피해 복구에 예산을 바로 투입할 수 있다. 재난 지역에서는 지금의 비상저감조치보다 훨씬 더 강력한 제재도 가능해진다. 그리고 일반인도 LPG 차량을 살 수 있게 되었다. LPG 차량은 미세먼지의 원인 물질인 질소산화물을 경유차량의 1%만 배출하는 것으로 알려져 있다. 게다가 LPG 가격은 휘발유의 절반 수준이다. 또 교실 공기청정기가 더 많이 설치되고, 항구 근처에서는 배들의 속도가 제한된다. 이를 통해 강력한 규제가 가능해졌지만 책임 규명이나 피해 보상에 대한 부분은 앞으로 해결해야 할 또 다른 문제라는 지적도 있다. 이번에 통과된 미세먼지 대책 법안들이 얼마나 실효성을 거둘 수 있을지 기대가 된다.

전 국민의 지혜 모으고 환경외교 통해 주변국과 함께 미세먼지 대책 마련해야

하늘에는 미세먼지를 막을 국경도 장벽도 없다. 미세먼지는 바람을 타고 이 나라에서 저 나라로 이동한다. 한 나라에서 발생한 미세먼지가 이웃한 다른 나라로 장거리 이동하여 큰 피해를 준다.

미세먼지가 사회적 재난 수준에 이르자, 바른미래당 손학규 대표는 2019년 3월 8일 미세먼지 문제 해결을 위해 정부와 국회, 사회 전 계층이 참여하는 범사회적인 기구를 구성할 것을 제안했다. 손학규 대표는 "국민의 생명을 보호하는 데 보수와 진보가 따로 있을 수 없다. 미세먼지와 관련해서는 여야를 떠나 초당적·범국민적 대처가 필요하다. 범사회적 기구를 통해 국가와 사회 전체가 노력할 수 있는 장기적 대책을 도출해야 하고, 중국 등 주변국과 초국가적 대책을 논의할 수 있는 기구를 만들어야 한다. 미세먼지 문제 해결을 위한 범사회적 기구 위원장으로 반기문 전

유엔 사무총장을 추천한다"고 밝혔다.

문재인 대통령은 "미세먼지 해결을 위한 범사회적 기구를 구성하고 미세먼지 범국가기구 초대 위원장에 반기문 전 유엔 사무총장을 추천"한 바른미래당 손학규 대표의 제안을 적극 수용하라고 지시했다. 우리나라뿐만 아니라 주변국이 함께하는 총체적 대책이 필요하다고 생각했기 때문이다. 이처럼 미세먼지 문제를 위해 전 국민의 지혜를 모으고 환경외교를 통해 주변국과 함께 대책을 마련해나가는 것이 절실히 필요하다.

● 참고문헌 ●

강경식 외, "제주도지역 대기 중 초미세먼지의 고농도 발생원인 및 특성 연구", 국립
환경과학원 기후대기연구부 대기환경연구과, 2017.

강덕두 외, "미세먼지농도와 기상요소와의 시계열역학 분석", 부경대학교, 2016.

강진희 외, "미세먼지와 피부", 가톨릭대학교 의과대학, 2015.

경기도보건환경연구원, "경기도 북부지역 아파트의 지하주차장 실내공기질 변동 특
성", 환경보건학회지, 2018.

경선영 외, "미세먼지/황사 건강피해 예방 및 권고지침: 호흡기질환", 가천대 의과대
학, 2015.

국립환경과학원, "대기질 예보 권역에 대한 배출원별 지역 간 정량적 기여도 평가 연
구", 환경부, 2018.

＿＿＿＿＿ , "권역별 미세먼지(PM$_{2.5}$) 농도 특성 파악 및 생성과정 연구", 진한엠앤비,
2015.

＿＿＿＿＿ , "도시지역 유해대기오염물질(HAPs) 모니터링", 진한엠앤비, 2014.

＿＿＿＿＿ , "초미세먼지(PM$_{2.5}$) 배출계수 자료집", 진한엠앤비, 2014.

국토교통부령 467호, "공동주택 환기관련 법령 내용성리 / 건축물의 설비기준 등에
관한 규칙", 국토교통부, 2017.

권원태, "한반도 기후 100년 변화와 미래 전망", 기상청, 2013.

김도연, 『기후, 에너지 그리고 녹색이야기』, 글램북스, 2015.

김동환, 『오늘도 미세먼지 나쁨』, 휴머니스트, 2018.

김만해 외, "라이다 관측자료를 이용한 미세먼지 농도 산정", 서울대학교, 2014.

김민해, "지하역사 미세먼지 노출량 평가 및 인공지능기반 데이터 분석", 과학기술연합대학원대학교, 2017.

김상민 외, "지상 에어로졸 관측 및 운고계 관측을 통한 지상 미세먼지 농도 추정방법 분석", 한국기상학회지, 2017.

김상헌 외, "대기 미세먼지가 천식 발생과 조절에 미치는 영향", 한양대학교 의과대학 외, 2016.

김순태 외, "수도권 초미세먼지 농도 모사: 북한 배출량 영향 추정", 한국대기환경학회지, 2018.

김승원 외, "건설업 옥외작업장 근로자의 미세먼지 노출 실태 조사", 계명대학교 외, 2016.

김승이, "초고층아파트 주민의 신체적 건강과 주거환경에 관한 연구", 아주대학교, 2012.

김예진 외, "보행자·대중교통 이용자의 초미세먼지($PM_{2.5}$) 노출 평가", 부경대학교 환경해양대학 환경대기과학과, 2018.

김옥진 외, "미세먼지 장기 노출과 사망", 서울대학교 보건대학원, 2018.

김윤기, "국내외 실내공기질 관련 IoT 기술 동향", 포모컴(주), 2017.

김윤헌, "입자상 Passive air sampler를 이용한 대기 중 미세먼지 측정에 관한 연구", 대전대학교 대학원, 2018.

김의숙, "대기 중 미세먼지에 따른 만성폐쇄성폐질환자(COPD)의 급성악화 양상에 대한 연구", 가천대학교 의학전문대학원, 2018.

김인수 외, "미세먼지/황사 건강피해에 대한 예방 및 권고지침: 호흡기질환", 연세대학교, 2015.

김인수 외, "미세먼지/황사 건강피해 예방 및 권고지침: 심혈관질환", 연세대학교, 2016.

김준호, 『산성비』, 서울대학교출판부, 2007.

김지혜, "공동주택의 실내외 미세먼지 환경조건을 고려한 Ventilation과 Filtration 제어 전략", 서울대학교 대학원, 2018.

김태회, "미세먼지 예측모델의 정확도 향상을 위한 WRF 모델링: 객관분석기법에 따른 민감도 분석", 부산대학교, 2016.

김현철 외, "Recent increase of surface particulate matter concentrations in the Seoul Metropolitan Area", *Korea, Scientific Reports*, 2017.

김홍배 외, "대기오염과 암으로 인한 사망 위험도 연구", 국제환경연구 공중보건잡지, 2018.

김희상 외, "드론을 이용한 안면도 상공 대기경계층내의 미세먼지 연직분포 및 Flux 측정", 한양대학교 기계공학과, 2018.

나오미 클라인, 이순희 역, 『이것이 모든 것을 바꾼다 자본주의 대 기후』, 열린책들, 2016.

남재작, 『기후대란 준비 안된 사람들』, 시나리오친구들, 2013.

남준희 외, 『굿바이! 미세먼지 PM_{10}, $PM_{2.5}$의 위험성과 대책』, 한티재, 2017.

남종영, 『지구가 뿔났다 : 생각하는 십대를 위한 환경 교과서』, 꿈결, 2013.

남지현 외, "동아시아지역의 지표 입자질량농도와 에어로졸 광학두께의 변화 경향 분석", 서울대 지구환경과학부, 2017.

녹색소비자연대, 『미세먼지 가이드북』, 녹색소비자연대전국협의회, 2018.

달콤팩토리, 『미세먼지에서 살아남기』, 아이세움. 2014.

데브라 데이비스, 김승욱 역, 『대기오염 그 죽음의 그림자』, 에코리브르, 2004.

마리우스 다네베르크 외, 박진희 역, 『기후변화에 대응하는 재생가능에너지』, 다섯수레, 2014.

명준표, "미세먼지와 건강 장애", 가톨릭대학교 의과대학, 2015.

미국심장협회(AHA), 《동맥경화증, 혈전증,혈관 생물학 저널》, 미국심장협회, 2017.

박경호 외, "미세먼지 농도와 악성 신생물 사망률과의 상관관계", 한서병원가정의학과, 2016.

배주연, "에어로졸 광학두께와 기상변수를 활용한 미세먼지 농도 추정", 경북대학교 천문대기과학과, 2017.

배현주, "서울시 미세먼지(PM_{10})와 초미세먼지($PM_{2.5}$)의 단기노출로 인한 사망영향", 한국환경정책·평가연구원, 2012.

보험연구원, "가정에서 배출되는 대기오염 관리의 필요성", KiRi고령화리뷰, 2018.

비피기술거래, "미세먼지에 관련된 국내시장분석 보고서", 비피기술거래, 2016.

사공준 외, "실내공기질이 초등학생에게 미치는 영향: 신축학교 실내공기질이 초등학생들의 인지기능에 미치는 영향", 대학산업의학회지 제19권 1호, 2017.

샤론 모알렘, 김소영 역, 『아파야 산다: 인간의 질병·진화·건강의 놀라운 삼각관계』,

김영사, 2010.

서울시보건환경연구원, "2017년 1월 대기질 분석 결과", 서울시, 2017.

서울시주택건축국, "우리집 미세먼지 환기장치 제대로 쓰고 계신가요?", 서울시, 2018.

서울시환경연구원, "서울시 주택의 실내 공기질 개선방안", 서울시환경연구원, 2013.

소지현 외, "겨울철 동아시아의 PM2.5변동과 관련된 북태평양 기후변동성 분석", 한양대학교 해양융합화학과, 2014.

손일권 외, "수원 미세먼지(PM$_{10}$) 농도와 시정의 상관관계", 공군10전투비행단 기상대대, 2015.

신범철 외, "2008-2015년 우리나라 PM$_{10}$, PM$_{2.5}$ 간의 농도비율과 상관관계", 국립기상과학원, 2015.

신정수, 『미세먼지 저감과 미래에너지 시스템』, 일진사, 2018.

신희우 외, "강수강도와 시간에 따른 PM$_{10}$ 농도의 시간적 변화 특성", 이화여자대학교, 2015.

양현종 외, "미세먼지/황사 건강피해 예방 및 권고지침: 천식", 순천향대학교 의과대학, 2015.

양혜원, 『오늘 미세먼지 매우 나쁨』, 스콜라, 2016.

옌스 죈트겐 외, 강정민 역, 『먼지 보고서: 우주먼지에서 집먼지까지-역사를 바꾼 물질 이야기』, 자연과생태, 2012.

오장욱 외, "국내 지역별 미세먼지 농도 리스크 분석", 숭실대학교 산업정보시스템공학과, 한국안전학회, 2017.

오혜련 외, "서울에서 미세먼지 고농도 지속기간에 따른 기상장 비교: 1일 지속 대 4일 이상 지속", 서울대학교, 2015.

위지은 외, "엘니뇨에 의한 한반도 PM$_{10}$ 농도 변화". 전북대학교 과학교육학부/융합과학연구소, 2017.

윤선아, "인간 유래 각막 상피세포를 이용한 미세먼지 노출이 인체에 미치는 영향평가", 인하대학교 대학원, 2017.

윤영균, "기후변화협약 협상동향 및 산림부문 대응 방향", 교토의정서 발효 2주년 학술심포지움 발표자료, 2007.

윤일희,『현대 기후학』, 시그마프레스, 2004.

이노우에 히로요시, 배영진 역,『은밀한 살인자 초미세먼지 PM2.5: 초미세먼지의 위협에서 살아남는 9가지 생활수칙』, 전나무숲, 2014.

이다솜 외, "미세먼지 · 초미세먼지 장기변동성에 미치는 기상장에 관한 연구", 광주과학기술원, 2017.

_____, "미세먼지에 영향을 미치는 기상 · 기후 장기변동성에 관한 연구", 광주과학기술원 지구 · 환경공학부, 2017.

이원정 외, "부산지역 미세먼지에 대한 건강 취약성 평가", 부산대학교, 2014.

이유진,『기후변화 이야기』, 살림, 2010.

이현경 외, "수도권의 고농도 미세먼지 발생시 종관장 유형 분석", 국립기상과학원, 2015.

이현주 외, "한반도 미세먼지 발생과 연관된 대기패턴 그리고 미래 전망", 한국기후변화학회지, 2018.

이형숙, "서울지역 미세먼지 농도가 호흡기계 및 심혈관계의 외래 방문 및 입원과 진료비에 미치는 영향", 서울여자간호대학교, 2016.

이혜원, "심뇌혈관질환에 따른 사망과 미세먼지와의 관련성 연구", 인제대학교 대학원, 2017.

인천광역시, "2020년 미세먼지 저감 종합대책", 2016.

인천보건환경연구원, "2017년 PM(Particulate Matter: 입자상물질)사업 연구보고서", 인천광역시, 2018.

임유라 외, "서울시 미세먼지(PM_{10})로 인한 사망영향에 대한 기온의 수정효과", 한국환경정책평가연구원, 2013.

장안수, "미세먼지가 건강에 미치는 영향", 순천향대학교 의과대학, 2015.

전영신, "고려사에 기록된 황사와 황무현상", 한국기상학회지, 2000.

전영신, "조선왕조실록에 나타난 황사 현상", 한국기상학회지, 2000.

전형진 외, "겨울철 가정의 에너지 사용량과 실내환경 인자의 상관성에 관한 조사", 한국실내환경학회지 8권 4호, 한국환경정책평가연구원 외, 2011.

전종혁 외, "2008~2013(6년)에 관측된 연무와 박무 현상과 이와 관련된 시정, PM_{10} 농도의 통계 특성 분석", 국립기상연구소, 2014.

정명일 외, "서울시의 고농도 PM_{10} 발생일에 영향을 미치는 종관 기상장의 특성", 서울대학교, 2016.

정성환 외, "미세먼지의 건강영향", 가천대학교 의과대학, 2016.

정종철, "서울시 토지이용과 교통량에 따른 미세먼지의 공간분포", 서울시, 2018.

조경두 외, "인천광역시 미세먼지 실태분석 및 정책방안", 인천발전연구원, 2009.

조영민, "초등학교 공기정화장치 효율성 평가 및 설치기준 마련을 위한 연구 보고서", 경기도교육청, 2018.

차상민, "IoT기반 빅데이터를 활용한 실내공기질 관리 시도 및 전망", 케이웨더(주), 2018.

차진욱 외, "SPSS를 이용한 대기질과 기상인자와의 미세먼지 상관관계 분석", 수원대학교 컴퓨터과학부, 2018.

천만영 외, 『대기오염 방지기술』, 신광문화사, 2014.

채상희 외, "$PM_{2.5}$ 배출 시나리오를 고려한 WRF-CHEM 수치모의에서의 구름 및 강수 변동 분석", 국립기상연구소, 2010.

최윤정 외, "서울지역 미세먼지 고농도에 따른 천식사망자 사례일의 종관기상학적 분류", 인제대학교 환경공학과, 2017.

추교황, "MODIS센서를 활용한 서울지역에서의 미세먼지($PM_{2.5}$와 PM_{10}) 농도 추정 알고리즘 연구", 강릉원주대학교 대기환경과학과, 2015.

클라우스 퇴퍼 외, 박종대 · 이수영 역, 『청소년을 위한 환경 교과서: 기후변화에서 미래 환경까지』, 사계절, 2009.

현인규 외, "미세먼지 등 대기오염이 한국 만성 호흡기 질환 환자의 호흡기 증상 및 삶의 질에 미치는 영향", Journal of Preventive Medicine and Public Health, 2018.

함지영 외, "2016년 봄철 서울의 PM_{10}, $PM_{2.5}$ 및 OC와 EC 배출원 기여도 추정", 국립기상과학원, 2017.

_____, "2017년 여름 안면도 PM_{10}, $PM_{2.5}$ 및 OC와 EC의 특성", 국립기상과학원 환경기상연구과, 2018.

환경학회, "고농도 미세먼지 대응을 위한 토론집", 한국대기환경학회, 2017.

환경부, "미항공우주국, 한미협력 국내대기질공동조사 예비보고서", 환경부, 2017.

_____, 『바로 알면 보인다. 미세먼지, 도대체 뭘까?』, 환경부, 2016.

환경부, "측정망 설치 운영 실태평가 및 기본계획 조정을 위한 연구", 환경부, 2014.

허정화 외, "1997년부터 2013년까지 서울에서 관측된 미세먼지 농도 변화", 서울대학교 지구환경과학부, 2014.

허창회 외, "서울에서 4일 이상 지속되는 미세먼지 고농도 현상의 발생 원인과 이동 패턴 분석", 서울대학교, 2015.

현대경제연구원, "에너지전환 정책의 실효성 제고 방안", 현대경제연구원, 2018.

현준원, "미세먼지오염 저감을 위한 대기관리법제 개선방안 연구", 한국법제연구원, 2015.

Adriana Estokova, *Powdered Substances and Particulate Matter in Industry and Environmental*, Trans Tech Pubn, 2016.

Al Kalima, *Dust and Ashes*, Balboa Pr, 2016.

Andrea A. Baccarell, Letizia Trevisi, Bruce Urch, Xinyi Lin et al., "B-vitamin Supplementation Mitigates Effects of Fine Particles on Cardiac Autonomic Dysfunction and Inflammation: A Pilot Human Intervention Trial", *Scientific Reports*, 2017.

Benjamin Bowe, Yan Xie, Tingting Li et al., "Particulate Matter Air Pollution and the Risk of Incident CKD and Progression to ESRD", *JASN*, 2017.

Ben Silver, Carly Reddington, Stephen Arnold, Dominick V Spracklen, "Substantial changes in air pollution across China during 2015 to 2017", *Environmental Research Letters*, 2018.

Bryan N. Duncan et al., "A space-based, high-resolution view of notable changes in urban NOx pollution around the world (2005-2014)", *Journal of Geophysical Research*, 2015.

C. Donald Ahrens, *Essentials of Meteorology*, CengageLearning, 2008.

David Graham Phillips, *The Grain of Dust*, Createspace Independent Pub, 2015.

Dirga Kumar Lamichhane, Jia Ryu, Jong-Han Leem et al., "Air pollution exposure during pregnancy and ultrasound and birth measures of fetal growth: A prospective cohort study in Korea", *Science of The Total Environment*, 2018.

Dries S. Martens, Bianca Cox, Bram G. Janssen, "Prenatal Air Pollution and

Newborns' Predisposition to Accelerated Biological Aging", *JAMA*, 2017.

Felix Gad Sulman, *Health, Weather and Climate*, S. Karger, 2007.

Gongbo Chen et al., "Early life exposure to particulate matter air pollution (PM1,PM2.5 and PM10) and autism in Shanghai, China: A case-control study", *Environmental International*, 2018.

Griffith Bell, Samia Mora, Philip Greenland et al., "Association of Air Pollution Exposures With High-Density Lipoprotein Cholesterol and Particle Number: The Multi-Ethnic Study of Atherosclerosis", *Arteriosclerosis, Thrombosis, and Vascular Biology*, 2017.

Hong Chen, Jeffrey C Kwong, et al., "Living near major roads and the incidence of dementia, Parkinson's disease, and multiple sclerosis: a population-based cohort study", *The LANCET*, 2017.

Jonathan Moch et al., "A clearer path to clean air in China: Formaldehyde — not sulfur dioxide — may be the key to China's stubborn problem of wintertime air pollution", *Earth Physical Science*, 2018.

Lilian Calderón-Garcidueñas et al., "Hallmarks of Alzheimer disease are evolving relentlessly in Metropolitan Mexico City infants, children and young adults", *Environmental Research*, 2018.

Mark R. Miller, Jennifer B. Raftis, Jeremy P. Langrish, "Inhaled Nanoparticles Accumulate at Sites of Vascular Disease", *ACS NANO*, 2017.

Martha E. Billings, Diane R. Gold, Peter J. Leary et al., "Relationship of Air Pollution to Sleep Disruption: The Multi-Ethnic Study of Atherosclerosis (MESA) Sleep and MESA-Air Studies", *ATS Journal*, 2017.

Marvel et al., "Earth temp decendent of Aerosol Effect", NASA, 2015.

Mònica Guxens, Mònica Guxens, Małgorzata J. Lubczyńska, "Air Pollution Exposure During Fetal Life, Brain Morphology, and Cognitive Function in School-Age Children", *Biological Psychiatry Journal*, 2018.

Morton Lippmann, Kazuhiko Ito, Arthur Nádas, Richard T. Burnett, "Association of Particulate Matter Components with Daily Mortality and Morbidity in Urban Populations", *HEI*, 2017.

OECD, "Air pollution to cause 6-9 million premature deaths and cost 1%

GDP by 2060", OECD, 2017.

Qian Di, MS; Lingzhen Dai, ScD; Yun Wang, et al., "Association of Short-term Exposure to Air Pollution With Mortality in Older Adults", *JAMA*, 2017.

R. M. Harrison, *Airborne Particulate Matter: Sources, Atmospheric Processes and Health*, Royal Society of Chemistry, 2016.

Robert J. Allen et al., "An increase in aerosol burden and radiative effects in a warmer world", *Nature Climate Change*, 2015.

Robin Birch, *Watching Weather*, Marshall Cavendish Children's Books, 2009.

SCMP, "China's Xian chokes on smog specks 'harder than steel', Researchers in pollution-prone Xian test the properties of the city's bad air but health specialists say the bigger concern is just how small the particles are steel", SCMP, 2018. 5. 28.

Susan C. Anenberg et al., "Estimates of the Global Burden of Ambient $PM_{2.5}$, Ozone, and NO_2 on Asthma Incidence and Emergency Room Visits", *Environmental Health Perspectives*, 2018.

U. S. Environmental Protection Agency, *Particulate Matter Research Needs for Human Health Risk Assessment to Support Future Reviews of the National Ambient Air Quality Standards for Particulate Matter*, Bibliogov, 2013.

_____, *Receptor Models Relating Ambient Suspended Particulate Matter to Sources*, Bibliogov, 2013.

_____, *Regulatory Impact Analysis of the National Ambient Air Quality Standards for Particulate Matter*, Bibliogov, 2013.

Wenju Cai et al., "Weather conditions conducive to Beijing severe haze more frequent under climate change", *Nature Climate Change*, 2017.

WHO, "The cost of a polluted environment: 1.7 million child deaths a year, says WHO", WHO, 2017.

William James Burroughs, *Does the weather really matter?*, Cambridge University Press, 2005.

William R. Cotton and Roger A. Pielke, *Human Impacts on Weather and Climate*, Cambridge University Press, 2007.

Xi Chen, Xiaobo Zhang, Xin Zhang, "Smog in our brains: Gender differences in the impact of exposure to air pollution on cognitive performance in China", *IFPRI Discussion Paper*, 2017.

Yufei Zou et al., "Artic sea ice, Eurasia snow, and extreme winter haze in China", *Sience Advances*, 2017.

https://www.airparif.asso.fr/en/indices/resultats-jour-citeair#jour

http://biz.khan.co.kr/khan_art_view.html?artid=201703241915001&code=920100#csidx9c1ddb66ce7c1399ca2260d6ff77374

http://biz.chosun.com/site/data/html_dir/2017/09/25/2017092502433.html#csidxeac0d65faec8673b9c4e29fd97db35e

https://www.environment.nsw.gov.au/aqms/aqiforecast.htm

http://www.hani.co.kr/arti/society/environment/852998.html#csidx53e9d28d8a82ef38b5bc99108aab998

http://www.hani.co.kr/arti/society/environment/814946.html#csidx71352eaa8199427a9027d0c0d39193c

http://www.hani.co.kr/arti/society/environment/814946.html#csidx71352eaa8199427a9027d0c0d39193c

http://news.heraldcorp.com/view.php?ud=20181010000857

http://www.law.go.kr/lsInfoP.do?lsiSeq=204195&efYd=20190215#0000

https://www.montelnews.com/en/story/german-renewables-overtake-coal-in-first-half-of-2018--bdew/916513

http://www.sciencemag.org/news/2016/11/watch-air-pollution-flow-across-planet-real-time?utm_source=sciencemagazine&utm_medium=facebook-text&utm_campaign=airpollution-9407

http://www.sisajournal.com/journal/article/174771

https://uk-air.defra.gov.uk/

미세먼지에 관한 거의 모든 것

초판 1쇄 인쇄 | 2019년 3월 20일
초판 1쇄 발행 | 2019년 3월 27일

지은이 | 김동식 · 반기성
펴낸이 | 김세영

펴낸곳 | 프리스마
주소 | 04029 서울시 마포구 잔다리로 71 아내뜨빌딩 502호
전화 | 02-3143-3366
팩스 | 02-3143-3360
블로그 | http://blog.naver.com/planetmedia7
이메일 | webmaster@planetmedia.co.kr
출판등록 | 2005년 10월 4일 제313-2005-00209호

ISBN | 979-11-86053-13-3 03300